金融企业会计实务丛书

U0819505

期货公司与信托公司会计实务

周彦平　孙娜　著

中国财经出版传媒集团
中国财政经济出版社

图书在版编目（CIP）数据

期货公司与信托公司会计实务／周彦平，孙娜著．—北京：中国财政经济出版社，2019.5

（金融企业会计实务丛书）

ISBN 978－7－5095－7031－9

Ⅰ.①期…　Ⅱ.①周…②孙…　Ⅲ.①期货交易－会计②信托公司－会计　Ⅳ.①F830.9②F830.39

中国版本图书馆CIP数据核字（2016）第245730号

责任编辑：宋学军　　　　责任校对：徐艳丽

封面设计：耕　者

中国财政经济出版社 出版

URL：http：//www.cfeph.cn

E－mail：cfeph@cfeph.cn

社址：北京市海淀区阜成路甲28号　邮政编码：100142

营销中心电话：010－88191537

天猫网店：中国财政经济出版社旗舰店

网址：https：//zgczjjcbs.tmall.com

北京中兴印刷有限公司印刷

710×1000毫米　16开　27.5印张　434 000字

2019年5月第1版　2019年5月北京第1次印刷

定价：98.00元

ISBN 978－7－5095－7031－9/F·5629

（图书出现印装问题，本社负责调换）

质量投诉电话：010－88190744

打击盗版举报热线：010－88191661、QQ：2242791300

金融企业会计实务丛书专家组

组　长：

王君彩　中央财经大学　　教授、博士生导师

成　员：

余应敏	中央财经大学会计学院	博士、教授、博导
罗　乐	中央财经大学会计学院	博士、副教授、博导
朱莲美	中央矿业大学管理学院	博士、教授、博导
金　鑫	中国银行总行	博士
赵会军	工银资本管理有限公司	博士、副总经理
程六满	中国银河金融控股有限责任公司	博士、总监级经理
潘前进	中粮信托有限责任公司	博士后、高级经理

总序

好像就是一晃功夫，金融业就大摇大摆地走进了我们的生活。从改革开放初期只有一家银行，到如今商业银行、保险公司、证券公司、基金公司、期货公司、信托公司、租赁公司和财务公司等各类金融机构五彩缤纷、各显其能，金融监管机构也经历了“一行”裂变出“三会”，再由“三会”整合成“两会”了。可以说，过去三十多年的中国金融业，由“一枝独秀”到“八仙过海”的演绎进程历历在目，处处都彰显着金融业的无穷魅力，金融网络的影响力正越来越强地辐射到经济发展和社会生活的方方面面。

几乎与此同时，中国会计业也发生了翻天覆地的变化，从传统的会计制度已经进化为全新的会计准则，实现了会计准则的国际化趋同，并逐步实现等效。进一步地，伴随着经济的演进，包括金融会计准则在内的众多准则也在持续的嬗变之中。

就在我们承接历史积蓄、凭借内在驱动力持续前行之时，十年前的美国金融危机在将美国长期积蓄的金融帝国面纱撕得粉碎的同时，也给世界许多国家带来了致命的冲击。金融会计也未能独善其身。尽管由于中国金融业有序开放的“防火墙”使其还不至于对我们形成致命的伤害，但是，影响不可谓不大、教训不可谓不深。不容置疑，此次金融危机也将改变世界金融格局、洗刷金融理念、重建金融体系。十年轮回，制度涅槃。面对这样一种新的金融环境，对金融风险的认识与控制、对金融产品的创新与监管、对金融公司的营运与管控，甚至于金融业务的分业与混业，都需要进行理性认知和规范操作。从这个意义上说，我们又将面临一个全新的金融时代。

过去三十多年来的沉浸，让我们感受了中国金融的发展与会计的进步，经历了金融行业的发展高潮与艰辛低谷，我们还体会了金融产品的日新月异与管理核算的相对滞后。随着商品市场、资本市场、金融市场的纵横交流和内外一体，我们也越来越认识到，会计作为一种商业语言，既存在着国家之间交流沟通的必要性，也存在着国内企业统一遵循的现实基础，对于任何一个企业，都需要在商业活动中忠实地执行，这对处于全球互动时代的中国金融企业来说，显得更为重要。

本套丛书立足于整体统一框架下，视其内容的信息含量多少分为五个分册：将商业银行、保险公司各自独立成书；将证券公司与基金公司这两个存在紧密关系的行业组合一书；将期货公司与信托公司划为一组，构成一个分册；将租赁公司和财务公司也结合为一体。这样，在2009版《商业银行会计实务》《保险公司会计实务》《证券公司与基金会计实务》《期货公司与信托公司会计实务》《租赁公司与财务公司会计实务》的基础上，根据实践养份和2017年新金融会计准则的变革，新一版的金融企业会计丛书就诞生了。

从感知新准则、传播新准则，感悟新金融、传导新金融的使命出发，本系列专著的作者们以严谨、认真的专业眼光和执着、奉献的职业修炼，承担了本套丛书的创新性修缮活动。他们的目标是选其精华，择其要点，通过精心打造，使之能融合先导和现实，兼容理论与实战，真正演绎为一个个金融企业的会计宝典，为读者提供按图索骥、内容规范、形式新颖的专业会计读本。

书卷多情似故人，晨昏忧乐每相亲。没有食物和水，人们的物质生活将难以为继；而没有读书和领悟，我们也将失去诸多智慧和策略！在各种各样的金融机构遍布大街、时时刻刻可能发生的风险需要我们随时预防的金融时代，希望这套金融企业会计丛书能够像一支正在燃烧的知识明灯，陪伴你走过新的金融岁月，使你在轻松的阅读中找到准则的神采，在联动的管理中悟出金融会计核算与精算文化的真谛。

中央财经大学 教授、博士生导师 王君彩

2019 年 4 月

再版说明

从本丛书上一次出版到现在算起来已经过去差不多八年的时光了。本次再版是对相关内容的调整修缮。再版意念衍生久远，真正动手则前后两年有余。

金融与经济鱼水相依，会计与经济血肉相连。回首过去十余载，加入WTO、国企改革、银行股改上市、培育房地产市场等等，这一个个市场热点先后激发了中国改革开放以来持续时间最长的一个经济增长周期，到2007年达到了周期高点，随后在2008年因美国次贷危机而陡然回落，而随后的“4万亿”刺激政策带来V型反转，不过，刺激力度逐步减弱、经济增长逐级回落探底，中国经济进入了新常态。这是一个经济结构转换时期，也是经济增长新动力形成和旧动力逐渐弱化这两股力量双重交织的过渡时期。在经济政策重心转向供给侧改革，去产能、去库存、去杠杆、降成本、补短板等成为必然趋势之时，特别需要关注金融与经济的联动。此外，不论是互联网技术在金融领域的嫁接神速，还是资产管理与财富管理的市场效应，都将金融行业置身于整体经济、社会的热点话题中，如何持续创新？如何管理风险？如何在既有基础上实现行业的精耕细作？等等。这些都无疑是一个个全新的时代使命，也给各个金融企业的会计核算与财务管理提出了相应的探索主题。

因此，在金融宏观调控和金融监管不断加强、金融市场功能显著增强、金融改革取得突破性进展的背景下，金融企业会计也自然而然地担当着相应的核算与管理使命。在规范核算、科学管理的同时，进一步探索行业创新发展的财务机制、提升内部风险管理能力，这是本丛书作者们持续追求的专业境界。经过近两年的具体动手打磨之后，修正与完善的手稿已经成型并付梓，也就是您面前的这套金融企业会计丛书。期待您手中这散发着金融企业会计时代气息的书卷，能够带给您新的知识营养。

这次修订，主要在四个方面推进：一是会计确认、计量和报告进一步体现近年来国内金融行业持续的强化监管理念；二是全面适应金融会计理论建设的突飞猛进，对原书部分章节和内容进行了必要的修改，其中，最重要、最核心的指导性文献，就是根据2017年4月财政部重新修订的《企业会计准则第22号——金融工具确认和计量》等金融准则以及2018年7月陆续编写的应用指南；三是根据近年来相关财税政策的持续调整，对案例作了相应更新，保持与此书出版时最新政策的一致；四是对近年来金融创新活动所带来的会计新业务，如面广量大的企业都可能参与的新兴业务核算进行了必要阐述，从而尽可能保持与金融行业会计现实的全面对接。

《期货公司与信托公司会计实务》一书的本次修订工作，由周彦平（广西财经学院、管理学博士）和孙娜（北京国家会计学院会计学博士、副教授）等同志负责完成。由于编者水平有限、加之时间比较仓促，新版中错谬之处敬请读者批评指正。

编者

2019年4月

目录
Contents

第三篇　信托公司篇　/225

第四篇　财报编制篇　/271

第一篇

基础理论篇

开篇有益

本篇是基于经典会计理论框架体系下最为基础的理论篇章，即在简单阐述会计之后对各相关会计要素逐一阐述。全篇共分五章。

第一章是对会计五大核心理论概念（会计目标、会计假设、信息特征、会计要素和会计流程）的系统阐述，这既是基于会计准则所内嵌的核心理论，也是整个会计学科进一步纵横展开的核心概念。

第二章至第五章，分别对资产、负债、损益、所有者权益等会计要素分门别类地进行阐述。第二章是资产要素，包括流动资产（金融资产）与非流动资产（长期股权投资、固定资产、无形资产），第三章是负债要素，包括流动负债与非流动负债；第四章是损益要素，包括经营收入、经营支出、所得税和经营利润；第五章是所有者权益要素，包括实收资本、资本公积、盈余公积和未分配利润。

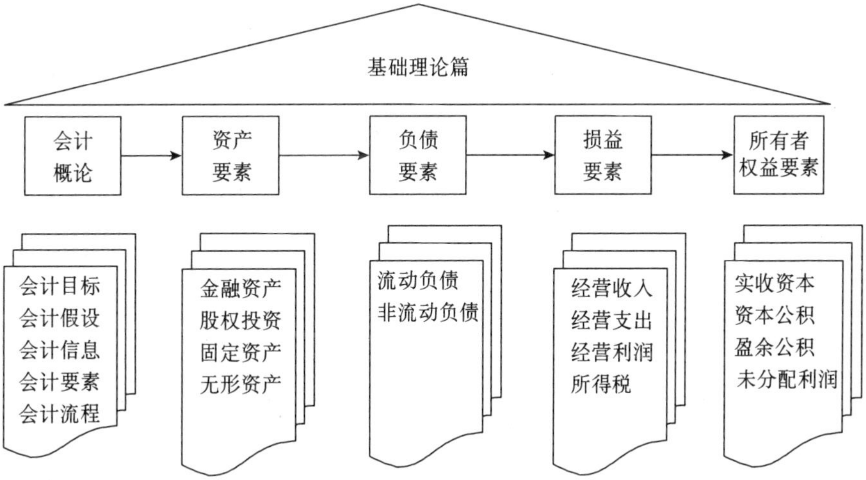

第一章
公司会计概论

本章精要

期货公司在法定经营范围内开展期货经纪服务、信托公司依法提供信托产品服务，都是社会赋予其特定的职能，也是其履行金融机构所肩负法定职责的使命所在。不论期货公司与信托公司的经济业务所引起交易或事项的具体内容如何不同，针对企业会计准则背景下的基本理念的解读与认知，都存在着相通与相融之处。本章主要针对这类基础性、理论性的会计知识体系与制度安排进行探讨。

期货公司与信托公司的会计是一个什么角色，决定着公司会计的位置配备，是经济核算与风险控制的核心系统，还是后勤工作与服务角色。不同的身份定位取决于会计目标的锁定。会计目标诱导着会计的价值倾向，所以，必须对会计目标进行适当的探讨。当然，对会计确认、计量与报告所赖以存在的基本前提即会计假设进行相应的解读自然也是情理之中的事，这种表面多少有些枯燥的东西其实是会计大师们高度提炼的精神食粮。会计“产品质量”一直关系着方方面面的利益，如何通过原则规范与质量标准来确保所生成的会计信息的可靠性与相关性，是一个基础性的革命工程，值得探析。因此，会计确认、会计计量和会计报告的日常流程同样是本章的重要构成内容之一。

第一节　公司会计目标

期货公司与信托公司会计的目标定位是相同的。根据《企业会计准则

——基本准则》的规定，会计目标就是向财务报告使用者提供与企业财务状况、经营成果和现金流量等有关的会计信息，并反映企业管理层受托责任履行情况，有助于财务报告使用者作出经济决策。结合我国经济环境与会计改革的持续性进步，公司会计的目标定位，已经越来越趋于统一，即集中概括为以下两点：

一、基于决策有用观的追求：提供会计信息，便于决策参考

金融企业会计信息的有用性应该考虑到金融企业会计信息使用者的构成以及他们决策的特殊性。金融企业的会计信息使用者的数量要比一般工商企业多，其构成也复杂得多。金融企业的种类繁多（比如银行、保险公司、证券公司等），其会计信息的使用者除了投资人、债权人、政府有关机构和监管部门以外，还有社会公众，这些客户群体是金融企业会计信息使用者的主体。因此，金融企业会计信息的提供要考虑到不同使用者对会计信息的特殊需求，比如，金融监管当局需要能够反映金融企业风险状况、资本充足度、贷款质量等方面的信息；金融企业的客户需要了解金融企业的资产质量、准备金的充裕状况、支付利息的能力等方面的信息。金融企业的会计系统只有提供能满足使用者特殊需要的会计信息才能够算得上是有用的。任何企业，包括公司在内，其会计的根本目标是为了满足财务报告使用者的信息需要。财务报告使用者主要包括投资者、债权人、政府及其有关部门和社会公众等。如果企业在财务报告中提供的会计信息与投资者的决策无关，那么财务报告就失去了其向投资者报送的真正价值与内在意义。根据投资者决策有用性目标，财务报告所提供的信息应当如实反映企业所拥有或者控制的经济资源、对经济资源的要求权以及经济资源及其要求权的变化情况；如实反映企业活动的各项收入、费用、利得和损失的金额及其变动情况；如实反映企业各项经营活动、投资活动和筹资活动等所形成的现金流入和现金流出情况等。凭借这些能够体现企业经营过程与成果的会计信息，帮助现在或者潜在的投资者正确、合理地评价企业的资产质量、偿债能力、盈利能力和营运效率等；帮助投资者根据相关会计信息作出理性的投资决策；帮助投资者评估与投资有关的未来现金流量的金额、时间和风险等。

除了投资者之外，企业财务报告的使用者还有债权人、政府监管机构及有关部门、社会公众等。财务报告中提供有关企业发展前景及其能力、经营

效益及其效率等方面的信息，可以满足社会公众的信息需要。应当讲，这些使用者的许多信息需求是共同的。由于投资者是企业资本的主要提供者与最终利害关系人，通常情况下，如果财务报告能够满足这一群体的会计信息需求，也就可以满足其他使用者的大部分信息需求。

二、基于受托责任观的表现：反映受托责任，体现代理关系

现代企业制度强调企业所有权和经营权相分离，企业管理层是受委托人之托经营管理企业的资产，负有受托责任。即企业管理层所经营管理的企业各项资产基本上都是由投资者投入资本或者向债权人借入资金所形成的，管理层有责任、有义务妥善保管并合理、有效地运用这些资产。企业投资者和债权人等需要及时或者经常性地了解企业管理层保管、使用资产的情况，以便于评价企业管理层的责任情况和业绩情况，并决定是否需要调整投资或者信贷政策、是否需要加强企业内部控制和其他制度建设、是否需要加强和更换管理层，等等。因此，作为会计最终产品的财务报告应当反映企业管理层受托责任的履行情况，以有助于外部投资者和债权人等评价企业的经营管理责任和资源使用的有效性。

为投资者决策服务、为经营者述职代言，两重目标，并不是彼此对立、相互矛盾的。受托责任观是指会计的目标反映受托者的受托责任和履行情况，关注的是股东受托资源的安全和资本的保值增值，突出会计信息的可靠性。在受托责任观下，会计计量倾向于采用具有可验证性的历史成本计量属性。而决策有用观认为，会计的目标是提供有助于会计信息的使用者作出决策的会计信息，突出会计信息与决策的相关性。在决策有用观下，会计计量倾向于采用具有现实意义的公允价值计量属性。我国企业会计准则一方面强调受托责任观，明确财务会计报告提供的信息能够“反映企业管理层受托责任履行情况”，提出“企业应当以实际发生的交易或者事项为依据进行会计确认、计量和报告，如实反映符合确认和计量要求的各项会计要素及其他相关信息，保证会计信息真实可靠，内容完整”这一会计信息质量要求。另一方面，强调决策有用观，明确财务会计报告提供的信息能“有助于财务会计报告使用者作出经济决策”，又提出“企业提供的会计信息应当与财务会计报告使用者的经济决策需要相关，有助于财务会计报告使用者对企业过去、现在或者未来的情况作出评价或者预测”这一会计信息质量要求。无疑，既强调受托责

任观，又强调决策有用观，对保证企业会计信息的质量及为我国经济的健康发展提供制度保证，具有十分重要的意义。

第二节　公司会计假设

会计假设的科学、全面、完整，决定着会计理论框架的科学、全面、完整，决定着会计确认、计量和报告的整体水准和对会计实践的指导能力。概括而言，会计假设包括四个方面（见图1-1）：

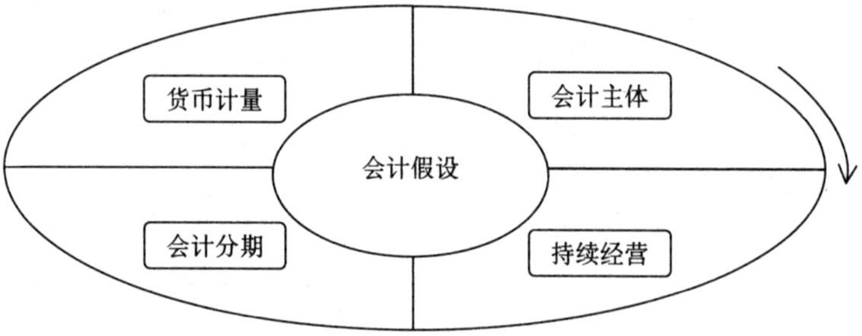

图1-1　会计假设示意图

一、会计主体假设

公司要对其本身发生的交易或者事项进行会计确认、计量和报告，就要明确边界线，即会计主体假设。主体假设就是会计确认、计量和报告是用来说明特定企业个体所发生的交易或事项的，对该特定个体的各项生产经营活动的记录和反映应当与其他相关主体的活动严格分开，包括与所有者的活动、债权人的活动以及交易对方的活动相分离。在公司，通常是以独立法人主体为会计主体的，而对在同一法人主体之下的分支机构则不作为完全独立核算的会计主体（如公司下设的营业部作为内部报账的核算单位与考核主体，但并不对外提供会计报告）。

二、持续经营假设

公司会计确认、计量和报告应当以持续经营为前提，即持续经营假设。其基本含义是指会计主体的经营活动将按照现在的形式和既定的目标无限期地继续下去，在可以预见的将来，会计主体不会进行清算，它所持有的资产将按照预定的目的在正常经营过程中被耗用、出售或转让，它所承担的债务也将如期偿还。

持续经营假设是整个权责发生制会计大厦所赖以建立的基础。例如，资产的计量尺度有历史成本（购买成本）、重置成本、现行市价、变现价值等多种形式。在一份财务报表中究竟采用哪一种计量尺度，就与企业是否能够持续经营下去这个前提有密切的关系。

三、会计分期假设

公司应当划分会计期间，分期结算账目和编制会计报告。会计期间分为年度和中期。中期是指短于一个完整会计年度的报告期间。会计期间假设的基本含义是：连续不断的经营过程可以被划分为特定、相等的时间单位，以便对企业的经营状况进行及时、连续的反映。这种为了会计核算的需要而人为划分的相等时间单位，就称为会计期间。

四、货币计量假设

公司会计应当以货币进行计量。货币之所以成为会计信息的计量工具，是因为其具有下列功能：其一是货币的价值尺度，无论实物、劳动还是其他财富形式，大多可以用货币来表示；其二是货币的交易媒介功能，是对经济交易从价值方面进行记录的最通用的单位；其三，货币可以作为信用的衡量尺度和延期支付的标准，因此，它是借贷合同或者其他契约赖以产生和顺利履行的基础；其四，货币作为财富的一种标志，是企业组织投入与产出的最终表现形式。可见，货币天然是计量、描述企业经营活动和财务成果的工具。

第三节　公司会计信息

前面已经提到，会计信息就是一个企业会计经过科学的流程、专业的加工、严格的审查、精心的编排之后，奉献给会计报表使用者的“产品”。这个“产品”的质量显然是众目睽睽的焦点问题。公司会计信息质量需要从八个方面进行规范：即客观性、相关性、明晰性、可比性、实质重于形式、重要性、谨慎性和及时性。

一、客观性

客观与真实系于一体。客观性要求企业应当以实际发生的交易或者事项为依据进行会计确认、计量和报告，如实反映符合确认和计量要求的各项会计要素及其他相关信息，保证会计信息真实可靠、内容完整。保证会计信息的真实性，自然需要会计提供的信息应具有可验证性，经得起检验。

二、可比性

可比方知进退优劣。可比性包括两个方面：同一企业不同时期发生的相同或者相似的交易或者事项，应当采用一致的会计政策，不得随意变更；不同企业发生的相同或者相似的交易或者事项，应当采用规定的会计政策，确保会计信息口径一致、相互可比。

三、相关性

相关才足以产生敏感。相关性要求企业提供的会计信息应当与财务报告使用者的经济决策需要相关，有助于财务会计报告使用者对企业过去、现在或者未来的情况作出评价或者预测。坚持相关性原则，就要求在收集、加工、处理和提供会计信息的过程中，充分考虑使用者的信息需求，注重信息对用户的敏感度，注重实效。

四、及时性

时效是由瞬息万变的市场环境所决定的。及时性要求企业对于已经发生的经济交易或相关事项，及时进行会计确认、计量和报告，不得提前或者延后。一是要求及时收集会计信息，二是及时处理会计信息，及时编制出财务报告，三是及时传递会计信息，防范时过境迁的旧调重弹。

五、明晰性

明明白白才是真。明晰性要求企业提供的会计信息应当清晰明了，便于财务报告使用者理解和使用。在会计确认、计量过程中，坚持明晰性原则，就是要求会计记录准确、清晰，填制会计凭证、登记会计账簿必须做到依据合法、账户对应关系清楚、文字摘要完整；在编制会计报表时，就是要求勾稽关系清楚、项目完整、数字准确。

六、谨慎性

盲目乐观可能隐蔽祸根。谨慎性要求企业的会计确认、计量和报告应当保持应有的谨慎，不应高估资产或者收益、低估负债或者费用。当然，谨慎性原则并不意味着企业可以任意设置各种秘密准备，否则，就属于滥用谨慎性原则，将被作为重大会计差错进行处理。

七、重要性

分清主次才显有用。重要性的内在引导是：凡对资产、负债、损益等有较大影响，并进而影响使用者作出合理判断的重要会计事项，必须按规定的会计方法和程序进行处理，并在财务报告中单独予以充分披露；而对于次要的会计事项，在不影响会计信息真实性和不至于误导使用者作出正确判断的前提下，可适当合并、简化处理。重要性原则与提供会计信息的成本效益直接相关，需要统筹兼顾。

八、实质重于形式

实质与形式常有不谐。实质重于形式，要求企业应当按照交易或者事项的经济实质进行会计确认、计量和报告，不应仅以交易或者事项的法律形式为依据。在实际工作中，交易或事项的外在法律形式或人为形式并不总能完全反映其实质内容。所以，会计信息要想反映其所拟反映的交易或事项，就必须根据交易或事项的实质和经济现实，而不能仅仅根据其法律形式进行核算和反映。

第四节　公司会计要素

从公司会计来说，其核算对象是经济资源的来龙去脉，而财务状况就是某一时点的各种资源的占用、运用和来源情况。要表明企业的财务状况，就需要按一定标准对各种经济资源的占用和来源进行分类，并体现到会计报表。因此，会计要素也称为会计报表要素，是会计报表的基本构件。

会计要素包括反映一定时点（如资产负债表日）财务状况的会计要素，即资产、负债、所有者权益，和反映一定时期（如一个会计年度）经营成果的会计要素，即收入、费用和利润。从逻辑关系上看，时点数是一个会计期间的基础，或者说处于一个新会计期间开启前的静态初始基础，或者说是经历了某一个完整会计期间之后的结果状况，而后者则始终是处于两个时点之间的一个动态过程，二者之间就是结果与过程的关系。公司会计也就是这样的循环往复，才使得企业持续地向前发展。现对上述六类会计要素进行具体阐述。

一、资产

对任何一个公司来说，资产都是指企业过去的交易或者事项形成的、由企业拥有或者控制的、预期会给企业带来经济利益的资源。符合资产定义的资源，在同时满足以下条件时，确认为资产：一是与该资源有关的经济利益很可能流入企业，即该资源有较大的可能直接或者间接导致现金和现金等价物流入企业；二是该资源的成本或者价值能够可靠地计量。

期货公司或信托公司，其拥有的种类资产，按其流动性特征可分为流动资产和非流动资产。

1. 流动资产

流动资产是指可以在1年内（含1年）变现或耗用的资产。公司的流动资产，种类繁多，表现各异，主要包括货币资金、拆出资金、交易性金融资产、指定为公允价值计量的金融资产、衍生金融资产，等等。除了以上这些公司的共同流动资产项目外，各家还有其特殊项目，比如，期货公司持有的期货保证金存款、信托公司的拆出资金等流动资产项目，等等。

2. 非流动资产

非流动资产包括债权投资、其他债权投资、其他权益工具投资、长期股权投资、投资性房地产、固定资产、无形资产、递延所得税资产、其他资产等。除此之外，期货公司的期货会员证投资等、公司的存出资本保证金、独立账户资产等，也都是具有行业特色的非流动资产项目。现先对几个相同项目进行概括解读：

（1）债权投资是指以摊余成本计量的金融资产，即符合以收取合同现金流量为目标作为业务模式、在特定日期产生的现金流量仅为对本金和以未偿付本金为基础所计利息的支付特征的金融资产。

(2) 其他债权投资和其他权益工具投资都是指以公允价值计量且其变动计入其他综合收益的金融资产，即符合既以收取合同现金流量为目标又以出售该金融资产为目标作为其业务模式、在特定日期产生的现金流量仅为对本金和以未偿付本金金额为基础所计利息的支付特征的金融资产。不过，进一步区分，其他债权投资是企业分类为以公允价值计量且其变动计入其他综合收益的债权投资金融资产，而其他权益工具投资是企业指定为以公允价值计量且其变动计入其他综合收益的非交易性权益工具投资。

(3) 长期股权投资是持有时间准备超过 1 年（不含 1 年）的各种股权性质的公司权益性投资。

(4) 固定资产，是指为公司开展经营活动和管理工作而持有的，使用年限超过 1 年，单位价值较高的有形资产。

(5) 无形资产，是指为公司开展经营活动和管理工作而持有的、没有实物形态的非货币性长期资产。

(6) 其他资产，包括投资性房地产、长期待摊费用及商誉等。商誉是指通常在购买法下，购买价格超过所购子公司净资产账面价值的差额部分。

二、负债

负债是指企业过去的交易或者事项形成的、预期会导致经济利益流出企业的现时义务。现时义务是指企业在现行条件下已承担的义务。未来发生的交易或者事项形成的义务，不属于现时义务，不应当确认为负债。符合负债定义的义务，在同时满足以下条件时，确认为负债：其一是与该义务有关的经济利益很可能流出企出；其二是未来流出的经济利益的金额能够可靠地计量。

公司的负债按其流动性可以划分为流动负债和非流动负债两大类。

1. 流动负债

流动负债是指将在 1 年（含 1 年）内偿还的债务。公司流动负债，既能有共同性项目，如短期借款、拆入资金、交易性金融负债、衍生金融负债、卖出回购金融资产款、应付佣金及手续费、应付职工薪酬、应交税费、应付利息等；也有特定项目，如期货公司的应付货币保证金、信托公司的长期信托存款等。

2. 非流动负债

公司非流动负债包括预计负债、长期借款、应付债券、递延所得税负债、其他负债等。

三、所有者权益

所有者权益是所有者在企业资产中享有的经济利益，其金额是资产减去负债后的余额，即所有者享有的企业净资产。对于公司来说，使用负债往往以支付利息为代价，而所有者权益的使用不需要支付利息；企业清算时，所有者权益只有在清偿所有的负债之后才返还给所有者。

所有者权益包括投入资本和留存收益两大部分，具体又分为实收资本、资本公积、盈余公积和未分配利润等项目。实际运行中，针对不同公司的情况，也存在着具有特色的权益项目，如期货公司的期货风险准备金和一般风险准备等，也都是其所有者权益的组成部分。

四、收入

收入是指企业在日常活动中形成的、会导致所有者权益增加的、与所有者投入资本无关的经济利益的总流入。需要强调的是，收入是日常活动中产生的，而产生于非日常经济活动的经济利益流入就不能作为收入，而应该作为利得，如营业外收入；收入的增加有多种表现形式，既可能表现为资产的增加，也可能表现为负债的减少。收入增加的结果是会引起所有者权益的增加。公司对于收入的确认，只有在经济利益很可能流入从而导致企业资产增加或者负债减少且经济利益的流入额能够可靠计量时才能进行。

公司提供期货或信托服务所取得的营业收入，主要包括：手续费收入、佣金收入、托管费收入、投资收益、公允价值变动损益、汇兑收益和其他业务收入。而不包括为第三方或者客户代收的款项。

五、费用

期货公司或者信托的费用是企业在销售商品、提供劳务等日常经济活动中发生的经济利益的流出。费用是日常活动中发生的经济利益流出，不属于日常活动发生的经济利益流出则不属于费用，而归属于损失，如营业外支出。费用发生也有多种表现结果，可以是资产的减少，也可以是负债的增加。费用将引起所有者权益的减少。

费用只有在经济利益很可能流出从而导致企业资产减少或者负债增加且经济利益的流出额能够可靠计量时才能予以确认。

这里讲的费用是一个广义的概念，包括营业成本和期间费用两大类：

营业成本，就一般意义来看，主要是指公司在其业务经营过程中发生的与业务经营直接相关的支出。对于不同类型的公司，其营业成本的具体表现形式不尽相同，比如，在期货公司，其营业成本是指在业务经营过程中发生的与业务经营有关的支出，包括监管费、年会费、使用费、客户服务费等；在信托公司，其营业成本是指公司在日常活动中发生的与基金业务有关的支出，主要包括信托管理人报酬、信托托管费、利息支出、审计费用等。

期间费用，是指公司在业务经营及管理工作中发生的各项费用，包括：固定资产折旧、业务宣传费、业务招待费、电子设备运转费、安全防卫费、坏账损失、财险费、邮电费、劳动保护费、外事费、印刷费、分杂费、低值易耗品摊销、理赔勘察费、职工工资、差旅费、水电费、租赁费、修理费、职工福利费、职工教育经费、工会经费、税金、会议费、诉讼费、公证费、咨询费、无形资产摊销、长期待摊费用摊销、待业保险费、劳动保险费、取暖费、审计费、技术转让费、研究开发费、绿化费、董事会费、上交管理费、银行结算费等。

六、利润

公司的利润是指企业在一定会计期间的经营成果。企业利润是企业在生产经营过程中各种收入减去费用后的净额并加上各种利得和损失后的余额。

公司的利润包括收入减去费用后的净额、直接计入当期利润的利得和损失等。直接计入当期利润的利得和损失，是指应当计入当期损益、会导致所有者权益发生增减变动的、与所有者投入资本或者向所有者分配利润无关的利得或者损失，如营业外收入、营业外支出等。与此相关的会计逻辑等式则：

资产 - 负债 = 所有者权益

收入 - 费用 = 利润

这两者逻辑关系组合在一起，就形成了公司会计报表的完整体系。

第五节　公司会计流程

公司会计流程，无疑是将公司会计的各个构成要件，按照其内在关系，科学、高效地组织起来，使得公司会计能够有条不紊地推进的系统工程。也就是说，流程是在会计凭证、会计账簿、会计报告三个载体之间，通过设置会计科目、采用复式记账、登记会计账簿、计算成本费用、进行财产清查，编制会计报表等方法构成有机的处理系统。本书所谓会计流程，就是会计这一系统工程正常运行所依赖的诸个主体骨架，即会计确认、计量与报告三部曲。从确认、到计量，最后形成报告，会计三部曲，必须环环紧扣，缺一不可。

一、会计确认

作为会计流程的第一项重要程序，会计确认是指依照准则规范来确定某一项目、交易或事项应否、应在何时以及如何列作一项会计要素（如资产、负债、所有者权益、收入、费用或利润）正式地记入会计账内、列入会计报表的过程。广义的会计确认包括在记录中的初始确认与在报表中的最终确认两个方面，而通常意义上的会计确认仅指会计报表的确认，因会计记录最终是为会计报表披露有用信息服务的。显然，会计确认要解决的问题是“应否确认”、“何时确认”以及“如何确认”三个问题。美国财务会计准则委员会（FASB）指出：确认一个项目和有关的信息要符合四个标准：一是符合要素定义，二是可计量性，三是相关性，四是可靠性。只要符合这些标准就应在成本效益与重要性前提下予以确认。国际会计准则委员会（IASB）提出的确认标准是三条：一要满足要素定义，二要与该项目有关的任何未来经济利益可能流入或流出企业，三要确保该项目具有能够可靠计量的成本或价值。综合二者，我们自然可以获得确认的一般标准为“符合要素定义与能够可靠计量”，二者缺一不可。

二、会计计量

会计计量是指用数量尤其是用金额对应该列入报表的各项会计要素加以

描述的基本方式。会计计量通常被认为是会计的核心问题[①]。基于已经拥有了货币计量的会计假设，会计计量则主要意味着会计计量属性的选择问题。计量属性是指会计要素可用货币计量的各种特征。会计计量实际上也是一个动态过程，往往不能一次性完成，除了初始计量，还有后续计量，多数情况下，随着业务的进行，计量模式会持续地发生改变。如期末资产价值的减损、物资盘盈盘亏或资产价值重估等，这些因素均会导致会计计量模式的调整。企业会计准则基本准则第四十一条规定：企业在将符合确认条件的会计要素登记入账并列报于会计报表及其附注时，应当按照规定的会计计量属性进行计量，确定其金额。会计计量属性主要包括历史成本、重置成本、可变现净值、现值、公允价值等五种方式。

1. 历史成本。在历史成本计量模式下，资产按照购买时支付的现金或者现金等价物的金额，或者按照购置资产时所付出对价的公允价值计量；负债按照因承担现时义务而实际收到的款项或者资产的金额，或者承担现时义务的合同金额或者按照日常活动中为偿还负债预期需要支付的现金或者现金等价物的金额计量。

2. 重置成本，在重置成本计量下，资产按照现在购买相同或者相似资产所需支付的现金或者现金等价物的金额计量；负债按照现在偿付该项债务所需支付的现金或者现金等价物的金额计量。

3. 可变现净值。在可变现净值计量下，资产按照其正常对外销售所能收到现金或者现金等价物的金额扣减该资产至完工时估计将要发生的成本、估计的销售费用以及相关税费后的金额计量。

4. 现值。在现值计量下，资产按照预计从其持续使用和最终处虽中所产生的未来净现金流入量的折现金额计量。负债按照预计期限内需要偿还的未来净现金流出量的折现金额计量。

5. 公允价值。在公允价值计量下，资产和负债按照在公平交易中，熟悉情况的交易双方自愿进行资产交换或者债务清偿的金领计量。

企业在对会计要素进行计量时，一般应当采用历史成本。需要采用重置成本、可变现净值、现值、公允价值计量的，应当保证所确定的会计要素金额能够取得并可靠计量。因此，历史成本依然是通常情况下的主流计量模式，

---

① 汤云为、钱逢胜著：《会计理论》，上海财经大学出版社 1997 年版。

其可检验性决定了这是一种最为可靠、最为方便的计量模式。而确实需要采用其他计量模式时，则需要确保相应的配套环境，以保证其计量产生的会计信息具备必要的可靠性。

三、会计报告

公司会计确认、计量的最终目的是编制会计报告。会计报告是公司对外提供的反映企业某一特定日期的财务状况和某一会计期间的经营成果、现金流量等会计信息的文件。投资者、债权人等使用者主要是通过会计报告来了解企业当前的财务状况、经营成果和现金流量等情况，从而预测未来的发展趋势。因此，会计报告是向各类会计报告使用者提供决策有用信息的媒介和渠道，是沟通投资者、债权人等会计报告使用者与企业管理层之间信息的桥梁和纽带。随着我国改革开放的深入和市场经济体制的完善，编制和使用会计报告的作用也越来越突出。国家通过《会计法》《公司法》《证券法》等相关法律，出于保护投资者、债权人等利益的需要，明确规定了企业应当定期编报会计报告的法定义务。

会计报告包括会计报表和其他应当在会计报告是披露的相关信息和资料。而会计报表又由报表本身及其附注两部分构成，附注是财务报表的有机组成部分，而报表至少应当包括资产负债表、利润表、现金流量表和所有者权益变动表等报表。因此，我们通常可以将会计报表简称为“四表一注”：

1. 资产负债表。这是企业会计报表的总表，反映企业在某一特定日期的财务状况的会计报表。企业编制资产负债表的目的是通过如实反映企业的资产、负债和所有者权益金额及其结构情况，从而有助于使用者评价企业资产的质量以及短期偿债能力、长期偿债能力、利润分配能力等。

2. 利润表。这是反映企业在一定会计期间的经营成果的会计报表。企业编制利润表的目的是通过如实反映企业实现的收入、发生的费用以及应当计入当期利润的利得和损失等金额及其结构情况，从而有助于使用者分析评价企业的盈利能力及其构成与质量。

3. 现金流量表。这是反映企业在一定会计期间的现金和现金等价物流入和流出的会计报表。企业编制现金流量表的目的是通过如实反映企业各项活动的现金流入、流出情况，从而有助于使用者评价企业的现金流和资金周转情况。

4. 所有者权益变动表。这是反映构成所有者权益的各组成部分在一定会计期间的增减变动情况的报表。对影响所有者权益的当期损益、直接计入所有者权益的利得和损失以及与所有者的资本交易导致的所有者权益的变动，应当分别列示。

5. 会计报表附注。这是对在会计报表中列示项目所作的进一步说明，以及对未能在这些报表中列示项目的说明等。企业编制附注的目的是通过对财务报表本身作补充说明，以更加全面、系统地反映企业财务状况、经营成果和现金流量的全貌，从而有助于向使用者提供更为决策有用的信息，作出更加科学合理的决策。

财务报表是会计报告的核心，但除了财务报表之外，会计报告还应当包括其他相关信息，具体可以根据有关法律法规的规定和外部使用者的信息需求而定。如企业可以在会计报告中披露其承担的社会责任、对社区的贡献、可持续发展能力等信息，这些信息对于使用者的决策也是相关的，尽管属于非财务信息，但是如果有规定或者使用者有需求的，企业应当在财务报告中予以披露，有时企业也可以自愿在财务报告中披露相关信息。

第二章 公司资产要素核算

本章精要

从整体意义看，期货公司和信托公司的资产是一个相当宽厚的概念，可以包括两个大类：一是金融资产、长期股权投资等各类资产，二是固定资产和无形资产等各类财产。还要看到，随着市场潮流的波动，作为期货公司和信托公司的资产表现形态，经常发生构成项目的变化。

首先需要关注金融资产。包括以摊余成本计量的金融资产、以公允价值计量且其变动计入其他综合收益的金融资产、以公允价值计量且其变动计入当期损益的金融资产等三类。要在准确理解其公允价值的代表性特征基础上，掌握各类金融资产初始形成和持有期间的核算；长期股权类投资与一般企业的核算原理相同，也要在全面理解准则所指定的股权投资环境下，根据公司具体情况，探析通过合并等方式取得长期股权投资的初始计量，并掌握持有期间的成本法和权益法核算方法。

其次需要关注固定资产与无形资产。需要结合期货公司和信托公司的业务实际，在常规性固定资产分类基础上，掌握各类固定资产的初始计量，尤其要关注外购需要安装和自行建造固定资产的核算。当然，固定资产折旧的核算，也要掌握其范围和折旧方法，同时，针对固定资产减少的具体情况，关注固定资产的减值问题。对于无形资产，需要在明确无形资产的概念和特征的前提下，掌握金融企业无形资产的主要类别，对不同类型的无形资产，采取不同的核算。

资产是指企业过去的交易或事项形成的，由企业拥有或控制的，预期会给企业带来经济利益的资源。资产按其流动性（资产的周转、变现能力）可以分为流动资产和非流动资产。资产是会计最基本的要素之一，与负债、所有者权益共同的构成会计等式，成为财务会计的基础。从会计法学的角度分析，资产务必同时具备的特征是：资产预期会给企业带来经济利益；资产应为企业拥有或者控制的资源；资产是由企业过去的交易或者事项形成的；资产必须能够用货币来计量。按照不同的标准，资产可以分为不同的类别：按耗用期限长短，可分为流动资产和长期资产；按是否有实体形态，可分为有形资产和无形资产。在会计实务中，综合这几种分类标准，将资产分为流动资产、长期投资、固定资产、无形资产、递延资产等类别。对于期货公司和信托公司而言，本书根据学习内容的专业性分别按照金融资产、股权投资、固定资产和无形资产来叙述。

第一节　金融资产核算

一、金融资产的概念与分类

金融资产泛指通过资本市场和金融市场的多种金融工具所进行的各类投资，即期货公司或信托公司作为投资方，利用金融合约形成双方股权或债权关系的非实业性投资。显然，金融资产是一种高级形态的资产，也是一种认知、处理和监管都比较复杂的项目。不同的金融资产，其特征与管理互不相同，所以，金融资产的分类是首先要关注的问题。

（一）金融资产的基本分类

CAS22 号（2017 版）将金融资产按其特有的“业务模式”和“合同现金流量特征”进行类别的划分归属，相应地，金融资产由原“四类”（以公允价值计量且其变动计入当期损益的金融资产、持有至到期投资、贷款和应收款项、可供出售金融资产）改成为“三类”：以摊余成本计量的金融资产（英文为 Amortized cost，即“AC”）、以公允价值计量且其变动计入其他综合收益的金融资产（英文为 Fair value through other comprehensive income，即“FVOCI”）、以公允价值计量且其变动计入当期损益的金融资产（英文为 Fair value through profit and loss，即“FVTPL”)。

将上述金融工具准则的专业金融资产分类与一般应用类金融资产结合起来，可以将金融资产投资划分为以摊余成本计量的金融资产、以公允价值计量且其变动计入其他综合收益的金融资产、以公允价值计量且其变动计入当期损益的金融资产、长期股权投资、套期保值、衍生金融工具等六个大类，如图2－1所示。

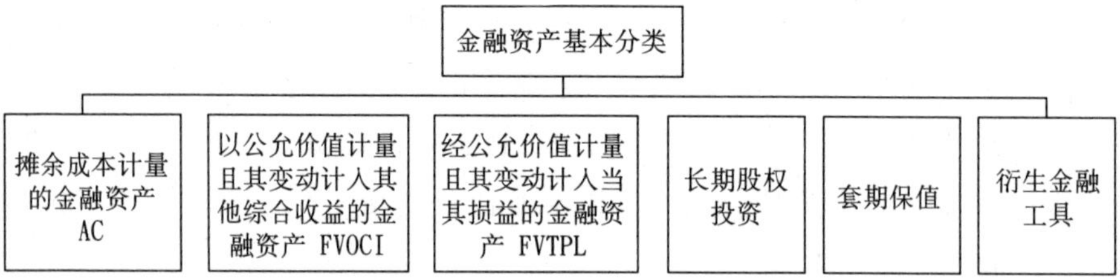

图2－1　金融资产基本分类示意图

其中，前三类是按准则之狭义分类，即基于“主体管理金融资产的业务模式”和“金融资产合同现金流量特征（SPPI)”所作的分类，包括：以摊余成本计量的金融资产（AC)、以公允价值计量且其变化计入其他综合收益的金融资产（FVOCI)、以公允价值计量且其变化计入当期损益的金融资产(FVTPL)。以摊余成本计量的金融资产就是在业务模式上以收取合同现金流量为目标、在合同条款上规定其现金流量仅为对本金和以未偿付本金金额为基础的利息的支付的金融资产；而以公允价值计量且其变动计入其他综合收益的金融资产则是在业务模式上既以收取合同现金流量为目标又以出售该金融资产为目标、在合同条款上规定其现金流量仅为对本金和以未偿付本金金额为基础的利息的支付的金融资产。

而后三类，则是基于另外意义上的一般分类。在后三类中，由于长期股权投资具有自身独立的核算与管理属性，拟单独作为一节阐述。同时，套期保值是指企业为规避外汇风险、利率风险、商品价格风险、股票价格风险、信用风险等，指定一项或一项以上套期工具，是套期工具的公允价值或现金流量变动，预期抵销被套期项目全部或部分公允价值或现金流量变动。套期保值也是一个专业项目，需要在CAS24号套期会计准则下组织专业的会计确认与计量。需要注意的是，衍生金融工具也是一种金融资产，它是指同时具有下列特征的金融工具或其他合同：其一，其价值随特定利率、金融工具价格、商品价格、汇率、价格指数、费率指数、信用等级、信用指数或其他类似变量的变动而变动，变量为非金融变量的，该变量与合同的任一方不存在特定关系；其二，不要求初始净投资，或与对市场情况变化有类似反应的其他类型合同相比，要求很少的初始净投资；其三，在未来某一日期结算。在会计确认与计量上，通常可将衍生金融工具作为交易性金融资产处理。

（二）金融资产的重分类

企业初始确认金融资产的类别划分后，不得随意变更其分类。只有当符合准则所规定的严格条件时，才允许对金融资产进行重分类，即企业改变其管理金融资产的业务模式时，应当按照金融工具会计准则相关规定对所有受影响的相关金融资产进行重分类。

企业对金融资产进行重分类，当自重分类日起采用未来适用法进行相关会计处理，不得对以前已经确认的利得、损失（包括减值损失或利得）或利息进行追溯调整。金融资产重分类的具体规定，视其重分类的逻辑情形而定：

情形之一是 AC－FVOCI：将一项以摊余成本计量的金融资产重分类为以公允价值计量且其变动计入其他综合收益的金融资产的，应当按照该金融资产在重分类日的公允价值进行计量。原账面价值与公允价值之间的差额计入其他综合收益。该金融资产重分类不影响其实际利率和预期信用损失的计量。

情形之二是 AC－FVTPL：将一项以摊余成本计量的金融资产重分类为以公允价值计量且其变动计入当期损益的金融资产的，应当按照该资产在重分类日的公允价值进行计量。原账面价值与公允价值之间的差额计入当期损益。

情形之三是 FVOCI－AC：将一项以公允价值计量且其变动计入其他综合收益的金融资产重分类为以摊余成本计量的金融资产的，应当将之前计入其他综合收益的累计利得或损失转出，调整该金融资产在重分类日的公允价值，并以调整后的金额作为新的账面价值，即视同该金融资产一直以摊余成本计量。该金融资产重分类不影响其实际利率和预期信用损失的计量。

情形之四是 FVOCI－FVTPL：将一项以公允价值计量且其变动计入其他综合收益的金融资产重分类为以公允价值计量且其变动计入当期损益的金融资产的，应当继续以公允价值计量该金融资产。同时，企业应当将之前计入其他综合收益的累计利得或损失从其他综合收益转入当期损益。

情形之五是 FVTPL－AC：企业将一项以公允价值计量且其变动计入当期损益的金融资产重分类为以摊余成本计量的金融资产的，应当以其在重分类口的公允价值作为新的账面余额。

情形之六是 FVTPL－FVOCI：企业将一项以公允价值计量且其变动计入当期损益的金融资产重分类为以公允价值计量且其变动计入其他综合收益的金融资产的，应当继续以公允价值计量该项金融资产。

按照上述要求对金融资产重分类进行处理的，企业应当根据该金融资产在重分类日的公允价值确定其实际利率。同时，企业应当自重分类日起对该金融资产适用关于金融资产减值的相关规定，并将重分类日视为初始确认日。

（三）金融资产会计核算的常用科目

在金融工具会计准则对金融资产分类发生重大变化之后，其核算所使用的会计科目也随之发生了变化。尽管企业的会计处理，可以在不违反会计准则中确认、计量和报告规定的前提下，根据实际情况自行增设、分拆、合并或简化会计科目，但是，一些业务特征明显的业务必须按照新的准则指南来设置以下主要科目：

1. 设置“交易性金融资产”科目，本科目核算企业分类为以公允价值计量且其变动计入当期损益的金融资产，即。本科目可按交易性金融资产的类别和品种，分别“成本”“公允价值变动”等进行明细核算。

2. 设置“1102 指定为公允价值计量的金融资产”科目，该科目核算企业持有的直接指定为以公允价值计量且其变动计入当期损益的金融资产。请注意，在资产负债表日编制报表时，需将本科目余额与“交易性金融资产”科目余额合并计入资产负债表的“交易性金融资产”项目之中，不单独列示。

3. 设置“1501 债权投资”科目，该科目核算企业以摊余成本计量的债权投资的账面余额。本科目可按债权投资的类别和品种，分别“面值”“利息调整”“应计利息”等进行明细核算。

4. 设置“1503 其他债权投资”科目，该科目核算企业分类为以公允价值计量且其变动计入其他综合收益的债权投资金融资产的价值。本科目可按金融资产类别和品种，分别“成本”“利息调整”“应计利息”“公允价值变动”等进行明细核算。

5. 设置“1504 其他权益工具投资”科目，该科目核算企业指定为以公允价值计量且其变动计入其他综合收益的非交易性权益工具投资。本科目可按其他权益工具投资的类别和品种，分别“成本”“公允价值变动”等进行明细核算。

6. 将“1502 持有至到期投资减值准备”科目改为“1502 债权投资减值准备”。本科目核算企业以摊余成本计量的债权投资以预期信用损失为基础计提的损失准备。

二、摊余成本计量的金融资产的核算

金融资产的摊余成本，是指该金融资产的初始确认金额经下列调整后的结果：（1）扣除已偿还的本金；（2）加上或减去采用实际利率法将该初始确认金额与到期日金额之间的差额进行摊销形成的累计摊销额；（3）扣除已发生的减值损失。

（一）摊余成本法体系下的实际利率法要点

实际利率法，是指按照金融资产（含一组金融资产）的实际利率计算其摊余成本及各期利息收入的方法。实际利率，是指将金融资产在预期存续期间或适用的更短期间内的未来现金流量，折现为该金融资产当前账面价值所使用的利率。在确定实际利率时，应当在考虑金融资产所有合同条款（包括提前还款权、看涨期权、类似期权等）的基础上预计未来现金流量，但不应当考虑未来信用损失。

金融资产合同各方之间支付或收取的、属于实际利率组成部分的各项收费、交易费用及溢价或折价等，应当在确定实际利率时予以考虑。金融资产的未来现金流量或存续期间无法可靠预计时，应当采用该金融资产在整个合同内的合同现金流量。

因此，实际利率法在设定计算公式时，需要注意：

第一点，以摊余成本计量的金融资产之摊余成本 = 期初摊余成本 + 到期收益率计算的利息收益 - 票面利率计算的票面利息 - 已发生的减值准备 = 期初摊余成本 + 前期摊余成本 × 实际利率 - 面值 × 票面利率 - 已发生的减值准备。

第二点，溢价摊销额 = 票面利率计算的票面利息 - 到期收益率计算的利息收益

第三点，折价摊销额 = 到期收益率计算的利息收益 - 票面利率计算的票面利息

第四点，债券的溢价是投资者为了以后获得高于市场利率的利息而在购买时必须预先付出的代价，有溢价的债券实际利率低于票面利率；债券的折价则是投资人为了以后弥补低于市场利率的利息而在购买时必须预先获得的补偿，有折价的债券实际利率高于票面利率。

此外，原来所说的债券的溢折价在新准则中全部放入“以摊余成本计量的金融资产——利息调整”科目内，这是一项显著的进步。准则中存在溢价

以正数、借方发生额和余额的形式在此科目内核算，存在折价以负数、贷方发生额和余额的形式在此科目内核算。其实质是调整债券的票面利率与实际利率的差额。

（二）以摊余成本计量的金融资产的确认与计量

CAS22 号准则规定：以摊余成本计量的金融资产应当按取得时的公允价值和相关交易费用之和作为初始确认金额。支付的价款中包含的已到付息期但尚未领取的债券利息，应单独确认为应收项目。

为了核算期货公司以摊余成本计量的金融资产的价值，应设置“债权投资”科目。该科目属于资产类科目。借方登记以摊余成本计量的金融资产的面值、溢价金额、到期一次还本付息债券投资按票面利率计算的应收未收利息以及折价的摊销；贷方登记以摊余成本计量的金融资产的折价金额、溢价的摊销金额，以及处置以摊余成本计量的金融资产时转出的账面余额；期末余额在借方，反映期货公司以摊余成本计量的金融资产的摊余成本。本科目应当按照以摊余成本计量的金融资产的类别和品种，分别“成本”“利息调整”“应计利息”进行明细核算。

期货公司取得的以摊余成本计量的金融资产，应按该投资的面值，借记“债权投资——成本”科目，按支付的价款中包含的已到付息期但尚未领取的利息，借记“应收利息”科目，按实际支付的金额，贷记“银行存款”等科目，按其差额借记或贷记“债权投资——利息调整”科目。

通常，以摊余成本计量的金融资产，其后续计量在实际利率法框架下将计算各个会计期间的摊余成本，并将利息收入、利息费用分摊计入各个会计期间。

【例 2－1】 2×18 年 1 月 1 日，大信兴胜信托股份有限公司支付价款 2 000 万元（含交易费用），从活跃市场上购入某公司 5 年期债券，面值 2 500 万元，票面利率 4.72%，按年支付利息（即每年 118 万元），本金最后一次支付。合同约定，该债券的发行方在遇到特定情况时可以将债券赎回，且不需要为提前赎回支付额外款项。大信兴胜信托股份有限公司在购买该债券时，预计发行方不会提前赎回。大信兴胜信托股份有限公司根据其管理该债券的业务模式和该债券的合同现金流量特征，将该债券分类为以摊余成本计量的金融资产。不考虑所得税、减值损失等因素。

计算实际利率 r：

$118\times(1+r)^{-1}+118\times(1+r)^{-2}+118\times(1+r)^{-3}+118\times(1+r)^{-4}+$

$(118+2\ 500)\times(1+r)^{-5}=2\ 000$（万元），由此得出 $r=10\%$。分年摊余成本与利息计算如表 2-1 所示

表 2-1　　分年摊余成本与利息计算表　　金额单位：万元

年　份	期初摊余成本 (a)	实际利息（b）（按 10% 计算）	现金（c）	期末摊余成本 (d=a+b-c)
2×18	2 000	200	118	2 082
2×19	2 082	208	118	2 172
2×20	2 172	217	118	2 271
2×21	2 271	227	118	2 380
2×22	2 380	238	2 500+118	0

根据上述数据，甲公司的有关账务处理如下：

(1) 2×18 年 1 月 1 日，购入债券。

借：债权投资——成本　　25 000 000
　贷：银行存款　　20 000 000
　　债权投资——利息调整　　5 000 000

(2) 2×18 年 12 月 31 日，确认实际利息收入、收到票面利息等。

借：应收利息　　1 180 000
　债权投资——利息调整　　820 000
　贷：投资收益　　2 000 000
借：银行存款　　1 180 000
　贷：应收利息　　1 180 000

(3) 2×19 年 12 月 31 日，确认实际利息收入、收到票面利息等。

借：应收利息　　1 180 000
　债权投资——利息调整　　900 000
　贷：投资收益　　2 080 000
借：银行存款　　1 180 000
　贷：应收利息　　1 180 000

(4) 2×20 年 12 月 31 日，确认实际利息收入、收到票面利息等

借：应收利息　　1 180 000
　债权投资——利息调整　　990 000
　贷：投资收益　　2 170 000
借：银行存款　　1 180 000

贷：应收利息　　1 180 000

(5) 2×21 年 12 月 31 日，确认实际利息收入、收到票面利息等。

借：应收利息　　1 180 000

债权投资——利息调整　　1 090 000

贷：投资收益　　2 270 000

借：银行存款　　1 180 000

贷：应收利息　　1 180 000

(6) 2×22 年 12 月 31 日，确认实际利息收入、收到票面利息和本金等。

利息调整金额 =(500 - 82 - 90 - 99 - 109) = 120（万元）

借：应收利息　　1 180 000

债权投资——利息调整　　1 200 000

贷：投资收益　　2 380 000

借：银行存款　　1 180 000

贷：应收利息　　1 180 000

借：银行存款等　　25 000 000

贷：债权投资——成本　　25 000 000

【例 2-2】 承接上例，假定大信兴胜信托股份有限公司在认购该批债券两年之后，即在 2×20 年 1 月 1 日，预计本金的一半（即 1 250 万元）将会在该年末收回，而其余的一半本金将于 2×24 年年末付清。遇到这种情况时，大信兴胜信托股份有限公司应当调整 2×20 年年初的摊余成本，计入当期损益；调整时采用最初确定的实际利率。据此，调整上述表中相关数据后如表 2-2 所示。

表 2-2　　**分年摊余成本与利息计算表**　　金额单位：万元

年份	期初摊余成本 (A)	实际利息 (B)（按 10% 计算）	现金流入 (C)	期末摊余成本 (D = A + B - C)
2×20	2 276 *	228 **	118 + 1 250	1 136
2×21	1 136	114	59 ***	1 191
2×22	1 191	118	1 250 + 59	0

* $(1\ 250 + 118) \times (1 + 10\%)^{-1} + 59 \times (1 + 10\%)^{-2} + (1\ 250 + 59) \times (1 + 10\%)^{-3} = 2\ 276$（元）（四舍五入）。

** $2\ 276 \times 10\% = 228$（万元）（四舍五入）。

*** $1\ 250 \times 4.72\% = 59$（万元）

根据上述调整，甲公司的账务处理如下：

(1) 2×20年1月1日，调整期初摊余成本104（2 276 - 2 172）万元。

借：债权投资——利息调整 1 040 000

　贷：投资收益 1 040 000

(2) 2×20年12月31日，确认实际利息、收回本金等。

借：应收利息 1 180 000

　债权投资——利息调整 1 100 000

　贷：投资收益 2 280 000

借：银行存款 1 180 000

　贷：应收利息 1 180 000

借：银行存款 12 500 000

　贷：债权投资——成本 12 500 000

(3) 2×21年12月31日，确认实际利息等。

借：应收利息 590 000

　债权投资——利息调整 550 000

　贷：投资收益 1 140 000

借：银行存款 590 000

　贷：应收利息 590 000

(4) 2×22年12月31日，确认实际利息、收回本金等。

借：应收利息 590 000

　债权投资——利息调整 590 000

　贷：投资收益 1 180 000

借：银行存款 590 000

　贷：应收利息 590 000

借：银行存款 12 500 000

　贷：债权投资——成本 12 500 000

【例2-3】假定大信兴胜信托股份有限公司购买的债券不是分次付息，而是到期一次还本付息，且利息不是以复利计算。此时，大信兴胜信托股份有限公司所购买债券的实际利率r计算如下：

$(118 + 118 + 118 + 118 + 118 + 2\ 500) \times (1 + r)^{-5} = 2000$，由此得出 $r \approx 9.05\%$。

据此，调整上述表中相关数据后如表2－3所示。

表2－3　　分年摊余成本与利息计算表　　金额单位：万元

年份	期初摊余成本（A）	实际利息（B）（按9.05%计算）	现金流入（C）	期末摊余成本（D＝A＋B－C）
2×18	2 000	181.00	0	2 181.00
2×19	2 181	197.38	0	2 378.38
2×20	2 378.38	215.24	0	2 593.62
2×21	2 593.62	234.72	0	2 828.35
2×22	2 828.35	261.65*	2 500＋590	0

注：标*数字考虑了计算过程中出现的尾差5.69元。

根据上述数据，大信兴胜信托股份有限公司的有关账务处理如下：

（1）2×18年1月1日，购入债券。

借：债权投资——成本　　25 000 000
　　贷：银行存款　　20 000 000
　　　　债权投资——利息调整　　5 000 000

（2）2×18年12月31日，确认实际利息收入。

借：债权投资——应计利息　　1 180 000
　　债权投资——利息调整　　630 000
　　贷：投资收益　　1 810 000

（3）2×19年12月31日，确认实际利息收入。

借：债权投资——应计利息　　1 180 000
　　债权投资——利息调整　　793 800
　　贷：投资收益　　19 738 000

（4）2×20年12月31日，确认实际利息收入。

借：债权投资——应计利息　　1 180 000
　　债权投资——利息调整　　972 400
　　贷：投资收益　　21 524 000

（5）2×21年12月31日，确认实际利息收入。

借：债权投资——应计利息　　1 180 000
　　债权投资——利息调整　　1 167 200
　　贷：投资收益　　2 347 200

(6) 2×22 年 12 月 31 日，确认实际利息收入、收到本金和名义利息等。

借：债权投资——应计利息	1 180 000	
债权投资——利息调整	1 436 500	
贷：投资收益		2 616 600
借：银行存款	30 900 000	
贷：债权投资——成本		25 000 000
债权投资——应计利息		900 000

三、以公允价值计量且其变动计入其他综合收益的金融资产的核算

根据准则规定，以公允价值计量且其变动计入其他综合收益的金融资产，也是相对丰富多样的，需要仔细判断，准确归类与处理。

（一）以公允价值计量且其变动计入其他综合收益的金融资产之基本特征

根据 CAS22 准则规定，金融资产同时符合下列条件的，分类为以公允价值计量且其变动计入其他综合收益的金融资产：一是业务模式既以收取合同现金流量为目标又以出售该金融资产为目标；二是约定在特定日期产生的现金流量，仅为对本金和以未偿付本金金额为基础的利息的支付。

据此分析，在目前比较活跃的金融市场上，就股票、债券、基金等大类投资而言，简单分析如下：

股票投资方面，只有非交易性权益才可以被特殊指定为以公允价值计量且其变动计入其他综合收益的金融资产，而对通常二级市场获取的股票，由于其限制和信息披露要求高，且持续期间浮盈和卖出收益均无法体现在损益中，将成为减少使用的分类，越来越多地划入第三类（FVTPL）。

基金投资方面，经常对保本基金、封闭式基金分类为以公允价值计量且其变动计入其他综合收益的金融资产。一般基金也无法通过 SPPI 测试，多数基金将可供出售资产划入以公允价值计量且其变动计入当期损益的金融资产。

在另类投资方面，不保本不保息的理财产品、债权计划、资管产品等非标产品也将无法通过 SPPI 测试，而划入到以公允价值计量且其变动计入当期损益的金融资产核算。

进一步地，比如，公司持有金融资产的目的是为了满足每日流动性需要，在实际操作时，因应市场变化，导致频繁的金融资产出售且相关金额较大。此外，由于很少能够准确地预测每日流动性需求，预期此类业务操作会持续

下去。公司业务模式的目标是满足每日流动性需求，其通过既收取合同现金流量又出售金融资产来实现这些目标。这表明收取合同现金流量及出售金融资产这两者对于实现业务模式的目标而言，都是不可或缺的。基于此，如果该金融资产的合同条款还规定，在特定日期产生的现金流量，仅为对本金和以未偿付本金金额为基础的利息的支付，那么该金融资产满足分类为以公允价值计量且其变动计入其他综合收益类的条件。

（二）以公允价值计量且其变动计入其他综合收益的金融资产的会计处理

以公允价值计量且其变动计入其他综合收益的金融资产所产生的利得或损失，除减值损失或利得和汇兑损益外，均应当计入其他综合收益，直至该金融资产终止确认或被重分类。但是，采用实际利率法计算的该金融资产的利息应当计入当期损益。该类金融资产计入各期损益的金额应当与视同其一直按摊余成本计量而计入各期损益的金额相等。

该类金融资产终止确认时，之前计入其他综合收益的累计利得或损失应当从其他综合收益中转出，计入当期损益。

对于指定为以公允价值计量且其变动计入其他综合收益的非交易性权益工具投资，除了获得的股利（属于投资成本收回部分的除外）计入当期损益外，其他相关的利得和损失（包括汇兑损益）均应计入其他综合收益，且后续不得转入当期损益。当其终止确认时，之前计入其他综合收益的累计利得或损失应当从其他综合收益中转出，计入留存收益。

【例 2-4】 2×13 年 1 月 1 日，远东期货公司支付价款 1 000 万元（含交易费用）从上海证券交易所购入乙公司同日发行的 5 年期公司债券 12 500 份，债券票面价值总额为 1 250 万元，票面年利率为 4.72%，于年末支付本年度债券利息（即每年利息为 59 万元），本金在债券到期时一次性偿还。合同约定，该债券的发行方在遇到特定情况时可以将债券赎回，且不需要为提前赎回支付额外款项。远东期货公司在购买该债券时，预计发行方不会提前赎回。远东期货公司根据其管理该债券的业务模式和该债券的合同现金流量特征，将该债券分类为以公允价值计量且其变动计入其他综合收益的金融资产。

其他资料如下：

(1) 2×13 年 12 月 31 日，乙公司债券的公允价值为 1 200 万元（不含利息）。

(2) 2×14 年 12 月 31 日，乙公司债券的公允价值为 1 300 万元（不含利息）。

（3）2×15 年 12 月 31 日，乙公司债券的公允价值为 1 250 万元（不含利息）。

（4）2×16 年 12 月 31 日，乙公司债券的公允价值为 1 200 万元（不含利息）。

（5）2×17 年 1 月 20 日，通过上海证券交易所出售了乙公司债券 12 500 份，取得价款 1 260 万元。

假定不考虑所得税、减值等因素，计算该债券的实际利率 r：

$$59\times(1+r)^{-1}+59\times(1+r)^{-2}+59\times(1+r)^{-3}+59\times(1+r)^{-4}+(59+1\ 250)\times(1+r)^{-5}=1\ 000\text{（万元）}$$

采用插值法，计算得出 r＝10%。相应的各科目余额计算如表 2－4 所示。

表 2－4　以公允价值计量且其变动计入其他综合收益的金融资产各科目余额表

单位：万元

日期	现金流入（A）	实际利息收入（B＝期初 D×10%）	已收回的本金（C＝A－B）	摊余成本余额（D＝期初 D－C）	公允价值（E）	公允价值变动额 F＝E－D－期初 G	公允价值变动累计金额 G＝期初 G＋F
2×13－1－1				1 000	1 000	0	0
2×13－12－31	59	100	－41	1 041	1 200	159	159
2×14－12－31	59	104	－45	1 086	1 300	55	214
2×15－12－31	59	109	－50	1 136	1 250	－100	114
2×16－12－31	59	113	－54	1 190	1 200	－104	10

注：* 尾数调整 1 260＋0－1 190＝70（万元）

甲公司的有关账务处理如下：

（1）2×13 年 1 月 1 日，购入乙公司债券。

借：其他债权投资——成本　　12 500 000
　　贷：银行存款　　10 000 000
　　　　其他债权投资——利息调整　　2 500 000

（2）2×13 年 12 月 31 日，确认乙公司债券实际利息收入、收到债券利息、公允价值变动。

借：应收利息　　590 000

其他债权投资——利息调整 410 000

贷：投资收益 1 000 000

借：银行存款 590 000

贷：应收利息 590 000

借：其他债权投资——公允价值变动 1 590 000

贷：其他综合收益——其他债权投资公允价值变动 1 590 000

(3) 2×14 年 12 月 31 日，确认乙公司债券实际利息收入、公允价值变动，收到债券利息。

借：应收利息 590 000

其他债权投资——利息调整 450 000

贷：投资收益 1 040 000

借：银行存款 590 000

贷：应收利息 590 000

借：其他债权投资——公允价值变动 550 000

贷：其他综合收益——其他债权投资公允价值变动 550 000

(4) 2×15 年 12 月 31 日，确认乙公司债券实际利息收入、公允价值变动，收到债券利息。

借：应收利息 590 000

其他债权投资——利息调整 500 000

贷：投资收益 1 090 000

借：银行存款 590 000

贷：应收利息 590 000

借：其他综合收益——其他债权投资公允价值变动 1 000 000

贷：其他债权投资——公允价值变动 1 000 000

(5) 2×16 年 12 月 31 日，确认乙公司债券实际利息收入、公允价值变动，收到债券利息。

借：应收利息 590 000

其他债权投资——利息调整 540 000

贷：投资收益 1 130 000

借：银行存款 590 000

贷：应收利息 590 000

借：其他综合收益——其他债权投资公允价值变动 1 040 000
　　贷：其他债权投资——公允价值变动 1 040 000

（6）2×17 年 1 月 20 日，确认出售乙公司债券实现的损益。

借：银行存款 12 600 000
　　其他综合收益——其他债权投资公允价值变动 100 000
　　其他债权投资——利息调整 600 000
　　贷：其他债权投资——成本 12 500 000
　　　　投资收益 800 000

四、以公允价值计量且其变动计入当期损益的金融资产的核算

根据金融工具准则的规定，对于分类为以摊余成本计量的金融资产和分类为以公允价值计量且其变动计入其他综合收益的金融资产之外的金融资产，企业将其分类为以公允价值计量且其变动计入当期损益的金融资产。也就是说，除了依照准则前述条款应该归入第一类（AC）、第二类（FVOCL）之外，统一计入第三类（FVTPL），即第三类成为了“剩余”类别了。

（一）以公允价值计量且其变动计入当期损益的金融资产之基本特征

在实际金融资产归类方面，比较有代表性的是，下列投资产品通常应当分类为以公允价值计量且其变动计入当期损益的金融资产：

（1）股票。股票的合同现金流量源自收取被投资企业未来股利分配以及其清算时获得剩余收益的权利。由于股利及获得剩余收益的权利均不符合本准则关于本金和利息的定义，因此股票的合同现金流量不符合本金加利息的合同现金流量特征。因此，公司通常拟将其持有的股票应当分类为以公允价值计量且其变动计入当期损益的金融资产。

（2）基金。常见的股票型基金、债券型基金、货币基金或混合基金，通常投资于动态管理的资产组合，投资者从该类投资中所取得的现金流量既包括投资期间基础资产产生的合同现金流量，也包括处置基础资产的现金流量。因此，基金的合同现金流量一般情况下不符合本金加利息的合同现金流量特征。企业持有的基金应当分类为以公允价值计量且其变动计入当期损益的金融资产。

（3）可转换债券。信托公司或期货公司从市场上购入的可转换债券，约定其可以在特定日期之后以固定价格转换为发行方的股权。公司对该可转换

债券整体进行分析，判断该可转换债券的合同现金流量不是本金及未付本金利息的付款额，因为利率体现的并不只是货币的时间和信用风险债务工具（包括混合合同）的对价，相关回报还与发行方的权益的价值相关联。因此，企业应当将该可转换债券分类为以公允价值计量且其变动计入当期损益的金融资产。

为了核算和监督企业以公允价值计量且其变动计入当期损益的金融资产的增减变动和结存情况，企业应设置“交易性金融资产”账户。同时，对于直接指定为以公允价值计量且其变动计入当期损益的金融资产，应当专门设置“1102 指定为以公允价值计量的金融资产”这样一个科目进行核算。

（二）以公允价值计量且其变动计入当期损益的金融资产的会计核算

企业购入长期持有的债券时，有的按债券面值购入，有的按高于债券面值的价格（即溢价）购入，有的按低于债券面值的价格（即折价）购入。溢价或折价购入是由于债券的票面利率（名义利率）与市场利率（实际利率）不同而引起的。当债券票面利率等于市场利率时，因债券发行单位每期按与市场利率相等的票面利率支付债券利息，所以可以按债券面值发行债券，即平价发行，投资者按面值购入。当债券票面利率高于市场利率，因债券发行单位每期要以比市场利率为高的票面利率支付债券利息，所以可以以高于债券面值的价格发行债券，即溢价发行，对投资者而言是溢价购入。当债券的票面利率低于市场利率，因债券发行单位每期要以比市场利率低的票面利率支付债券利息，所以必须以低于债券面值的价格发行债券，即折价发行，对投资者而言是折价购入。

长期债券投资的溢价或折价可按下列公式计算：

长期债券投资的溢价或折价 =（债券初始投资成本 - 包含在投资成本中的相关费用 - 应收利息）- 债券面值

这里的“相关费用”是指取得债券投资时构成债券初始投资成本的费用；这里的“应收利息”是指构成债券初始投资成本的债券利息。

企业购入长期债券时，应按债券的票面价值，借记“交易性金融资产 - 债券投资（面值）”科目；支付的税金、手续费等各项附加费用，如果金额较大，借记“交易性金融资产——债券投资（债券费用）”科目，如果金额较小，借记“投资收益”科目；实际支付价款中包含的利息，应分别不同情况进行处理：对于到期一次还本付息的债券，由于其利息不能在一年内收回，应计入投资成本，借记“交易性金融资产——债券投资（应计利息）”科目；对于分期付息的债券，其利息一般在一年内能够收回，可以视为短期债权，借记“应收利息”科目，不计入投资成本；按实际支付的价款，贷记“银行存款”科目；按借贷方差额借记或贷记“交易性金融资产——债券投资（溢折价）”科目。

现举例说明可转债取得的核算如下：

【例2-5】 2×15年5月，信明信托公司以480万元购入乙公司股票80万股作为交易性金融资产，另支付手续费20万元，2×15年6月30日该股票每股市价为7.5元，2×15年8月10日，乙公司宣告分派现金股利，每股0.25元，8月20日，甲公司收到分派的现金股利。至12月31日，甲公司仍持有该交易性金融资产，期末每股市价为8.5元，2×16年1月3日以685万元出售该交易性金融资产。假定信明信托公司每年6月30日和12月31日对外提供财务报告。

现编制上述经济业务的会计分录，并计算该交易性金融资产的累计损益如下：

（1）编制上述经济业务的会计分录。

① 2×15年5月购入时。

借：交易性金融资产——成本　　6 300 000
　　投资收益　　200 000
　　贷：银行存款　　6 500 000

② 2×15年6月30日，公允价值变动=(630-80×7.5)=30（万元）。

借：公允价值变动损益　　300 000
　　贷：交易性金融资产——公允价值变动　　300 000

③ 2×15年8月10日宣告分派时时，公允价值变动=(0.25×80)=20（万元）。

借：应收股利　　200 000
　　贷：投资收益　　200 000

④ 2×15年8月20日收到股利时。

借：银行存款　　200 000
　　贷：应收股利　　200 000

⑤ 2×15 年 12 月 31 日，公允价值变动 =(80×8.5－600)=80（万元）。

借：交易性金融资产——公允价值变动　　800 000

　　贷：公允价值变动损益　　800 000

⑥ 2×16 年 1 月 3 日处置。

借：银行存款　　6 850 000

　　公允价值变动损益　　500 000

　　贷：交易性金融资产——成本　　6 300 000

　　　　　　　　　　——公允价值变动　　500 000

　　　　投资收益　　550 000

(2) 计算该交易性金融资产的累计损益。

该交易性金融资产的累计损益 =－20－30+20+80－50+55=55（万元）。

【例 2－6】 致远期货公司发生了如下业务从二级市场支付价款 2 040 000 元（含已到付息但尚未领取的利息 40 000 元）购入某公司发行的债券，另发生交易费用 30 000 元。该债券面值 2 000 000 元，剩余期限为 2 年，票面年利率为 4%，每半年付息一次，信明信托公司将其划分为指定为公允价值计量的金融资产。其他资料如下：

(1) 2×15 年 1 月 5 日，收到该债券 2×14 年下半年利息 40 000 元；

(2) 2×15 年 6 月 30 日，该债券的公允价值为 2 150 000 元（不含利息）；

(3) 2×15 年 7 月 5 日，收到该债券半年利息；

(4) 2×15 年 12 月 31 日，该债券的公允价值为 2 100 000 元（不含利息）；

(5) 2×16 年 1 月 5 日，收到该债券 2×15 年下半年利息；

(6) 2×16 年 3 月 31 日，甲企业将该债券出售，取得价款 2 180 000 元（含 1 季度利息 20 000 元）。假定不考虑其他因素。

信明信托公司的账务处理如下：

(1) 2×15 年 1 月 1 日，购入债券。

借：指定为公允价值计量的金融资产——成本　　2 000 000

　　应收利息　　40 000

　　投资收益　　30 000

　　贷：银行存款　　2 070 000

(2) 2×15 年 1 月 5 日，收到该债券 2×14 年下半年利息。

借：银行存款　40 000

　贷：应收利息　40 000

(3) 2×15 年 6 月 30 日，确认债券公允价值变动和投资收益。

借：指定为公允价值计量的金融资产——公允价值变动　150 000

　贷：公允价值变动损益　150 000

借：应收利息　40 000

　贷：投资收益　40 000

(4) 2×15 年 7 月 5 日，收到该债券半年利息。

借：银行存款　40 000

　贷：应收利息　40 000

(5) 2×15 年 12 月 31 日，确认债券公允价值变动和投资收益。

借：公允价值变动损益　50 000

　贷：指定为公允价值计量的金融资产——公允价值变动　50 000

借：应收利息　40 000

　贷：投资收益　40 000

(6) 2×16 年 1 月 5 日，收到该债券 2×15 年下半年利息。

借：银行存款　40 000

　贷：应收利息　40 000

(7) 2×16 年 3 月 31 日，将该债券予以出售。

借：应收利息　20 000

　贷：投资收益　20 000

借：银行存款　2 160 000

　公允价值变动损益　100 000

　贷：指定为公允价值计量的金融资产——成本　2 000 000

　　指定为公允价值计量的金融资产——公允价值变动　100 000

　　投资收益　160 000

借：银行存款　20 000

　贷：应收利息　10 000

五、金融资产重分类的核算

承接本节前述金融资产重分类，现举例说明其日常会计核算。其中，情形一（AC－FVOCI）、情形三（FVOCI－AC）、情形四（FVOCI－FVTPL）、情形六（FVTPL－FVOCI）都可能会涉及到股东权益项下的其他综合收益增减变动。

【例2－7】 2×16年10月15日，信明信托公司以公允价值500 000元购入一项债券投资，并按规定将其分类为以摊余成本计量的金融资产，该债券的账面余额为500 000元。2×17年10月15日，甲银行变更了其管理债券投资组合的业务模式，其变更符合重分类的要求，因此，信明信托公司于2×18年1月1日将该债券从以摊余成本计量重分类为以公允价值计量且其变动计入当期损益。2×18年1月1日，该债券的公允价值为490 000元，已确认的损失准备为6 000元。假设不考虑该债券的利息收入。

信明信托公司的会计处理如下：

借：交易性金融资产	490 000	
债权投资减值准备	6 000	
公允价值变动损益	4 000	
贷：债权投资		500 000

【例2－8】 2×16年9月15日，信明信托公司以公允价值500 000元购入一项债券投资，并按规定将其分类为以公允价值计量且其变动计入其他综合收益的金融资产，该债券的账面余额为500 000元。2×17年10月15日，信明信托公司变更了其管理债券投资组合的业务模式，其变更符合重分类的要求，因此，信明信托公司于2×18年1月1日将该债券从以公允价值计量且其变动计入其他综合收益的金融资产重分类为以摊余成本计量的金融资产。2×18年1月1日，该债券的公允价值为490 000元，已确认的损失准备为6 000元。假设不考虑利息收入。

信明信托公司的会计处理如下：

借：债权投资	500 000	
其他债权投资——公允价值变动	10 000	
其他综合收益——信用减值准备	6 000	
贷：其他债权投资——成本		500 000
其他综合收益——其他债权投资公允价值变动		10 000
债权投资减值准备		6 000

第二节 股权投资核算

一、长期股权投资的概念和类型

公司的长期股权投资是指通过投资取得被投资单位的股权，作为被投资单位的股东，投资者按所持股份比例享有权利并承担责任。长期股权投资的期限一般较长，不准备随时出售。长期股权投资可以通过在证券市场上以货币资金购买其他单位的股票的方式获得，也可以直接以资产（包括货币资金、无形资产和其他实物资产）投资于其他单位获得。

按照CAS2号长期股权投资准则的规定，公司的长期股权投资分为以下四种类型：

（一）公司持有的能够对被投资单位实施控制的权益性投资，即对子公司的投资

能够对被投资单位实施控制的投资是指投资企业有权确定被投资企业的财务和经营政策，并能据以从该被投资企业的经营活动中获取利益。这里的控制包括：

1. 投资企业直接拥有被投资企业50%以上（不含50%）的表决权资本。

2. 投资企业虽然直接拥有被投资企业50%或50%以下的表决权资本，但具有实质控制权的。具有实质性控制权的判断情形：（1）通过与其他投资者的协议，投资企业拥有被投资企业50%以上表决权资本的控制权；（2）根据章程或协议，投资企业有权控制被投资企业的财务和经营政策；（3）投资企业有权任免被投资企业董事会等类似权力机构的多数成员；（4）投资企业在董事会或类似权力机构会议上有半数以上投票权。

（二）公司持有的能够与其他合营方一同对被投资单位实施共同控制的权益性投资，即对合营企业投资

共同控制，是指按照合同约定对某项经济活动所共有的控制，仅在与该项经济活动相关的重要财务和经营决策需要分享控制权的投资方一致同意时存在。投资企业与其他方对被投资单位实施共同控制的，被投资单位为其合营企业。

（三）公司持有的能够对被投资单位施加重大影响的权益性投资，即对联营企业投资

重大影响，是指对一个企业的财务和经营政策有参与决策的权力，但并不能够控制或者与其他方一起共同控制这些政策的制定。投资企业能够对被投资单位施加重大影响的，被投资单位为其联营企业。

当投资企业直接拥有被投资企业20%或以上至50%表决权资本时，一般认为对被投资企业有重大影响。此外，符合下列情况之一的，实质上对被投资企业的财务和经营政策的决策有重大影响，也应确认为具有重大影响：如在被投资企业的董事会或类似权力机构中派有代表、参与被投资企业的政策的制定过程、向被投资企业派出管理人员、依赖投资企业的技术资料，以及其他能足以证明投资企业对被投资企业有重大影响的情形。

（四）公司对被投资单位不具有控制、共同控制或重大影响、在活跃市场中没有报价、公允价值不能可靠计量的权益性投资。即前三类以外的投资。具体表现为：

1. 投资企业直接拥有被投资企业20%以下的表决权资本，且不存在对被投资企业实施其他重大影响的途径。

2. 投资企业直接拥有被投资企业20%或以上的表决权资本，但实质上对被投资企业不具有控制、共同控制和重大影响。

对长期股权投资的类型我们总结如图2－2所示。

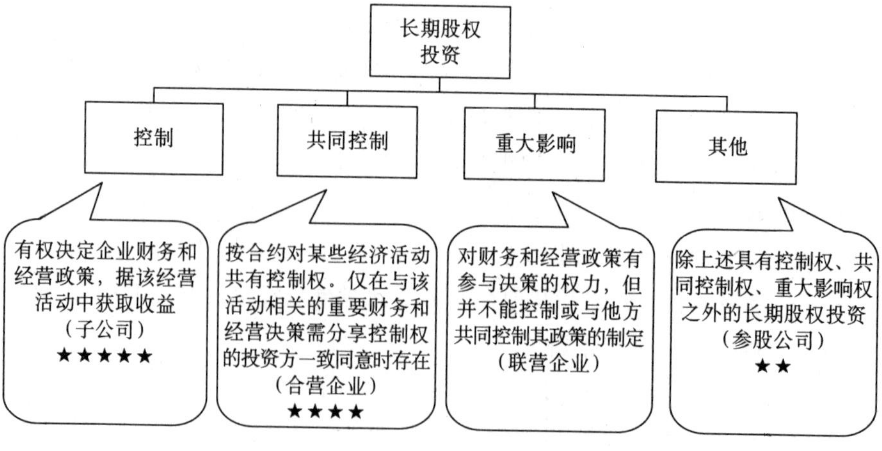

图2－2　长期股权投资类型示意图

二、企业合并取得的长期股权投资的确认与初始计量

在公司合并其他公司讲求扩大或上市时，经常出现合并情况。在企业合并形成的长期股权投资中，还可进一步分为同一控制下的企业合并和非同一控制下的企业合并。

1. 同一控制下的企业合并取得的长期股权投资

（1）初始成本的确认。同一控制下的企业合并是指参与合并的企业在合并前后均受同一方或相同的多方最终控制且该控制并非暂时性的。

同一方，是指对参与合并企业在合并前后均实施最终控制的投资者，如企业集团的母公司等。相同的多方，通常是指根据投资者之间的协议约定，在对被投资单位的生产经营决策行使表决权时发表一致意见的两个或两个以上的投资者。控制并非暂时性，是指参与合并各方在合并前后较长的时间内受同一方或相同的多方最终控制，控制时间通常在1年以上（含1年）。

根据CAS2长期股权投资准则的规定，同一控制下的企业合并，合并方以支付现金、转让非现金资产或承担债务方式作为合并对价的，应当在合并日按照取得被合并方所有者权益账面价值的份额作为长期股权投资的初始投资成本。长期股权投资初始投资成本与支付的现金、转让的非现金资产以及所承担债务账面价值之间的差额，应当调整资本公积；资本公积不足冲减的，调整留存收益。

（2）账务处理。为了总括地核算和监督长期股权投资的增减变动和结存情况，公司应设置“长期股权投资”科目。它属于资产类科目，用来核算企业投出的期限在1年以上（不含1年）的各种股权性质的投资，包括购入的股票和其他股权投资等。其借方登记长期股权投资的增加数；贷方登记长期股权投资的减少数；期末借方余额反映企业持有的长期股权投资的价值。本科目应按被投资单位进行明细核算。长期股权投资核算采用权益法的，应当分别“成本”“损益调整”“其他权益变动”进行明细核算。

同一控制下企业合并形成的长期股权投资，应在合并日按取得被合并方所有者权益账面价值的份额，借记“长期股权投资（成本）”科目，按享有被投资单位已宣告但尚未收取的现金股利或利润，借记“应收股利”科目，按支付的合并对价的账面价值，贷记有关资产或借记有关负债科目，按其差额的，贷记“资本公积——资本溢价或股本溢价”科目；如果为借方差额，

则借记“资本公积——资本溢价或股本溢价”科目，资本公积（资本溢价或股本溢价）不足冲减的，应依次借记“盈余公积”“利润分配——未分配利润”科目。

合并方以发行权益性证券作为合并对价的，应当在合并日按照取得被合并方所有者权益账面价值的份额作为长期股权投资的初始投资成本。按照发行股份的面值总额作为股本，长期股权投资初始投资成本与所发行股份面值总额之间的差额，应当调整资本公积；资本公积（资本溢价或股本溢价）不足冲减的，调整留存收益。

现举例说明同一控制下企业合并取得的长期股权投资的核算：

【例 2 –9】华洋期货经纪有限公司和华清信托投资股份有限公司同为华中金融控股集团的子公司，2×15 年 1 月 2 日，华洋期货经纪有限公司和华清信托投资股份有限公司达成合并协议，华洋期货经纪有限公司以银行存款 2 500 万元作为对价，取得同一集团内华清信托投资股份有限公司 60% 的股权。合并日华清信托投资股份有限公司的账面所有者权益总额为 4 000 万元。假定华洋期货经纪有限公司合并时“资本公积——股本溢价”科目的余额为 250 万元。

根据以上资料，华洋期货经纪有限公司应作如下会计分录：

借：长期股权投资——华清信托投资股份有限公司（成本）

24 000 000

资本公积——股本溢价 1 000 000

贷：银行存款 25 000 000

【例 2 –10】承上例，如果华洋期货经纪有限公司以每股面值为 1 元的普通股 500 万股作为合并对价，则在取得长期股权投资时华洋期货经纪有限公司应作如下会计分录：

借：长期股权投资——华清信托投资股份有限公司（成本）

24 000 000

贷：股本 5 000 000

资本公积——股本溢价 19 000 000

2. 非同一控制下的企业合并形成的长期股权投资

（1）初始投资成本的确定。非同一控制下的企业合并是指参与合并的各方在合并前后不属于同一方或相同的多方最终控制的情况下进行的合并。非同一控制下的合并一般以市价为基础，交易作价相对公平合理，因此，非同一控制下企业合并取得的长期股权投资以公允价值为基础计价。

根据 CAS2 号长期股权投资准则的规定，非同一控制下的企业合并，购买方在购买日应当按照 CAS20 号企业合并准则确定的合并成本作为长期股权投资的初始投资成本。即购买方应当区别下列情况确定合并成本：一次交换交易实现的企业合并，合并成本为购买方在购买日为取得对被购买方的控制权而付出的资产、发生或承担的负债以及发行的权益性证券的公允价值；通过多次交换交易分步实现的企业合并，合并成本为每一单项交易成本之和；购买方为进行企业合并发生的各项直接相关费用也应当计入企业合并成本；在合并合同或协议中对可能影响合并成本的未来事项作出约定的，购买日如果估计未来事项很可能发生并且对合并成本的影响金额能够可靠计量的，购买方应当将其计入合并成本。

购买方在购买日对作为企业合并对价付出的资产、发生或承担的负债应当按照公允价值计量，公允价值与其账面价值的差额，计入当期损益。

（2）账务处理。非同一控制下企业合并形成的长期股权投资，应在购买日按企业合并成本（不含应向被投资单位收取的现金股利或利润），借记“长期股权投资——成本”科目，按享有被投资单位已宣告但尚未发放的现金股利或利润，借记“应收股利”科目，按支付合并对价的账面价值，贷记有关资产或借记有关负债科目，按发生的直接相关费用，贷记“银行存款”等科目，按其差额，贷记“营业外收入”或借记“营业外支出”等科目。非同一控制下涉及以库存商品等作为合并对价的，应按库存商品的公允价值，贷记“主营业务收入”科目，并同时结转相关的成本。

【例 2-11】 2×16 年 8 月 1 日，开通信托投资公司与乙公司达成合并协议，约定开通信托投资公司以一项专利权向乙公司投资，占乙公司股份总额的 60%。该专利权的账面原价为 500 万元，已累计摊销 100 万元，已计提无形资产减值准备 25 万元，公允价值为 450 万元，转让该专利权的增值税税率为 5%。假定开通信托投资公司和乙公司在此之前不存在任何投资关系且不考虑相关税费。根据以上资料，开通信托投资公司应作如下会计分录：

借：长期股权投资——乙公司（成本）	4 500 000	
累计摊销——专利权	1 000 000	
资产减值准备——无形资产减值准备	250 000	
贷：无形资产——专利权		5 000 000

营业外收入　　750 000

三、其他方式取得的长期股权投资的确认和初始计量

除企业合并形成的长期股权投资以外，公司其他方式取得的长期股权投资，应当按照下列规定确定其初始投资成本：

1. 以支付现金取得的长期股权投资，应当按照实际支付的购买价款作为初始投资成本。初始投资成本包括与取得长期股权投资直接相关的费用、税金及其他必要支出。

2. 以发行权益性证券取得的长期股权投资，应当按照发行权益性证券的公允价值作为初始投资成本。

3. 投资者投入的长期股权投资，应当按照投资合同或协议约定的价值作为初始投资成本，但合同或协议约定价值不公允的除外。

4. 通过非货币性资产交换取得的长期股权投资，其初始投资成本应当按照 CAS7 号非货币性资产交换准则确定。

5. 通过债务重组取得的长期股权投资，其初始投资成本应当按照 CAS12 号债务重组准则确定。

四、长期股权投资的后续计量

公司对外进行的长期股权投资，应当根据不同的情况采用成本法和权益法核算。

（一）长期股权投资核算的成本法

1. 成本法的含义

成本法是指长期股权投资按投资成本计价核算的方法。在成本法下，长期股权投资以取得股权时的初始投资成本计价，其后，除了投资企业追加投资，收到被投资单位分派的属于投资前累积盈余的分配额，或收回投资外，长期股权投资的账面价值一般应当保持不变。即长期股权投资的价值一经入账，无论被投资单位的生产经营情况如何，是实现利润还是发生亏损，净资产是增加还是减少，投资企业均不改变其长期股权投资的账面价值，仍以初始投资成本反映企业的长期股权投资。

2. 成本法的适用范围

根据 CAS2 号长期股权投资准则的规定，公司持有的长期股权投资，在下

列情况下应采用成本法核算：(1) 投资企业能够对被投资单位实施控制的长期股权投资；(2) 投资企业对被投资单位不具有共同控制或重大影响，并且在活跃市场中没有报价、公允价值不能可靠计量的长期股权投资。

（二）成本法的核算方法

采用成本法核算长期股权投资的一般程序如下：

1. 公司初始投资或追加投资时，按照初始投资或追加投资时的初始投资成本增加长期股权投资的账面价值。

2. 被投资企业宣告分派的利润或现金股利，投资企业按应享有的部分，确认为当期投资收益，但投资企业确认的投资收益，仅限于所获得的被投资企业在接受投资后产生的累积净利润的分配额，所获得的被投资企业宣告分派的利润或现金股利超过被投资企业在接受投资后产生的累积净利润的部分，作为清算股利，冲减投资的账面价值。在具体处理时，应按投资年度和以后年度分别进行处理：

(1) 投资年度的利润或现金股利的处理。企业当年实现的盈余通常于下一年发放利润或现金股利。因此，投资企业投资当年分得的利润或现金股利，一般不作为当期的投资收益，而作为初始投资成本的收回。如果投资企业投资当年分得的利润或现金股利，有一部分是来自投资后被投资单位实现的盈余的分配，则应作为投资企业投资年度的投资收益。在具体计算时，若能分清投资前或投资后被投资单位实现的净利润情况的，应当分别投资前和投资后，计算确认哪些应确认为投资收益，哪些应冲减初始投资成本的金额；如果不能分清投资前和投资后被投资单位实现的净利润情况的，可按以下公式计算确认投资收益或冲减初始投资成本的金额：

应享有的投资收益 = 投资当年被投资企业每股收益 ×（当年投资持有月份/全年月份）

或

应享有的投资收益 = 投资当年被投资企业实现的净收益 × 投资企业的持股比例 ×（当年投资持有月份/全年月份）

应冲减投资成本的金额 = 被投资企业分派的利润或现金股利 × 投资企业的持股比例 − 投资企业投资年度应享有的投资收益

(2) 投资年度以后的利润或现金股利的处理。投资企业投资年度以后获得的利润或现金股利，哪些应确认为投资收益，哪些应冲减初始投资成本的金额，可按下列公式计算：

应冲减的初始投资成本金额 =（投资后至本年末止被投资企业累积分派的利润或现金股利 − 投资后至上年末止被投资企业累积实现的净损益）× 投资方持股比例 − 投资企业已冲减的初始投资成本

应确认的投资收益 = 投资企业当年获得的利润或现金股利 − 应冲减的初始投资成本金额

企业在具体运用上述公式时还应注意以下几点：

第一，在“应冲减初始投资成本的金额”的公式中，如果投资后至本年末止被投资单位累积分派的利润或现金股利，大于投资后至上年末被投资单位累积实现的净损益，则按上述公式计算应冲减初始投资成本的金额；如果投资后至本年末止被投资单位累积分派的利润或现金股利，等于或小于投资后至上年末止被投资单位累积实现的净损益，则被投资单位当期分派的利润或现金股利中应由投资企业享有的部分，应于当期确认为投资企业的投资收益。另外，如果已冲减初始投资成本的股利，又由投资后被投资单位实现的未分配的净利润弥补，应将原已冲减初始投资成本的金额，以后又由被投资单位实现的未分配的净利润弥补的部分予以转回，并确认为当期投资收益。在按上述公式计算时，如果“应冲减的初始投资成本的金额”公式中，前者小于后者，应将原已冲减的初始投资成本再恢复增加长期股权投资的账面价值，但恢复增加数不能大于原冲减数。

第二，如果被投资单位在年度中间宣告分派利润或现金股利的，投资企业无法取得被投资单位投资后至本年末止累积分派的利润或现金股利，应当用投资后至本次发放股利止累积分派的利润或现金股利计算。

第三，采用成本法时，获得的属于投资前被投资单位累积盈余的分配冲减初始投资成本的部分，待被投资单位用以后年度未分配的利润弥补时，再恢复原冲减的初始投资成本。企业按上述公式计算的冲减初始投资成本及以后恢复的金额，应在备查簿中详细登记。

第四，如果被投资单位当期未分派股利，即使被投资单位以前各期分派的股利小于投资后被投资单位实现的净利润，也不能按上述公式计算恢复初始投资成本和确认当期投资收益。

【例 2 − 12】 华清信托投资股份有限公司 2 × 15 年 4 月 1 日购入 B 公司股份 20 000 股，每股价格 7 元，另支付相关税费 2 000 元，华清信托投资股份有限公司购入 B 公司股份占 B 公司有表决权资本的 6%，并准备长期持有，款项已用银行存款支付。B 公司于 2×15 年 5 月 8 日宣告分派 2×14 年度的现金股利，每股 0.20 元。华清信托投资股份有限公司应作如下会计处理：

（1）计算初始投资成本。

成交价　　20 000×7＝140 000

加：相关税费　　　　2 000

投资成本　　　　142 000

（2）购入时应编制如下会计分录：

借：长期股权投资——B 公司（成本）　　142 000

　　贷：银行存款　　142 000

（3）B 公司宣告分派现金股利时，华清信托投资股份有限公司应作会计分录如下：

借：应收股利　　4 000（20 000×0.20）

　　贷：长期股权投资——B 公司（成本）　　4 000

【例 2－13】 承上例，若 B 公司于 2×16 年 4 月 27 日宣告分派 2×15 年度的现金股利，每股 0.40 元。若 B 公司 2×15 年度每股收益 0.50 元，华清信托投资股份有限公司的会计处理如下：

（1）计算 2×15 年度应享有的每股收益。

每股盈余＝2×15 年度每股收益×当年投资持有月份÷全年月份

＝0.5×9÷12＝0.375（元）

（2）计算投资收益。

投资收益＝0.375×20 000＝7 500（元）

应冲减投资成本数额＝（0.40－0.375）×20 000＝500（元）

（3）B 公司宣告分派股利时应编制如下会计分录：

借：应收股利——B 公司　　8 000

　　贷：长期股权投资——B 公司（成本）　　500

　　　　投资收益——股票投资收益　　7 500

（三）长期股权投资核算的权益法

1. 权益法的含义

长期股权投资的权益法是指投资最初以初始投资成本计价，以后根据投资企业享有被投资单位所有者权益份额的变动对投资的账面价值进行调整的方法。在权益法下，长期股权投资的账面价值反映的不是企业的初始投资成本，而是企业占被投资企业所有者权益的份额。

2. 权益法的适用范围

根据 CAS2 号长期股权投资准则的规定，投资企业对被投资单位具有共同控制或重大影响的长期股权投资，应当采用权益法核算。

3. 权益法的核算方法

公司的长期股权投资采用权益法核算的，应当分别下列情况进行处理：

（1）长期股权投资的初始投资成本大于投资时应享有被投资单位可辨认净资产公允价值份额的，不调整已确认的初始投资成本；长期股权投资的初始投资成本小于投资时应享有被投资单位可辨认净资产公允价值份额的，应按其差额，借记本科目（成本），贷记“营业外收入”科目。

（2）资产负债表日，企业应按根据被投资单位实现的净利润或经调整的净利润计算应享有的份额，借记“长期股权投资（损益调整）”科目，贷记“投资收益”科目。被投资单位发生亏损的应作相反的会计分录。但以本科目的账面价值减记至零为限；还应承担的投资损失，应将其他实质上构成对被投资单位净投资的“长期应收款”等的账面价值减记至零为限。除按以上步骤已确认的损失外，按照投资合同或协议约定将承担的损失，确认为预计负债。发生亏损的被投资单位以后实现净利润的，应按与上述相反的顺序进行处理。

需注意的是，投资企业在确认应享有被投资单位净损益的份额时，应当以取得投资时被投资单位各项可辨认资产等的公允价值为基础，对被投资单位的净利润进行调整后确认。

被投资单位采用的会计政策及会计期间与投资企业不一致的，应当按照投资企业的会计政策及会计期间对被投资单位的财务报表进行调整，并据以确认投资损益。

（3）被投资单位以后宣告发放现金股利或利润时，企业计算应分得的部分，借记“应收股利”科目，贷记“长期股权投资（损益调整）”科目。收到被投资单位发放的股票股利，不进行账务处理，但应在备查簿中登记。

（4）在持股比例不变的情况下，被投资单位除净损益以外所有者权益的其他变动，企业按持股比例计算应享有的份额，借记本科目（其他权益变动），贷记“资本公积——其他资本公积”科目。

【例 2-14】2×15 年 1 月 1 日，华清信托投资股份有限公司以银行存款 900 万元向光大电子有限公司投资，占乙公司有表决权股份的 30%，采用权益法进行核算。投资当日，光大电子有限公司可辨认净资产的账面价值为 2 100万元，公允价值为 2 700 万元，该差异是由于无形资产的公允价值和账面价值的差额造成的，该无形资产的预计摊销年限为 10 年，预计净残值为零。假设光大电子有限公司所得税税率为 25%。在本例中，华清信托投资股份有限公司的投资成本 900 万元大于在光大电子有限公司可辨认净资产公允价值中占有的份额 810 万元，则甲公司应作如下会计分录：

借：长期股权投资——光大电子有限公司（成本） 9 000 000

贷：银行存款 9 000 000

【例 2-15】承上例，假设 2×15 年光大电子有限公司实现净利润 750 万元，2×16 年 3 月 3 日宣告发放现金股利，共 150 万元，发放日为 2×16 年 4 月 10 日。

因为被投资单位当期利润表中的利润是扣除按无形资产的账面价值计算的摊销费用计算的，如果按无形资产的公允价值计算摊销费用，则应多摊销 60 万元。考虑所得税的影响，那么，以可辨认资产的公允价值为基础，2×15 年被投资单位的净利润应减少 45[60×(1-25%)]万元，即为 455（500-45）万元。华清信托投资股份有限公司按照持股比例计算应确认的当期投资收益为 136.5（455×30%）万元，应作如下会计分录：

借：长期股权投资——光大电子有限公司（损益调整）

1 365 000

贷：投资收益 1 365 000

2×16 年 3 月 3 日光大电子有限公司宣告分配现金股利时，华清信托投资股份有限公司应作如下会计分录：

借：应收股利 450 000

贷：长期股权投资——光大电子有限公司（损益调整） 450 000

2×16 年 4 月 10 日收到现金股利时作如下会计分录：

借：银行存款 450 000

贷：应收股利 450 000

【例 2-16】仍承上例，假设光大电子有限公司 2×16 年发生亏损 150 万元。以可辨认资产的公允价值为基础，华清信托投资股份有限公司 2×16 年的亏损应增加45[60×(1-25%)]，即为195（150+45）万元。华清信托投资股份有限公司按照持股比例计算应确认的当期投资损失为58.5（195×30%）万元，应作如下会计分录：

借：投资收益　　585 000
　　贷：长期股权投资——光大电子有限公司（损益调整）　　585 000

五、长期股权投资的处置

处置长期股权投资，其账面价值与实际取得价款的差额，应当计入当期损益。采用权益法核算的长期股权投资，因被投资单位除净损益以外所有者权益的其他变动而计入所有者权益的，处置该项投资时应当将原计入所有者权益的部分按相应比例转入当期损益。具体的账务处理如下：

出售长期股权投资时，应按实际收到的金额，借记“银行存款”等科目，原已计提减值准备的，借记“长期股权投资减值准备”科目，按其账面余额，贷记“长期股权投资”各明细科目，按尚未领取的现金股利或利润，贷记“应收股利”科目，按其差额，贷记或借记“投资收益”科目。

出售采用权益法核算的长期股权投资时，还应按处置长期股权投资的投资成本比例结转原记入“资本公积——其他资本公积”科目的金额，借记或贷记“资本公积——其他资本公积”科目，贷记或借记“投资收益”科目。

【例2-17】假设华清信托投资股份有限公司将持有的对外长期股权投资予以出售，出售前按权益法核算，“长期股权投资”各明细科目均为贷方余额，分别为：成本500 000元，损益调整100 000元，其他权益变动40 000元，计提的长期股权投资减值准备为30 000元。出售实际得到的价款为760 000元，已存入银行。根据以上资料编制如下会计分录：

借：银行存款　　760 000
　　长期股权投资减值准备　　30 000
　　贷：长期股权投资——成本　　500 000
　　　　　　　　　——损益调整　　100 000
　　　　　　　　　——其他权益变动　　40 000
　　　　投资收益　　150 000

同时将原计入“资本公积——其他资本公积”的部分转为出售当期的投

资收益：

借：资本公积——其他资本公积　　　　40 000

　　贷：投资收益　　　　40 000

六、长期股权投资减值的确认与计量

长期股权投资的减值，是指长期股权投资未来可收回金额低于账面价值所发生的损失。企业应对长期股权投资的账面价值定期地逐项进行检查，至少于每年年末检查一次。如果由于市价持续下跌或被投资单位经营状况变化等原因导致可收回金额低于投资的账面价值，应当计提减值准备。

企业持有的长期股权投资，有的在活跃市价中有报价，有的在活跃的市场中没有报价。对持有的长期投资是否计提减值准备，可以根据下列迹象判断：

1. 在活跃市场中有报价的长期股权投资

在活跃市场中有报价的长期股权投资是否应计提减值准备，可以根据下列迹象判断：

（1）市价持续 2 年低于账面价值；

（2）该项投资暂停交易 1 年或 1 年以上；

（3）被投资单位当年发生严重亏损；

（4）被投资单位持续两年发生亏损；

（5）被投资单位进行清理整顿、清算或出现其他不能持续经营的迹象。

2. 在活跃市场中没有报价的长期股权投资

如果企业持有的长期投资在活跃的市场中没有报价，是否应当计提减值准备，可以根据下列迹象判断：

（1）影响被投资单位经营的政治或法律环境的变化，如税收、贸易等法规的颁布或修订，可能导致被投资单位出现巨额亏损。

（2）被投资单位所供应的商品或提供的劳务因产品过时或消费者偏好改变而使市场的需求发生变化，从而导致被投资单位财务状况发生严重恶化。

（3）被投资单位所在行业的生产技术等发生重大变化，被投资单位已失去竞争能力，从而导致财务状况发生严重恶化，如进行清理整顿、清算等。

（4）有证据表明该项投资实质上已经不能再给企业带来经济利益的其他

情形。

在核算长期股权投资的减值时，应将长期股权投资分为两类：一类是按成本法核算的、在活跃市场中没有报价、公允价值不能可靠计量的长期股权投资，其减值应当按照CAS22号金融工具确认和计量准则处理。由于公允价值不能可靠计量，所以期末应将这类长期股权投资的账面价值，与按照类似金融资产当时市场收益率对未来现金流量折现确定的现值之间的差额，确认为减值损失，计入当期损益；对于除此以外的其他长期股权投资，其减值应当按照CAS8号资产减值准则处理，期末，将长期股权投资的账面价值与可收回金额之间的差额，确认为减值损失，计入当期损益，这里的“可收回金额”是指长期股权投资的公允价值减去处置费用与预期从该资产的持有和投资到期处置中形成的预计未来现金流量的现值两者中的较高者。

为了核算长期股权投资减值准备的计提情况，应设置“长期股权投资减值准备”科目。本科目属于资产类科目，是“长期股权投资”的备抵调整科目。其贷方登记长期股权投资减值准备的计提；借方登记处置长期股权投资时转出的长期股权投资减值准备；期末余额在贷方，反映企业已计提但尚未转销的长期股权投资减值准备。该科目按被投资单位进行明细核算。

计提长期股权投资的减值时，借记“资产减值损失”科目，贷记“长期股权投资减值准备”科目。根据CAS8号资产减值准则和CAS22号金融工具确认和计量准则的规定，长期股权投资确认减值损失后，原确认的减值损失不得转回。

【例2－18】2×15年12月31日，甲公司持有的乙上市公司的普通股股票的账面价值为800 000元，该投资采用权益法进行核算。由于乙公司连年经营不善，资金周转发生困难，使得其股票市价下跌，甲公司持有的乙公司普通股的可收回金额为500 000元，短期内难以恢复，2×15年12月31日甲公司应作如下会计分录：

借：资产减值损失　　300 000

　贷：长期股权投资减值准备——乙公司　　300 000

第三节 固定资产核算

一、固定资产的概念与特征

固定资产是指公司为开发经营活动而持有的使用寿命超过一个会计年度的有形资产。固定资产具有以下主要特征：（1）使用期限超过1年或长于1年的一个经营周期，且在使用过程中保持其原有的实物形态。（2）固定资产的使用寿命是有限的（土地除外）。（3）企业拥有固定资产的目的是供生产经营活动使用而不是为了出售。（4）企业拥有固定资产可以给企业带来可衡量的未来经济利益，否则，这项资产就不应列入固定资产中，比如报废的固定资产应予转销。

作为固定资产，需要同时满足下列条件，才能予以确认：首先，需要符合固定资产的定义；然后还需要符合固定资产以下确认条件：一是与该固定资产有关的经济利益很可能流入企业；二是该固定资产的成本能够可靠地计量。

二、固定资产的分类

按固定资产的经济用途和使用情况综合分类，分为七大类：

1. 经营用固定资产。

2. 非经营用固定资产。

3. 租出固定资产，指在经营性租赁方式下出租给外单位使用的固定资产。

4. 不需用固定资产。

5. 未使用固定资产。

6. 土地。在我国，土地所有权归国家所有，不参与市场商品流通。这里作为固定资产的土地是指过去已经估价单独入账的土地使用权。因征地而支付的补偿费，应计入与土地有关的房屋、建筑物的价值内，不单独作为土地价值入账。企业单独取得的土地使用权不能作为固定资产管理，而列为无形资产，并在法定使用年限内摊销。

7. 融资租入固定资产，指企业以融资租赁方式租入的固定资产，在租赁期内，应视同自有固定资产进行管理。

三、固定资产的初始计量

固定资产的初始计量，就是指确定固定资产的取得成本。固定资产应当按照成本进行初始计量。固定资产取得时的成本，应根据具体情况分别确定：

公司对于购置的不需要经过建造过程即可使用的固定资产。外购固定资产的成本，包括购买价款、相关税费、使固定资产达到预定可使用状态前所发生的可归属于该项资产的运输费、装卸费、安装费和专业人员服务费等。以一笔款项购入多项没有单独标价的固定资产，应当按照各项固定资产公允价值比例对总成本进行分配，分别确定各项固定资产的成本。购买固定资产的价款超过正常信用条件延期支付，实质上具有融资性质的，固定资产的成本以购买价款的现值为基础确定。实际支付的价款与购买价款的现值之间的差额，除按照借款费用准则规定应予资本化的以外，应当在信用期间内计入当期损益。

四、固定资产增加的计量

企业增加的固定资产按来源方式主要分为购置的固定资产、自行建造的固定资产、投资者投入的固定资产、租入的固定资产、接受捐赠的固定资产等。由于来源方式不同，其账务处理也不尽相同。为了反映固定资产的增减变动情况，应设置“固定资产”科目，该科目为资产类科目，用来核算企业持有固定资产的原始价值，总括反映企业固定资产的增减变动和结存情况，其借方发生额反映由于各种原因增加的固定资产的原始价值，贷方发生额反映由于各种原因减少的固定资产的原始价值，余额在借方，表示现有固定资产原始价值的总额。为了获得固定资产的详细资料，企业应设置“固定资产卡片”和“固定资产登记簿”，按其类别、使用部门等进行明细核算。

企业进行的固定资产基本建设工程，包括新建、改建和扩建工程以及购入需要安装的固定资产，应通过“在建工程”科目核算。该科目的借方反映其工程发生的实际支出，贷方反映经验收交付使用固定资产的实际成本，余额表示未完工程支出的或尚未交付使用的已完工程的实际成本。企业与固定资产有关的后续支出，固定资产发生的日常修理费、大修理费用、更新改造支出、房屋的装修费用等，满足固定资产准则规定的固定资产确认条件的，也在本科目核算；没有满足固定资产确认条件的，应在“管理费用”科目核算，不在本科目核算。该科目应设置“建筑工程”“安装工程”“在安装设备”“待摊支出”以及单项工程进行明细分类核算。在建工程发生减值的，应在本科目设置“减值准备”明细科目进行核算。

为了核算企业为工程准备的各种物资的实际成本，包括为工程准备的材料，尚未交付安装的需要安装设备的实际成本，以及预付大型设备款和基本建设期间根据项目概算购入的生产准备工具及器具等的实际成本，应设置“工程物资”科目，该科目应设置“专用材料”“专用设备”“工器具”等明细科目，对其具体内容进行详细反映。

（一）购入不需要安装的固定资产

购入不需要安装的固定资产，按实际支付的全部价款加上包装费、运杂费等支出，借记“固定资产”科目，贷记“银行存款”等科目。

（二）购入需要安装的固定资产

购入需要安装的固定资产，按实际支付的价款（包括买价、支付的税金、包装费、运输费等）借记“在建工程”科目，贷记“银行存款”科目；发生的安装费用、专业人员服务费等，借记“在建工程”科目，贷记“银行存款”等科目；安装完毕经过验收达到可使用状态时，按其实际成本，借记“固定资产”科目，贷记“在建工程”科目。

【例2－19】 某期货公司购入一台需要安装的设备，取得的增值税专用发票上注明的设备买价为30 000元，增值税额为3 900元，支付的运输费为1 000元，安装设备时，领用生产用材料价值1 600元，购进该批材料时支付的增值税额为272元，支付工资3 000元。有关会计处理如下：

（1）支付设备价款、税金、运输费。

借：在建工程——在安装设备	34 900	
贷：银行存款		36 100

（2）领用安装材料，支付工资等费用。

借：在建工程——在安装设备	4 808	
贷：原材料		1 600
应交税费——应交增值税（进项税额转出）		208
应付职工薪酬		3 000

（3）设备安装完毕交付使用，确定固定资产的价值：34 900 + 4 808 =

39 708（元）。

借：固定资产　　　　39 708

　　贷：在建工程——在安装设备　　　　39 708

有时，还会用一笔款项购置几项没有单独标价的固定资产，应采用适当的方法进行分摊。

五、固定资产折旧的核算

（一）折旧的概念

固定资产折旧，是指在固定资产使用寿命内，按照确定的方法对应计折旧额进行系统分摊。应计折旧额，是指应当计提折旧的固定资产的原价扣除其预计净残值后的金额。已计提减值准备的固定资产，还应当扣除已计提的固定资产减值准备累计金额。预计净残值，是指假定固定资产预计使用寿命已满并处于使用寿命终了时的预期状态，企业从该项资产处置中获得的扣除预计处置费用后的金额。

（二）固定资产折旧的范围

在我国，按照 CAS4 号固定资产准则的规定，除以下情况外，企业应对所有固定资产计提折旧：（1）已提足折旧仍继续使用的固定资产（2）按规定单独估价作为固定资产入账的土地。

对已达到预定可使用状态的固定资产，如果尚未办理竣工决算的，应按估计值暂估入账，并计提折旧；待办理了竣工决算手续后，再按照实际成本调整原来的暂估价值，同时调整原已计提的折旧额，当期计提的折旧额，对原折旧额的调整，均作为当期的成本、费用处理。

企业不得不提或少提折旧。企业一般应当按月提取折旧，当月增加的固定资产，当月不提折旧，从下月起计提折旧；当月减少的固定资产，当月照提折旧，从下月起停止计提折旧。固定资产提足折旧后，不论是否继续使用，均不再提取折旧；提前报废的固定资产，也不计提折旧。

（三）固定资产折旧的方法

我国 CAS4 号固定资产准则规定，企业应当根据与固定资产有关的经济利益的预期实现方式，合理选择固定资产折旧方法。可选用的折旧方法包括年限平均法、双倍余额递减和年数总和法等。固定资产的折旧方法一经确定，不得随意变更。

1. 平均年限法

平均年限法也称直线法，是将一项固定资产的应计成本在其预计年限内平均分摊的方法。计算公式如下：

固定资产年折旧额 =（固定资产原始价值 - 预计净残值）÷ 固定资产预计折旧年限

2. 双倍余额递减法

双倍余额递减法，又称加倍递减余额法，这种方法的折旧率是按净残值为零时直线折旧率的两倍计算的，当每期计提折旧时，使用该折旧率乘以固定资产的折余价值（净值）。折旧率和折旧额的计算公式为：

$$年折旧率 = (固定资产原始价值 - 0) \div (折旧年限 \times 固定资产原始价值) \times 2 \times 100\% = \frac{2}{折旧年限} \times 100\%$$

由于双倍余额递减法不考虑固定资产的净残值，因此，在应用这种方法时，必须注意这样一个问题，即不能使固定资产的账面折余价值降低到其预计净残值以下。因此，当按双倍余额递减法计算的折旧金额，小于这时用固定资产的折余价值扣除预计净残值后在剩余使用年限内平均摊销算得的折旧金额时，就要将固定资产折余价值（净值）扣除预计净残值后的净额在剩余使用年限内平均摊销。在实际工作中，在最后两年平均摊销。

3. 年数总和法

年数总和法又称折旧年限积数法或级数递减法，它是用一个递减的分数乘以某项固定资产的原始价值减去预计净残值后的净额计算折旧的一种方法。这一递减分数的分子代表尚可使用的年数（包括当年），分母代表预计折旧年数的逐年数字之总和。折旧的计算公式为：

$$年折旧率 = (折旧年限 - 已使用年数) \div [折旧年限 \times (折旧年限 + 1) \div 2] \times 100\%$$

（四）固定资产折旧的总分类核算

为了核算固定资产的折旧，应设置“累计折旧”科目，该科目为“固定资产”科目备抵科目，贷方反映计提的固定资产折旧额和增加固定资产时相应增加的折旧额；贷方反映因出售、报废清理、盘亏等原因减少固定资产时所转销的已提折旧额，余额表示企业现有固定资产的累计折旧额。

公司每月计提的折旧额，应按固定资产使用部门和用途分别处理，其中管理部门使用的固定资产所提取的折旧额，应计入“业务及管理费”

科目。

六、固定资产减少的会计处理

企业固定资产除了随着经营规模的扩大而不断地增加外，也会由于多种原因出现减少现象。减少的原因主要有：投资转出固定资产；捐赠转出固定资产；企业以非现金抵偿债务方式转出固定资产；无偿调出固定资产；盘亏固定资产；出售、报废、毁损固定资产，非货币性资产交换、债务重组等。除去盘亏以外，固定资产减少的核算，均应通过设置“固定资产清理”科目核算。该科目核算企业因出售、报废和毁损等原因转入清理的固定资产净值及其在清理过程中所发生的清理费用和收入。本科目借方反映转入清理的固定资产的净值以及发生的清理费用，贷方反映出售固定资产的价款、残料价值和变价收入以及由公司或过失人赔偿的损失。出售、报废、毁损的固定资产转入清理时，按固定资产账面净值，借记“固定资产清理”科目，按已提折旧，借记“累计折旧”科目，按已提的减值准备，借记“固定资产减值准备”科目，按固定资产原价，贷记“固定资产”科目。

清理过程中发生的费用以及应交的税金，借记“固定资产清理”科目，贷记“银行存款”等科目；收回出售固定资产的价款、残料价值和变价收入等，借记“银行存款”“原材料”等科目，贷记“固定资产清理”科目；应由企业或过失人赔偿的损失，借记“其他应收款”等科目，贷记“固定资产清理”科目。

固定资产清理后的净收益，区别情况处理：属于筹建时间的，冲减“长期待摊费用”，借记“固定资产清理”科目，贷记“长期待摊费用”科目；属于生产经营期间的，计入损益，借记“固定资产清理”科目，贷记“营业外收入——处理固定资产净收益”科目；固定资产清理后的净损失，区别情况处理：属于筹建期间的，计入“长期待摊费用”，借记“长期待摊费用”科目，贷记“固定资产清理”科目：属于生产经营期间由于自然灾害等非正常原因造成的损失，借记“营业外支出——非常损失”科目，贷记“固定资产清理”科目；属于生产经营期间正常的处理损失，借记“营业外支出——处置固定资产净损失”科目，贷记“固定资产清理”科目。

“固定资产清理”科目应按被清理的固定资产设置明细账，进行明细核算。

固定资产满足下列条件之一的，应当予以终止确认：

(1) 该固定资产处于处置状态。

(2) 该固定资产预期通过使用或处置不能产生经济利益。

企业持有待售的固定资产，应当对其预计净残值进行调整。

企业出售、转让、报废固定资产或发生固定资产毁损，应当将处置收入扣除账面价值和相关税费后的金额计入当期损益。固定资产的账面价值是固定资产成本扣减累计折旧和累计减值准备后的金额。固定资产盘亏造成的损失，应当计入当期损益。

企业将多余、闲置不用的固定资产出售给其他单位，业务发生时，首先应注销被出售固定资产的原值和已提折旧额。按固定资产净值借记“固定资产清理”科目，按已提折旧额借记“累计折旧”科目，按已提的减值准备，借记“固定资产减值准备”科目，按固定资产原值，贷记“固定资产”科目；出售固定资产所获得的实际收入，借记“银行存款”等科目，贷记“固定资产清理”科目，有关税金借记“固定资产清理”科目，贷记“应交税费”科目；如果为收益，借记“固定资产清理”科目，贷记“营业外收入——处理固定资产净收益”科目；如果为损失，应借记“营业外支出——处理固定资产损失”科目，贷记“固定资产清理”科目。

七、固定资产的后续支出和减值准备

（一）固定资产的后续支出

固定资产在使用中还会发生各种支出，这些支出有的是为了扩建、更新改造，有的是为了维护、改进固定资产的功能等。一般来说，为了维护固定资产的正常使用而发生的修理、保养费用，这种后续支出与当期的收入相关，应作为收益性支出，计入当期损益。为了提高固定资产的性能、质量或延长其使用寿命而发生的后续支出，应作为资本性支出，计入固定资产价值。在会计准则中，一般称为资本化的后续支出和费用化的后续支出。在会计实务中，一般有技术改造工程和维护修理后续支出。

固定资产技术改造工程是指对固定资产的技术改良、装饰、装修等工程。固定资产更新改造支出一般数额较大，受益期较长，而且通常会使固定资产的性能、质量等都有较大的改进。技改后的固定资产成本，应按原有固定资产的原价减去技改过程中发生的变价收入，加上技改过程中发生的支出，计入技术改造后的固定资产原价。因改良而延长了使用年限的固定资产，应对其原使用年限和折旧率进行调整。账务处理上，通过设置“在建工程——技术改造工程”科目核算。

固定资产由于长期使用、自然侵蚀和意外事故等原因会发生故障或部分损坏，发生维护和修理支出只是确保固定资产的正常工作状况，它并不导致固定资产性能的改变或固定资产未来经济效益的增加。因此，应在发生时一次性直接计入当期费用，不再通过预提或待摊方式进行核算。

（二）固定资产的减值

资产减值是指资产的可收回金额低于其账面价值，这里的资产包括单项资产和资产组。

可收回金额是根据资产的公允价值减去处置费用后的净额与资产预计未来现金流量的现值两者之间的较高者确定。当资产的可收回金额低于其账面价值时，应当将资产的账面价值减记至可收回金额，减记的金额确认为资产减值损失，计入当期损益，同时计提相应的资产减值准备。即借记“资产减值损失”科目，贷记“固定资产减值准备”科目。

企业应当在资产负债表日判断资产是否存在可能发生减值的迹象。如不存在减值迹象，不应估计资产的可回收金额，也不必确认减值损失。资产只有在存在减值迹象的情况下，才要求估计其可收回金额。当存在以下迹象时，表明资产可能发生了减值：

1. 资产的市价当期大幅度下跌，其跌幅明显高于因时间的推移或者正常使用而预计的下跌。

2. 企业经营所处的经济、技术或者法律等环境以及资产所处的市场在当期或者将在近期发生重大变化，从而对企业产生不利影响。

3. 市场利率或者其他市场投资报酬率在当期已经提高，从而影响企业计算资产预计未来现金流量现值的折现率，导致资产可收回金额大幅度下跌。

4. 有证据表明资产已经陈旧过时或者其实体已经损坏。

5. 资产已经或者将被闲置、终止使用或者计划提前处置。

6. 企业内部报告的证据表明资产的经济绩效已经低于或者将低于预期，如资产所创造的净现金流量或者实现的营业利润（或者亏损）远远低于（或者高于）预计金额等。

7. 其他表明资产可能已经发生减值的迹象。

根据 CAS4 号固定资产准则的规定，资产减值损失一经确认，在以后会计期间不得转回。

第四节 无形资产核算

一、无形资产概述

（一）无形资产的概念和特征

根据 CAS6 号无形资产准则的规定，无形资产是指企业拥有或者控制的没有实物形态的可辨认非货币性资产。

无形资产的这一概念明确了其内涵规定与外延边界，也相应衍生了无形资产不同于其他资产项目的专属特征。为了更加准确地认识和理解无形资产的内涵与外延，现具体分析无形资产的基本特征如下：

1. 无形资产没有实物形态。
2. 无形资产属于非货币性长期资产。
3. 无形资产是为企业自用而非出售的资产。
4. 无形资产的获利性具有不确定性。
5. 无形资产具有可辨认性。

当然，在认识上述特征的基础上，还需要特别强调，CAS6 号无形资产准则明确从无形资产准则范畴中排除了企业合并中产生的商誉、石油天然气矿区的权益、作为投资性房地产的土地使用权等三类资产，这三类资产不适用无形资产准则，按照其他相关准则处理。不仅如此，为了谨慎起见，CAS6 号无形资产准则规定，对企业自行创造的商誉、内部产生的品牌、报刊名称等，不论其是否富有市场价值，均不作为无形资产进行会计确认。

（二）无形资产的主要类别

无形资产按其具体形式划分，主要有以下几类：（1）专利权；（2）商标权；（3）专有技术；（4）知识产权；（5）土地使用权；（6）专营权。

二、无形资产的确认

（一）无形资产的确认条件

无形资产确认是指将符合无形资产确认条件的项目，作为企业的无形资产加以记录并将其列入企业资产负债表的过程。根据CAS6号无形资产准则规定，无形资产在满足以下两个条件时，企业才能加以确认：一是与该无形资产有关的经济利益很可能流入企业；二是该无形资产的成本能够可靠地计量。因此，在如何把握无形资产的确认问题时，我们需要首先分析其是否符合无形资产的定义，其次掌握其是否符合经济效益流入和成本可靠计量的两项条件。根据CAS6号无形资产准则关于“无形资产是指企业拥有或者控制的没有实物形态的可辨认非货币性资产”的定义，符合无形资产定义的重要表现之一，就是企业能够拥有或控制该无形资产所产生的经济利益。即产生的经济利益很可能流入企业，且其匹配的成本支出能够可靠地计量。

（二）研发类无形资产的确认

CAS6号无形资产准则对研发类无形资产采取了区别对待的处理办法：对于企业内部研究开发项目在起始进程中的研究阶段的支出，应当于发生时计入当期损益；而对于企业内部研究开发项目开发阶段的支出，同时满足下列条件的，才能确认为无形资产：

在实际工作中，需要根据这些规定来判断企业的开发阶段支出是否应该纳入到形成无形资产的相应成本进行核算，结合企业研发活动来具体处理；而对于不符合上述资本化条件的开发支出，则应当计入当期损益；

如果无法区分研究阶段支出和开发阶段支出，应当将其所发生的研发支出全部费用化，计入当期损益。

三、无形资产的计量

（一）无形资产的初始计量

企业的无形资产应当按照成本计量模式进行初始计量。即通常情况下，当某项具备无形资产特性的资产项目，其所产生的经济利益很可能流入企业，并且其资产成本能够可靠地计量时，就被确认为无形资产。这种确认，应该遵循历史成本原则，按照取得无形资产时所发生的实际成本入账。

（二）无形资产的后续计量

无形资产后续计量主要是围绕无形资产摊销和无形资产减值而产生的相关问题。

1. 无形资产摊销

无形资产是企业的一种长期资产，通常存在着一定的有效期限，随着使用期限的终结，其所具有价值的权利或特权总会终结或消失。

无形资产摊销主要涉及无形资产成本、摊销开始月份、摊销方法、摊销年限、残值等因素。无形资产成本即为入账价值，无形资产的成本应自取得当月起在预计使用寿命内分期摊销。也就是说，无形资产摊销的开始月份为取得当月，摊销年限为无形资产的预计使用寿命。

（1）使用寿命。企业应当于取得无形资产时分析判断其使用寿命。企业会计准则将无形资产划分为有限寿命和寿命不确定的两类：

无形资产的使用寿命为有限的，应当估计该使用寿命的年限或者构成使用寿命的产量等类似计量单位数量；无法预见无形资产为企业带来经济利益期限的，应当视为使用寿命不确定的无形资产。使用寿命有限的无形资产，其应摊销金额应当在使用寿命内系统合理摊销。

公司摊销无形资产，应当自无形资产可供使用时起，至不再作为无形资产确认时止。

公司持有的无形资产，通常来源于合同性权利或是其他法定权利，而且合同规定或法律规定有明确的使用年限。来源于合同性权利或其他法定权利的无形资产，其使用寿命不应超过合同性权利或其他法定权利的期限；如果合同性权利或其他法定权利能够在到期时因续约等延续，且有证据表明企业续约不需要付出大额成本，续约期应当计入使用寿命。

合同或法律没有规定使用寿命的，企业应当综合各方面情况，聘请相关专家进行论证或与同行业的情况进行比较以及参考历史经验等，确定无形资产为企业带来未来经济的期限。

经过上述努力仍无法合理确定无形资产为企业带来经济利益期限的，才能将其作为使用寿命不确定的无形资产。

公司确定无形资产的使用寿命，应当考虑以下因素：该资产通常的产品寿命周期、可获得的类似资产使用寿命的信息；技术、工艺等方面的现实情况及对未来发展的估计；以该资产生产的产品或服务的市场需求情况；现在或潜在的竞争者预期采取的行动；为维持该资产产生未来经济利益的能力预期的维护支出，以及企业预计支付有关支出的能力；对该资产的控制期限，使用的法律或类似限制，如特许使用期间、租赁期间等；与企业持有的其他资产使用寿命的关联性等。

无形资产摊销年限一经确定，不能随意变更。在执行过程中，因为客观经济环境改变确实需要变更摊销年限的，应将变更作为会计估计变更处理；否则，应视作滥用会计估计变更，按重大会计差错处理。

（2）摊销方法。公司选择的无形资产摊销方法，应当反映与该项无形资产有关的经济利益的预期实现方式。无法可靠确定预期实现方式的，应当采用直线法摊销。而对于使用寿命不确定的无形资产，不应摊销。此外，无形资产的摊销金额一般应当计入当期损益。

（3）残值处理。使用寿命有限的无形资产的残值应当为零。但是如果出现以下情况，则应当考虑无形资产残值不为零的情况：一是有第三方承诺在无形资产使用寿命结束时购买该无形资产；二是可以根据活跃市场得到预计残值信息，并且该市场在无形资产使用寿命结束时很可能存在。

（4）摊销的复核。企业至少应当于每年年度终了，对使用寿命有限的无形资产的使用寿命及摊销方法进行复核。无形资产的使用寿命及摊销方法与以前估计不同的，应当改变摊销期限和摊销方法。

2. 无形资产减值

与固定资产一样，无形资产也存在减值的问题。因此，公司应对无形资产的账面价值进行定期检查。根据 CAS8 号资产减值准则的相关规定，公司至少应于每年年末对无形资产的账面价值进行检查。如果无形资产可收回金额低于其账面价值，说明企业的无形资产发生了减值，应计提无形资产的减值准备。

（1）检查账面价值。公司应在资产负债表日对无形资产的账面价值进行检查，至少于每年年末检查一次。在检查时，如果发现以下情况，则应对无形资产的可收回金额进行估计，并将该无形资产的账面价值超过可收回金额的部分确认为减值准备：该无形资产已被其他新技术等所替代，使其为企业创造经济利益的能力受到重大不利影响；该无形资产的市价在当期大幅下跌，并在剩余摊销年限内可能不会回升；其他足以表明该无形资产的账面价值已超过可收回金额的情形。

（2）确定可收回金额。无形资产的可收回金额指以下两项金额中的较大者：无形资产的公允价值，即该无形资产的销售价格减去因出售该无形资产所发生的律师费和其他相关税费后的余额；预期从无形资产的持续使用和使用年限结束时的处置中产生的预计未来现金流量的现值。

（3）计提减值准备。如果由于技术进步或其他经济原因等导致无形资产可收回金额低于其账面价值，企业就应将可收回金额低于无形资产账面价值的差额作为无形资产价值的减值准备，并将其差额计入当期资产减值损失。此外，对于已经计提减值准备的无形资产，在摊销中还要扣除减值准备累计金额，以此在剩余使用寿命中分摊。

必须强调指出，对于已确认减值的无形资产，在其后的会计期间，不论是否存在相应的证据表明其减值又得以恢复，一律不得将前期已经计提的减值准备予以冲回。

（三）无形资产的处置和报废

无形资产的处置包括了出售、出租、转销等项目。

1. 无形资产出售

公司外购或自创的无形资产，在持有自用一段时间后，可能将无形资产出售，即企业放弃其所有权。企业出售无形资产时，应将所得价款与该无形资产的账面价值之间的差额计入当期损益，通过“营业外收入”或者“营业外支出”进行核算。由于出售无形资产所得不符合 CAS14 号收入准则中的关于收入的定义，因此，出售无形资产所得应以其相关净额核算和反映。

2. 无形资产出租

无形资产出租是指企业将所拥有的无形资产的使用权让渡给他人，并收取租金。根据收入准则的规定，这类交易属于企业让渡资产使用权，因而相关所得应作为收入核算。为确保收入与费用相配比，在确认租金收入的同时，还应确认相关费用。无形资产的出租收入应在符合以下条件时予以确认：与出租交易相关的经济利益能够流入企业；租金收入的金额能够可靠地计量。对无形资产租金收入应按合同或协议规定计算确定。

3. 无形资产转销

对于无形资产转销，CAS6 号无形资产准则规定，如果无形资产预期不能为企业带来经济利益，从而不再符合无形资产的定义，则应将其转销。企业在判断无形资产是否预期不能为企业带来经济利益时，应根据以下迹象加以判断：一是该无形资产是否已被其他新技术等所替代，且已不能为企业带来经济利益；二是该无形资产是否不再受法律的保护，且不能给企业带来经济利益。

四、无形资产的核算

（一）无形资产的会计科目设置

为了适应公司对其所拥有或控制的无形资产管理与核算的要求，公司需要设置相应的会计科目。通常，公司可以设置“无形资产”和配套的“累计摊销”“无形资产减值准备”会计科目，对于从事新技术、新产品、新工艺的研究与开发活动的企业，需要设置“研发支出”会计科目。

1. “无形资产”科目

“无形资产”科目核算公司持有的无形资产，包括专利权、非专利技术、商标权、著作权、土地使用权等。企业应当按照无形资产项目进行明细核算。采用成本模式计量的已出租的土地使用权和持有并准备增值后转让的土地使用权，在“投资性房地产”科目核算，不在本科目核算。

无形资产的主要账务处理是：

对于外购的无形资产，按应计入无形资产成本的金额，借记本科目，贷记“银行存款”等科目。购入无形资产超过正常信用条件延期支付价款，实质上具有融资性质的，应按所购无形资产购买价款的现值，借记本科目，按应支付的金额，贷记“长期应付款”科目，按其差额，借记“未确认融资费用”科目；对于自行开发的无形资产，借记本科目，贷记“研发支出”科目；对于企业合并中取得的无形资产，应按其在购买日的公允价值，借记本科目，贷记有关科目；对于其他方式取得的无形资产，按不同方式下确定应计入无形资产成本的金额，借记本科目，贷记有关科目。

当无形资产预期不能为企业带来经济利益的，应按已计提的累计摊销，借记“累计摊销”科目，已计提减值准备的，借记“无形资产减值准备”科目，按其账面余额，贷记本科目，按其差额，借记“营业外支出”科目。

当处置无形资产时，应按实际收到的金额，借记“银行存款”等科目，按已计提的累计摊销，借记“累计摊销”科目，已计提减值准备的，借记“无形资产减值准备”科目，按应支付的相关税费，贷记“应交税费”等科目，按其账面余额，贷记本科目，按其差额，贷记“营业外收入——处置非流动资产利得”科目或借记“营业外支出——处置非流动资产损失”科目。

“无形资产”科目的期末借方余额，反映企业无形资产的成本。

2. “累计摊销”科目

“累计摊销”科目核算企业对使用寿命有限的无形资产计提的累计摊销。采用成本模式计量的作为投资性房地产的土地使用权计提的累计摊销，可以单独设置“投资性房地产累计摊销”本科目，比照本科目进行核算。本科目应按无形资产项目进行明细核算。企业按月计提无形资产摊销，借记“管理费用”“其他业务成本”等科目，贷记本科目。

“累计摊销”科目期末贷方余额，反映企业无形资产累计摊销额。

3. “无形资产减值准备”科目

“无形资产减值准备”科目核算企业无形资产发生减值时计提的减值准备。采用成本模式计量的作为投资性房地产的土地使用权计提的减值准备，可以单独设置“投资性房地产减值准备”科目，比照本科目进行核算。本科目应按无形资产项目进行明细核算。资产负债表日，企业根据资产减值准则确定无形资产发生减值的，按应减记的金额，借记“资产减值损失”科目，贷记本科目。处置无形资产时，应同时结转已计提的无形资产减值准备。

“无形资产减值准备”科目期末贷方余额，反映企业已计提但尚未转销的无形资产减值准备。

4. “研发支出”科目

“研发支出”科目核算企业进行研究与开发无形资产过程中发生的各项支出。本科目应当按照研究开发项目，分别“费用化支出”与“资本化支出”进行明细核算。研发支出的主要账务处理如下：

对于企业自行开发无形资产发生的研发支出，不满足无形资产准则规定的资本化条件的，借记本科目（费用化支出），满足无形资产准则规定的资本化条件的，借记本科目（资本化支出），贷记“原材料”“银行存款”“应付职工薪酬”等科目。

对于企业以其他方式取得的正在进行中研究开发项目，应按确定的金额，借记本科目（资本化支出），贷记“银行存款”等科目。以后发生的研发支出，应当比照上述条款规定进行处理。

当研究开发项目达到预定用途形成无形资产的，应按本科目（资本化支出）的余额，借记“无形资产”科目，贷记本科目（资本化支出）。期末，企业应将本科目归集的费用化支出金额转入“管理费用”科目，借记“管理费用”科目，贷记本科目（费用化支出）。

“研发支出”科目期末借方余额，反映企业正在进行中的研究开发项目中满足资本化条件的支出。

第三章
公司负债要素核算

本章精要

从某种意义上看，期货公司和信托公司其实就是一个经营负债的特种企业，通常拥有比一般企业高得多的负债。因此，应该积极关注本章的内容。

首先是流动负债的确认与计量。掌握流动负债一般根据其不确定性程度大小的分类。在金额可确定的流动负债中，对短期借款、拆入资金、交易性金融负债、卖出回购金融资产款等，需要分别认知其常见内容、基本特征、处理要求。对金额视经营情况而定的流动负债，需要掌握和一般企业此类负债的相同与异同，如应付股利、应交税费——应交城市维护建设税、应交房产税、土地使用税、车船税和印花税、应交个人所得税。在职工薪酬中，要特别关注其经济内涵与外延，尤其需要关注与传统管理制度的根本性变化，还必须关注非货币性福利、辞退福利的账务处理。

在非流动负债的确认与计量方面，首先掌握非流动负债的定义及特点，主要包括长期借款、应付债券、长期应付款等。非流动负债是金融企业筹集与融通资金的一种重要方式。重点掌握应付债券的核算，包括面值发行、溢价发行或折价发行的具体环境处理。对其他非流动负债，如长期借款、预计负债、递延所得税负债也要一一进行透彻的解读。

第一节 流动负债的核算

一、流动负债的分类和计价

(一)流动负债的分类

流动负债一般根据其不确定性程度的大小划分为以下三类:

1. 应付金额肯定的流动负债。这类流动负债一般在确认一项义务的同时,根据合同、契约或法律的规定具有确切的金额、债权人和付款日,到期必须偿还。如企业由于购入材料按照合同确定的交易额开出承兑商业汇票,这一负债具有确定的金额、偿还日期和确定的债权人(卖方),如短期借款、应付账款、应付票据、预收账款等,这类流动负债可以较为精确地计量。

2. 应付金额视经营情况而定的流动负债。这类流动负债需待企业在一定的经营期末,视该经营期的经营情况才能确定负债金额,在该经营期末结束前,负债金额不能用货币计量。如应交所得税、应付投资者的利润等,必须到一定的会计期间终了计算出经营损益后才能确定应交多少所得税以及应分配给投资者的利润。

除了根据负债金额是否确定进行分类外,还可以根据负债产生的背景进行分类,如与金融投资、金融业务相关的负债,与税务活动相关的各种应交税务负债,还有与职工薪酬发放相关的负债,等等。

(二)流动负债的计价

为了保证会计信息的质量,应对负债进行正确计价。由于负债是企业现在承担但将来偿付的经济义务,从理论上说,应当考虑货币的时间价值,在其发生时按照未来应偿付金额的现值计价入账。但是,由于流动负债涉及的期间一般较短(通常少于1年),其到期价值与现值往往差别不大。

二、与金融业务相关的流动负债

(一)短期借款

1. 短期借款的定义

短期借款是企业向银行或其他金融机构等借入的期限在1年以下(含1

年）的各种借款。短期借款一般是企业为维持正常的生产经营的资金需要而借入的或者为抵偿某项债务而借入的。短期借款的利息，应作为财务费用计入当期损益。

2. 短期借款的账务处理

为了核算和监督企业向银行或其他金融机构借入的期限在1年以内（含1年）的各种借款，企业应设置“短期借款”科目。“短期借款”科目属于负债类科目，其贷方登记企业取得的各种短期借款，借方登记企业归还的各种短期借款，期末余额一般在贷方，表示企业尚未偿还的各种短期借款的本金。企业的短期借款应当按照不同的债权人分别设置明细账，并且按照借款种类进行明细核算。

企业在借入各种短期借款时，借记“银行存款”科目，贷记“短期借款”科目。

发生的短期借款利息，作为一项筹资费用，应计入财务费用，在会计核算上分别以下情况进行处理：

（1）如果企业的短期借款利息按月支付，或者利息是在借款到期归还本金时一并支付，且数额不大，可以在实际支付或收到银行的计息通知时，直接计入当期损益，借记“财务费用”科目，贷记“银行存款”科目。

（2）如果短期借款的利息是按季度或半年度支付的，或者利息是在借款到期时连同本金一并归还，并且数额较大的，应按月计提计入当期损益。计提时，借记“财务费用”科目，贷记“应付利息”科目；实际支付时，按已经计提的利息金额，借记“应付利息”科目，按实际支付的利息金额与已经计提的利息金额的差额（即尚未计提的部分），借记“财务费用”科目，按实际支付的利息金额，贷记“银行存款”科目。

短期借款到期，企业应及时归还。归还借款本金时，借记“短期借款”科目，贷记“银行存款”科目。

【例3－1】欧亚信托投资有限公司因临时需要，于2×16年6月1日向其开户银行借入款项2 000 000元，年利率6%，期限3个月，利息到期一次支付，企业按月计提利息费用。该公司应编制如下会计分录：

（1）6月1日借入款项时：

借：银行存款	2 000 000	
贷：短期借款		2 000 000

（2）6、7、8月末分别计提当月利息费用时：

借：利息支出　　10 000

　　贷：应付利息　　10 000

（3）9月1日还本付息时：

借：应付利息　　30 000

　　短期借款　　2 000 000

　　贷：银行存款　　2 030 000

（二）拆入资金

1. 拆入资金的定义和特征

拆入资金是指公司从境内外金融机构拆入的款项。其重要特征必须是从其他金融机构拆入的资金。

2. 拆入资金的账务处理

公司应设置“拆入资金”科目核算本企业从境内、境外金融机构拆入的款项。本科目可按拆入资金的金融机构进行明细核算。

企业应按实际收到的金额，借记“存放中央银行款项”“银行存款”等科目，贷记本科目；归还拆入资金作相反的会计分录。

资产负债表日，应按计算确定的拆入资金的利息费用，借记“利息支出”科目，贷记“应付利息”科目。

“拆入资金”科目期末贷方余额，反映企业尚未归还的拆入资金余额。

（三）交易性金融负债

1. 交易性金融负债的定义和特征

交易性金融负债，主要是指企业为了近期出售或回购的金融负债。

金融工具确认和计量准则范围的衍生工具，不作为有效套期工具的，也可划分为交易性金融负债。

2. 交易性金融负债的账务处理

公司应设置“交易性金融负债”科目核算企业承担的交易性金融负债的公允价值。企业持有的直接指定为以公允价值计量且其变动计入当期损益的金融负债，也在本科目核算。

“交易性金融负债”科目可按交易性金融负债类别，分别“本金”“公允价值变动”等进行明细核算。

（1）企业承担的交易性金融负债，应按实际收到的金额，借记“银行存款”“存放中央银行款项”“结算备付金”等科目，按发生的交易费用，借记“投资收益”科目，按交易性金融负债的公允价值，贷记本科目（本金）。

（2）资产负债表日，按交易性金融负债票面利率计算的利息，借记“投资收益”科目，贷记“应付利息”科目。

资产负债表日，交易性金融负债的公允价值高于其账面余额的差额，借记“公允价值变动损益”科目，贷记本科目（公允价值变动）；公允价值低于其账面余额的差额作相反的会计分录。

（3）处置交易性金融负债，应按该金融负债的账面余额，借记本科目，按实际支付的金额，贷记“银行存款”“存放中央银行款项”“结算备付金”等科目，按其差额，贷记或借记“投资收益”科目。同时，按该金融负债的公允价值变动，借记或贷记“公允价值变动损益”科目，贷记或借记“投资收益”科目。

“交易性金融负债”科目期末贷方余额，反映企业承担的交易性金融负债的公允价值。

（四）卖出回购金融资产款

1. 卖出回购金融资产款的定义和内容

卖出回购金融资产是指公司按照回购协议先卖出再按固定价格买入的票据、证券、贷款等金融资产所融入的资金。

2. 卖出回购金融资产款的账务处理

公司应设置“卖出回购金融资产款”科目进行核算，按卖出回购金融资产的类别和融资方进行明细核算。

卖出回购金融资产款的主要账务处理如下：

（1）公司根据回购协议卖出票据、证券、贷款等金融资产，应按实际收到的金额，借记“结算备付金”“银行存款”等科目，贷记本科目。

（2）资产负债表日，按照计算确定的卖出回购金融资产的利息费用，借记“利息支出”科目，贷记“应付利息”科目。

（3）回购日，按其账面余额，借记本科目、“应付利息”科目，按实际支付的金额，贷记“结算备付金”“银行存款”等科目，按其差额，借记“利息支出”科目。

“卖出回购金融资产款”科目期末贷方余额，反映企业尚未到期的卖出回购金融资产款。

三、与税务活动相关的流动负债

不论是期货公司，还是信托公司，在其经营过程中都是纳税人。因此，不可避免地会产生税务方面的负债。也就是说，企业在一定时期内取得的营业收入、实现的利润以及从事其他应税项目，都要按照规定向国家交纳各种税费。这些应交的税费在尚未交纳之前暂时停留在企业，形成企业的一项负债。这些应交的税费包括企业按照税法等规定计算应交纳的各种税费，包括增值税、消费税、所得税、资源税、土地增值税、城市维护建设税、房产税、土地使用税、车船税、教育费附加、矿产资源补偿费，以及代扣代交的个人所得税等。这些税费大多数要视企业的经营状况才能确定。如应交的企业所得税，其金额必须要到企业会计期间终了，计算出企业利润总额（或亏损总额）之后才能确定；增值税的应交数也需待会计期间终了，计算出这一会计期间的营业收入总额后才能确定。

为了总括地核算和监督企业应交税费的计算和交纳情况，应设置“应交税费”科目进行核算，该科目的贷方登记企业应交纳的各种税费，借方登记企业已交纳的各种税费，期末贷方余额，表示企业尚未交纳的税费，期末借方余额，表示企业多交的税费。该科目按各种税费分别设置明细科目进行核算。但企业交纳的印花税、耕地占用税，因不存在与税务部门发生结算或清算的问题，因此，不需要通过“应交税费”科目核算。下面介绍几种主要税的会计处理。

（一）应交增值税

1. 税率

期货公司与信托公司适用的可抵扣进项税率，根据具体情况则有所不同：

其一，购入动产取得增值税专用发票后，进项抵扣税率13%；购入不动产取得增值税专用发票后，进项抵扣税率9%；

其二，采购办公用品、低值易耗品、电子耗材等，取得增值税专用发票后，其进项税额可以抵扣、进项抵扣税率13%；

其三，购买银行专项服务的手续费、中介代理手续费，进项抵扣税率6%；

其四，购置固定资产，进项抵扣税率13%；

其五，采购办公用品、低值易耗品、电子耗材等，进项抵扣税率13%；

其六，支付职场租赁费、装修费，进项抵扣税率为9%；

其七，日常办公费、维修费、咨询费、会议费、培训费、差旅费、车辆保险费等，其进项抵扣税率分别13%、9%、6%。

上述所有项目，均需要取得增值税专用发票后，其进项税额可以抵扣进项税额。

2. 相关会计科目的设置

不论是期货公司或者是信托公司，其增值税核算的基本原理是一致的。即公司应在“应交税费”总账科目下设置“应交增值税”明细科目，并区分设置“销项税额”“进项税额”“已交税金”“出口退税”“进项税额转出”等专栏。

“销项税额”专栏，核算期货公司或信托公司销售应税产品或提供应税劳务所应收取的增值税额。公司销售应税产品或提供应税劳务应收取的销项税额，用蓝字登记；销售退回应冲销的销项税额，用红字登记。当期货公司或信托公司发生销售业务时，按照规定收取的增值税额，记入“销项税额”之下的相关栏目。

“进项税额”专栏，核算期货公司或信托公司购进应税产品或接受应税劳务所支付的增值税额。当期货公司或信托公司在国内采购货物或接受应税劳务，按照专用发票上注明的增值税额，记“进项税额”之下的相关栏目。

“已交税金”专栏，记录企业已缴纳的增值税额。企业已缴纳的增值税额用蓝字登记；退回多缴的增值税额用红字登记。

“出口退税”专栏，记录企业出口适用零税率的货物，向海关办理报关出口手续后，凭出口报关单等有关凭证，向税务机关申报办理出口退税而收到的退回的税款。出口货物退回的增值税额，用蓝字登记；进口货物办理退税后发生退货或者退关而补缴已退的税款，用红字登记。

“进项税额转出”专栏，记录企业的购进货物、在产品、产成品等发生非正常损失以及其他原因而不应从销项税额中抵扣，按规定转出的进项税额。

3. 日常业务账务处理举例

（1）销项税额的核算。

【例3－2】 大华期货经纪有限公司收取业务收入一批（相应的增值税率为6%），根据当日生成的成交明细表及增值税专用发票，该批业务在原营业税体制下总额为30 000元，现按规定实行价税分离，并单独收取增值税额和不含税保单价格。其相应的会计处理如下：

首先，计算增值税和不含税价值：

不含税价格 =30 000/(1 +6%) =28 301.89（元）

增值税 =28 301.89 ×6% =1 698.11（元）

其次，进行相应的账务处理：

借：银行存款　　30 000

　贷：应交税费——应交增值税（销项税额）　　1 698.11

　　手续费及佣金收入　　28 301.89

【例 3 -3】 大华期货经纪有限公司发生多种金融商品（列入债权投资、交易性金融资产等的债券投资、基金产品等）转让，根据持仓清单，及相关收到现金而非持有期间的收益明细列表，此批金融商品买进与卖出的差价 10 000 000 元。

首先，计算该项金融资产转让业务增值税：

增值税 = 转让差价 ×6% =600 000（元）

相应地，作为该增值税的附加税，城市维护建设税为 7%、教育费附加 3%、地方教育附加 2%。

其次，进行相应的账务处理：

借：税金及附加——增值税　　600 000

　——城市维护建设税　　42 000

　——教育费附加　　18 000

　——地方教育附加　　12 000

　贷：应交税费——应交增值税（销项税额）　　600 000

　　——城市维护建设税　　42 000

　　——教育费附加　　18 000

　　——地方教育附加　　12 000

（2）进项税额的核算。

【例 3 -4】 大华期货经纪有限公司向上海百货文化公司购进公司日常使用办公用品一批，增值税率为 13%，价税合计 5 000 元，并取得增值税专用发票。

首先，不含税价格 =5 000/(1 +16%) =4 424.78（元）

进项增值税 =5 000 -4 424.78 =575.22（元）

其分录如下：

借：业务及管理费　　4 424.78

　应交税费——应交增值税——进项税额（一般）　　575.22

　贷：银行存款　　5 000

【例3－5】大华期货经纪有限公司支付某业务合作银行6月银行渠道保费的相应手续费100 000元，转账付清，并取得增值税专用发票（其中，免税产品保费收入与应税产品保费收入后期区别计算）。

借：业务及管理费　　100 000

　应交税费——应交增值税——进项税额（手续费）　　6 000

　贷：银行存款　　106 000

【例3－6】大华期货经纪有限公司通过网店购进380个充电宝，用于员工集体福利发放，价税合计113 000元，并取得增值税专用发票，但其进项税额不得抵扣。

借：业务及管理费　　113 000

　贷：银行存款　　113 000

（3）进项转出的核算。

【例3－7】东华信托投资有限公司7月结算免征增值税产品占比50%，7月无法划分用途的税额400 000元，转出进项税额200 000元。

借：业务及管理费　　200 000

　贷：应交税费——应交增值税——进项转出（一般）　　200 000

【例3－8】东华信托投资有限公司7月银行销售手续费价税合计106 000元，其中免税产品手续费价税合计63 600元，增值税税率6%。

借：业务及管理费（非免税）　　40 000

　业务及管理费（免税）　　63 600

　贷：应付账款　　100 000

　　应交税费——应交增值税——进项转出（手续费）　　3 600

（4）代扣代缴的核算。

【例3－9】东华信托投资有限公司7月代理制业务员代理人佣金税前收入30 900元，代扣代缴征收率3%。

借：业务及管理　　30 900

　贷：应交税费——代扣代缴增值税——代理人　　900

——城市维护建设税——代理人　63
——教育费附加——代理人　27
——地方教育附加——代理人　18
——个人所得税　10
——水利建设基金　2.10
应付账款　29 879.90

【例 3-10】 东华信托投资有限公司7月独立董事劳务费6 180元，代扣代缴征收率3%。

借：业务及管理费　6 180
　贷：应交税费——代扣代缴增值税——其他　180.00
　　——城市维护建设税——其他　12.60
　　——教育费附加——其他　5.40
　　——地方教育附加——其他　3.60
　　——个人所得税　10.00
　　——水利建设基金　0.42
　银行存款　5 967.98

（5）缴纳税款的核算。

【例 3-11】 东华信托投资有限公司销项税5 000元，进项税3 000元，进项转出2 000元，减免税款100元，金融商品转让销项税500元，结转税款4 400元。

借：应交税费——应交增值税——转出税费（一般）　3 900
　　——转出税费（金融商品转让）　500
　贷：应交税费——未交增值税——一般　3 900
　　——金融商品转让　500

【例 3-12】 东华信托投资有限公司申报7月增值税，假如实际缴纳830 000元。

借：应交税费——未交增值税——一般　780 000
　　——金融商品转让　50 000
　贷：银行存款　830 000

（二）应交所得税

企业所得税是国家对企业的生产、经营所得和其他所得，依照有关所得税暂行条例及其细则的规定征收的一种税，这也是国家以社会管理者的身份参与企业经营成果分配的一种形式。当期应计入损益的所得税，作为一项费用，在净收益前扣除。为了核算企业应交纳的所得税，公司应在“应交税费”科目下设置“应交所得税”明细科目。

（三）应交城市维护建设税

为了核算企业应交纳的城市维护建设税，公司应在“应交税费”科目下设置“应交城市维护建设税”明细科目。企业按规定计算出应交纳的城市维护建设税，借记“税金及附加”等科目，贷记“应交税费——应交城市维护建设税”科目。交纳城市维护建设税时，借记“应交税费——应交城市维护建设税”科目，贷记“银行存款”科目。

（四）应交房产税、土地使用税、车船税和印花税

房产税是国家对在城市、县城、建制镇和工矿区征收的由产权所有人缴纳的一种税。房产税依照房产原值一次减除10%至30%后的余额计算交纳。没有房产原值作为依据的，由房产所在地税务机关参考同类房产核定。土地使用税是国家为了合理利用城镇土地，调节土地级差收入，提高土地使用效益，加强土地管理而开征的一种税。土地使用税以纳税人实际占用的土地面积为计税依据，依照规定税额计算征收。车船税由拥有并且使用车船的单位和个人交纳。车船税按照适用税额计算交纳。

为了核算企业应交纳的房产税、土地使用税、车船税，公司应在“应交税费”科目下分别设置“应交房产税”“应交土地使用税”“应交车船税”明细科目。企业按规定计算出应交的房产税、土地使用税、车船税，借记“管理费用”科目，贷记“应交税费——应交房产税、应交土地使用税、应交车船税”科目。实际上缴时，借记“应交税费——应交房产税、应交土地使用税、应交车船税”科目，贷记“银行存款”科目。

印花税是对经济活动和经济交往中书立、使用、领受具有法律效力的凭证的单位和个人征收的一种税。企业交纳的印花税，是由纳税人根据规定自行计算应纳税额以购买并一次贴足印花税票的方法交纳的税款。即一般情况下，企业需要预先购买印花税票，待发生应税行为时，再根据凭证的性质和规定的比例税率或者按件计算应纳税额，将已购买的印花税票粘贴在应纳税凭证上，并在每枚税票的骑缝处盖戳注销或者划销，办理完税手续。企业交纳的印花税不需要通过“应交税费”科目核算，而是于购买印花税票时，直接借记“管理费用”科目，贷记“银行存款”科目。

（五）应交个人所得税

个人所得税是对个人（自然人）取得的各项应税所得征收的一种税。个人所得税按照规定的税率计算交纳。为了核算企业应代扣代交的个人所得税，企业应在“应交税费”科目下设置“应交个人所得税”明细科目。企业按规定计算应代扣代交的职工个人所得税，借记“应付职工薪酬”科目，贷记“应交税费——应交个人所得税”科目。实际交纳的个人所得税，借记“应交税费——应交个人所得税”科目，贷记“银行存款”科目。

四、应付职工薪酬

（一）职工薪酬的内容

职工薪酬，是指企业为获得职工提供的服务而给予各种形式的报酬以及其他相关支出，包括职工在职期间和离职后提供给职工的全部货币性薪酬和非货币性福利。企业提供给职工配偶、子女或其他被赡养人的福利等，也属于职工薪酬。

职工薪酬包括：（1）职工工资、奖金、津贴和补贴；（2）职工福利费；（3）医疗保险费、养老保险费（包括基本养老保险费和补充养老保险费）、失业保险费、工伤保险费和生育保险费等社会保险费；（4）住房公积金；（5）工会经费和职工教育经费；（6）非货币性福利；（7）因解除与职工的劳动关系给予的补偿（下称“辞退福利”）；（8）股份支付。

以上所指“职工”，包括与企业订立劳动合同的所有人员，含全职、兼职和临时职工；也包括未与企业订立劳动合同、但由企业正式任命的人员，如董事会成员、监事会成员等。在企业的计划和控制下，虽与企业未订立劳动合同、或企业未正式任命的人员，但为企业提供了类似服务，也视同企业职工处理。

（二）职工薪酬的计量标准

1. 货币性职工薪酬

计量应付职工薪酬时，国家规定了计提基础和计提比例的，应当按照国家规定的标准计提。没有规定计提基础和计提比例的，企业应当根据历史经验数据和实际情况，合理预计当期应付职工薪酬。当期实际发生金额大于预计金额的，应当补提应付职工薪酬；当期实际发生金额小于预计金额的，应当冲回多提的应付职工薪酬。

对于在职工提供服务的会计期末以后一年以上到期的应付职工薪酬，企业应当选择恰当的折现率，以应付职工薪酬折现后的金额计入相关资产成本或当期损益；应付职工薪酬金额与其折现后金额相差不大的，也可按照未折现金额计入相关资产成本或当期损益。

2. 非货币性职工薪酬

企业以其自产产品作为非货币性福利发放给职工的，应当根据受益对象，按照该产品的公允价值，计入相关资产成本或当期损益，同时确认应付职工薪酬。

（三）职工薪酬的主要账务处理

为了核算和监督职工薪酬发生和支付情况，企业应设置“应付职工薪酬”科目，并按照“工资”“职工福利”“社会保险费”“住房公积金”“工会经费”“职工教育经费”“解除职工劳动关系补偿”“股份支付”等应付职工薪酬项目进行明细核算。

企业按照有关规定向职工支付工资、奖金、津贴等，借记“应付职工薪酬”科目，贷记“银行存款”“库存现金”等科目；企业从应付职工薪酬中扣还的各种款项（代垫的家属药费、个人所得税等），借记“应付职工薪酬”科目，贷记“其他应收款”“应交税费——应交个人所得税”等科目；企业向职工支付职工福利费，借记“应付职工薪酬”科目，贷记“银行存款”“库存现金”等科目；企业支付工会经费和职工教育经费用于工会运作和职工培训，借记“应付职工薪酬”科目，贷记“银行存款”等科目；企业按照国家有关规定缴纳社会保险费和住房公积金，借记“应付职工薪酬”科目，贷记“银行存款”科目；企业因解除与职工的劳动关系向职工给予的补偿，借记“应付职工薪酬”科目，贷记“银行存款”“库存现金”等科目；企业支付租赁住房等资产供职工无偿使用所发生的租金，借记“应付职工薪酬”科目，贷记“银行存款”等科目；在行权日，企业以现金与职工结算股份支付，借记“应付职工薪酬”科目，贷记“银行存款”“库存现金”等科目。

对发生的职工薪酬企业应当根据职工提供服务的受益对象分别以下情况进行处理：管理部门人员的职工薪酬，借记“管理费用”科目，贷记“应付职工薪酬”科目；销售人员的职工薪酬，借记“销售费用”科目，贷记“应付职工薪酬”科目；应由在建工程、研发支出负担的职工薪酬，借记“在建工程”、“研发支出”科目，贷记“应付职工薪酬”科目；因解除与职工的劳动关系给予的补偿，借记“管理费用”科目，贷记“应付职工薪酬”科目；无偿向职工提供住房等资产使用的，按应计提的折旧额，借记“管理费用”等科目，贷记“应付职工薪酬”科目，同时，借记“应付职工薪酬”科目，贷记“累计折旧”科目；租赁住房等资产供职工无偿使用的，每期应支付的租金，借记“管理费用”等科目，贷记“应付职工薪酬”科目；在等待期内每个资产负债表日，根据股份支付准则确定的金额，借记“管理费用”等科目，贷记“应付职工薪酬”科目；在可行权日之后，根据股份支付准则确定的金额，借记或贷记“公允价值变动损益”科目，贷记或借记“应付职工薪酬”科目。

五、应付股利

应付股利是企业经股东大会或类似机构审议批准分配的现金股利或利润。为了核算应付给投资者的现金股利，企业应当设置“应付股利”科目。该科目的借方登记企业实际支付的现金股利或利润，贷方登记企业应支付的现金股利或利润，期末余额在贷方，反映企业尚未支付的现金股利或利润。企业按规定计算出应付投资者的现金股利或利润，借记“利润分配”科目，贷记“应付股利”科目。在实际支付现金股利或利润时，借记“应付股利”科目，贷记“库存现金”等科目。

第二节　非流动负债核算

一、非流动负债的分类

（一）非流动负债的定义及特点

非流动负债是指流动负债以外的负债，主要包括长期借款、应付债券、长期应付款等。非流动负债是企业筹集（融通）资金的一种重要方式。

非流动负债除具有负债的共同特征外，与流动负债相比，一般还具有债务金额大，偿还期限长，可以分期偿还等特点。站在投资者（或股东）的立场上，与增加投入资本（或股本）相比，举借非流动负债有以下几个优点：(1) 举借非流动负债不影响企业原有的资本（或股权）结构，有利于保持原有投资者（或股东）控制企业的权力。作为股份公司，一般也不会影响股票价格。增发股票将会稀释每股收益额，从而导致股票价格的下跌。(2) 举借非流动负债可以增加投资者（或股东）所得的盈余。长期债权人在企业的经营决策中通常没有表决权，不论企业经营状况如何，他们都将按固定的利率获取利息，不参与剩余利益的分配。因此，如果企业经营所获得的投资利润率高于非流动负债的固定利率，剩余利益将全部归投资者（或股东）所有。(3) 举借非流动负债能达到节税功效。在交纳所得税时，非流动负债的利息支出可以作为正常的经营费用从利润总额中扣减。但股利则只能从税后利润中支付，不能作为纳税扣减项目。

当然，举借非流动负债也有其不利的一面，主要表现在：(1) 非流动负债的利息费用是企业必须定期支付的固定费用，如果举债经营的投资报酬低于非流动负债的资金成本率（即利率），将会带来减少投资者（或股东）利益的风险。同时，如果企业经营不善，市场情况恶化，这笔固定的利息费用就会成为企业财务上的负担。而利润（或股利）的支付可以根据企业经营的好坏，效益好则分配，效益不好则可以少分配甚至不分配。(2) 非流动负债一般都有明确的到期日，企业必须为债务的偿还做好财务安排，安排现金流出。在长期债务契约中，往往还包含限制企业财务决策的条款（如规定负债与产权的比率）。所有这些，都影响到企业的财务灵活性。而采用增加资本或增发股票的方式筹措长期资本，没有到期日，不需要到期偿还（除非企业进行清算）资本（或股本）。(3) 债权人对企业财产享有优先求偿权，如果企业因资金周转困难而无法定期支付利息或按期偿还本金，债权人的求偿权可能迫使企业破产清算。因此，举债经营通常还给企业带来较大的财务风险。它要求企业在逼近债务的偿还期时应具有较大的财务弹性。

企业必须充分考虑到举债经营的优点与不足，权衡利弊，进行合理的财务决策。一方面，要保证举债经营的投资利润率高于非流动负债的利率；另一方面，举债的程度应与企业的资本结构和偿债能力相适应。

（二）非流动负债的分类

我国公司的非流动负债主要包括向银行或其他金融机构借入的长期借款、

发行的公司债券即应付债券等。这些非流动负债按归还方式可分为一次性归还的非流动负债和分期归还的非流动负债；按使用的结果分为形成固定资产的非流动负债和形成流动资产的非流动负债。

二、应付债券

（一）应付债券的定义和内容

应付债券是指企业为筹集长期使用资金而实际发行的一种书面凭证。这里的应付债券是指发行期限在1年以上（不含1年）的应付长期债券，从而构成了企业的一项非流动负债。

发行企业债券不仅是企业的一项重要的筹资举措，对资本市场也会产生一定的影响。因此，企业需要发行债券时，应先由董事会等作出决定，将发行债券的具体事宜提请股东大会等类似机构批准，再报请政府有关部门核准，方可印制和发行企业债券。企业债券的发行必须以债券契约为依据。债券契约是明确企业债券发行与持有人相互关系的书面文件，其中规定了对企业债券发行的各种限制条款，主要有：核准发行的金额、利率、到期日、利息支付方式、收回债券的条件等。单个的债券购买者，将会得到书面的债券凭证，在其中除载明发行企业的名称与住所、发行日期与编号、发行企业的印记和法定代表人的签章、审批机关批准发行的文号、日期等，还包括债券面值、债券利率、付息日、到期日等内容。

（二）应付债券的分类

应付债券可按不同的标准进行分类，主要有以下几种分类：

按发行方式可分为记名公司债券和无记名公司债券。记名公司债券是指公司发行债券时，债券票面上注明债券持有者姓名，债券持有者须凭债券和本人印鉴方能领取本息。无记名公司债券是指公司发行债券时，债券票面上不记载债券持有者姓名，债券持有人凭债券所附息票按期领取利息，所以也称为息票债券，到期则凭债券领回本金。

按有无担保可分为有抵押公司债券、保证债券和信用公司债券。有抵押公司债券是指举债公司需以不动产或动产作抵押以保证企业按期还本付息的债券。保证债券是指未提供任何财产作担保，而由第三者提供保证的债券。信用公司债券是指没有特定的担保品和保证人，全凭发行公司的信用的债券。

按还本方式可分为一次还本债券、分期还本债券和提前还本债券。一次还本债券是指同一日期发行的债券全部在同一到期日偿还本金的债券。分期还本债券是指同一日期发行的债券本金在不同到期日分期偿还的债券。提前还本债券是指举债公司按契约规定，可在债券到期日前通知债券持有者提前还本的债券。

按可否转换可分为可转换债券和不可转换债券。可转换债券是指债券持有者有权按约定的时间和转换比例向债务人转换其发行的其他证券（通常为普通股股票）的债券。不可转换债券是指没有上述转换权利的债券。

（三）公司债券发行价格的确定

由于货币是有时间价值的，现在的一元钱与一年后的一元钱并不等值，时间越长，货币时间价值越大。债券偿还期通常较长，因而货币时间价值的作用也更加明显。债券面值实际上就是在债券到期日收回的本金与定期支付的各期利息按债券票面利率贴现的现值之和。而债券发行价格是在债券到期日收回的本金与定期支付的各期利息按实际利率贴现的现值之和。票面利率是指企业发行债券上记载的利率，通常是以年利率表示的，一般固定不变，也称为名义利率。实际利率是指债券发行企业实际负担的利率（也是债券持有人实际获得的利率）。实际利率是债券发行当时的市场利率，也就是金融市场上风险和期限与所发行的债券类似的借贷资本的利率。企业债券的发行价格受同期银行存款利率（相当于市场利率）的影响较大。经常会出现市场利率大于或小于票面利率，或者说是实际利率大于或小于名义利率的情况。在这种情况下，债券发行企业就要按高于或低于市场利率的票面利率支付债券利息，即按高于或低于债券面值的价格出售。当债券的票面利率高于同期银行存款利率时，可按超过债券票面价值的价格发行，称为溢价发行。溢价发行表明企业以后期多付利息而事先得到的补偿；如果债券的票面利率低于同期银行存款利率的，可按低于债券票面价值的价格发行，称为折价发行。折价发行表明企业以后各期少付利息而预先给投资者的补偿；如果债券的票面利率与同期银行存款利率一致，可按票面价值发行，称为面值发行。企业在发行债券时，应将待发行债券的票面金额、债券票面利率、还本期限与方式、发行总额、发行日期和编号、委托代售部门、转换股份等情况在备查簿中进行登记。债券发行价格的计算公式如下：

债券发行价格 = 到期偿还本金按市场利率计算的现值 + 各期票面利息按市场利率计算的现值

$$= 债券面值 \times 现值系数 + 债券面值 \times 票面利率 \times 年金现值系数$$
$$= F \times (1+I)^{-n} + A \times [1-(1+i)^{-n}]/i$$

公式中，F 表示债券面值；A 表示按债券票面利率计算的各期发行的利息；i 表示市场利率；n 表示期数。

【例 3－13】 远大期货公司 2×16 年 1 月 1 日发行面值 200 000 元，期限 5 年，到期还本的公司债券，票面利率为 8%，每年付息一次。

假定债券发行时市场利率为 8%，则上述债券发行时的价格计算如下：

（1）债券面值按市场利率 8% 折算的现值。

五年后一次还本的 100 000 元票面金额的现值，应按 8% 计算 5 年复利的现值即

$200\,000 \times (1+8\%)^{-5} = 200\,000 \times 0.68058 = 136\,116$（元）

（2）债券利息按市场利率 8% 折算的现值。

每年付息一次，每年付息额为 16 000（200 000×8%）元，共 5 期，按市场利率 8% 折算的年金现值即

$16\,000 \times [1-(1+8\%)^{-5}]/8\% = 16\,000 \times 3.99275 = 63\,884$（元）

（3）债券发行价格 = 136 116 + 63 884 = 200 000（元）。

（四）公司债券发行的会计处理

为了核算和监督企业债券的发行和本金的偿还情况，公司应设置“应付债券”科目，该科目属于负债类，其贷方登记企业发行债券时收到的款项和应支付的债券利息以及摊销的债券折价，借方登记实际支付的债券本息以及摊销的债券溢价，贷方期末余额反映尚未偿还的债券本息。该科目应按发行的债券种类分设二级科目，并且应进一步设置“债券面值”“利息调整”“应计利息”等明细科目。

无论是按面值发行，还是溢价发行或折价发行，均按债券面值记入“应付债券”科目的“面值”明细科目，实际收到的款项与面值的差额，记入“利息调整”明细科目。企业发行债券时，按实际收到的款项，借记“银行存款”“库存现金”等科目，按债券票面价值，贷记“应付债券——面值”科目，按实际收到的款项与票面价值之间的差额，贷记或借记“应付债券——利息调整”科目。

公司债券按面值发行时，公司债券的发行价格即其面值，企业应按实收款项，借记“银行存款”科目，贷记“应付债券——债券面值”科目。

【例3-14】 根据［例3-13］，假设债券发行时市场利率为8%，等于票面利率，则公司债券的发行价格即其面值。应编制如下会计分录：

借：银行存款　　200 000

　　贷：应付债券——债券面值　　200 000

公司债券按折价发行时，发行债券的实收款项小于债券的面值，企业应按实收款项，借记“银行存款”科目，按债券面值，贷记“应付债券——债券面值”科目，按实收款项小于债券面值的差额，借记“应付债券——利息调整”科目。

公司债券按发行时，发行债券的实收款项大于债券的面值，企业应按实收款项，借记“银行存款”科目，按债券面值，贷记“应付债券——债券面值”科目，按实收款项大于债券面值的差额，贷记“应付债券——利息调整”科目。

（五）公司债券应计利息及利息调整摊销的会计处理

利息调整的摊销，有直线法和实际利率法两种。直线法是将债券的利息调整平均摊销于各期的一种摊销方法。实际利率法是以实际利率乘以各期期初应付债券的现值计算各期利息费用，并将该利息费用与按票面利率支付利息的差额，作为该期应摊销的利息调整。企业会计准则规定，企业在债券发行后，应按实际利率法计算各期摊销额，编制“利息调整”，并进行会计处理。

在公司债券按面值发行的情况下，不涉及利息调整的摊销，企业按期计算债券应计利息时，应按应计利息，借记“在建工程”或“财务费用”科目，贷记“应付债券——应计利息”或“应付利息”科目。企业在实际支付利息时，应按实际支付金额，借记“应付债券——应计利息”或“应付利息”科目，贷记“银行存款”科目。

【例3-15】 根据［例3-13］，假设债券发行时市场利率为8%，等于票面利率，每年付息一次。应编制如下会计分录：

借：“在建工程”或“财务费用”　　16 000

　　贷：应付利息　　16 000

付息时：

借：应付利息　　16 000

　　贷：银行存款　　16 000

在公司债券按溢价发行的情况下，企业按期计算债券应计利息时，按应摊销的利息调整额借记“应付债券——利息调整”科目，按应计利息与利息调整摊销额的差额，借记“在建工程”或“财务费用”科目，按应计利息，贷记“应付债券——应计利息”或“应付利息”科目。企业在实际支付利息时，也应按实际支付金额，借记“应付债券——应计利息”或“应付利息”科目，贷记“银行存款”科目。

在公司债券按折价发行的情况下，企业按期计算债券应计利息时，按应计利息与利息调整摊销额之和，借记“在建工程”或“财务费用”科目，按应摊销的利息调整额，贷记“应付债券——利息调整”科目，按应计利息，贷记“应付债券——应计利息”或“应付利息”科目。企业在实际支付利息时，应按实际支付金额，借记“应付债券——应计利息”或“应付利息”科目，贷记“银行存款”科目。

（六）公司债券偿还的会计处理

公司发行的债券应根据债券发行时订立合同条款偿还本金及利息。债券本金的偿还，可能是到期日，也可能在到期日之前或之后，其偿还的方式有债券到期时一次偿还、提前偿还、举借新债偿还旧债和分期偿还等。在我国实务中，大多数为债券到期时一次偿还。如果债券到期时一次偿还，债券到期时，无论债券当初发行是按照债券面值、债券折价或债券溢价，由于债券折价或溢价在每期期末通过“应付债券——利息调整”科目逐次摊销，到最后一期支付利息时，都已降至零。因此，在到期日，应付债券的摊余成本必然等于它的面值，举债公司即可按债券面值还本。

【例 3-16】 接上述各例，远大期货公司于五年后债券到期时用银行存款一次性偿还本金，应编制如下会计分录：

借：应付债券——债券面值	200 000	
贷：银行存款		200 000

（七）可转换公司债券的会计处理

企业发行的可转换公司债券，应当在初始确认时将其包含的负债成分和权益成分进行分拆，将负债成分确认为应付债券，将权益成分确认为资本公积。在进行分拆时，应当先对负债成分的未来现金流量进行折现确定负债成分的初始确认金额，再按发行价格总额扣除负债成分初始确认金额后的金额确定权益成份的初始确认金额。发行可转换公司债券发生的交易费用，应当在负债成份和权益成份之间按照各自的相对公允价值进行分摊。

企业发行的可转换公司债券，应按实际收到的金额，借记“银行存款”等科目，按该项可转换公司债券包含的负债成份的面值，贷记“应付债券——可转换公司债券（面值）”科目，按权益成份的公允价值，贷记“资本公积——其他资本公积”科目，按其差额，借记或贷记“应付债券——可转换公司债券（利息调整）”科目。

对于可转换公司债券的负债成份，在转换为股份前，其会计处理与一般公司债券相同，即按照实际利率和摊余成本确认利息费用，按照面值和票面利率确认应付债券，差额作为利息调整进行摊销。可转换公司债券持有者在债券存续期间内行使转换权利，将可转换公司债券转换为股份时，对于债券面额不足转换1股股份的部分，企业应当以现金偿还。

可转换公司债券持有人行使转换权利，将其持有的债券转换为股票，按可转换公司债券的余额，借记“应付债券——可转换公司债券（面值、利息调整）”科目，按其权益成份的金额，借记“资本公积——其他资本公积”科目，按股票面值和转换的股数计算的股票面值总额，贷记“股本”科目，按其差额，贷记“资本公积——股本溢价”科目。如用现金支付不可转换股票的部分，还应贷记“银行存款”等科目。

三、其他非流动负债

（一）长期借款

长期借款是指企业从银行或其他金融机构借入的期限在1年以上（不含1年）的各项借款。与短期借款相比，长期借款除借款期限较长外，其不同点还体现在对借款利息费用的处理上。“长期借款”科目不仅核算借款的本金，还包括应计利息；而“短期借款”科目只核算借款的本金，不包括利息费用。

为了核算企业向银行或其他金融机构借入的期限在1年以上（不含1年）的各项长期借款，公司应当设置“长期借款”科目。该科目的借方登记企业归还的各项借款，贷方登记企业借入的各项借款。期末贷方余额，反映企业尚未偿还的长期借款本息。该科目应按贷款的单位和贷款种类设置明细科目，进行明细核算。

企业借入各种长期借款时，按实际收到的款项，借记“银行存款”科目，按借款本金，贷记“长期借款——本金”科目，若借贷双方存在差额，借记“长期借款——利息调整”科目。

在资产负债表日，公司应按长期借款的摊余成本和实际利率计算确定的利息费用，借记“在建工程”“财务费用”“研发支出”等科目，按合同利率计算确定的应付未付利息，贷记“应付利息”科目，按其差额，贷记“长期借款——利息调整”科目。

公司归还长期借款，按归还的借款本金，借记“长期借款——本金”科目，按转销的利息调整金额，贷记“长期借款——利息调整”科目，按实际归还的款项，贷记“银行存款”科目，按借贷双方之间的差额，借记“在建工程”、“财务费用”等科目。

（二）预计负债

预计负债指企业确认的对外提供担保、未决诉讼、产品质量保证、重组义务、亏损性合同等负债。公司应设置“预计负债”科目，该科目可按形成预计负债的交易或事项进行明细核算。

企业由对外提供担保、未决诉讼、重组义务产生的预计负债，应按确定的金额，借记“营业外支出”等科目，贷记本科目。

实际清偿或冲减的预计负债，借记本科目，贷记“银行存款”等科目。

根据确凿证据需要对已确认的预计负债进行调整的，调整增加的预计负债，借记有关科目，贷记本科目；调整减少的预计负债作相反的会计分录。

“预计负债”科目期末贷方余额，反映企业已确认尚未支付的预计负债。

（三）递延所得税负债

递延所得税负债指企业确认的应纳税暂时性差异产生的所得税负债。公司应设置递延所得税负债科目，该科目可按应纳税暂时性差异的项目进行明细核算。

资产负债表日，企业确认的递延所得税负债，借记“所得税费用——递延所得税费用”科目，贷记本科目。资产负债表日递延所得税负债的应有余额大于其账面余额的，应按其差额确认，借记“所得税费用——递延所得税费用”科目，贷记本科目；资产负债表日递延所得税负债的应有余额小于其账面余额的作相反的会计分录。

与直接计入所有者权益的交易或事项相关的递延所得税负债，借记“资本公积——其他资本公积”科目，贷记本科目。

企业合并中取得资产、负债的入账价值与其计税基础不同形成应纳税暂时性差异的，应于购买日确认递延所得税负债，同时调整商誉，借记“商誉”等科目，贷记本科目。

递延所得税负债科目期末贷方余额，反映企业已确认的递延所得税负债。

第四章
公司损益要素核算

本章精要

趋利避害是人的本能，止损增效是任何一家公司始终不变的追求。在资本对利润追逐导向下，相关各方没有不关注损益的。本章中，首先是期货公司与信托公司收入的核算。收入是指自身业务活动即期货与信托服务活动中形成的、会导致所有者权益增加的、与所有者投入资本无关的经济利益的总流入。要关注收入确认的标杆，并对期货公司、信托公司发生的各种收支业务的账务处理进行认知。

其次，要在准则理念下，从期货公司与信托公司的经营实际出发，科学、系统地认识与分析各种成本和费用，并深刻理解费用、成本、支出的关系。

再次，全面认知公司利润。明确公司利润是企业在一定会计期间的经营成果。利润包括收入减去费用后的净额、直接计入当期利润的利得和损失等。这一节，极具综合性、政策性、系统性，需要全面落实，系统地掌握运用。

第一节　公司经营收入核算

一、收入的定义与特征

（一）收入的定义

收入是指企业在日常活动中形成的、会导致所有者权益增加的、与所有者投入资本无关的经济利益的总流入。其中“日常活动”是指企业为完成其经营目标所从事的经常性活动以及与之相关的活动（包括销售商品收入、提供劳务收入和让渡资产使用权收入）。比如，期货公司在代理期货交易过程中照章收取的手续费，信托公司依法收取的信托项目托管费等，均属于企业为完成其经营目标所从事的经常性活动，由此产生的经济利益的总流入构成收入。

企业处置固定资产、无形资产等活动，不是企业为完成其经营目标所从事的经常性活动，也不属于经常性活动相关的活动，由此产生的经济利益的总流入不构成收入，应当确认为营业外收入。

企业为第三方代收的款项，如增值税、个人所得税，不是企业的经济利益，并不导致企业所有者权益增加，因而不属于收入准则所指的收入范围。

（二）收入的特征

1. 收入从企业的日常活动中产生，而不是从偶发的交易或事项中产生。

2. 收入可能表现为企业资产的增加；也可能表现为企业负债的减少；或者二者兼而有之。

3. 收入能导致企业所有者权益的增加。

4. 收入只包括本企业经济利益的流入，不包括为第三方或客户代收的款项。

二、收入的确认

公司对外提供服务或者提供特殊的金融产品（如资金等）而取得的收入，必须同时符合以下两个条件才能确认：

条件之一，收入的金额能够可靠计量。

收入能否可靠地计量，是确认收入的基本前提，收入不能可靠计量，则无法确认收入。公司在销售特殊的金融商品（如资金）时，售价（如利率）通常已经确定。但销售过程中由于某种不确定因素，也可能出现售价变动的情况，则新的售价为未确定前不应确认收入。

条件之二，相关的经济利益很可能流入企业。

经济利益是指直接或间接流入公司的现金或现金等价物，例如，在公司借出资金的交易中，经济利益的流入就是公司在收回本金的同时能按时收回利息，如果企业估计本息收回的可能性不大，就不能将其确认为利息收入。

三、收入的会计处理

（一）利息收入的账务处理

公司主要的收入来源于利息收入。公司在发放贷款时，应采用实际利率法按资金占用时期计提利息确认为收入。

实际利率法，是指按照贷款的实际利率计算其摊余成本及各其利息收入的方法，利息收入的计算公式如下：

利息收入 = 摊余成本 × 实际利率

其中，贷款的摊余成本是指该贷款的初始确认金额经下列调整后的结果：

1. 扣除已偿还的本金。

2. 加上或者减去采用实际利率法将该初始确认金额与到期日金额之间的差额进行摊销形成的累计摊销额。

3. 扣除已发生的减值损失。

贷款的初始确认金额，应当按照公允价值计量，相关的交易费用应当计入初始确认金额。

实际利率，是指将贷款在预期存续期间或适用的更短时间内的未来现金流量折现为该贷款当前账面价值所使用的利率。

公司应设置“利息收入”科目核算企业确认的利息收入，包括发放的各类贷款（银团贷款、贸易融资、贴现和转贴现融出资金、协议透支、信用卡透支、转贷款、垫款等）、与其他金融机构（中央银行、同业等）之间发生资金往来业务、买入返售金融资产等实现的利息收入等。本科目可按业务类别进行明细核算。资产负债表日，企业应按合同利率计算确定的应收未收利息，借记“应收利息”等科目，按摊余成本和实际利率计算确定的利息收入，贷记本科目，按其差额，借记或贷记“贷款——利息调整”等科目。

实际利率与合同利率差异较小的，也可以采用合同利率计算确定利息收入。

【例 4－1】 2×19 年 12 月 31 日，某信托投资公司发放给容发电子公司 3 年期，一次还本付息贷款，合同本金 4 000 万元，年复利率 5%，一次性按本金 2.75% 扣除手续费。

交易成本 = 4 000 × 2.75% = 110（万元）

贷款的初始确认金额 = 4 000 － 110 = 3 890（万元）

设实际利率为 r，则

$3\ 890 = 4\ 000 \times (1+5\%)^3/(1+i)^3$

解得：$i = 6\%$

发放贷款的会计分录如下：

借：贷款——本金	40 000 000	
贷：银行存款		38 900 000
贷款——利息调整		1 100 000

【例4-2】 承［例4-1］2×20—2×22年的计息还贷的会计处理：

2×20年12月31日：

借：贷款——应收利息（4 000×5%）	2 000 000	
——利息调整	330 000	
贷：利息收入（3 890×6%）		2 330 000

2×21年12月31日：

借：贷款——应收利息[（4 000+200）×5%]	2 100 000	
——利息调整	370 000	
贷：利息收入[（3 890+233）×6%]		2 470 000

2×22年12月31日：

借：贷款——应收利息[（4 000+200+210）×5%]	2 210 000	
——利息调整	410 000	
贷：利息收入[（3 890+233+247）×6%]		2 620 000

还本付息时：

借：银行存款	46 310 000	
贷：贷款——本金		40 000 000
——利息		6 310 000

（二）手续费及佣金收入的账务处理

期货公司和信托公司应设置“手续费及佣金收入”科目核算企业确认的手续费及佣金收入，包括代理期货买卖、代理信托项目管理、代理资产管理业务收入等代理业务以及其他相关服务实现的手续费及佣金收入等。企业可按手续费及佣金收入类别进行明细核算。

企业确认的手续费及佣金收入，按其实际收到的金额，借记“代理承销证券款”等科目，贷记本科目。

实际收到手续费及佣金，借记“存放中央银行款项”“银行存款”“结算备付金”“吸收存款”等科目，贷记“应收手续费及佣金”等科目。

（三）公允价值变动损益的账务处理

公司应设置“公允价值变动损益”科目核算企业交易性金融资产、交易性金融负债，以及采用公允价值模式计量的投资性房地产、衍生工具、套期保值业务等公允价值变动形成的应计入当期损益的利得或损失。

指定为以公允价值计量且其变动计入当期损益的金融资产或金融负债公允价值变动形成的应计入当期损益的利得或损失，也在本科目核算。

企业开展套期保值业务的，有效套期关系中套期工具或被套期项目的公允价值变动，也可以单独设置“套期损益”科目核算。

“公允价值变动损益”科目可按交易性金融资产、交易性金融负债、投资性房地产等进行明细核算。

公允价值变动损益的主要账务处理：

1. 资产负债表日，企业应按交易性金融资产的公允价值高于其账面余额的差额，借记“交易性金融资产——公允价值变动”科目，贷记本科目；公允价值低于其账面余额的差额作相反的会计分录。

出售交易性金融资产时，应按实际收到的金额，借记“银行存款”“存放中央银行款项”等科目，按该金融资产的账面余额，贷记“交易性金融资产”科目，按其差额，借记或贷记“投资收益”科目。同时，将原计入该金融资产的公允价值变动转出，借记或贷记本科目，贷记或借记“投资收益”科目。

2. 资产负债表日，交易性金融负债的公允价值高于其账面余额的差额，借记本科目，贷记“交易性金融负债”等科目；公允价值低于其账面余额的差额作相反的会计分录。

处置交易性金融负债，应按该金融负债的账面余额，借记“交易性金融负债”科目，按实际支付的金额，贷记“银行存款”“存放中央银行款项”、“结算备付金”等科目，按其差额，贷记或借记“投资收益”科目。同时，按该金融负债的公允价值变动，贷记或借记本科目，借记或贷记“投资收益”科目。

3. 采用公允价值模式计量的投资性房地产、衍生工具、套期工具、被套期项目等形成的公允价值变动，按照“投资性房地产”“衍生工具”“套期工具”“被套期项目”等科目的相关规定进行处理。

【例 4－3】 某信托公司一项交易性金融资产的取得成本为 3 000 万元，资产负债表日的公允价值为2 600万元；一项交易性金融负债的取得成本为2 000万元，资产负债表日的公允价值为2 100万元。

会计分录如下：

借：公允价值变动损益　　5 000 000

　　贷：交易性金融资产　　4 000 000

　　　　交易性金融负债　　1 000 000

（四）投资收益的账务处理

公司应设置“投资收益”科目核算企业确认的投资收益或投资损失。本科目可按投资项目进行明细核算。

投资收益的主要账务处理：

1. 长期股权投资采用成本法核算的，企业应按被投资单位宣告发放的现金股利或利润中属于本企业的部分，借记“应收股利”科目，贷记本科目；属于被投资单位在取得本企业投资前实现净利润的分配额，应作为投资成本的收回，借记“应收股利”等科目，贷记“长期股权投资”科目。

长期股权投资采用权益法核算的，应按根据被投资单位实现的净利润或经调整的净利润计算应享有的份额，借记“长期股权投资——损益调整”科目，贷记本科目。被投资单位发生净亏损的，比照“长期股权投资”科目的相关规定进行处理。

处置长期股权投资时，应按实际收到的金额，借记“银行存款”等科目，按其账面余额，贷记“长期股权投资”科目，按尚未领取的现金股利或利润，贷记“应收股利”科目，按其差额，贷记或借记本科目。已计提减值准备的，还应同时结转减值准备。

处置采用权益法核算的长期股权投资，除上述规定外，还应结转原记入资本公积的相关金额，借记或贷记“资本公积——其他资本公积”科目，贷记或借记本科目。

2. 企业持有交易性金融资产、债权投资、其他债权投资、其他权益工具投资期间取得的投资收益以及处置相关金融资产、金融负债而实现的损益，按实际收到的款项借记“银行存款”等科目，按照账面余额贷记“交易性金融资产”“债权投资”“其他债权投资”“其他权益工具投资”等科目，按照两者之间的差额借记或贷记本科目。

（五）其他业务收入的账务处理

公司应设置“其他业务收入”科目核算企业确认的除主营业务活动以外

的其他经营活动实现的收入，包括出租固定资产、出租无形资产、出租包装物和商品、销售材料、用材料进行非货币性交换（非货币性资产交换具有商业实质且公允价值能够可靠计量）或债务重组等实现的收入。企业（保险）经营受托管理业务收取的管理费收入，也通过本科目核算。

公司确认的其他业务收入，借记“银行存款”“其他应收款”等科目，贷记本科目等。

（六）营业外收入的账务处理

公司应设置“营业外收入”科目核算企业发生的各项营业外收入，主要包括非流动资产处置利得、非货币性资产交换利得、债务重组利得、政府补助、盘盈利得、捐赠利得等。本科目可按营业外收入项目进行明细核算。

企业确认处置非流动资产利得、非货币性资产交换利得、债务重组利得，按实际收到的款项借记“银行存款”等科目，按照账面余额贷记“固定资产清理”“无形资产”等科目，按照两者之间的差额借记或贷记本科目。

确认的政府补助利得，借记“银行存款”“递延收益”等科目，贷记本科目。

第二节　公司经营支出核算

一、经营支出的管制

企业在生产经营过程中为了取得一定的收入，必然要发生各种各样的支出，这些支出哪些应形成本期的费用，即如何确认本期费用？费用只有在经济利益很可能流出从而导致企业资产减少或者负债增加且经济利益的流出额能够可靠计量时才能予以确认。

（一）经营支出确认内容

1. 公司为销售金融产品、提供劳务等发生的可归属于产品、劳务成本等的费用，应当在确认金融产品收入、劳务收入同时，将已销售金融产品、已提供劳务的成本等计入当期损益。

2. 企业发生的支出不产生经济利益的，或者即使能够产生经济利益但不符合或者不再符合资产确认条件的，应当在发生时确认为费用，计入当期损益。

3. 企业发生的交易或者事项导致其承担了一项负债而又不确认为一项资产的，应当在发生时确认为费用，计入当期损益；符合费用定义和费用确认条件的项目，应当列入利润表。

（二）经营支出确认标准

经营支出，即成本费用的确认应该具有统一的标准。确认费用应考虑两个问题：一是费用与收入的关系；二是费用的归属期。具体而言，确认费用的标准有以下几种。

1. 按其与营业收入的直接联系确认费用。如果资产的减少与负债的增加与取得本期的营业收入有直接联系，就应确认为本营业期间的费用；凡不是以取得营业收入为目的的各项耗费都不作费用，如罚没款支出等。

2. 采用一定分配方式确认费用。如果资产的减少或负债的增加与取得营业收入没有直接联系，但能够为若干个会计期间带来效益，则应采用一定的分配方式，分别确认为各营业期间的费用。例如，管理部门使用的固定资产的成本，需要采用一定的折旧方法，分别确认为各期的折旧费用。

3. 在支出发生时立即确认为费用。如果资产的减少或负债的增加与取得营业收入没有直接联系，且只能为一个会计期间带来效益或受益期间难以合理估计，则应确认为当期的费用。例如，管理人员的工资，其支出的效益仅及于一个会计期间，应直接确认为当期费用；又如，广告费支出，虽然可能在较长时期内受益，但很难合理估计其受益期间，因而也可以直接确认为当期费用。对于一些虽然受益期限较长但数额较小的支出，按照重要性原则，也可以直接确认为当期费用，如管理部门领用的办公用具等。

二、成本的确认与计量

（一）利息支出

公司应根据业务实际需要设置“利息支出”科目核算企业发生的利息支出，包括吸收的各种存款（单位存款、个人存款、信用卡存款、特种存款、转贷款资金等）、与其他金融机构（中央银行、同业等）之间发生资金往来业务、卖出回购金融资产等产生的利息支出。本科目可按利息支出项目进行明细核算。

资产负债表日，公司应按摊余成本和实际利率计算确定的利息费用金额，借记本科目，按合同利率计算确定的应付未付利息，贷记“应付利息”科目，按其差额，借记或贷记“吸收存款——利息调整”等科目。

实际利率与合同利率差异较小的，也可以采用合同利率计算确定利息费用。

（二）手续费及佣金支出

公司应设置“手续费及佣金支出”科目核算企业发生的与其经营活动相关的各项手续费、佣金等支出。本科目可按支出类别进行明细核算。

公司发生的与其经营活动相关的手续费、佣金等支出，借记本科目，贷记“银行存款”“存放中央银行款项”“存放同业”“库存现金”“应付手续费及佣金”等科目。

（三）税金及附加

公司应设置“税金及附加”科目核算企业经营活动发生的消费税、城市维护建设税、资源税和教育费附加等相关税费。

房产税、车船税、土地使用税、印花税在“管理费用”科目核算，但与投资性房地产相关的房产税、土地使用税在本科目核算。

公司按规定计算确定的与经营活动相关的税费，借记本科目，贷记“应交税费”科目。

（四）其他业务成本

公司应设置“其他业务成本”科目核算企业确认的除主营业务活动以外的其他经营活动所发生的支出，包括销售材料的成本、出租固定资产的折旧额、出租无形资产的摊销额、出租包装物的成本或摊销额等。本科目可按其他业务成本的种类进行明细核算。

除主营业务活动以外的其他经营活动发生的相关税费，在“税金及附加”科目核算。

采用成本模式计量投资性房地产的，其投资性房地产计提的折旧额或摊销额，也通过本科目核算。

企业发生的其他业务成本，借记本科目，贷记“原材料”“周转材料”“累计折旧”“累计摊销”“应付职工薪酬”“银行存款”等科目。

（五）业务及管理费

为了核算和监督业务及管理费用的发生和结转情况，公司应设置“业务及管理费”科目。它属于损益类科目。借方登记发生的各项业务及管理费；贷方登记期末转入“本年利润”科目的业务及管理费。结转后本科目应无余额。本科目应按业务及管理费项目进行明细核算。

（1）企业在筹建期间内发生的开办费，包括人员工资、办公费、培训费、差旅费、印刷费、注册登记费以及不计入固定资产价值的借款费用等在实际发生时，借记本科目（开办费），贷记“银行存款”等科目。

（2）行政管理部门人员的职工薪酬，借记本科目，贷记“应付职工薪酬”科目。

（3）行政管理部门计提的固定资产折旧，借记本科目，贷记“累计折旧”科目。

（4）发生的办公费、水电费、业务招待费、聘请中介机构费、咨询费、诉讼费、技术转让费、研究费用，借记本科目，贷记“银行存款”“研发支出”等科目。

（5）按规定计算确定的应交的房产税、车船税、土地使用税、印花税，借记本科目，贷记“应交税费”科目。

【例4－4】 乙期货公司11月份管理费用发生的有关经济业务及编制的会计分录如下：

（1）以现金支付业务招待费800元；以银行存款支付水电费1 500元。会计分录为：

借：业务及管理费　　2 300
　　贷：库存现金　　800
　　　　银行存款　　1 500

（2）本月计提管理部门的固定资产折旧费为9 000元。会计分录如下：

借：业务及管理费　　9 000
　　贷：累计折旧　　9 000

（3）根据本月工资分配计算，行政管理人员的工资为18 000元，提取职工福利费2 520元。会计分录为：

借：业务及管理费　　20 520
　　贷：应付职工薪酬——工资　　18 000
　　　　　　　　　　——职工福利　　2 520

（4）本月按规定计算确定应交车船税3 000元。

借：业务及管理费　　3 000
　　贷：应交税费——应交车船税　　3 000

（六）资产减值损失

公司应设置“资产减值损失”科目核算企业计提各项资产减值准备所形成的损失。本科目可按资产减值损失的项目进行明细核算。

公司的应收款项、存货、长期股权投资、非公允价值类金融资产、固定资产、无形资产、贷款等资产发生减值的，按应减记的金额，借记本科目，贷记“坏账准备”“存货跌价准备”“长期股权投资减值准备”“固定资产减值准备”“无形资产减值准备”“贷款损失准备”等科目。

在建工程、工程物资、商誉、抵债资产、损余物资、采用成本模式计量的投资性房地产等资产发生减值的，应当设置相应的减值准备科目，比照上述规定进行处理。

企业计提坏账准备、存货跌价准备、债权投资减值准备、贷款损失准备等，相关资产的价值又得以恢复的，应在原已计提的减值准备金额内，按恢复增加的金额，借记“坏账准备”“存货跌价准备”“债权投资减值准备”“贷款损失准备”等科目，贷记本科目。

（七）信用减值损失

公司应设置“信用减值损失”科目核算企业按照金融工具会计准则要求计提的各项金融工具减值准备所形成的预期信用损失。该科目属于损益类科目，当针对不同金融工具计提其预期信用损失时，借记“信用减值损失”科目，当已经计提的金融工具信用减值准备转回时，贷记“信用减值损失”科目。

（八）营业外支出

公司应设置“营业外支出”科目核算企业发生的各项营业外支出，包括非流动资产处置损失、非货币性资产交换损失、债务重组损失、公益性捐赠支出、非常损失、盘亏损失等。本科目可按支出项目进行明细核算。

企业确认处置非流动资产损失、非货币性资产交换损失、债务重组损失，比照“固定资产清理”“无形资产”“原材料”“库存商品”“应付账款”等科目的相关规定进行处理。

盘亏、毁损的资产发生的净损失，按管理权限报经批准后，借记本科目，贷记“待处理财产损溢”科目。

第三节　公司经营利润核算

一、公司利润的组成

公司利润是企业在一定会计期间的经营成果。利润包括收入减去费用后的净额、直接计入当期利润的利得和损失等。利润金额取决于收入和费用、直接计入当期利润的利得和损失金额的计量。直接计入当期利润的利得和损失，是指应当计入当期损益、会导致所有者权益发生增减变动的、与所有者投入资本或者向所有者分配利润无关的利得或者损失。

公司的利润通常由营业利润、利润总额、净利润三部分组成。

（一）营业利润

营业利润是期货公司和信托公司的主要利润来源，它是公司经营活动所产生的利润，是其利润总额的主要组成部分。

营业利润是指营业收入与营业支出的差额。即，营业利润＝营业收入－营业支出

营业收入是指公司在经营活动中取得的收入，包括期货或信托业务取得收入和其他业务取得收入。证券业务取得收入主要包括证券承销佣金收入、经纪业务手续费收入、买入返售金融资产利息收入、受托资产管理佣金收入、投资收益、公允价值变动损益等。其他业务取得收入主要包括投资咨询业务收入等。从会计日常核算项目看，营业收入的计算公式分别为：

营业收入＝经纪业务手续费净收入＋证券承销佣金净收入＋受托客户资产管理义务净收入＋利息净收入＋投资收益＋公允价值变动损益＋其他业务收入＋汇兑损益

营业支出包括三部分：一是证券业务发生的支出，如手续费支出等；二是其他业务支出；三是期间费用，主要包括营业费用和营业税费。从会计日常核算项目看，营业支出的计算公式分别为：

营业支出＝营业费用＋业务及管理费＋其他业务成本＋资产减值损失＋税金及附加

其中，需要说明的是：

（1）税金及附加。税金及附加是指企业经营活动发生的消费税、城市维护建设税、资源税和教育费附加以及与投资性房地产相关的房产税、土地使用税等。

（2）业务及管理费。业务及管理费用是指公司为组织和管理企业经营所发生的费用。具体包括：企业在筹建期间内发生的开办费、董事会和行政管理部门在企业的经营管理中发生的或者应由企业统一负担的公司经费（包括行政管理部门职工薪酬、物料消耗、低值易耗品摊销、办公费和差旅费等）、工会经费、董事会费（包括董事会成员津贴、会议费和差旅费等）、聘请中介机构费、咨询费（含顾问费）、诉讼费、业务招待费、房产税、车船税、土地使用税、印花税等。

（3）资产减值损失。资产减值损失是指计提各项资产减值准备所形成的损失，包括贷款、长期股权投资、固定资产、无形资产等资产发生的减值损失。

在建工程、工程物资、商誉、抵债资产、损余物资以及采用成本模式计量的投资性房地产等资产发生的减值，也属于资产减值损失。

（4）信用减值损失

信用减值损失是以未来可能的违约事件造成的损失的期望值所计量的资产负债表日公司金融工具应当确认的减值损失。

（5）公允价值变动损益。公允价值变动损益是指交易性金融资产、交易性金融负债，以及采用公允价值模式计量的投资性房地产、衍生工具、套期保值业务等公允价值变动形成的应计入当期损益的利得或损失。

（6）投资收益。投资收益是指公司对外投资所取得的收益，减去投资发生的损失。

（二）利润总额

利润总额是指企业在缴纳所得税费用之前实现的利润。它包括：营业利润、营业外收入、营业外支出。其计算公式如下：

利润总额 = 营业利润 + 营业外收入 − 营业外支出

1. 营业外收入

营业外收入是指与公司的经营活动没有直接关系的各项收入，包括非流动资产处置利得、非货币性资产交换利得、债务重组利得、政府补助、盘盈利得、捐赠利得等。

2. 营业外支出

营业外支出是指与公司的经营活动没有直接关系的各项支出，包括非流动资产处置损失、非货币性资产交换损失、债务重组损失、公益性捐赠支出、非常损失、盘亏损失等。

（三）净利润

净利润是指公司在一定的会计期间内实现的利润总额扣除所得税费用后的余额。其计算公式如下：

净利润 = 利润总额 − 所得税费用

所得税费用是指公司应计入当期损益的所得税费用。

二、利润形成的会计处理

（一）主要会计科目

公司在进行利润核算时，需要设置“手续费及佣金收入”“利息收入”“公允价值变动损益”“投资收益”“其他业务收入”“营业外收入等收入类科目，“手续费支出”“利息支出”“税金及附加”“资产减值损失”“信用减值损失”“其他业务成本”“销售费用”“业务及管理费”“营业外支出”“所得税费用”等支出类科目，以及“本年利润”“递延所得税资产”“递延所得税负债”等科目。

其中，“利息收入”“营业外收入”“其他业务收入”科目贷方分别登记其本期发生的收入数额，借方分别登记本期转入“本年利润”科目的数额，结转后本科目应无余额。

“利息支出”“其他业务成本”“业务及管理费”“税金及附加”“营业外支出”科目借方分别登记本期发生的成本、费用、税金及附加以及营业外支出数额，贷方分别登记本期转入“本年利润”科目的数额，结转后本科目应无余额。

“公允价值变动损益”科目借方登记公允价值低于账面余额的差额，贷方登记公允价值高于账面余额的差额，期末将本科目余额转入“本年利润”科目，结转后本科目应无余额。

“所得税费用”借方登记发生的按规定从当期损益中扣除的所得税，贷方登记期末结转“本年利润”科目的数额。

“本年利润”科目的贷方登记“主营业务收入”“其他业务收入”“营业

外收入”“投资收益”“公允价值变动损益”等科目的期末结转额，借方登记“主营业务成本”“其他业务成本”“税金及附加”“资产减值损失”“销售费用”“管理费用”“财务费用”“营业外支出”“所得税费用”等科目的期末结转数额，结转后“本年利润”科目如为贷方余额即为本期净利润数，如为借方余额则为本期亏损数。

年度终了，应将本年实现的净利润转入利润分配科目，借记“本年利润”，贷记“利润分配——未分配利润”科目；如为亏损，作相反的会计分录。结转后，“本年利润”科目应无余额。

（二）利润形成的账务处理

本期发生经济业务进行账务处理后，进行利润的核算。利润的形成有两种方法可以采用，即账结法和表结法。

账结法，是指在每月月末将所有损益类科目的余额转入“本年利润”科目，结转后，各损益类科目月末均没有余额，“本年利润”科目反映年度内累计实现的净利润（或发生的净亏损）。采用账结法，账面上能够直接反映各月末累计实现的净利润（或发生的净亏损），但每月末结转本年利润的工作量较大。

表结法，是指各月月末不结转本年利润，而是通过编制利润表的过程计算出当月的净利润（或净亏损），在年末才将所有损益类科目的余额转入“本年利润”科目。采用表结法，各损益类科目的月末余额表示累计的收入或费用，“本年利润”科目在1—11月各月末不作任何记录，到12月末才结转本年利润。因此，各月末的累积净利润（或净亏损）不能在账面上直接得到反映，需要在编制利润表的过程中确定。采用表结法，由于平时不必结转本年利润，能够简化核算。

因此，采用账结法计算利润，每月都要使用“本年利润”科目；采用表结法计算利润，“本年利润”科目平时没有记录，只有年末才有记录。总之，无论企业采用哪种方法，年度终了时都必须将“本年利润”科目结平，转入“利润分配——未分配利润”科目，结转后，“本年利润”科目应无余额。

【例4-5】某信托投资公司2×19年12月份结账前各损益类科目的余额如表4-1所示。

表 4-1　　　　损益类科目余额表

2×19 年 12 月 31 日　　　　金额：元

科目名称	借方余额	贷方余额
主营业务收入		2 000 000
主营业务成本	1 500 000	
其他业务收入		95 000
其他业务成本	60 000	
税金及附加	300 000	
业务及管理费	380 000	
利息支出	180 000	
资产减值损失	100 000	
信用减值损失	30 000	
公允价值变动损益		400 000
投资收益		750 000
营业外收入		60 000
营业外支出	40 000	
所得税费用	240 000	

根据表 4-1 的资料，采用账结法的会计处理如下：

借：主营业务收入　　2 000 000
　　其他业务收入　　95 000
　　公允价值变动损益　　400 000
　　投资收益　　750 000
　　营业外收入　　60 000
　　贷：本年利润　　3 305 000

借：本年利润　　2 830 000
　　贷：主营业务成本　　1 500 000
　　　　其他业务成本　　60 000
　　　　税金及附加　　300 000
　　　　业务及管理费　　380 000
　　　　利息支出　　180 000
　　　　资产减值损失　　100 000
　　　　信用减值损失　　30 000

营业外支出 40 000

所得税费用 240 000

月末，各损益类科目的余额为零。该企业 2×19 年 12 月份实现的净利润为 475 000 元，即“本年利润”科目的贷方发生额 3 305 000 元减去“本年利润”科目的借方发生额 2 830 000 元的余额。

第四节 公司所得税核算

一、所得税会计的含义

所得税会计是针对会计与税收规定之间的差异，在所得税会计核算中的具体体现。我国 CAS18 号所得税准则要求所得税的核算采用资产负债表债务法，与国际会计准则趋同。

资产负债表债务法是从资产负债表出发，通过比较资产负债表上列示的资产、负债按照会计准则规定确定的账面价值与按照税法规定确定的计税基础，对于两者之间的差额分别应纳税暂时性差异与可抵扣暂时性差异，确认相关的递延所得税负债与递延所得税资产。

二、所得税会计的核算程序

采用资产负债表债务法核算所得税的情况下，公司一般应于每一资产负债表日进行所得税的核算。发生特殊交易或事项时，如企业合并，在确认因交易或事项产生的资产、负债时即应确认相关的所得税影响。公司进行所得税核算一般应遵循以下程序：

1. 确定账面价值，即确定资产负债表中除递延所得税资产和递延所得税负债以外的其他资产和负债项目的账面价值。

2. 确定计税基础，即按照资产和负债计税基础的确定方法，以适用的税收法规为基础，确定资产负债表中有关资产、负债项目的计税基础。

3. 比较资产、负债的账面价值与其计税基础进行比较。对于两者之间存在差异的，分析其性质，除特殊情况外，分别应纳税暂时性差异与可抵扣暂时性差异，确定该资产负债表日递延所得税负债和递延所得税资产的应有金额，并与期初递延所得税资产和递延所得税负债的余额相比，确定当期应予进一步确认的递延所得税资产和递延所得税负债金额或应予转销的金额。

4. 计算当期应交所得税，确认所得税费用及递延所得税费用。

三、计税基础及暂时性差异

（一）资产的计税基础

资产的计税基础，是指企业收回资产账面价值过程中，计算应纳税所得额时按照税法规定可以自应税经济利益中抵扣的金额，即某一项资产在未来期间计税时可以税前扣除的金额。

资产在初始确认时，其计税基础一般为取得成本。在资产持续持有的过程中，可在未来期间税前扣除的金额是指资产的取得成本减去以前期间按照税法规定已经税前扣除的金额后的余额。如固定资产、无形资产等长期资产在某一资产负债表日的计税基础是指其成本扣除按照税法规定已在以前期间税前扣除的累计折旧额或累计摊销额后的金额。

资产的账面价值大于其计税基础时，产生应纳税暂时性差异，即在确定未来收回资产或清偿负债期间的应纳税所得额时，将导致应税金额的暂时性差异。一项资产的账面价值代表的是企业在持续使用或最终出售该项资产时会取得的经济利益的总额，而计税基础代表的是一项资产在未来期间可予税前扣除的总金额。资产的账面价值大于其计税基础，该项资产未来期间产生的经济利益不能全部税前抵扣，两者之间的差额需要交税，产生应纳税暂时性差异。例如，一项无形资产账面价值为300万元，意味着企业从该项无形资产的持续使用及最终处置中可以取得300万元的经济利益流入，计税基础如果为200万元，意味着企业可以从未来流入经济利益中抵扣的金额为200万元，两者之间的差额会造成未来期间应纳税所得额和应交所得税的增加。相应地，在其产生当期，应确认与其相关的递延所得税负债。

资产的账面价值小于其计税基础时，产生可抵扣暂时性差异，即在确定未来期间收回资产或清偿负债期间的应纳税所得额时，将导致产生可抵扣金额的暂时性差异。从经济含义来看，资产在未来期间产生的经济利益少，按照税法规定允许税前扣除的金额多，则企业在未来期间可以减少应纳税所得额并减少应交所得税。例如，一项资产的账面价值为300万元，计税基础为350万元，则企业在未来期间就该项资产可以在其自身取得经济利益的基础上多扣除 50 万元，从整体上来看，未来期间应税所得会减少，应交所得税也会减少，形成可抵扣暂时性差异，符合有关确认条件时，应确认相关的递延所得税资产。

由于资产项目的不同，计税基础的具体确定也不同，举例说明如下：

1. 固定资产

以各种方式取得的固定资产，初始确认时入账价值基本上是被税法认可的，即取得时其入账价值一般等于计税基础。固定资产在持有期间进行后续计量时，会计与税收处理的差异主要来自于折旧方法、折旧年限的不同以及固定资产减值准备的提取。

按照会计准则的规定，企业可以根据情况合理选择折旧方法，如可以按直线法计提折旧，也可以按照双倍余额递减法、年数总和法等计提折旧。税法一般会规定固定资产的折旧方法，除某些按照规定可以加速折旧的情况外，基本上可以税前扣除的是按照直线法计提的折旧。

另外税法还会规定每一类固定资产的折旧年限，而会计处理时按照准则规定是由企业按照固定资产能够为企业带来经济利益的期限估计确定的。因为折旧年限的不同，也会产生固定资产账面价值与计税基础之间的差异。

持有固定资产的期间内，因计提固定资产减值准备也会产生差异，因为所计提的减值准备不能够税前扣除。

即固定资产的计税基础 = 固定资产原价 - 税收累计折旧

固定资产的会计基础 = 固定资产原价 - 累计折旧 - 固定资产减值准备

【例 4-6】 甲公司于 2×19 年 1 月 1 日取得的某项固定资产，原价为 1 000 万元，使用年限为 10 年，会计上采用直线法计提折旧，净残值为 0。假设税法规定该类固定资产采用加速折旧法计提的折旧可予税前扣除，甲公司在计税时采用双倍余额递减法计列折旧，净残值为 0。2×20 年 12 月 31 日，企业估计该项固定资产的可收回金额为 700 万元。

那么，2×20 年 12 月 31 日，该项固定资产的账面价值 = 1 000 - 100×2 - 100 = 700（万元）

其计税基础 = 1 000 - 1 000×20% - 800×20% = 640（万元）

该项固定资产账面价值 700 万元与其计税基础 640 万元之间 60 万元的差额，意味着将于未来期间计入企业的应纳税所得额，产生应交所得税的增加，属于应纳税暂时性差异，应确认相应的递延所得税负债。

2. 以公允价值计量的金融资产

按照CAS22号金融工具确认和计量准则的规定，以公允价值计量的金融资产，包括以公允价值计量且其变动计入当期损益的金融资产以及可供出售的金融资产，两者的共同点在于期末均以公允价值计量，区别在于前者对于公允价值相对于账面价值的变动是计入当期损益，而后者对于公允价值相对于账面价值的变动是计入所有者权益中的资本公积，即该两类金融资产于某一会计期末的账面价值为公允价值，如果税法规定按照会计准则确认的公允价值变动在计税时不予考虑，即有关金融资产在处置或出售前计税基础保持其取得成本不变，会造成该类金融资产账面价值与其计税基础之间的差异。

即以公允价值计量的金融资产的计税基础 = 成本

以公允价值计量的金融资产的会计基础 = 期末按公允价值计量

3. 其他资产

因会计准则规定与税收法规规定不同，企业持有的其他资产，可能造成其账面价值与计税基础之间存在差异的，如：

（1）应收股利，会计准则规定按照被投资单位宣告发放的现金股利或利润中应由本企业享有的部分确认应收股利，而税法规定对于有关的应收股利是否纳税要视投资企业与被投资单位适用的所得税税率之间是否存在差别而定。如果投资企业与被投资单位适用的所得税税率相同，自被投资单位收取的现金股利或利润在计税时是免税的，即其计税基础与账面价值相同；投资企业适用的所得税税率高于被投资单位适用所得税税率的，因长期股权投资的账面价值与计税基础不同会产生对未来期间计税的影响。

（2）投资性房地产，对于采用公允价值模式计量的投资性房地产，其期末账面价值为公允价值，而如果税法规定不认可该类资产在持有期间因公允价值变动产生的利得或损失，则其计税基础应以取得时支付的历史成本为基础计算确定，从而会造成账面价值与计税基础之间的差异。

（3）其他计提了资产减值准备的各项资产。有关资产计提了减值准备以后，其账面价值会随之下降，而按照税法规定，资产的减值在转化为实质性损失之前，不允许税前扣除，即其计税基础不会因减值准备的提取而变化，从而造成资产的账面价值与其计税基础之间的差异。

（二）负债的计税基础

负债的计税基础，是指负债的账面价值减去未来期间计算应纳税所得额时按照税法规定可予抵扣的金额。即假定企业按照税法规定进行核算，则在其按照税法规定确定的资产负债表上，有关负债的应有金额。

负债的账面价值大于其计税基础时，产生可抵扣暂时性差异。负债产生的暂时性差异实质上是税法规定就该项负债可以在未来期间税前扣除的金额。一项负债的账面价值大于其计税基础，意味着未来期间按照税法规定构成负债的全部或部分金额可以自未来应税经济利益中扣除，减少未来期间的应税所得和应交所得税。例如，企业因预计将发生的产品保修费用确认预计负债300万元，但如果税法规定有关费用在实际发生前不允许扣除，其计税基础为0，企业确认预计负债的当期相关费用不允许税前扣除，但在以后期间费用实际发生时允许税前扣除，使得未来期间的应税所得和应交所得税降低，产生可抵扣暂时性差异，符合确认条件的，应确认相关的递延所得税资产。

负债的账面价值小于其计税基础时，产生应纳税暂时性差异。一项负债的账面价值为企业预计在未来期间清偿该项负债时的经济利益流出，而其计税基础代表的是账面价值在扣除税法规定未来期间允许税前扣除的金额之后的差额。因负债的账面价值与其计税基础不同产生的暂时性差异实质上是税法规定就该项负债在未来期间可以税前扣除的金额。负债的账面价值小于其计税基础，则意味着就该项负债在未来期间可以税前抵扣的金额为负数，即应在未来期间应纳税所得额的基础上调增，增加应税所得和应交所得税金额，产生应纳税暂时性差异，应确认相关的递延所得税负债。

一般情况下，负债的确认与偿还不会影响企业的损益，也不会影响其应纳税所得额，未来期间计算应纳税所得额时按照税法规定可予抵扣的金额为0，计税基础即为账面价值。例如企业的短期借款、应付账款等。但是，某些情况下，负债的确认可能会影响企业的损益，进而影响不同期间的应纳税所得额，使得其计税基础与账面价值之间产生差额，如按照会计规定确认的某些预计负债。

举例说明如下：

1. 企业因担保、诉讼等原因确认的预计负债。按照或有事项准则规定，企业应将预计提供售后服务发生的支出在销售当期确认为费用，同时确认预计负债。如果税法规定，有关的支出应于发生时税前扣除。因该类事项产生的预计负债在期末的计税基础为其账面价值与未来期间可税前扣除的金额之间的差额，因有关的支出实际发生时可全部税前扣除，其计税基础为0。因其他事项确认的预计负债，应按照税法规定的计税原则确定其计税基础。

例如企业因债务担保确认了预计负债500万元，但担保发生在关联方之间，担保方并未就该项担保收取与相应责任相关的费用。其账面价值＝500万元，其计税基础＝账面价值500万元－可从未来经济利益中扣除的金额0＝500万元。

2. 应付职工薪酬。企业会计准则规定，企业为获得职工提供的服务所给予的各种形式的报酬以及其他相关支出均应作为企业的成本费用，在未支付之前确认为负债。税法规定，企业支付给职工的工资薪金性质的支出可税前列支（外资企业）或按照计税工资标准计算的金额准予税前扣除（内资企业）。

3. 预收账款，企业在收到客户预付的款项时，因不符合收入确认条件，会计上将其确认为负债。税法中对于收入的确认原则一般与会计规定相同，即会计上未确认收入时，计税时一般亦不计入应纳税所得额，该部分经济利益在未来期间计税时可予税前扣除的金额为0，计税基础等于账面价值。

某些情况下，如果不符合会计准则规定的收入确认条件，但按照税法规定应计入当期应纳税所得额时，有关预收账款的计税基础为0，即因其产生时已经计算交纳所得税，未来期间可全额税前扣除，计税基础为账面价值减去在未来期间可全额税前扣除的金额，即其计税基础为0。

4. 其他负债，如企业应交的罚款和滞纳金等，在尚未支付之前按照会计规定确认为费用，同时作为负债反映。税法规定，罚款和滞纳金不能税前扣除，其计税基础为账面价值减去未来期间计税时可予税前扣除的金额0之间的差额，即计税基础等于账面价值，不产生暂时性差异。

四、递延所得税负债及递延所得税资产的确认和计量

（一）递延所得税负债的确认和计量

应纳税暂时性差异在转回期间将增加转回期间的应税所得和应交所得税，导致企业经济利益的流出，从其发生当期看，构成企业应支付税金的义务，应作为递延所得税负债确认。

确认应纳税暂时性差异产生的递延所得税负债时，交易或事项发生时影响到会计利润或应纳税所得额的，相关的所得税影响应作为利润表中所得税

费用的组成部分；与直接计入所有者权益的交易或事项相关的，其所得税影响应增加或减少所有者权益；企业合并产生的，相关的递延所得税影响应调整购买日应确认的商誉或是计入当期损益的金额。

【例4-7】 假设甲公司于2×19年1月2日购入一台设备，买价和运杂费计840 000元，预计使用年限为6年，预计净残值为0。会计上按直线法计提折旧，因该设备符合税法规定的税收优惠条件，计税时可采用年数总和法计提折旧，假定税法规定的使用年限及净残值均与会计相同。假定甲公司各会计期间均未对固定资产计提减值准备。

则甲公司每年因固定资产账面价值与计税基础不同应予确认的递延所得税情况如表4-2所示：

表4-2　固定资产账面价值与计税基础不同应予确认的递延所得税

项目	2013年	2014年	2015年	2016年	2017年	2018年
实际成本	840 000	840 000	840 000	840 000	840 000	840 000
累计会计折旧	140 000	280 000	420 000	560 000	700 000	840 000
账面价值	700 000	560 000	420 000	280 000	140 000	0
累计计税折旧	240 000	440 000	600 000	720 000	800 000	840 000
计税基础	600 000	400 000	240 000	120 000	40 000	0
暂时性差异	100 000	160 000	180 000	160 000	100 000	0
适用税率	25%	25%	25%	25%	25%	25%
递延所得税负债余额	25 000	40 000	45 000	40 000	25 000	0

（1）2×19年资产负债表日。

该项固定资产的账面价值＝840 000－140 000＝700 000（元）

其计税基础＝840 000－240 000＝600 000（元）

因账面价值700 000元大于其计税基础600 000元，两者之间为应纳税暂时性差异，应确认与其相关的递延所得税负债25 000元。

借：所得税费用　　25 000

　　贷：递延所得税负债　　25 000

（2）2×20年资产负债表日。

该项固定资产的账面价值＝840 000－140 000－140 000＝560 000（元）

其计税基础＝840 000－240 000－200 000＝400 000（元）

因账面价值560 000元大于其计税基础400 000元，两者之间为应纳税暂时性差异，应确认与其相关的递延所得税负债40 000元，但递延所得税负债的期初余额为25 000元，当期应进一步确认递延所得税负债15 000元。

借：所得税费用　　15 000

　　贷：递延所得税负债　　15 000

（3）2×21年资产负债表日。

该项固定资产的账面价值＝840 000－140 000－140 000－140 000

＝420 000（元）

其计税基础＝840 000－240 000－200 000－160 000＝240 000（元）

因账面价值420 000元大于其计税基础240 000元，两者之间为应纳税暂时性差异，应确认与其相关的递延所得税负债45 000元，但递延所得税负债的期初余额为40 000元，当期应进一步确认递延所得税负债5 000元。

借：所得税费用　　5 000

　　贷：递延所得税负债　　5 000

（4）2×22年资产负债表日。

该项固定资产的账面价值＝840 000－140 000×4＝280 000（元）

其计税基础＝840 000－720 000＝120 000（元）

因其账面价值280 000元大于其计税基础120 000元，两者之间为应纳税暂时性差异，应确认与其相关的递延所得税负债40 000元，但递延所得税负债的期初余额为45 000元，当期应转回原已确认的递延所得税负债5 000元。

借：递延所得税负债　　5 000

　　贷：所得税费用　　5 000

（5）2×23年资产负债表日。

该项固定资产的账面价值＝840 000－140 000×5＝140 000（元）

其计税基础＝840 000－800 000＝40 000（元）

因其账面价值140 000元大于计税基础40 000元，两者之间的差异为应纳税暂时性差异，应确认与其相关的递延所得税负债25 000元，但递延所得税负债的期初余额为40 000元，当期应转回递延所得税负债15 000元。

借：递延所得税负债　　15 000

　　贷：所得税费用　　15 000

（6）2×24年资产负债表日。

该项固定资产的账面价值及计税基础均为0，两者之间不存在暂时性差异，原已确认的与该项资产相关的递延所得税负债应予全额转回，即应将原已确认和递延所得税负债25 000元全额转回。

借：递延所得税负债 25 000

贷：所得税费用 25 000

有些情况下，虽然资产、负债的账面价值与其计税基础不同，产生了应纳税暂时性差异，但出于各方面考虑，准则中规定不确认相应的递延所得税负债。

（二）递延所得税资产的确认和计量

资产、负债的账面价值与其计税基础不同产生可抵扣暂时性差异的，在估计未来期间能够取得足够的应纳税所得额用以利用该可抵扣暂时性差异时，应当以很可能取得用来抵扣可抵扣暂时性差异的应纳税所得额为限，确认相关的递延所得税资产。有关交易或事项发生时，对税前会计利润或是应纳税所得额产生影响的，所确认的递延所得税资产应作为利润表中所得税费用的调整；有关的可抵扣暂时性差异产生于直接计入所有者权益的交易或事项，则确认的递延所得税资产也应计入所有者权益；企业合并时产生的可抵扣暂时性差异的所得税影响，应相应调整合并中确认的商誉或是应计入当期损益的金额。

五、当期所得税

当期所得税是指企业按照税法规定计算确定的针对当期发生的交易和事项，应交纳给税务部门的所得税金额，即应交所得税，应以适用的税收法规为基础计算确定。即：

当期所得税 = 当期应交所得税

企业在确定当期所得税时，对于当期发生的交易或事项，会计处理与税收处理不同的，应在会计利润的基础上，按照适用税收法规的要求进行调整，计算出当期应纳税所得额，按照应纳税所得额与适用所得税税率计算确定当期应交所得税。

六、递延所得税

递延所得税是指按照准则规定应予确认的递延所得税资产和递延所得税

负债在期末应有的金额相对于原已确认金额之间的差额，即递延所得税资产及递延所得税负债的当期发生额，但不包括计入所有者权益的交易或事项的所得税影响。用公式表示即为：

递延所得税 = 当期递延所得税负债的增加 + 当期递延所得税资产的减少 - 当期递延所得税负债的减少 - 当期递延所得税资产的增加

值得注意的是，如果某项交易或事项按照会计准则规定应计入所有者权益，由该交易或事项产生的递延所得税资产或递延所得税负债及其变化亦应计入所有者权益，不构成利润表中的递延所得税费用（或收益）。

七、所得税费用

利润表中的所得税费用由两个部分组成：当期所得税费用和递延所得税。

即，所得税费用 = 当期所得税 + 递延所得税

【例 4-8】 A 公司 2×19 年度利润表中利润总额为 3 000 万元，该公司适用的所得税税率为 25%。当年发生的有关交易和事项中，会计处理与税收处理存在差别的有：

（1）2×19 年 1 月 1 日取得的一项固定资产，成本为 1 500 万元，使用年限为 10 年，净残值为 0，会计处理按双倍余额递减法计提折旧，税收处理按直线法计提折旧。假定税法规定的使用年限及净残值与会计规定相同。

（2）向关联企业提供现金捐赠 500 万元。

（3）当年取得列入以公允价值计量且其变动计入当期损益的交易性金融资产之成本上升 800 万元，2×19 年 12 月 31 日公允价值为 1 200 万元。

（4）应付违反环保法规定罚款 250 万元。

（5）期末对持有的存货计提了 75 万元的存货跌价准备。

分析：

1. 2×19 年度当期应交所得税。

应纳税所得额 = 3 000 + 150 + 500 - 400 + 250 + 75 = 3 575（万元）

应交所得税 = 3 575 × 25% = 893.75（万元）

2. 2×19 年度递延所得税。

该公司 2×19 年资产负债表相关项目金额及其计税基础如表 4-3 所示：

表 4-3　　**2×19 年度递延所得税**　　单位：万元

项目	账面价值	计税基础	差异	
			应纳税暂时性差异	可抵扣暂时性差异
存货	2 000	2 075		75
固定资产：				
固定资产原价	1 500	1 500		
减：累计折旧	300	150		
减：固定资产减值准备	0	0		
固定资产账面价值	1 200	1 350		150
无形资产	1 200	800	400	
其他应付款	250	250		
总计			400	225

递延所得税费用 $=400\times25\%-225\times25\%=43.75$（万元）

3. 利润表中应确认的所得税费用

所得税费用 $=893.75+43.75=937.50$（万元）

借：所得税费用　　9 375 000
　　递延所得税资产　　562 500
　　贷：应交税费——应交所得税　　8 937 500
　　　　递延所得税负债　　1 000 000

第五章
公司所有者权益要素核算

本章精要

作为期货公司和信托公司，其所有者权益是指公司资产扣除负债后由所有者享有的剩余权益。

首先，需要确认所有者权益的基本概念。公司所有者权益的来源包括所有者投入的资本、直接计入所有者权益的利得和损失、留存收益等。尤其需要关注利得和损失这两个概念。

其次，在公司资本方面，需要掌握资本的核算，包括接受投资者投入资本、公司发行股票筹集股本和可转换公司债券转为股本、优先股和永续债等其他权益工具、重组债务转为资本的核算。

再次，在资本公积、其他综合收益、盈余公积方面，在掌握公司按照规定从净利润中提取的各种累积资金即盈余公积内容的基础上，认知提取盈余公积主要用途，并掌握盈余公积的核算，包括盈余公积弥补亏损、盈余公积转增资本、盈余公积发放股利。

最后，是未分配利润。公司当期实现利润，加上年初未分配利润（或减去年初未弥补亏损）和其他转入后的余额，为可供分配的利润。依次提取法定公积金、提取任意公积金、向投资者分配利润或股利。

第一节 公司所有者权益概述

一、公司所有者权益的概念及来源

公司所有者权益是指企业资产扣除负债后由所有者享有的剩余权益。公司的所有者权益又称为股东权益。

公司所有者权益的来源包括所有者投入的资本、直接计入所有者权益的利得和损失、留存收益等。直接计入所有者权益的利得和损失，是指不应计入当期损益、会导致所有者权益发生增减变动的、与所有者投入资本或者向所有者分配利润无关的利得或者损失。其中，利得是指由企业非日常活动所形成的、会导致所有者权益增加的、与所有者投入资本无关的经济利益的流入。损失是指由企业非日常活动所发生的、会导致所有者权益减少的、与向所有者分配利润无关的经济利益的流出。留存收益包括盈余公积和未分配利润。所有者权益金额取决于资产和负债的计量，即所有者权益 = 资产 - 负债。所有者权益项目应当列入资产负债表。

二、公司所有者权益的特征

公司所有者权益具有以下特征：

一是所有者权益是企业的“永久性”权益，在企业存续期内，企业没有归还的义务。

二是所有者权益是企业清偿的物质基础，是企业亏损的承担者。

三是所有者权益可以依法参与企业税后利润的分配。

四是所有者权益在数额上等于资产减去负债后的余额，所以没有专门的计量问题。

五是所有者权益与企业具体的资产项目没有直接的对应关系。投资者只要向企业投资，无论是何种投资形态，一旦进入企业，就成为企业这个特定会计主体的资产，不再是投资人的资产。

第二节　公司资本核算

一、资本核算的基本要求

所有者投入的资本是企业的所有者向企业投入的可长期使用的不需偿还的资本。除股份有限公司外其余企业通过“实收资本”科目核算所有者投入的资本，股份有限公司则通过“股本”科目进行核算。企业收到所有者出资超过其在注册资本或股本中所占份额的部分，作为资本溢价或股本溢价，在“资本公积”科目核算。“实收资本”或“股本”科目期末贷方余额，反映企业实收资本或股本总额。

所有者可以用现金投资，也可以用现金以外的其他有形资产投资；符合国家规定比例的，还可以用无形资产投资。企业收到所有者投入的现金，应在实际收到或者存入企业开户银行时，按实际收到的金额，借记“库存现金”“银行存款”科目，按其在注册资本或股本中所占份额，贷记“实收资本”或“股本”科目，按其差额，贷记“资本公积——资本溢价或股本溢价”科目。以实物资产投资的，应在办理实物产权转移手续时，借记“固定资产”“长期股权投资”等科目，按其在注册资本或股本中所占份额，贷记“实收资本”或“股本”科目，按其差额，贷记“资本公积——资本溢价或股本溢价”科目。以无形资产投资的，应按照合同、协议或公司章程规定，在移交有关凭证时，借记“无形资产”科目，按其在注册资本或股本中所占份额，贷记“实收资本”或“股本”科目，按其差额，贷记“资本公积——资本溢价或股本溢价”科目。

二、公司实收资本的核算

股份有限公司是指全部资本由等额股份构成并通过发行股票筹集资本，股东以其所持有股份对公司承担有限责任，公司以全部资产对公司债务承担责任的企业法人。与其他企业相比，其显著特点在于将企业的资本划分为等额股份，并通过发行股票的方式来筹集资本。股票的面值与股份总数的乘积即为公司股本，股本等于股份有限公司的注册资本。股份有限公司应设置“股本”科目核算资本。

（一）公司接受投资者投入的资本

公司接受投资者投入的资本，借记“银行存款”“固定资产”“无形资产”“长期股权投资”等科目，贷记“实收资本”或“股本”等科目。

（二）公司发行股票筹集股本

当股份有限公司发行股票收到现金等资产时，应按实际收到的金额，借记“库存现金”“银行存款”等科目，按股票面值和核定的股份总额的乘积计算的金额，贷记“股本”科目，按其差额，贷记“资本公积——股本溢价”科目。

（三）境外上市公司和境内发行外资股公司股本

境外上市公司，以及在境内发行外资股的公司，在收到股款时，应按收到股款当日的汇率折合的人民币金额，借记“库存现金”“银行存款”等科目，按照确定的人民币股票面值与核定的股份总额的乘积计算的金额，贷记“股本”科目，按照收到股款当日的汇率折合的人民币金额与按人民币计算的股票面值总额的差额，贷记“资本公积——股本溢价”科目。

三、其他权益工具

公司对外发行权益类金融工具，且其属非普通股时，应相应地记录并下设“其中：优先股”和“永续债”两个项目。原则上，发行之时将其面值部分记入贷方，差额部分记入资本公积相关科目。

四、可转换公司债券转为股本的核算

可转换公司债券持有人行使转换权利，将其持有的债券转换为股票，应按可转换公司债券的余额，借记“应付债券——可转换公司债券（面值）”“应付债券——可转换公司债券（利息调整）”科目，按其权益成份的金额，借记“资本公积——其他资本公积”科目，按股票面值和转换的股数计算的股票面值总额，贷记“股本”，按其差额，贷记“资本公积——股本溢价”。如有现金支付不可转换股票，还应贷记“银行存款”等科目。

五、重组债务转为资本的核算

企业将重组债务转为资本的，应按重组债务的账面余额，借记“应付账款”等科目，按债权人因放弃债权而享有本企业股份的面值总额，贷记“实收资本”或“股本”科目，按股份的公允价值总额与相应的实收资本或股本之间的差额，贷记或借记“资本公积——资本溢价或股本溢价”科目，按其差额，贷记“营业外收入——债务重组利得”科目。

六、以权益结算的股份支付换取服务的核算

企业以权益结算的股份支付换取职工或其他方提供服务得，应在行权日，按根据实际行权情况确定的金额，借记“资本公积——其他资本公积”科目，按应计入实收资本或股本得金额，贷记“实收资本”或“股本”科目。

【例5-1】2×19年1月1日，华月信托投资公司向600名管理人员授予股票期权100股/人，当日股票的市场价格为3元/股，授予的条件是要求职工必须自授予日起在公司工作3年。2×19年12月31日，与该企业签订该项股票期权协议的600名管理人员中有20名辞职，估计剩余的580名均会继续在本公司中工作至2×21年底。2×21年12月31日，剩余的580名管理人员按股票期权协议取得股票。

2×19年12月31日、2×20年12月31日，会计分录均为：

借：管理费用　　58 000

　　贷：资本公积——其他资本公积　　58 000

2×21年12月31日会计分录为：

借：管理费用　　58 000

　　贷：资本公积——其他资本公积　　58 000

借：资本公积——其他资本公积　　174 000

　　贷：股本　　58 000

　　　　资本公积——股本溢价　　116 000

七、资本增加的核算

我国有关法律规定，企业资本不得随意变动，但符合增资条件，并经有关部门批准的，可以增加资本。

（一）公司接受投资者额外投入实现增资

在公司按规定接受投资者额外投入实现增资时，企业应当按照实际收到的款项或其他资产，借记“银行存款”“其他应收款”“固定资产”“无形资产”“长期股权投资”等科目，按增加的实收资本或股本，贷记“实收资本”或“股本”科目，按其差额，贷记“资本公积——资本溢价或股本溢价”科目。

（二）资本公积转增资本

经股东大会或类似机构决议，用资本公积转增资本，借记“资本公积——资本溢价或股本溢价”科目，贷记“实收资本”或“股本”科目。

【例5-2】华月信托投资股份公司决定用资本公积20 500元转增资本。

借：资本公积——资本溢价　　20 500

　　贷：实收资本　　20 500

（三）盈余公积转增资本

经股东大会或类似机构决议，用盈余公积转增资本，借记“盈余公积”

科目，贷记“实收资本”或“股本”科目。

（四）采用发放股票股利方式增资

股份有限公司股东大会批准的利润分配方案中分配的股票股利，应在办理增资手续后，按照实际发放的股票股利数，借记“利润分配”科目，贷记“股本”科目。

八、资本减少的核算

我国有关法律规定，企业资本不得随意变动，但企业按法定程序报经批准后可以减少注册资本。公司按法定程序报经批准减少注册资本的，借记“实收资本”或“股本”科目，贷记“库存现金”“银行存款”等科目。

股份有限公司采用收购本公司股票方式减资的，按股票面值和注销股数计算的股票面值总额，借记“股本”科目，按所注销库存股的账面余额，贷记“库存股”科目，按其差额，借记“资本公积——股本溢价”科目，股本溢价不足冲减的，应借记“盈余公积”“利润分配——未分配利润”科目；购回股票支付的价款低于面值总额的，应按股票面值总额，借记“股本”科目，按所注销库存股的账面余额，贷记“库存股”科目，按其差额，贷记“资本公积——股本溢价”。

第三节　公司资本公积核算

一、资本公积的概述

资本公积通常是指企业收到投资者出资额超出其在注册资本或股本中所占份额的部分，以及直接计入所有者权益的利得和损失。资本公积从形成来源上看，它不是由企业实现的利润转化而来的，这是它与留存收益的根本区别，因为后者是由企业实现的利润转化而来的。我国公司法规定，资本公积主要用来转增资本。

企业通过设置“资本公积”科目核算资本溢价或股本溢价以及直接计入所有者权益的利得和损失，并应当分别“资本溢价或股本溢价”“其他资本公积”进行明细核算。

二、资本公积的核算

（一）企业接受投资者投入资本形成资本公积的核算

企业接受投资者投入的资本形成的资本公积，借记“银行存款”“其他应收款”“固定资产”“无形资产”“长期股权投资”等科目，贷记“实收资本”或“股本”科目，贷记“资本公积——资本溢价或股本溢价”科目。

（二）可转换债券持有人行使转换权利形成资本公积的核算

可转换债券持有人行使转换权利形成的资本公积，应按可转换公司债券的余额，借记“应付债券——可转换公司债券（面值）”“应付债券——可转换公司债券（利息调整）”科目，按其权益成份的金额，借记“资本公积——其他资本公积”科目，按股票面值和转换的股数计算的股票面值总额，贷记“股本”科目，按其差额，贷记“资本公积——股本溢价”科目。

【例5-3】 为筹集长期资金，甲公司作为上市公司发行可转换公司债券，可转换公司债券的面值为600 000元，权益成分的公允价值为400 000元。可转换债券持有人行使转换权利日，应付债券——可转换公司债券（利息调整）科目余额为6 000元，甲公司股票的面值为33.2元，可转换公司债券转换成25 000股股票。

借：应付债券——可转换公司债券（面值）	600 000	
——可转换公司债券（利息调整）	6 000	
资本公积——其他资本公积	400 000	
贷：股本		830 000
资本公积——股本溢价		176 000

（三）将债务转为资本形成资本公积的核算

将债务转为资本形成的资本公积，应按重组债务的账面余额，借记“应付账款”等科目，按债权人因放弃债权而享有本企业股份的面值总额，贷记“实收资本”或“股本”科目，按股份的公允价值总额与相应的实收资本或股本之间的差额，贷记或借记“资本公积——资本溢价或股本溢价”科目，按其差额，贷记“营业外收入——债务重组利得”科目。

【例5-4】 甲公司欠乙公司款2 000 000元，与乙公司达成协议，通过向乙公司转让50 000股偿还该笔债务，面值为1元，股价为31元。

借：应付账款	2 000 000	
贷：股本		50 000

资本公积——股本溢价　　1 500 000

营业外收入——债务重组利得　　450 000

（四）权益法下长期股权投资涉及的资本公积核算

长期股权投资采用权益法核算的，在持股比例不变的情况下，被投资单位除净损益以外所有者权益的其他变动，企业按持股比例计算应享有的份额，借记或贷记“长期股权投资——其他权益变动”科目，贷记或借记“资本公积——其他资本公积”科目。处置采用权益法核算的长期股权投资，还应结转原计入资本公积的相关金额，借记或贷记“资本公积——其他资本公积”科目，贷记或借记“投资收益”科目。

【例 5-5】 甲信托投资公司 2×19 年 3 月 1 日通过发行普通股股票 10 000 000股与乙公司股东进行交换取得乙公司有表决权股份的 20%，该比率保持不变，从而导致对乙公司财务和经营决策具有重大影响，甲公司准备长期持有该股份。2×19 年 6 月 30 日，乙公司除净损益以外所有者权益的其他增加 30 000 000 元。2×19 年 12 月 31 日，甲企业处置掉该长期股权投资，取得价款 46 000 000 元，此时该项长期股权投资的账面价值为 40 000 000 元，其中成本为 30 000 000 元，损益调整为 8 000 000 元，其他权益变动 6 000 000 元，长期股权投资减值准备 4 000 000 元。

2×19 年 6 月 30 日，会计分录为：

借：长期股权投资——其他权益变动　　6 000 000

　　贷：资本公积——其他资本公积　　6 000 000

2×19 年 12 月 31 日，会计分录为：

借：银行存款　　46 000 000

　　长期股权投资减值准备　　4 000 000

　　贷：长期股权投资——乙公司（成本）　　30 000 000

　　　　　　　　　　——乙公司（损益调整）　　8 000 000

　　　　　　　　　　——乙公司（其他权益变动）　　6 000 000

　　　　投资收益　　6 000 000

借：资本公积——其他资本公积　　6 000 000

　　贷：投资收益　　6 000 000

（五）以权益结算的股份支付换取服务所涉及的资本公积核算

以权益结算的股份支付换取职工或其他方提供服务的，应按照确定的金额，借记“管理费用”等科目，贷记“资本公积——其他资本公积”科目。在行权日，应按实际行权的权益工具数量计算确定的金额，借记“资本公积——其他资本公积”科目，按计入实收资本或股本的金额，贷记“实收资本”或“股本”科目，按其差额，贷记“资本公积——资本溢价或股本溢价”科目。

【例5-6】春光信托投资股份有限公司由于2×18年企业效益大幅度上升，2×19年3月10日股东大会通过，经相关主管部门批准，准备以增发的股票奖励企业员工，每人奖励普通股股票1 000股，共计940 000股。该公司股票目前市场价格为5元/股。2×19年5月10日，办理相关过户手续，将股票支付给职工。此时该企业股票的市场价格为6元/股。2×19年3月10日，会计分录为：

借：业务及管理费　　4 700 000
　　贷：资本公积——其他资本公积　　4 700 000

2×19年5月10日，会计分录为：

借：业务及管理费　　940 000
　　资本公积——其他资本公积　　4 700 000
　　贷：股本　　940 000
　　　　资本公积——股本溢价　　4 700 000

（六）采用收购股票方式减资所涉及的资本公积核算

股份有限公司采用收购本公司股票方式减资的，应按股票面值和注销股数计算的股票面值总额，借记“股本”科目，按所注销的库存股的账面余额，贷记“库存股”科目，按其差额，借记“资本公积——股本溢价”科目，股本溢价不足冲减的，应借记“盈余公积”“利润分配——未分配利润”科目；购回股票支付的价款低于面值总额的，应按股票面值总额，借记“股本”科目，按所注销的库存股的账面余额贷记“库存股”科目，按其差额，贷记“资本公积——股本溢价”科目。

此外，由于金融资产在特定条件下可实施重分类，重分类也会引起其他综合收益变动而导致股东权益的变动。

第四节　公司盈余公积核算

一、盈余公积的概述

盈余公积是指企业按照规定从净利润中提取的各种累积资金。

（一）盈余公积的内容

盈余公积按照企业性质，分别包括以下内容：

1. 一般企业的盈余公积包括法定盈余公积和任意盈余公积。

（1）法定盈余公积，是指企业按照规定的比例从净利润中提取的盈余公积。公司制企业的法定盈余公积按照税后利润的10%提取。法定盈余公积累计额已达注册资本的50%时可以不再提取。

（2）任意盈余公积，是指企业经股东大会或类似机构批准按照规定的比例从净利润中提取的盈余公积。任意盈余公积主要是公司制企业按照股东大会或类似机构的决议提取。法定盈余公积和任意盈余公积的区别就在于其各自计提的依据不同。前者以国家的法律或行政规章为依据提取；后者则由企业自行决定提取。

2. 外商投资企业的盈余公积包括储备基金、企业发展基金和利润归还投资。

（1）储备基金，是指按照法律、行政法规规定从净利润中提取的、经批准用于弥补亏损和增加资本的储备基金。

（2）企业发展基金，是指按照法律、行政法规规定从净利润中提取的、用于企业生产发展和经批准用于增加资本的发展基金。

（3）利润归还投资，是指中外合作经营企业按照规定在合作期间以利润归还投资者的投资。

（二）盈余公积的主要用途

企业提取盈余公积主要可以用于以下几个方面：

1. 用于弥补亏损。企业发生亏损时，应由企业自行弥补。弥补亏损的渠道主要有三条：一是用以后年度税前利润弥补。按照相形制度规定，企业发生亏损时，可以用以后5年内实现的税前利润弥补，即税前利润弥补亏损的期间为5年。二是用以后年度税后利润弥补。企业发生的亏损经过5年期间未弥补足额的，尚未弥补的亏损应用所得税后的利润弥补。三是以盈余公积弥补亏损。企业以提取的盈余公积弥补亏损时，应当经股东大会或类似机构批准。

2. 转增资本。企业将盈余公积转增资本时，必须经股东大会或类似机构决议批准。在实际将盈余公积转增资本时，要按照股东原有持股比例结转。盈余公积转增资本时，转增后留存的盈余公积的数额不得少于转增前注册资本的25%。

3. 发放现金股利或利润。企业无利润时原则上不分配股利，但在特殊情况下，如当企业累积的盈余公积比较多，而未分配利润又比较少时，为了维护企业形象，给投资者以合理的回报，对于符合规定条件的企业，也可以用盈余公积分配现金股利或股票股利。

盈余公积的提取实际上是企业当期实现的净利润向投资者分配利润的一种限制。提取盈余公积本身就属于利润分配的一部分，提取盈余公积相对应的资金，一经提取形成盈余公积后，在一般情况下不得用于向投资者分配利润或股利。盈余公积的用途，并不是指其实际占用形态，提取盈余公积也并不是单独将这部分资金从企业资金周转过程中抽出。企业提取的盈余公积，无论是用于弥补亏损，还是由于转增资本，只不过是在企业所有者权益内部结构的转换，如企业以盈余公积弥补亏损时，实际是减少盈余公积的留存数额，以此抵补未弥补亏损的数额，并不引起企业所有者权益总额的变动；企业以盈余公积转增资本时，也只是减少盈余公积结存的数额，但同时增加企业实收资本或股本的数额，也并不引起所有者权益总额的变动。至于企业盈余公积的留存数，实际只表示企业所有者权益的组成部分，表明企业生产经营资金的一个来源而已，其形成的资金可能表现为一定的货币资金，也可能表现为一定的实物资产，如存货和固定资产等，随同企业的其他来源所形成的资金进行循环周转。

二、盈余公积的核算

企业在对盈余公积进行核算时，应设置“盈余公积”科目，并分别“法定盈余公积”“任意盈余公积”进行明细核算。外商投资企业还应分别“储备基金”“企业发展基金”进行明细核算。中外合作经营在合作期间归还投资者的投资，应在本科目设置“利润归还投资”明细科目进行核算。“盈余公积”科目期末有贷方余额，反映企业的盈余公积。

（一）盈余公积的计提

企业按规定提取盈余公积的，应借记“利润分配——提取法定盈余公积、提取任意盈余公积”科目，贷记“盈余公积——法定盈余公积、任意盈余公积”。

【例5－7】 华月信托投资股份有限公司2×19年度实现税后利润2 000 000

元，公司董事会决定提取10%的税后利润作为法定盈余公积，8%的税后利润作为任意盈余公积。

借：利润分配——提取法定盈余公积　　200 000
　　　　　　——提取任意盈余公积　　160 000
　贷：盈余公积——法定盈余公积　　200 000
　　　　　　　——任意盈余公积　　160 000

（二）盈余公积弥补亏损

经股东大会或类似机构决议，用盈余公积弥补亏损，借记“盈余公积——法定盈余公积、任意盈余公积”或“盈余公积——储备基金、企业发展基金”科目，贷记“利润分配——盈余公积补亏”科目。

【例5-8】 甲公司经营出现亏损，经股东大会决议，用法定盈余公积100 000元弥补本年亏损。

借：盈余公积——法定盈余公积　　100 000
　贷：利润分配——盈余公积补亏　　100 000

（三）盈余公积转增资本

经股东大会或类似机构决议，用盈余公积转增资本，借记“盈余公积——法定盈余公积、任意盈余公积”或“盈余公积——储备基金、企业发展基金”科目，贷记“实收资本”或“股本”科目。

（四）盈余公积发放股利

经股东大会决议，用盈余公积派送新股，按派送新股计算的金额，借记“盈余公积——法定盈余公积、任意盈余公积”等科目，按股票面值和派送新股总数计算的股票面值总额，贷记“股本”科目。

第五节　未分配利润核算

一、净利润的分配顺序

企业当期实现的利润，加上年初未分配利润（或减去年初未弥补亏损）和其他转入后的余额，为可供分配的利润。根据《中华人民共和国公司法》等有关法规的规定，企业当年实现的净利润，首先是弥补以前年度尚未弥补的亏损，然后按下列顺序进行分配：

第一步，提取法定公积金。法定公积金按照税后利润的10%的比例提取。公司法定公积金累计额为公司注册资本的50%以上时，可以不再提取法定公积金。

公司的法定公积金不足以弥补上一年度公司亏损的，在提取法定公积金之前，应当先用当年利润弥补亏损。

第二步，提取任意公积金。公司在提取法定公积金后，经股东大会或类似机构决议，可以提取任意公积金。

第三步，向投资者分配利润或股利。公司弥补亏损和提取公积金后的剩余利润，有限责任公司按照股东的出资比例向股东分配利润；股份有限公司按照股东持有股份比例分配利润。

应注意的是，外商投资企业实现的净利润在首先弥补以前年度尚未弥补的亏损后，应当按照法律、行政法规的规定按净利润的一定比例提取储备基金、企业发展基金、职工奖励及福利基金等。中外合作经营按规定在合作期间以利润归还投资者的投资，也应从净利润中扣除，随后的净额才是可供投资者分配的利润。

可供分配的利润经过上述分配后，为未分配利润。因此，未分配利润是企业实现的净利润经过弥补亏损、提取盈余公积和向投资者分配利润后留存企业的、历年结存的利润。从数量上说，未分配利润是期初未分配利润，加上本期实现的税后利润，减出提取的各项盈余公积和分出利润或股利后的余额。从科目性质上看，未分配利润是企业所有者权益的组成部分，它有两层含义：一是留待以后年度处理的利润；二是未指定用途的利润。因此，相对于所有者权益的其他部分来说，企业对于未分配利润的使用、分配具有较大的自主权。企业未分配利润应当在资产负债表的所有者权益项目中单独反映。

二、利润分配的核算

为进行利润分配核算，企业应设置“利润分配”科目，该科目核算企业利润的分配（或亏损的弥补）和历年分配（或弥补）后的余额，本科目年末余额反映企业的未分配利润（或未弥补亏损）。“利润分配”科目应分别“提取法定盈余公积”“提取任意盈余公积”“应付现金股利或利润”“转作股本的股利”“盈余公积补亏”和“未分配利润”等进行明细核算。

企业按规定提取盈余公积的，借记“利润分配——提取法定盈余公积、提取任意盈余公积”科目，贷记“盈余公积——法定盈余公积、任意盈余公积”科目。

从事期货经纪业务的公司，应该按照本年实际净利润的10%提取交易风险准备金，用于风险的补偿，不得用于分红和转增资本。从事信托投资业务的公司，应该按照本年实际净利润的5%提取交易风险准备金，用于风险的补偿、不得用于分红和转增资本。对于信托赔偿准备金累计已经达到20%的公司，可不提取。

公司按规定提取的一般风险准备，借记“利润分配——提取一般风险准备”科目，贷记“一般风险准备”科目。

经股东大会或类似机构决议，分配给股东或投资者的现金股利或利润，借记“利润分配——应付现金股利或利润”科目，贷记“应付股利”科目。

经股东大会或类似机构决议，分配给股东的股票股利，应在办理增资手续后，借记“利润分配——转作股本的利润”科目，贷记“股本”科目。

用盈余公积弥补亏损，借记“盈余公积——法定盈余公积、任意盈余公积”，贷记“利润分配——盈余公积补亏”。

公司用一般风险准备弥补亏损，借记“一般风险准备”科目，贷记“利润分配——一般风险准备补亏”科目。

年度终了，企业应将本年度实现的净利润，自“本年利润”科目转入“利润分配”科目，借记“本年利润”科目，贷记“利润分配——未分配利润”，为净亏损的作相反的会计分录；同时，将“利润分配”科目所属其他明细科目的余额转入“利润分配——未分配利润”明细科目。结转后，“利润分配”科目除“未分配利润”明细科目外，其他明细科目应无余额。

【例5-9】 新世界期货经纪公司2×19年度实现净利润60 000 000元，经股东大会决议，采取以下分配方案：按净利润的10%提取法定盈余公积，11%提取任意盈余公积，10%提取风险准备金，分配现金股利6 000 000元，分配股票股利6 000 000元；另外，本年使用盈余公积弥补了年初1 000 000元的亏损，分配的股票股利只形成了股本4 000 000元。

(1) 按照规定分配当年实现的净利润：

借：利润分配——提取法定盈余公积	6 000 000
——提取任意盈余公积	6 600 000

——提取风险准备金　6 000 000

——应付现金股利　6 000 000

——转作股本的利润　6 000 000

贷：盈余公积——法定盈余公积　60 00 000

——任意盈余公积　6 600 000

一般风险准备　6 000 000

应付股利　6 000 000

股本　4 000 000

资本公积——股本溢价　2 000 000

(2) 使用盈余公积弥补亏损：

借：盈余公积——法定盈余公积　1 000 000

贷：利润分配——盈余公积补亏　1 000 000

(3) 结转本年实现利润：

借：本年利润　60 000 000

贷：利润分配——未分配利润　60 000 000

(4) 结转利润分配的各明细科目：

借：利润分配——未分配利润　30 600 000

贷：利润分配——提取法定盈余公积　6 000 000

——提取任意盈余公积　6 600 000

——提取风险准备金　6 000 000

——应付现金股利　6 000 000

——转作股本的利润　6 000 000

(5) 结转盈余公积弥补亏损

借：利润分配——盈余公积补亏　1 000 000

贷：利润分配——未分配利润　1 000 000

表 5-1　　利润分配——未分配利润　　单位：元

项目	借方	贷方
期初余额	1 000 000	
本期发生额	30 600 000	61 000 000
期末余额		29 400 000

从表 5-1 可以看出，甲公司在利润分配之后，未分配利润为 29 400 000 元。

第二篇

期货公司篇

开篇有益

本篇是期货公司会计业务的专门篇章。众所周知，期货市场是一个既能发现价值又能滋生风险的领域，而期货公司自身的规范核算、管理与发展才能引领整个行业持续稳定地发展。

本篇将分成三章，首先阐述期货公司会计概述，在掌握期货公司业务活动内容的基础上，具体解读期货公司的结算制度，关注期货公司会计核算的内容，包括与期货交易所有关的业务核算、对客户业务的核算，针对期货公司，也需要掌握期货公司会计的特征和期货经纪公司会计核算的内容；其次，期货公司商品期货业务的核算，重点掌握期货经纪公司商品期货业务的账务处理，包括会员资格费、席位占用费、缴纳会费的核算，开仓与持仓和保证金的核算、平仓盈亏的核算、结算差异的核算、手续费的核算、实物交割的核算，提取和使用期货风险准备和质押保证金的处理；再次，金融期货的核算，当然，鉴于金融期货与商品期货的差异，还需要先认识金融期货的概念及特点、金融期货的种类，并掌握金融期货交易的基本业务程序。在金融期权方面，需要认识金融期权的概念及特点、期权的种类，并掌握期权交易过程，最后专门阐述股指期货的会计核算。

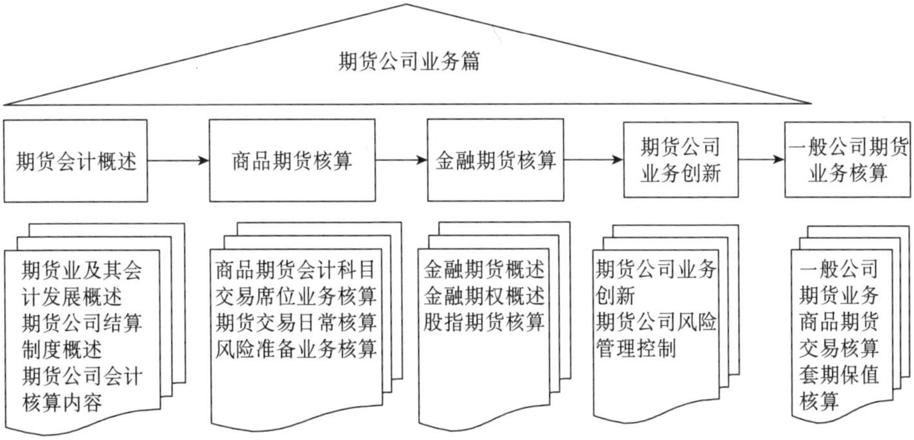

第六章
期货公司会计概述

本章精要

中国期货经纪公司在“稳步发展期货市场”的大政指引下，摆脱低迷，迎来转机。期货市场发现价格、规避风险、沟通产销、锁定成本利润、节约交易费用、营造市场竞争秩序等多种功能，毋庸置疑地说明只有建立起以期货及衍生金融工具为中心的风险管理机制，才能有效化解国民经济运行的内在风险，也只有期货经纪公司自身的规范发展才能引领整个行业持续稳定地发展。本章主要从三个方面来进行专题阐述，即期货业及其会计发展简述、期货公司结算制度和期货公司会计核算内容。

首先是期货业及其会计发展进程的基本回顾。总结中国期货行业自1990年郑州粮食期货市场的开始至今的几个发展阶段，阐述期货行业的经营特征，期货交易市场的相关角色配置，并相应阐述期货监管体系建设。

其次是期货公司在期货交易市场的结算制度。即根据期货的经纪特点，在代理期货投资人参与期货交易的过程中的资金结算体系，包括期货公司与期货交易所以及代理客户之间，基于结算而构建的法规与制度体系。

再次是期货公司会计核算内容。主要关注点为分级会员制度，并分别对期货公司与交易所来及客户来往业务进行核算。

第一节　期货业及其会计发展简述

经过近三十年的改革与发展，包括期货业、信托业在内的中国金融业已经一个相对完整、初级发育的现代金融体系，参见图6－1。其中，期货公司、信托公司则是经历多次清理、整顿，并呈现出波浪式前进态势，也是以相当的公众参与度而成为与社会运行和经济发展的枢纽之一。

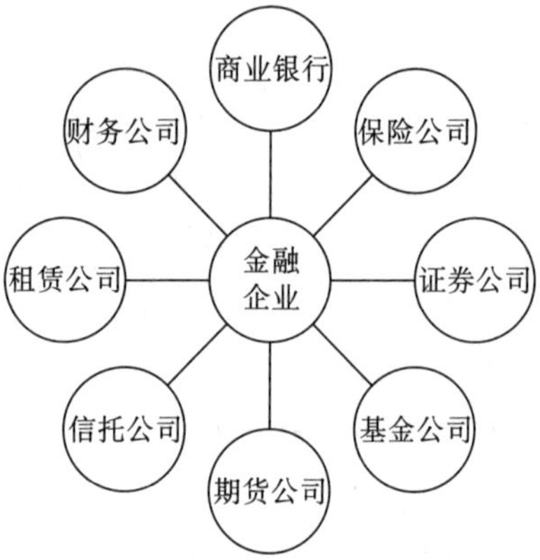

图6－1　中国金融公司主要类别构成图

一、期货交易的演绎进程

期者，所谓预定的时日也。期货交易作为一种特殊交易形式，是在现货交易的基础上逐渐演变而来的高级交易方式，它是人们在贸易过程中不断追求交易效率、降低交易成本的结果。我国期货市场的建立始于20世纪80年代末。因为在改革开放的逐步深化、价格体制逐步放开的环境下，价格调控的滞后性，引发了人们对解决供求双方对远期价格信息的需要。1988年5月，国务院决定进行期货市场试点。1990年10月12日中国郑州粮食批发市场经国务院批准，以现货交易为基础，正式引入期货交易机制。在20世纪90年代，在期货市场发展经历一个“小高潮”的同时，认识的偏差、利益的驱动、管理的混乱、法规的粗放，导致交易所数量过多，交易品种严重重复，期货机构运作不规范，地下期货交易四处泛滥，从业人员鱼龙混杂，良莠不齐。为了遏制期货市场盲目发展，国务院授权中国证监会从1993年开始对期货市场主体进行了大规模的清理整顿和结构调整。至1999年底，经过七年的清理整顿，各项措施基本到位，监管效率明显提高，市场秩序趋于正常。经过清理整顿和结构调整，上海、大连、郑州三家期货交易所因相对管理规范，运作平稳而得到保留，150余家期货经纪公司经过最后的增资审核而得以继续从事期货经纪业务的资格。经过几年的运作，在优胜劣汰的市场规律选择之下，一批管理比较规范，运作较为平稳，发展相对成熟的期货品种脱颖而出，如：上海期交所的铜、铝；大商所的大豆；郑州商品交易所的小麦。一批具有期货从业资格的从业人员队伍开始出现，并且于2000年12月28日，成立了行业自律组织——中国期货业协会。至此，经过十年的发展，我国期货市场的主体结构趋于完善，一个相对独立的期货业基本形成。

二、期货交易的经营特征

期货交易是相对于现货交易而言。我们知道，现货交易是一手交钱一手交货的商品货币交换。所谓一手交钱，一手交货，并不只是指当时钱货易位、货款两清的物理情况。现货交易既包括物物交换、即期交易（钱货两清）、还包括远期交易。一般来讲，现货远期交易要签订现货合同。现货合同作为一种协议，明确规定了交易双方的权利与义务，包括双方交易商品的品质、数量、价格和交货日期等。买卖双方签约后，必须严格执行合同，在合同期内，假如市场行情朝着不利于交易的某一方发展，那么，这一方也不能违约。另外，假如交易的一方因缺乏资金或发生意外事件便有可能出现难以履约的情况。期货交易则不然，期货交易的对象不是具体的实物商品，而是一纸统一的“标准合同”，即期货合约。在交易成交后，并没有真正移交商品的所有权。在合同期内，交易的任何一方都可以及时转让合同，不需要征得其他人的同意。履约可以采取实物交割的方式，也可以采取对冲期货合约的方式。期货交易是商品交换环境下贸易形式发展的自然结果。从历史的角度看，人类社会有了生产，有了交换，便产生了商品货币交换关系，产生了各种形式的贸易活动。从总体上讲，贸易活动大体上可分为现货贸易和期货贸易两大类。

在期货交易中，期货合约是通过期货交易所达成的一项具有法律约束力的协议，即同意在将来买卖某种商品的契约。用术语来表达，期货合约指由期货交易所统一制订的、规定在将来某一特定的时间和地点交割一定数量和质量的实物商品或金融商品的标准化合约。期货合约的标准化条款一般包括：(1) 交易数量和单位条款。(2) 质量和等级条款。(3) 交割地点条款。(4) 交割期条款。(5) 最小变动价位条款。(6) 涨跌停板幅度条款。

相对于现货交易，通过期货合约的期货交易具有风险转移和价格发现的经济功能，期货交易的特征十分明显：

一是交易的对象不同。现货交易的范围包括所有商品，而期货交易的对象是由交易所制订的标准化合约。

二是交易目的不同。在现货交易中，买方是为了获取商品；卖方则是为了卖出商品，实现其价值。而期货交易的目的是为了转移价格风险或进行投机获利。

三是交易程序不同。现货交易中卖方要有商品才可以出卖，买方须支付现金才可购买。而期货交易可以把现货买卖的程序颠倒过来，即没有商品也可以先卖，不需要商品也可以买。

四是交易的保障制度不同。现货交易以《合同法》等法律为保障，合同不能兑现时要用法律或仲裁的方式解决；而期货交易是以保证金制度为保障来保证交易者的履约。期货交易所为交易双方提供结算交割服务和履约担保，实行严格的结算交割制度，违约的风险很小。

五是交易方式不同。现货交易是进行实际商品的交易活动，交易过程与商品所有权的转移同步进行。而期货交易是以各种商品期货合约为内容的买卖，整个交易过程只是体现商品所有权的买卖关系，而与商品实体的转移没有直接的联系。

三、期货交易的角色配置

期货交易首先需要买卖双方，即期货投资者，他们之间进行着期货合约的买进与卖出活动。同时，需要专门进行期货合约买卖的场所，即期货交易所，交易所的作用是将卖方、买方，套期保值者、投机者高效有序地汇集在一起。而期货经纪公司是客户和交易所之间的纽带，客户参加期货交易只能通过期货经纪公司进行。由此形成了期货市场的诸多相关主体，即期货交易所、期货经纪公司、买卖合约的投资者，这些角色共同配套成为期货市场的有效运行，如图 6 - 2 所示。

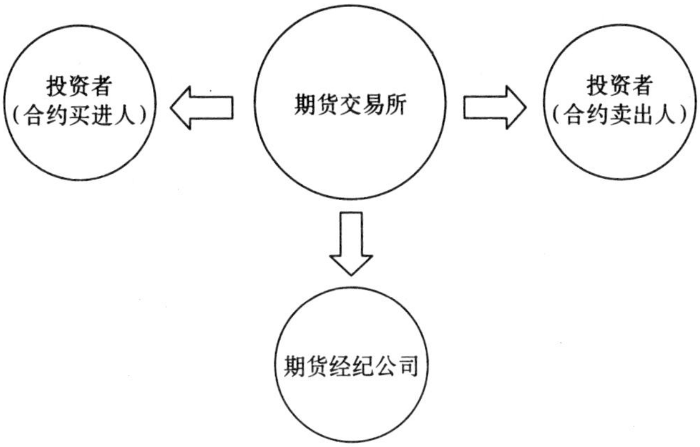

图 6－2　期货交易市场参与者主体示意图

期货经纪公司是指依法设立的以自己的名义代理客户进行期货交易并收取一定手续费的中介组织。作为交易者与期货交易所之间的桥梁，期货经纪公司具有如下职能：根据客户指令代理买卖期货合约、办理结算和交割手续；对客户账户进行治理，控制客户交易风险；为客户提供期货市场信息，进行期货交易咨询，充当客户的交易顾问。

本书主要针对期货经纪公司阐述会计核算，而对期货交易所和期货投资者的会计核算，则简单扼要地讲述其重点。

四、期货行业的监管要求

为了保护投资者利益，增加期货经纪公司的抗风险能力，各国期货监管部门及期货交易所都制定有相应的规则，对期货经纪公司的行为进行约束和规范。在我国，对期货经纪公司的行为规定主要有以下内容：如实、准确地执行客户交易指令；不得挪用客户资金；为客户保守商业秘密；不得制造、散布虚假信息等进行信息误导；不得接受客户的全权交易委托；不得承诺与客户分享利益和共担风险；禁止自营期货交易业务；必须严格区分自有资金和客户资金；不得在交易所场外对冲客户委托的交易。

根据国务院有关规定，我国对期货经纪公司实行许可证制度，凡从事期货代理的机构必须经中国证监会严格审核并领取《期货经纪业务许可证》。目前，获得期货代理业务资格的期货经纪公司必须符合下列条件：符合《中华人民共和国公司法》的规定；有规范的公司章程；有固定的经营场所和合格的通讯设施；注册资本在人民币 3 000 万元以上；有一定数量且具备资格的专业和治理人员；有完善的业务制度和财务制度。

五、期货公司会计的发展

期货业会计的制度建设是与期货业自身的前进节奏相适应的。

我国期货市场建立初期，相应的法规制度建设处于探索阶段，可能是由于期货业与旅游、饮食同为服务业，业务形式相近的缘故，期货经纪公司执行《旅游、饮食服务业会计制度》，曾几何时，其会计科目的设置和使用、业务的确认与计量势必缺乏统一的标准，随意性很强，会计信息可比性差。

1997 年 3 月，财政部颁布了《商品期货交易财务管理暂行规定》，通过条例的形式对业务规范指引，规范了诸如保证金、结算保证金、交易保证金、浮动盈亏、平仓盈亏等期货业相关的名称与概念。1997 年 7 月，财政部又发布了《关于商品期货交易财务管理有关问题的补充通知》，进一步明确了相关的业务处理问题。

2000 年 11 月底，财政部颁布了《期货经纪公司商品期货业务会计处理暂行规定》，从而基本结束了执行《旅游、饮食服务企业会计制度》的历史。《暂行规定》就期货业务设置了规范的会计科目，并对会计科目的使用作了具体的指引。针对期货业务的特殊性，对会计实务处理有明确的阐述，详细地规范了会计业务核算办法。如会员资格费投资、交纳席位占用费、收取客户保证金、结算盈亏、实物交割、交纳年会费、提取与使用期货风险准备和对客户发生的质押等业务都有明细的实务处理指引；日常业务费用、财务费用归集统一科目。同业之间的会计信息具有了一定的可比性，监管机构能通过期货经纪公司提供的会计报表制订监管措施。

2001 年 11 月底，财政部颁布了《金融企业会计制度》，其中第二条明确规定适用范围包括期货经纪公司。

在期货业归口中国证监会统一监管后，中国证监会也颁布了一些与期货经纪公司会计制度相关的制度，如《期货经纪公司年度报告参考内容与格式》《关于做好期货经纪公司年度审计和报告工作的通知》《关于对〈期货经纪公司年度报告参考内容与格式〉作出部分调整的通知》《期货经纪公司治理准则》以及中国证监会期货部组织编写的《期货经纪公司内部控制制度指南》等。

在2006年财政了颁布实施统一的《企业会计准则》后，作为行业监管部门，2007年1月23日，中国证监会下发了《关于期货经纪公司执行〈企业会计准则〉有关新旧衔接事宜的通知》，规定期货经纪公司应按照《企业会计准则》和证监会的相关要求，于2007年6月30日之前将会计核算系统等调整到位。与此同时，为进一步加强期货行业自律，中国期货业协会组织制定了《期货公司会计科目设置及核算指引》这一自律规则，要求各会员单位在执行《企业会计准则》的相关会计核算业务中遵照执行。

近十年来，期货行业在行业创新（如设立风险管理公司）、产品开发、强化监管等领域推动改革、会计核算主要在信息化系统、管理会计提升等方面取得了新的进展。

第二节 期货公司结算制度概述

由于期货经纪公司作为交易所与客户的中介，在期货交易中负有双重责任。期货经纪公司的这种特殊地位，决定了它在期货交易中面临的风险是不容忽视的。为此，期货经纪公司必须树立强烈的风险意识，在这种意识的指导下，必须建立健全完善、科学的结算制度。这些制度的格局可以总结成如图6-3所示。

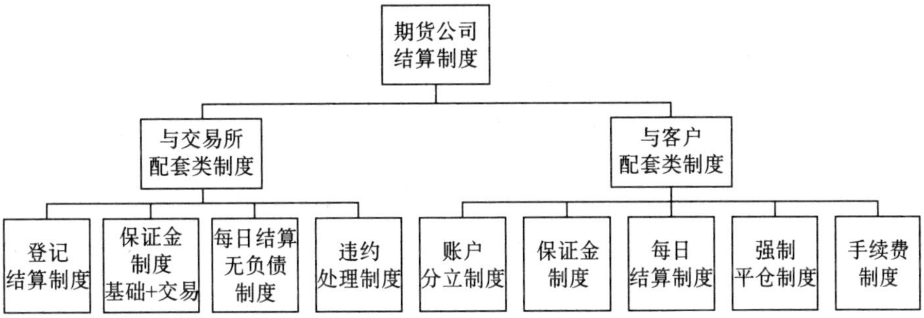

图6-3 期货公司结算制度

从图6-3可见，期货公司的结算制度主要包括以下两类：

（一）与期货交易所对应的法规和制度

1. 登记结算制度

每份期货合约必须经过期货交易所登记、担保、结算，才能成为核算的期货合约。

2. 保证金制度

保证金是确保买卖双方履约的一种财力担保。不过，虽然期货交易所会计和期货经纪机构会计都有内容相同的保证金制度，但却有着不同的性质，在会计核算上有着重要的区别。对于期货经纪机构来说，保证金分为以下几种：

（1）基础保证金。期货经纪机构要预先向期货交易所交纳一笔巨额的基础保证金，在一般情况下，这笔保证金不得用做交易保证金或结算款项。在经纪公司退出期货交易所时，这笔基础保证金也随即归还。

（2）交易保证金。作为期货交易的代理者，期货经纪公司要向期货交易所交纳持仓合约占用的保证金，主要有：①初始保证金在新开仓时，期货经纪公司将一笔款项存入交易所，用以担保初始买卖的期货合约，其数额由交易所规定。②维持保证金。这是期货交易所规定交易者必须维持的最低保证金水平。一旦持仓合约价值变化，使存入结算账户的资金余额低于维持保证金水平，经纪公司必须补交保证金以达到期货交易所的初始保证金水平。③追加保证金。期货经纪机构补交的保证金，就是追加保证金。

3. 每日结算无负债制度

每日收市时交易所对每位会员进行交易结算，计算出各结算会员当日的盈亏。若经纪公司代理的业务发生亏损，必须补交差额资金；反之，若为盈余，则交易所会将超过规定保证金水平的款项在第二天自动支付给各期货经纪公司。

4. 违约处理制度

若期货经纪公司破产或不能履约，交易所将根据违约处理制度来限制风险，保证履约。一般用交易保证金和结算准备金抵债，若仍不能完全弥补，则用经纪公司的基础保证金补足差额。

（二）与客户对应的法规和制度

1. 账户分立制度

期货经纪公司应将所有客户交存的保证金在银行开立一个客户专用基金

账户，然后再为每一客户分别开立分账户。客户专用基金与经纪机构自有资金不得相互混淆，各客户的资金也不能相互挪用。

2. 保证金制度

经纪公司要求客户为每一笔交易交纳保证金，以保证合约履行。保证金的水平由经纪公司自行确定，一般比经纪公司交给交易所的保证金比例略低。与经纪公司交给交易所的保证金相对应，客户交给经纪公司的交易保证金可区分为三种：初始保证金、维持保证金和追加保证金。

3. 每日结算制度

期货经纪公司对客户的未平仓合约及财务状况应进行逐日盯市，每日计算。对于发生亏损、保证金数额低于维持保证金水平的客户，经纪公司要在下一个交易日开市前，书面通知客户结算状况，限期交纳追加保证金。

4. 强制平仓制度

若客户在规定的时间内没有追加保证金，则经纪公司有权对客户的未平仓合约进行强制平仓，直到账户中的保证金余额能够维持剩余头寸为止。

5. 手续费制度

无论交易者是卖还是买，都必须交付一笔手续费，其支付金额由交易所规定，有的按成交金额的比例收取，有的按合约张数收取。经纪公司向客户收取的手续费构成了经纪公司的主要业务收入来源。

第三节 期货公司会计核算内容

期货经纪公司成立后，为了取得进入期货交易所交易的权利，必须先取得期货交易所的会员资格。获得交易所会员资格后，期货经纪公司还需缴纳年会费，以维持期货交易所的日常开支。为了获得入场交易的权利，期货经纪公司还要向交易所购买席位，缴纳席位费。完成了以上准备工作以后，期货经纪公司即可开办代理业务，在替客户下单开始交易前，首先要求客户缴纳一笔保证金，为即将开始的期货交易作担保。客户交来这笔资金后，期货经纪机构要将其作为结算准备金转交给交易所。客户下达指令开始交易后，则根据持仓和结算情况调整保证金。

一、会员分级结算制度

借鉴国际期货市场惯例，我国期货交易行业也逐渐实施了交易所对期货公司的会员分级结算制度，以强化交易所的整体抗风险能力。在分级结算制度下，资金实力雄厚、管理经验丰富的机构才能成为结算会员，而其他不具备结算会员资格的非结算会员必须通过结算会员进行结算，从而形成多层次的风险管理体系。分级结算有助于市场逐级控制和吸收风险，有利于形成多元化、多层次的金字塔式风险控制体系，使很多局部风险在结算会员层面就得到化解，确保金融期货市场的平稳运行。其基本结构如图 6-4 所示。

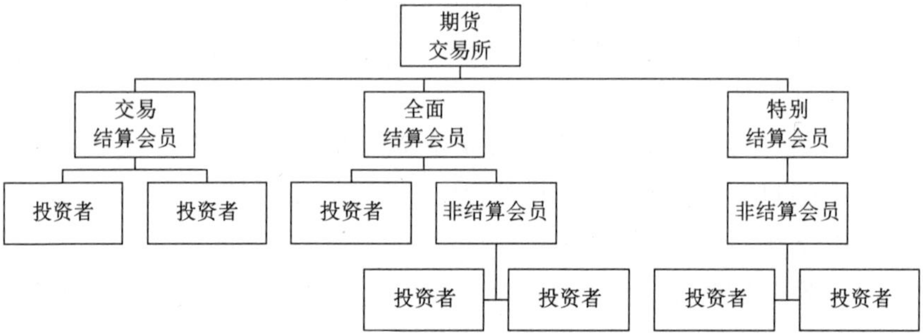

图 6-4　期货交易所会员分级结算制度

二、期货公司会计核算对象

具体而言，期货经纪公司的会计核算包括如下三个方面：

（一）与期货交易所往来的业务核算

与期货交易所有关的业务核算，包括与会员席位有关的业务核算和与日常交易有关的业务核算。与会员席位有关的业务包括期货经纪公司为取得会员资格交纳的会员资格费；会员资格进行转让时取得的损益；需要缴纳的基本席位以外的席位占用费及退还席位时收回的席位占用费；期货经纪公司每年向期货交易所缴纳年会费的核算。与期货交易所日常交易业务有关的核算包括期货经纪公司将期货保证金存入期货交易所；保证金的划回及提取；客户平仓后代扣的手续费；当不能用货币资金补充保证金时，提交质押物进行融资的业务；代理客户对未平仓的合约进行实物交割；交易盈亏的结转。上述与期货交易所相关的业务可以绘成如图 6-5 所示。

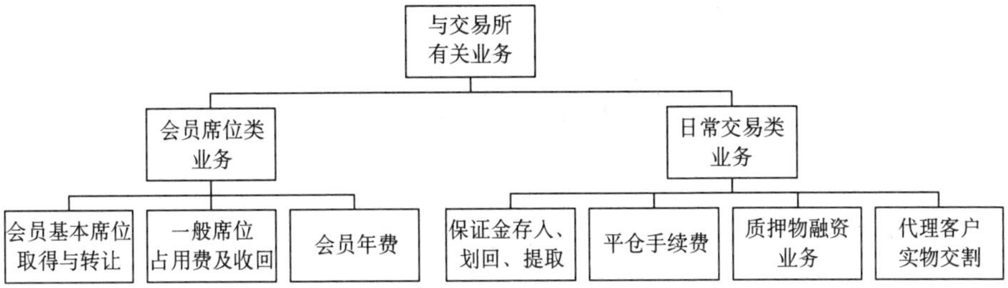

图 6－5　期货公司与期货交易所相关的业务示意图

（二）与客户往来业务的核算

对客户业务的核算，包括吸收客户期货保证金的核算，客户保证金清退的核算，平仓后从保证金中收取代理手续费的核算，对客户不能用货币资金追加保证金时接受保证金质押业务的核算，代理客户进行实物交割业务的核算，客户平仓盈亏的核算。

（三）其他业务的核算

其他业务的核算，包括期货经纪公司按规定提取风险准备金及其支用的核算，由于各种原因形成的错单交易的核算，对期货经纪公司存在的结算差异的反映，客户违约处罚的核算等。

需要说明的是，目前的世界范围期货业态势，按交易的内容可分为商品期货、金融期货和期权交易三种。最为普及的则是商品期货交易，即期货合约中规定一定数量的某种商品所进行的期货交易，具体内容包括农产品期货商品、金属期货商品、能源期货商品等。我国目前也主要允许商品期货交易，因此，本书将主要讲述商品期货交易的会计核算，同时考虑到金融期货交易将来的应用，对其相关知识也进行相应的阐述。

第七章 期货公司商品期货核算

本章精要

本章需要重点掌握期货公司商品期货业务的会计核算。这些业务核算也是伴随着期货公司的主导性业务活动而展开的，包括四个层次的内容：

一是商品期货会计核算科目。需要重点关注期货公司处于投资客户与交易所中间，对货币保证金、质押保证金等的核算。

二是期货公司交易席位取得的会计核算，包括会员资格费的核算、席位占用费的核算、缴纳会费等的核算。

三是期货交易日常核算，包括开仓、持仓，平仓盈亏的核算、结算差异的核算、手续费的核算、实物交割的核算。

四是关于期货风险准备金、期货投资风险保障基金和一般风险准备金的核算。

第一节 商品期货业务会计科目

根据《企业会计准则》及 CAS30 财务报表列报准则应用指南，中国证监会下发了《关于期货经纪公司执行〈企业会计准则〉有关新旧衔接事宜的通知》，中国期货业协会在原来《期货经纪公司商品期货业务会计处理暂行规定》的基础上，制定了《期货公司会计科目设置及核算指引》，这是在财政部统一会计准则框架下行业结合情况的具体性实施科目。

一、重点会计科目

我们遵照准则指南的原则、依据行业协会的相关规定，整理出期货公司专用性会计科目如表7-1所示。

表7-1　　期货公司主要业务核算专用会计科目表

类别	名称	主要核算内容
资产类	期货保证金存款	核算收到客户缴存的货币保证金以及公司存入期货保证金账户的款项
	应收货币保证金	核算向期货结算机构划出的货币保证金，以及期货业务盈利形成的货币保证金
	应收质押保证金	核算代户向期交所办理证券充抵保证金业务形成的可用于期货交易的保证金
	应收结算担保金	核算分级结算制度下结算会员按照规定向期货交易所缴纳的结算担保金
	应收风险损失款	核算为客户垫付尚未收回的风险损失及因客户存在违约违规的罚款
	应收佣金	核算期货公司应收取的与其经营活动相关的佣金
	长期股权投资——会员资格投资	核算为取得会员制期交所会员资格交纳的会员资格性投资
负债类	应付货币保证金	核算收到客户缴存的货币保证金，以及期货业务盈利形成的货币保证金
	应付质押保证金	核算代客向期交所办理证券充抵保证金业务形成的可用于期货交易的保证金
	期货风险准备金	核算按规定以手续费收入的一定比例提取的期货风险准备金
	应付期货投资者保障基金	核算期货公司按规定提取的期货投资者保障基金
权益类	一般风险准备	核算按照规定从净利润中提取的一般风险准备
损益类	手续费及佣金收入	核算交易、代结、交割和充抵业务等手续费收入及期交所返还、减收手续费
	佣金支出	核算期货公司发生的与其经营活动相关的佣金支出
	提取期货风险准备金	核算期货公司按规定以手续费收入的一定比例提取的期货风险准备金
	业务及管理费	监管费、年会费、席位使用费、客户服务费、提取期货投资者保障基金等

二、会计科目应用

总体上看，期货公司是处于期货投资客户与期货交易所之间的中介代理机构。正常情况下，期货公司需要从客户那里收取一定的保证金，并相应存放在期货交易所作为进行正常期货买卖的保证金。当然，由于期货公司因其资本实力、结算经验、风控能力的差异而被分成全面结算会员和非全面结算会员，享受着不同的结算待遇。因此，期货公司的主要会计科目也划分为与客户（包括分级结算制度下全面结算会员收到非结算会员）往来的科目、与交易所（包括分级结算制度下的特别结算会员和全面结算会员）两类。如图7－1所示。

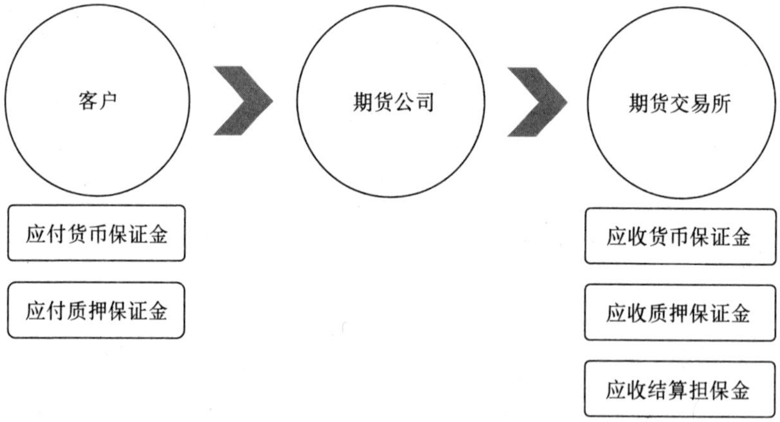

图7－1　期货公司重点科目构成示意图

（一）期货公司与客户往来的主要科目

从期货公司与客户往来看，主要使用“应付货币保证”“应付质押保证金”科目，其具体核算方法如下：

1. “应付货币保证金”科目

“应付货币保证金”科目核算期货公司收到客户或分级结算制度下全面结算会员收到非结算会员缴存的货币保证金，以及期货业务盈利形成的货币保证金。本科目可按客户或分级结算制度下非结算会员进行明细核算。

当期货公司收到客户或分级结算制度下全面结算会员收到非结算会员划入的货币保证金时，借记“期货保证金存款”科目，贷记本科目。而在期货公司向客户或分级结算制度下全面结算会员向非结算会员划出货币保证金时，按划出的货币保证金金额，反向记录。

当客户期货合约实现盈利时，期货公司按期货结算机构结算单据列明的盈利金额，借记“应收货币保证金”科目，贷记本科目。而在客户期货合约发生亏损时，期货公司按期货结算机构结算单据列明的亏损金额，借记本科目，贷记“应收货币保证金”科目。

当期货公司代理买方客户进行期货实物交割的，按支付的交割货款金额（商品期货实物交割金额含增值税额，下同），借记本科目，贷记“应收货币保证金”科目。期货公司代理卖方客户进行期货实物交割的，按收到的交割货款金额，借记“应收货币保证金”科目，贷记本科目。

当期货公司因错单合约平仓产生的亏损，按结算单据列明的金额，借记“期货风险准备金”科目，贷记本科目。期货公司因错单合约平仓实现的盈利，按结算单据列明的金额，借记本科目，贷记“营业外收入”科目。

当期货公司向客户或分级结算制度下全面结算会员向非结算会员收取手续费时，按收取的手续费金额，借记本科目，按期货结算机构享有的手续费金额，贷记相关科目，按自身享有的手续费金额，贷记“手续费及佣金收入”科目。

“应付货币保证金”科目期末为贷方余额，反映期货公司尚未支付的货币保证金金额。

2. “应付质押保证金”科目

“应付质押保证金”科目核算期货公司代客户向期货交易所办理有价证券充抵保证金业务形成的可用于期货交易的保证金。本科目可按客户（或分级结算制度下非结算会员）和有价证券类别进行明细核算。

在全员结算制度下，期货公司代客户向期货交易所办理有价证券充抵保证金业务的，应当分别情况进行会计处理：

当客户委托期货公司向期货交易所提交有价证券办理充抵保证金业务时，期货公司按期货交易所核定的充抵保证金金额，借记“应收质押保证金”，贷记本科目。

当有价证券价值发生增减变化，期货交易所相应调整核定的充抵保证金金额时，期货公司按调整增加数，借记“应收质押保证金”，贷记本科目；按调整减少数，借记本科目，贷记“应收质押保证金”科目。

当期货交易所将有价证券退还给客户时，期货公司按期货交易所核定的充抵保证金金额，借记本科目，贷记“应收质押保证金”科目。

当客户到期不能及时追加保证金，期货交易所处置有价证券时，期货公司按期货交易所核定的充抵保证金金额，借记本科目，贷记“应收质押保证金”科目；按处置有价证券所得款项金额，借记“应收货币保证金”科目，按垫付的款项金额，借记“应收风险损失款”科目，贷记“应付货币保证金”科目。

在分级结算制度下，全面结算会员和交易结算会员代客户向期货交易所办理有价证券充抵保证金业务的，会计处理参照前述相关内容进行。

非结算会员代客户向期货交易所办理有价证券充抵保证金业务的，应当分别情况进行处理：

当非结算会员代客户通过特别结算会员或全面结算会员向交易所申请办理有价证券充抵保证金业务时，非结算会员按期货交易所核定的充抵保证金金额，借记“应收质押保证金（特别结算会员或全面结算会员）”科目，贷记本科目。全面结算会员按期货交易所核定的充抵保证金金额，借记“应收质押保证金（期货交易所）”科目，贷记本科目。

当有价证券价值发生增减变化，期货交易所相应调整核定的充抵保证金金额时，非结算会员按调整增加数，借记“应收质押保证金（特别结算会员或全面结算会员）”，贷记本科目；按调整减少数，借记本科目，贷记“应收质押保证金（特别结算会员或全面结算会员）”。

当期货交易所将有价证券退还给客户时，非结算会员按期货交易所核定的充抵保证金金额，借记本科目，贷记“应收质押保证金（特别结算会员或全面结算会员）”。

全面结算会员按期货交易所核定的充抵保证金金额，借记本科目（非结算会员），贷记“应收质押保证金（期货交易所）”。

当客户到期不能及时追加保证金，期货交易所处置有价证券时，非结算会员按期货交易所核定的充抵保证金金额，借记本科目，贷记“应收质押保证金（特别结算会员或全面结算会员）”，按处置有价证券所得款项金额，借记本科目（特别结算会员或全面结算会员），贷记“应付货币保证金”科目。

全面结算会员按期货交易所核定的充抵保证金金额，借记本科目，贷记“应收质押保证金（期货交易所）”科目，按处置有价证券所得款项金额，借记“应收货币保证金”科目，贷记“应付货币保证金（非结算会员）”科目。

“应付质押保证金”科目期末为贷方余额，反映期货公司代客户向期货交易所办理有价证券充抵保证金业务形成的可用于期货交易的保证金额。

（二）期货公司与交易所往来的核算

从期货公司与交易所往来看，主要使用“应收货币保证金”“应收质押保证金”“应收结算保证金”科目，其具体核算方法如下：

1. “应收货币保证金”科目

本科目核算期货公司向期货结算机构（指期货交易所或分级结算制度下的特别结算会员和全面结算会员，下同）划出的货币保证金，以及期货业务盈利形成的货币保证金。本科目可按期货结算机构进行明细核算。

应收货币保证金的主要账务处理：

当期货公司向期货结算机构划出货币保证金时，按划出的货币保证金金额，借记本科目，贷记“期货保证金存款”科目。期货公司从期货结算机构划回货币保证金时，按划回的货币保证金金额，借记“期货保证金存款”科目，贷记本科目。

当期货公司收到期货结算机构划回的货币保证金利息时，按划回的利息金额，借记本科目，贷记“利息收入”科目。

当客户或非结算会员期货合约实现盈利时，期货公司按结算单据列明的盈利金额，借记本科目，贷记“应付货币保证金”科目。

客户或非结算会员期货合约发生亏损时，期货公司按期货结算机构结算单据列明的亏损金额，借记“应付货币保证金”科目，贷记本科目。

当期货公司代理买方客户进行期货实物交割的，按支付的交割货款金额（商品期货实物交割的金额含增值税额，下同），借记“应付货币保证金”科目，贷记本科目。

期货公司代理卖方客户进行期货实物交割的，按收到的交割货款金额，借记本科目，贷记“应付货币保证金”科目。

期货公司向期货结算机构支付代收的手续费时，按划转的手续费金额，借记“应付手续费”科目，贷记本科目；期货公司收到期货结算机构返还的手续费时，按收到返还的手续费金额，借记本科目，贷记“手续费收入”科目；期货公司向期货结算机构交纳杂项费用时，按支付的有关费用金额，借记“业务及管理费”科目，贷记“银行存款”、本科目等科目。

“应收货币保证金”科目期末为借方余额，反映期货公司从期货结算机构尚未收回的货币保证金金额。

2. “应收质押保证金”科目

“应收质押保证金”科目核算期货公司代客户向期货交易所办理有价证券充抵保证金业务形成的可用于期货交易的保证金。本科目可按期货结算机构进行明细核算。

在全员结算制度下，期货公司代客户向期货交易所办理有价证券充抵保证金业务的，应当分别情况进行会计处理：

当客户委托期货公司向期货交易所提交有价证券办理充抵保证金业务时，期货公司按期货交易所核定的充抵保证金金额，借记本科目，贷记“应付质押保证金”科目。

当有价证券价值发生增减变化，期货交易所相应调整核定的充抵保证金金额时，期货公司按调整增加数，借记本科目，贷记“应付质押保证金”科目；按调整减少数，借记“应付质押保证金”科目，贷记本科目。

当期货交易所将有价证券退还给客户时，期货公司按期货交易所核定的充抵保证金金额，借记“应付质押保证金”科目，贷记本科目。

当客户到期不能及时追加保证金，期货交易所处置有价证券时，期货公司按期货交易所核定的充抵保证金金额，借记“应付质押保证金”科目，贷记本科目。按处置有价证券所得款项金额，借记“应收货币保证金”科目，贷记“应付货币保证金”科目。

在分级结算制度下，全面结算会员和交易结算会员代客户直接向期货交易所办理有价证券充抵保证金业务的，会计处理参照前述规定。

非结算会员代客户向期货交易所办理有价证券充抵保证金业务的，应当分别情况进行处理：

当非结算会员代客户通过特别结算会员或全面结算会员向期货交易所申请办理有价证券充抵保证金业务时，非结算会员按期货交易所核定的充抵保证金金额，借记本科目（特别结算会员或全面结算会员），贷记“应付质押保证金”科目。

全面结算会员按期货交易所核定的充抵保证金金额，借记本科目（期货交易所），贷记“应付质押保证金”科目。

当有价证券价值发生增减变化，期货交易所相应调整核定的充抵保证金金额时，非结算会员按调整增加数，借记本科目（特别结算会员或全面结算会员），贷记“应付质押保证金”科目；按调整减少数，借记“应付质押保证金”科目，贷记本科目（特别结算会员或全面结算会员）。

当期货交易所将有价证券退还给客户时，非结算会员按期货交易所核定的充抵保证金金额，借记“应付质押保证金”科目，贷记本科目（特别结算会员或全面结算会员）。

全面结算会员按期货交易所核定的充抵保证金金额，借记“应付质押保证金（非结算会员）”科目，贷记本科目（期货交易所）。

当客户到期不能及时追加保证金，期货交易所处置有价证券时，非结算会员按期货交易所核定的充抵保证金额，借记“应付质押保证金”科目，贷记本科目（特别结算会员或全面结算会员）。按处置有价证券所得款项金额，借记“应收货币保证金（特别结算会员或全面结算会员）”科目，贷记“应付货币保证金”科目。

当全面结算会员按期货交易所核定的充抵保证金金额，借记“应付质押保证金”科目，贷记本科目（期货交易所）。按处置有价证券所得款项金额，借记“应收货币保证金”科目，贷记“应付货币保证金（非结算会员）”科目。

“应收质押保证金”科目期末为借方余额，反映期货公司尚未收回的有价证券充抵保证金业务形成的可用于期货交易的保证金。

3. “应收结算担保金”科目

“应收结算担保金”科目核算分级结算制度下结算会员（包括全面结算会员和交易结算会员，下同）按照规定向期货交易所缴纳的结算担保金。本科目可按期货交易所进行明细核算。

应收结算担保金的主要账务处理。

当结算会员向期货交易所划出结算担保金时，按划出的结算担保金额，借记本科目，贷记“银行存款”科目。结算会员从期货交易所划回结算担保金时，按划回的结算担保金额，借记“银行存款”科目，贷记本科目。结算会员收到期货交易所划回的结算担保金利息时，按期货交易所划回的利息金额，借记“银行存款”科目，贷记“利息收入”科目。

当结算会员的结算担保金被期货交易所动用抵御其他违约会员的风险时，结算会员按期货交易所分摊的金额，借记“其他应收款”，贷记本科目；同时结算会员应按向期货交易所追加的结算担保金额，借记本科目，贷记“银行存款”科目。期货交易所向违约会员追索成功后，结算会员按收回金额中应享有的份额，借记本科目，贷记“其他应收款”科目。被动用的结算担保金最终确定无法收回时，结算会员应按确定无法收回的金额，借记“业务及管理费”，贷记“其他应收款”科目。结算会员划回多余的结算担保金，按划回的结算担保金额，借记“银行存款”，贷记本科目。

“应收结算担保金”科目期末为借方余额，反映结算会员尚未从期货交易所收回的结算担保金额。

第二节　期货公司交易席位核算

前面已经述，期货公司只有取得在期货交易所的相应资格，才能代理客户进行相应的期货交易活动，同时，在分级结算制度下，不同级别的会员需要缴纳不同的费用。

一、会员资格费的核算

期货经纪公司开办期货代理业务，首先要取得会员资格，即需要向期货交易所认缴会员资格费。《商品期货业务会计处理暂行规定》中规定“期货经纪机构向期货交易所缴纳的会员资格费，作为长期投资处理，并按历史成本核算。”会计中设置“期货会员资格投资”科目，从会员资格费本身的性质看，它是期货经纪公司进入期货交易所交易的资格，也就是取得经纪资格和营业权利的代价，类似于公司的创建支出，它不同于一般的费用，是一笔建设性的投资。此外，当期货经纪公司退出期货交易所时，可以在市场上公开出售这一会员资格。

（1）经纪公司为取得交易所会员资格而交纳会员资格费时，应按实际支付的款项，借记“长期股权投资——期货会员资格投资”科目，贷记“银行存款”科目。

（2）经纪公司转让或被取消会员资格，应按实际收到的转让收入或交易所实际退还的会员资格价款借记“银行存款”科目，按经纪公司会员资格投资的账面价值，贷记“长期股权投资——期货会员资格投资”科目，按其差额，借记或贷记“投资收益”科目。

【例 7－1】 兴财期货经纪公司向 A 交易所交纳会员资格费 100 万元，用银行存款支付。实际交付时作会计分录如下：

借：长期股权投资——期货会员资格投资——A 交易所　　1 000 000

　　贷：银行存款　　1 000 000

【例 7－2】 承上例，兴财期货经纪公司在进行一段时期的期货业务后，决定转让其在该期货交易所的会员资格，经交易所理事会批准后，转让给出租人（南方公司），协商作价为 110 万元，转让手续已办妥，并收妥价款。会计分录如下：

借：银行存款　　1 100 000

　　贷：长期股权投资——期货会员资格投资——交易所　　1 000 000

　　　　投资收益　　100 000

二、席位占用费的核算

期货公司在期货交易所认购会员资格后，成为期货交易所的一名会员，并取得了一个基本交易席位。若一个席位费不能满足交易需要，尚需要得到更多的席位，则必须申请，并缴纳席位占用费。对于申请增加的交易席位所支付的席位占用费，应单独设置“应交席位费”科目。当经纪公司因经营的需要，认为不必占用太多的交易席位时，可以向交易所退还申请增加的交易席位，而不得转让基本席位之外的席位，此时交易所应全额归还原来向会员收取的席位占用费。

经纪公司为取得基本席位之外的席位而向交易所交纳的席位占用费，借记“应收席位费”科目，贷记“银行存款”科目。

如退还席位，收到交易所退还的席位占用费，则作相反会计分录。

【例 7－3】 甲期货经纪公司在 A 交易所除获得基本席位外，考虑其经营业务的需要，还另外购买了两个交易席位，并支付席位占用费 8 万元。会计分录如下：

借：应收席位费　　80 000

　　贷：银行存款　　80 000

三、缴纳会费的核算

期货经纪公司应按期货交易所的规定，通常按年度向交易所缴纳年会费，以维持交易所为会员服务所必需的费用开支。年会费按占用席位和期货交易所理事会审议通过的标准向期货交易所缴纳。经纪公司向交易所缴纳年会费时，按实际支付的款项，借记“业务及管理费——期货年会费”科目，贷记“银行存款”科目。

【例7-4】 甲期货经纪公司按规定向A交易所一次性交纳年会费6万元。会计分录如下：

借：业务及管理费——期货年会费　　60 000

　　贷：银行存款　　60 000

第三节　期货交易日常业务核算

期货公司取得了会员资格，就需要进行具体的期货交易活动，包括开仓、持仓、平仓等活动。

一、开仓、持仓与保证金的核算

（一）经纪公司与期货交易所的保证金核算

1. 应收货币保证金的核算

期货交易所对会员实施严格的保证金制度，要求每一个会员单位必须在交易所结算部门存入资金，为期货合约买卖提供财力保证。经纪公司向交易所缴纳的保证金按是否被合约占用可分为两类：结算准备金和交易准备金。

第一，结算准备金的核算。结算准备金是指期货公司在期货交易所存入的，为交易结算预先准备的款项，它是尚未被合约占用的保证金。从资金管理角度还可进一步分为基础保证金和可用保证金。期货经纪公司将基础保证金一次性存入保证金账户，在正常交易过程中，会员单位、期货交易所，双方一般都不动用基础保证金。可用保证金大部分是经纪公司在下单买卖合约前存入交易所的款项，其他来源还包括尚未提取的平仓盈利款及经纪公司将来交易需要增加存入的款项，期货经纪公司对这部分保证金拥有支配权，可以随时经由交易所结算部门批准后划回。

期货经纪公司也可以将基础保证金同用于结算准备的保证金一起作为结算准备金，设一个账户进行管理。在这种情况下，交易所只是在结算准备金账户中确定一个基本金额，在正常的交易中不允许使用，只有在会员单位其他的保证金不足时方可动用。交易所对会员单位可开仓头寸的控制是按结算准备金账户中的金额扣除基础保证金部分后的差额来确定的。

【例7-5】 甲期货经纪公司在交易所下单买卖合约前，存入A交易所的保证金账户120万元。交易所要求会员单位存入的保证金中应保持40万元在正常的交易中不可动用（即基础保证金），只能在追加保证金不足时才可运用这笔资金。

借：应收货币保证金——A交易所　　1 200 000

　　贷：期货保证金金存款　　1 200 000

第二，交易保证金的核算。交易保证金是被合约占用的保证金，它随着交易量及结算价的变动而变动。交易保证金的增加一般是由于期货经纪公司开新仓或持仓合约发生异常变化，交易所要求增加交易保证金（如接近交割期，交易所为了保证合约的履行，一般要求增加保证金的水平）。交易保证金的减少是通过对冲平仓或实物交割了结期货交易，合约占用的保证金被释放退回到结算准备金账户中来实现的。

交易保证金还可进一步划分为初始保证金、维持保证金和追加保证金。在新开仓时从结算准备金账户中划转出的部分保证金称之为初始保证金。在每日交易收盘后，期货交易所结算部门将根据当时的盈亏情况调整会员单位的保证金账户，将盈利增加保证金金额，亏损减少保证金金额。若会员单位可用保证金账户出现亏损或因持有未平仓合约数量过多而使其保证金数额低于维持保证金水平，就必须在规定的时间内再存入一笔款项，增加交易保证金，使其达到初始保证金水平。这种补交的保证金通常称为“追加保证金”。客户向经纪公司下达开仓指令后，若开仓合约成交，则期货交易所结算部门就会根据成交合约的市价按一定的比例，将结算准备金账户中的可动用保证金划转到交易保证金中去。这部分被划转的保证金，经纪公司失去对其使用权，不能再将其用于开新仓或弥补交易亏损。开新仓的经济业务本身并不涉及期货经纪公司的账务处理，交易所结算部门进行的结算准备金向交易准备金的划转并不涉及期货交易所与经纪公司间的资金运动，经纪公司无需作出会计处理，只通过结算部门的每日结算反映在结算单据上。

期货经纪公司按客户的指令开仓买入或卖出合约后，尚未对冲平仓前的状态称为持仓。持仓过程中，合约市价处于不断变化中，形成浮动盈亏。当浮动亏损达到一定程度时，可能会导致可动用的保证金低于结算准备金的最低水平，这时交易所就会发出追加保证金通知，经纪公司需追加保证金。交易所每天在交易结束后，计算每个会员的当日结算准备金金额。当会员的结算准备金低于最低准备金余额时，该结果即被视为交易所向会员发出的追加保证金通知，交易所通过结算银行从会员的专用资金账户中划扣。

经纪公司支付追加保证金时所作会计分录如下：

借：应收货币保证金　　×××

　　贷：期货保证金存款　　×××

【例7-6】甲经纪公司在A交易所进行期货交易，12月13日其持有的期货合约全线下跌，发生浮动亏损80万元，当日未发生保证金存取及开仓和平仓业务，上一交易日的结算准备金余额为120万元，交易所要求的结算准备金的最低为50万元。该经纪公司当日的结算准备金余额为：120-80=40（万元），应追加的保证金为50-40=10（万元），则交易所从经纪公司专用账户划拨资金。经纪公司的账务处理为：

借：应收货币保证金——A交易所　　100 000

　　贷：期货保证金存款　　100 000

2. 应收质押保证金的核算

期货交易所与经纪公司间的资金往来一般是采用货币资金进行结算。根据交易所规定，会员单位也可采用质押形式取得保证金。质押是指会员单位提出申请并经交易所批准，将持有的权利凭证移交交易所，作为会员履行保证金的担保。质押只可应用于会员保证金的担保，会员发生的交易亏损、费用、税金等，只用货币资金结算。

可用于质押的权利凭证仅限于国债和交易所注册的标准仓单。质押价的确定方法为：以国债质押的，按同日（或验券交存日前一交易日）该品种上交所和深交所收盘价中较低价格作为基准价；以标准仓单质押的，以该品种最近已交割合约最后交易日的结算价（或交割结算价）作为基准价；质押不得高于基准价的80%。

用做质押的可上市流通的国债或标准仓单存入交易所后，其所有权并未发生转移，仍归经纪公司或客户所有，一旦有了足够的货币资作为保证金，经纪公司就可以赎回质押品。对于质押品的核算，可以不单独设置一级科目，而是作为报表补充资料予以披露；对于质押品完整的业务过程，可以通过质押品备查登记簿作出全面、完整的反映；对于获取的质押品额度通过结算部门来掌握，不进行单独的会计核算。

同期货经纪公司向交易所质押保证金相同，客户也可以向经纪公司质押保证金。对于可用于质押的资产的要求及政策，经纪公司向交易所质押和客户向经纪公司质押相同：

（1）可上市流通的国债，按不小于10%的折价比率提供保证金。

（2）套期保值的标准仓单，参照交易所的规定以一定的质押率提供保证金。对于客户质押业务的处理只作报表附注披露，不再单独进行核算。

期货经纪公司应当对质押业务作出详尽的会计登记和完整记录，以反映客户的质押情况，即设置"应收质押保证金"科目进行系统的核算与监督。其具体核算过程参照前述，不再一一细述。

（二）经纪公司与客户的保证金核算

客户向经纪公司交纳的保证金，是其履行合约的财力担保。与交易所对会员单位的保证金制度不同，目前我国经纪公司一般不要求客户缴纳基础保证金，只要求缴纳交易保证金。因此，经纪公司收到的客户开户金，实际上就是客户最初存入经纪公司，准备用于下单买卖合约的保证金。经纪公司对客户的开户金额一般规定一个下限，客户可以根据自己将来要进行交易的数量向经纪公司预存一定数额的保证金。期货经纪公司必须按每一个客户开设保证金账户，进行明细分类核算。

经纪公司对收到的客户保证金，通过"应付货币保证金"科目核算。收到客户划入的保证金时，应按实际划入的款项，作如下会计分录：

借：期货保证金存款　　×××

　　贷：应付货币保证金　　×××

客户划出的保证金，作相反会计分录。

【例7－7】 某经纪公司收到甲客户的开户保证金100万元，将其设专户存入银行，并作会计分录如下：

借：期货保证金存款　　1 000 000

　　贷：应付货币保证金——甲客户　　1 000 000

再假设甲客户在进行一段时间的交易后，因需要资金向经纪公司申请，将未被合约占用的保证金划出10万元。此时；该经纪公司作如下会计分录：

借：应付货币保证金——甲客户　　100 000

贷：期货保证金存款　　100 000

经纪公司代客户下单成交以后，将成交合约应占用的保证金从客户交存的保证金账户中划出，形成交易保证金。经纪公司划转的客户交易保证金数额一般是在交易所划转的基础上略有增加。交易保证金的划转仅仅是结算需要，以确定是否追加保证金，并不涉及经纪公司与客户之间的真实资金运动，因此不涉及期货经纪公司同客户之间保证金的账务处理。

在每日交易收盘后，经纪公司将根据客户当日的盈亏情况调整客户的保证金账户，将盈利增加保证金金额，将亏损减少保证金金额。按交易所规定，会员的交易保证金账户必须维持其最低的保证金额度，经纪公司对客户也有相似的风险管理要求。若客户保证金账户划转交易保证金后出现亏损，或因持有未平仓合约数量过多或合约价格向不利于客户的方向变动而出现浮动亏损，使其保证金数额低于维持保证金水平，就必须在规定的时间内再存入一笔款项，使保证金数额达到应有的水平，即追加保证金。

【例7-8】 甲期货经纪公司代理客户在大连商品交易所做大豆期货。5月20日，收取客户保证金13万元。5月28日接受客户指令以2 400元/吨的价格开新仓卖出9月份期货合约100手，每手10吨，共计1 000吨。期货经纪公司按5%的比率收取保证金。5月28日大豆的结算价与成交价相同。5月29日大豆的结算价为2 350元/吨。不考虑手续费，经纪公司的账务处理如下：

(1) 5月20日客户存入保证金：

借：期货保证金存款　　130 000

　　贷：应付货币保证金——XX客户　　130 000

(2) 5月28日开新仓，按成交价计算开新仓合约应占用的保证金为120 000元（2 400×100×10×5%），当日收盘价与成交价相同，当日可用的保证金大于合同占用的保证金，故无需追加保证金，不需进行账务处理。

(3) 5月29日发生浮动亏损。

期货价格下跌发生的浮动亏损 =(2 350 - 2 400)×100×10

= -50 000（元）

当日保证金余额：120 000 - 115 000 - 30 000 = -25 000（元）

由于浮动亏损，该客户在经纪公司的保证金可运用部分已成负数，期货经纪公司要求该客户在5月30日开市补交发生的浮动亏损50 000元。收到追加保证金的会计分录为：

借：期货保证金存款　　50 000

　　贷：应付货币保证金——XX 客户　　50 000

（三）结算准备金存款利息的核算

经纪公司存入交易所的结算准备金是尚未被期货合约占用的保证金，对经纪公司来讲，这种结算准备金相当于在交易所的一种存款，因此交易所应支付相应的存款利息。一般情况下，交易所是按同期银行活期存款利率向经纪公司支付结算准备金存款利息。交易所向经纪公司支付的结算准备金存款利息，是通过会员的保证金账户直接划转的。

经纪公司收到交易所划转的保证金存款利息，借记"应收货币保证金"科目，贷记"利息收入"科目。

【例 7-9】 在第二季度末，甲经纪公司在 A 交易所存入的结算准备金余额为 40 万元，其中基础保证金 30 万元，可用保证金 10 万元，经纪公司收到交易所支付的第二季度利息 1 000 元（设按年利率 1% 支付）。

借：应收货币保证金——A 交易所　　1 000

　　贷：利息收入　　1 000

再假设经纪公司将该笔存款利息从保证金账户中划出，会计分录为：

借：期货保证金存款　　1 000

　　贷：应收货币保证金——A 交易所　　1 000

二、平仓盈亏的核算

通过买入或卖出而建仓的合约，通过对冲平仓予以了结，是期货交易中最普通的业务，持仓合约通过对冲了结可能出现三种情况：一是平仓价等于开仓价，整个交易过程不盈不亏；二是多头的平仓价高于开仓价或空头的平仓价低于开仓价，实现平仓盈利；三是多头的平仓价低于开仓价或空头的平仓价高于开仓价，实现平仓亏损。期货交易所对会员单位合约所实现的平仓盈亏，通过结算准备金账户进行保证金的划转，经纪公司对上述三种情况的处理也各不相同。

（一）不盈不亏

平仓价等于开仓价时，整个交易过程不盈不亏，此时交易所对经纪公司的结算业务只是将原合约占用的交易保证金划转为不被合约占用的结算准备金。因此，经纪公司不需要对这类业务进行账务处理，只需要将结算单据作为资料备查即可。

（二）平仓盈利

在平仓盈利的情况下，交易所对经纪公司的结算包括两部分，一是将平仓会员实现的盈利增加其结算准备金，二是将原合约占用的交易保证金划转为不被合约占用的结算准备金，这部分不需进行账务处理。

经纪公司对平仓实现的盈利通过"应收保证金"和"应付保证金"科目核算，按期货交易所结算单据载明的平仓盈利金额，借记"应收保证金"科目，贷记"应付保证金"科目。

【例7-10】甲经纪公司代理某客户在郑州商品交易所做大豆期货交易。3月5日，按客户指令买入5月份到期的大豆合约40手，共100吨，成交价为2 400元/吨。持仓到5月15日，客户下达平仓指令将大豆合约全部平仓了结。大豆合约的平仓成交价为2 500元/吨。不考虑手续费，甲经纪公司有关账务处理如下：

平仓盈利为：(2 500-2 400)×100=10 000（元）

会计分录为：

借：应收货币保证金——郑州商品交易所　　10 000

　　贷：应付货币保证金——某客户　　10 000

（三）平仓亏损

在平仓亏损的情况下，交易所对经纪公司的结算包括两部分：一是将平仓会员实现的亏损减少其结算准备金；二是将原合约占用的交易保证金划转为不被合约占用的结算准备金，这部分不需进行账务处理。

经纪公司对平仓实现的亏损通过"应收保证金"和"应付保证金"科目核算，按期货交易所结算单据载明的平仓亏损金额，借记"应付保证金"科目，贷记"应收保证金"科目。

【例7-11】乙经纪公司代理某客户在上海期货交易所从事铜期货交易。3月5日，按客户指令卖出8月份到期的铜期货20手，共100吨，成交价为17 500元/吨；3月15日，8月铜期货因国际市场影响价格上扬，该客户为减少风险决定先平掉10手，平仓成交价为18 000元/吨。不考虑手续费，该期货经纪公司有关账务处理如下：

平仓亏损为：(17 500-18 000)×50=25 000（元）

会计分录为：

借：应付货币保证金——某客户　　25 000
　　贷：应收货币保证金——上海货期交易所　　25 000

三、结算差异的核算

结算差异是由于交易所与经纪公司的平仓范围、顺序和结算方法的不同而产生的差异，会计上通过设置“结算差异”科目进行核算。当经纪公司与交易所及客户办理结算时，对应收保证金与应付保证金之间的差异通过本科目进行核算。根据结算差异形成原因的不同，其会计核算分以下两种情况：

（一）由于交易所是按时间顺序平仓，而经纪公司是根据客户指定的交易价位进行平仓，导致两者计算的平仓盈亏不同而出现差额

由于这一原因形成的结算差异一般数额较小，下面举例说明。

【例7-12】某经纪公司为某客户持有某小麦合约800手，共1 000吨，买入时间分别是3月10日和3月15日，买入价格分别是1 400元/吨和1 350元/吨，每次均购入40手。3月20日客户指示平掉3月15日买入的合约，平仓价为1 600元/吨。

不考虑因浮动盈亏产生的结算差异，经纪公司对该笔业务进行处理时，应作分录如下：

按交易所结算单计算的平仓盈利为：

(1 600－1 400)×40＝8 000（元）

按客户指令计算的平仓盈利为：(1 600－1 350)×40＝10 000（元）

不考虑手续费，结算差异为：10 000－8 000＝2 000（元）

借：应收货币保证金　　8 000
　　结算差异　　2 000
　　贷：应收货币保证金　　10 000

（二）结算差异形成的另一原因是交易所与经纪公司的结算方式不同

交易所与经纪公司之间实行每日无负债结算和逐日盯市制度，交易所每天在交易结束后按当天的结算价与上一交易日的结算价格逐日盯市，不再区分浮动盈亏和平仓盈亏，统一进行保证金的结算和划拨。而经纪公司对客户的保证金核算是按照客户的开仓价和平仓价计算平仓盈亏，对浮动盈亏不入账，月末仅对平仓盈亏入账，调整保证金账户，这样交易所和经纪公司计算出的保证金因对盈亏的计算口径不同而产生差异。这部分差异实质上即是浮动盈亏。

对于期货合约当日计算的盈利，经纪公司应根据交易所结算单据列明的盈利余额（包括平仓盈利和浮动盈利），借记“应收保证金”科目，按照同客户结算的平仓盈利金额，贷记“应付保证金”科目，交易所结算金额小于经纪公司与客户结算金额的差额，借记“结算差异”科目（交易所结算金额大于经纪公司与客结算金额的差额，贷记“结算差异”科目）。

对于期货合约当日结算的亏损，经纪公司应按照同客户结算的平仓亏损金额，借记“应付保证金”科目，根据交易所结算单据列明的亏损金额（包括平仓亏损和浮动亏损），贷记“应收保证金”科目，交易所结算金额小于经纪公司与客户结算金额的差额，贷记“结算差异”科目（交易所结算金额大于经纪公司与客户结算金额的差额，借记“结算差异”科目）。

【例7－13】 甲经纪公司在A交易所进行期货交易，12月13日收到交易所的结算单据，显示当日的结算结果为盈利40万元，其中持仓合约的盈利为30万元，当日的平仓盈利为10万元。经纪公司与客户的结算结果为平仓盈利10万元。对客户的浮动盈亏不划拨资金。经纪套司根据当日的结算单据进行账务处理，分录如下：

借：应收货币保证金——A交易所	400 000	
贷：应付货币保证金——客户		100 000
结算差异		300 000

为了对经纪公司整体的持仓风险情况作出反映，经纪公司应在资产负债表日，按结算价计算出全体客户持仓合约所形成的浮动盈亏金额，在会计报表补充资料中予以披露。

四、手续费的核算

在期货交易中，手续费是由提供期货交易服务的一方向接受服务的一方收取的服务报酬。期货交易所按成交情况向其会员单位收取手续费，期货经纪公司也按成交情况向客户收取手续费。在我国期货交易中手续费按单边收取，不管交易者是买入还是卖出，是开新仓还是对冲平仓，只要合约成交，都必须按一定的标准交纳手续费。按现行制度规定，期货交易所向会员收取的手续费不能超过成交合约金额的万分之五；期货经纪公司向客户收取的手续费一般不应低于其向交易所上交的部分。在实务中，交易所对不同的期货品种，收取的手续费标准也不同；不同的期货经纪公司向客户收取手续费的标准也不一样。

期货经纪公司向客户收取的手续费，除去上交给交易所的部分，构成了期货经纪公司的营业收入。手续费的具体收取方法，有的是规定每张有一个绝对的手续费金额，手续费总额依成交手数的多少来计算确定，有的则是按成交合约交易金额的一定比例收取。由于经纪公司向客户收取的手续费并非全部归经纪公司所有，在进行账务处理时应区别对待。

经纪公司向客户收取交易手续费、交割手续费时，按实际划转的款项，借记“应付保证金”科目；按实际划转的款项中属于经纪公司收入的部分，贷记“手续费及佣金收入”科目；属于为交易所代收代付的部分，贷记“应付账款——代收手续费”科目。向交易所支付手续费时，应按结算单据列明的金额，借记“应付账款——代收手续费”科目，贷记“应收保证金”科目。

【例7－14】 甲期货经纪公司代理某客户在大连商品交易所进行大豆期货交易，12月13日一次成交50手，共500吨，买入成交价为2 500元/吨。大连商品交易所收取大豆合约的交易手续费为4元/手。甲经纪公司向客户收取手续费为10元/手。甲经纪公司的账务处理如下：

(1) 经纪公司从客户保证金账户中划转手续费时，会计分录为：

借：应付货币保证金——某客户　　500

　　贷：应付手续费——大连商品交易所手续费及佣金收入　　500

(2) 交易所从甲经纪公司的结算准备金账户中划转手续费时，甲经纪公司的会计分录为：

借：应付手续费——大连商品交易所　　200

　　贷：应收货币保证金——大连商品交易所　　200

(3) 12月31日结转营业收入时的会计分录为：

借：手续费及佣金收入　　300

　　贷：本期利润　　300

五、实物交割的核算

实物交割是标准仓单的转手过程，具体是指期货合约到期时，交易双方通过该期货合约所载商品所有权的转移，了结未平仓合约的过程。当然，大部分期货交易是通过对冲平仓了结合约的，实物交割只占全部期货交易的2% ~3%左右。由于期货交易是标准化合约的交易，所以作为交割的货物必须符合合约规定的商品标准和数量标准。

实物交割是期货交易和现货交易的交叉点，完整的实物交割程序可分为两步。第一步，实物交割双方先按最后交易日的交割结算价将合约对冲平仓完成期货交易过程；第二步，实物交割双方按最后交易日的实物结算价进行实物商品的现货交易。实物交割过程可分三个时间段，即第一通知日、最后交易日和最后交割日。第一通知日是进入交割月份的第一营业日，经纪公司收到交易所发出的准备交割通知单。在第一通知日卖方也可能已开始准备实物交割，并向交易所提交交货通知单。交易所按买方合约持仓时间长短、交割量大小、交割地点等因素，由计算机按优化和节约的原则自动撮合配对。第一通知日后，交易所一般会将保证金的水平逐步提高，以保证合约的正常履行，降低交割风险。最后交易日是交割月份的某一天，是未平仓合约可以对冲平仓的最后一个交易日，最后交易日后仍未平仓的合约必须进行实物交割。最后交割日在交割期的最后一个工作日，实物交割必须在最后交割日前完成。第一通知日后的第一工作日到最后交割日前的一段时间为交割期，此期间内任何一个工作日都可进行实物交割。

由于市场的逐日盯市制度，结算价变动引起的盈亏在每日的期货交易账户中已经反映，所以在最后交易日结束后买卖双方发生实物交割时均按最后交易日的结算价作为双方应收或应付的货款。对于以实物交割了结的合约，应按交割结算价先作对冲平仓处理（参见本节“结算差异的核算”）。

经纪公司代理买方客户进行实物交割的，应按交易所计算的实物交割货款金额向客户收取。收到交易所转来的由买方提供的实物仓单及增值税专用发票应及时转交给买方客户。经纪公司代理卖方客户进行实物交割的，应按交易所的交割规定及时向交易所提供实物仓单，并向卖方开出增值税专用发票。在收到交易所结转的实物交割货款时，应及时划转给客户。代理买方客户进行实物交割的，依据交易所提供的交割单据，按实际划转支付的交割货款金额（含增值税额，下同），借记“应付保证金”科目，贷记“应收保证金”科目。代理卖方客户进行实物交割的，依据交易所交割单据，按实际划转收到的交割货款，借记“应收保证金”科目，贷记“应付保证金”科目。

实物交割中有时会出现某一方违约的行为，即交割违约。如卖方客户不能按时向交易所提交货物仓单，提供的提货凭单因手续不全提不到货，所交的实物质量不符合规定等，都属于交割违约。如买方客户不能及时足额地将货款汇入交易所账户，不按提货日规定的期限提货等，也属于交割违约。对于交割的违约行为，交易所往往对违约方处以交易金额一定比例的违约金和罚款。

期货经纪公司在代理客户进行实物交割时发生的违约罚款，通过“应收风险损失款——客户罚款”科目进行核算。代理客户向交易所交纳的违约罚款支出，借记“应收风险损失款——客户罚款”，贷记“应收保证金”科目；实际从客户保证金中划转违约罚款支出，借记“应付保证金”科目，贷记“应收风险损失款——客户罚款”科目。

【例 7－15】某经纪公司代理甲客户在大连商品交易所进行大豆期货的套期保值，5 月 15 日买入 10 月份到期合约 50 手，每手 10 吨，共计 500 吨，成交价为 2 200 元/吨，保证金率为 5%。进入交割月准备进行实物交割。有关资料如下：

（1）第一通知日后交易所将保证金比例一次性提高到 30%。第一通知日前的保证金累计金额为 30 万元。

（2）第一通知日的结算价为 2 220 元/吨，最后交易日的结算价为 2 300 元/吨，前一交易日的结算价为 2 280 元/吨。

（3）交易所要求支付的交割手续费为 25 元/吨。

（4）甲客户未能按时将交割款汇入交易所，按规定被处以交易额 1% 的罚款。

经纪公司对以上经济业务的账务处理如下：

（1）5 月 15 日收到甲客户支付保证金 55 000 元，设甲客户在经纪公司的保证金专户中有足额存款，足够支付新开仓合约的保证金，经纪公司与客户间无账务处理的必要。

（2）第一通知日后，按交易所规定追加交割保证金。应交保证金为 2 220 × 500 × 30% = 333 000（元），应追加保证金为 33 000 元，即 333 000 － 300 000 = 33 000（元）。

会计分录如下：

借：应收货币保证金——大连商品交易所　　　　33 000

　　贷：期货保证金存款　　　　　　　　　　　　　33 000

(3) 按最后交易日的交割结算价将合约作对冲平仓处理。对客户而言，平仓盈利为(2 300 - 2 200) × 500 = 50 000 (元)。由于交易所与经纪公司之间实行每日盯市制度，其结算的平仓盈利应为(2 300 - 2 280) × 500 = 10 000 (元)。会计分录如下：

借：应收货币保证金——大连商品交易所　　10 000
　　结算差异　　40 000
　　贷：应付货币保证金——甲客户　　50 000

(4) 实际应向交易所支付交割贷款 115 万元．经纪公司代甲客户存在交易所结算账户中的保证金总额为 383 000 元 (333 000 + 50 000)，尚需追加 767 000 元。经纪公司收到客户追加的贷款后划转给交易所，账务处理如下：

借：期货保证金存款　　767 000
　　贷：应付货币保证金——甲客户　　767 000
借：应付货币保证金——甲客户　　767 000
　　贷：应收货币保证金——大连商品交易所　　767 000

(5) 设该经纪公司未能按时将交割款汇入交易所被处以罚款，交易所先从其结算准备金账户中扣除，此时，该经纪公司的会计分录为：

借：应收风险损失款——客户罚款　　76 700
　　贷：应收货币保证金——大连商品交易所　　76 700

收到客户缴纳的交割违约款时，会计分录为：

借：应付货币保证金——甲客户　　76 700
　　贷：应收风险损失款——客户罚款　　76 700

第四节　内部风险准备业务核算

由于期货行业的高风险性，国家允许经纪公司提取风险准备金，来应付随时可能出现的风险。目前，期货公司的风险准备金包括：期货风险准备金、期货投资者保障基金、一般风险准备。

一、期货风险准备金

按现行制度规定，期货经纪公司应按向客户收取的手续费净收入（即手续费收入总额扣除为交易所代收、代付部分的余额）的5%提取，并计入业务及管理费。经纪公司按规定以手续费收入的一定比例提取风险准备时，按实际提取的金额，借记“业务及管理费——提取期货风险准备”科目，贷记“期货风险准备金”科目。

为此，期货公司需要设置“期货风险准备金”科目，该科目核算期货公司按规定以手续费收入的一定比例提取的期货风险准备金。期货公司按规定以手续费收入的一定比例提取期货风险准备金时，按提取的期货风险准备金额，借记“提取期货风险准备金”科目，贷记本科目。期货公司因自身原因造成的损失，按应由当事人负担的金额，借记“其他应收款”科目，按应由期货公司负担的金额，借记本科目，按应向期货结算机构或客户划转的金额，贷记“应收货币保证金”、“应付货币保证金”等科目。期货公司按规定核销难以收回垫付的风险损失款时，按核销的风险损失款金额，借记本科目，贷记“应收风险损失款”科目。本科目期末贷方余额，反映期货公司提取的期货风险准备金额。

期货公司代理客户进行期货交易，发生错单的事情是不可避免的，如果下单员向计算机输入客户指令时输错了方向，将买单下成了卖单；输错数量、价格等。按现行财务制度的规定，错单合约平仓产生的亏损，按结算单据列明的金额，借记“期货风险准备金”科目，贷记“应付保证金”科目；错单平仓实现的盈利，作相反的会计分录。

经纪公司出现风险事故应分清责任。因经纪公司自身原因造成的风险损失，应按照有关规定追究有关当事人的责任，按应由当事人负担的金额，借记“其他应收款”科目；按应由经纪公司负担的金额，借记“期货风险准备金”科目；按实际向交易所或客户划转的金额，借记“风险准备”科目；按实际向交易所或客户划转的金额，贷记“应收保证金”或“应付保证金”科目。

因客户责任造成的风险损失，需要经纪公司代为客户垫付时，按实际向交易所划转的金额，借记“应收风险损失款——客户垫付”科目，贷记“应收保证金”科目；向客户收回垫付的风险损失款时，借记“应付保证金”科目，贷记“应收风险损失款——客户垫付”科目；按规定对难以收回的风险损失垫付款予以核销时，借记“期货风险准备金”科目，贷记“应收风险损失款——客户垫付”科目。

因客户有违约、违规等行为对其实施的罚款，在客户支付罚款前，借记“应收风险损失款——客户罚款”科目，贷记“营业外收入”科目；实际收到客户支付的罚款时，借记“应付保证金”或“银行存款”科目，贷记“应收风险损失款——客户罚款”科目。

【例7-16】 某经纪公司10月份代理期货业务得到的手续费净收入为6万元，按5%的比例提取风险准备金。会计分录如下：

借：业务及管理费——提取期货风险准备　　3 000

　贷：期货风险准备金　　3 000

【例7-17】 甲客户向某经纪公司下达交易指令，买入大连商品交易所的10月大豆期货100手，共1 000吨，指定价位为2 300元/吨，由于下单员错输成了2 400元/吨，这笔错单在当天收市后发现。按经纪公司的规定在第二天开市后尽快进行对冲平仓，平仓成交价为2 350元/吨。错单交易造成的损失经批准后由下单员承担50%，其余50%用风险准备金弥补。账务处理如下：

（1）错单合约平仓产生亏损(2 350 - 2 400) × 1 000 = -50 000（元），会计分录如下：

借：应付货币保证金　　50 000

　贷：应收货币保证金——大连商品交易所　　50 000

（2）对经批准后的弥补方式处理如下：

借：其他应收款——下单员风险准备　　25 000

　贷：应付货币保证金　　25 000

【例7-18】 某经纪公司代理客户在上海期货交易所进行铝期货交易，因客户对市场变化判断失误，导致损失45万元，由经纪公司先为客户垫付。会计分录如下：

（1）为客户垫付交易损失款时，会计分录为：

借：应收风险损失款——客户垫付　　450 000

　贷：应收货币保证金——上海期货交易所　　450 000

（2）为客户垫付款确认无法收回予以核销时，会计分录为：

借：期货风险准备金　　450 000

　贷：应收风险损失款——客户垫付　　450 000

二、期货投资者保障基金

期货公司应该按照规定提取期货投资者保障基金，以在特殊情况下用来弥补期货投资者的某些特殊需要。

期货公司需要设置“期货投资者保障基金”科目，专门核算期货公司按规定提取的期货投资者保障基金。当期货公司按规定提取期货投资者保障基金时，按提取的期货投资者保障基金额，借记“业务及管理费”科目，贷记本科目。当实际缴纳期货投资者保障基金时，借记本科目，贷记“应收货币保证金”科目。本科目期末贷方余额，反映期货公司提取的期货投资者保障基金。

三、一般风险准备

与一般金融企业相同，期货公司也需要在净利润中提取一定比例的基金作为其一般风险准备。

即期货公司需要量设置“一般风险准备”科目。本科目核算期货公司按规定以本年实现净利润的一定比例提取的一般风险准备。当期货公司按规定以本年实现净利润的一定比例提取一般风险准备时，按提取的一般风险准备额，借记“利润分配——提取一般风险准备”科目，贷记本科目。当期货公司发生风险损失，使用一般风险准备弥补的，借记本科目，贷记“利润分配——一般风险准备补亏”科目。本科目期末贷方余额，反映期货公司提取的一般风险准备。

第八章 期货公司金融期货核算

本章精要

本章是从期货公司会计核算的视角，着重认知金融期货的基础知识、现实运营及其会计核算，主要侧重于金融期货、金融期权，并在此基础上阐述股指期货的一般会计核算。

首先是对金融期货知识的阐述，这需要在对比金融期货与商品期货差异的基础上逐渐形成认识。需要先认识金融期货的概念及特点、金融期货的种类，并掌握金融期货交易的基本业务程序。

其次是金融期权方面，需要认识金融期权的概念及特点、期权的种类，并掌握期权交易的过程。

再次是进一步以股指期货为例，讲述期货公司对金融期货的会计核算，包括投机交易和套期保值两种情况下的核算。

金融期货与期权是金融领域的新生事物，作为衍生金融工具的主要品种，金融期货与期权的发展方兴未艾，本章仅参照国际上有关对金融期货和其他期货业务的处理进行介绍。

第一节 金融期货概述

一、金融期货的概念及特点

金融期货交易实质上就是在期货交易所进行的有标准化合约的金融远期交易。可见，金融期货指买卖双方在有组织的交易所内，以公开竞价的方式达成协议，约定在未来某一特定时间交割标准数量的特定金融工具的交易方式。

与金融远期不同，金融期货是标准化合约，绝大多数合约在到期前被平仓，到期交割的比例极小。且由于结算保证金制度的存在，金融期货具有较强的杠杆效应。

金融期货的主要特点如下：

第一，金融期货交易集中在有组织的交易所内进行，一般不允许场外交易。交易所提供交易场所和必备的设施，同时制定一系列规章制度（如保证金制度、每日无负债结算制度、限仓制度、涨跌停板制度、风险准备金制度等），保证市场的效率和秩序。期货交易所为合约的买卖各方提供担保，交易者可平等地参与竞价，公平地进行买卖。

第二，金融期货交易的对象是特殊“商品”——标准化的合约。金融期货交易的金融工具的类别、数量、交割期等细则均按固定规格设置，合约采用标准化形式，流动性强，易于买卖、转让，降低了交易成本，避免交易双方对合约条款的理解不同而产生争议和纠纷。

第三，金融期货合约最终进行实物交割的比例很小。期货交易由期货结算机构进行统一的结算，交易双方各自的权利或义务都转向了结算机构，彼此互无关系。期货结算机构既是买方的卖方，又是卖方的买方。金融期货交易的目的一般不是未来让渡金融资产的使用权和所有权，而是为规避风险或投机，因此在合约到期前的有利时机便转手平仓，到期实际交割的比例非常小。

第四，金融期货交易实行保证金制度，具有较强的“以小搏大”的杠杆效应。保证金制度指期货交易者进行期货交易必须缴纳一定数额保证金的制度，该制度既是保证期货交易安全履约的手段，也为投机者提供了高杠杆效应的获利工具。保证金通常按交易合约价值的5%～10%缴纳，随合约市价的变动，当低于最低保证金水平时需要进行追加。

从金融期货的上述特点可以看出，金融期货因采用场内交易、标准化合约等形式，因此与其他衍生金融工具相比，面临的信用风险、流动性风险相对较小，面临的主要风险来自低比率的保证金。现货市场上价格的波动会通过保证金这个“杠杆”几十倍地放大到期货市场，导致风险和收益的大幅波动。此外，操作人员的违规操作也常是造成巨大损失的原因。

二、金融期货的种类

金融期货按照合约标的物的不同，可分为外汇期货、利率期货和股票指数期货等。

（一）外汇期货

外汇期货是浮动汇率制的产物，合约的标的是各种可以自由兑换的货币。除澳大利亚元外，交易货币一般以每单位货币值多少美元来标价。目前世界主要外汇期货交易所有：悉尼期货交易所、多伦多期货交易所和温哥华证交所、伦敦国际金融期货交易所、芝加哥国际货币市场、中美商品交易所、纽约棉花交易所等。

（二）利率期货

利率期货是利率自由化的产物，合约的标的是各种利率的载体，通常包括商业票据、定期存单、国债及其他政府公债等。大多数利率期货合约按点数计价，即报价采用100减去利率表示，并且合约以每变动0.01（即每基本点）价值变动25美元为基础进行现金结算。如一份报价为94.5的欧洲美元期货表示欧洲美元利率为5.5%。

（三）股票指数期货

股票指数期货是防范股票市场系统风险的有效手段，合约的标的是股票价格指数，即当期股票价格平均值与基期股票价格平均值之比。因为交易的标的不是实在的金融资产，所以不能进行实物交割，而是以现金进行结算和交割。股票指数期货合约以指数报价，合约的价格按指数的点数与一个固定金额相乘计算而成，如香港恒生指数期货合约的价值为恒生指数乘以50港元、标准普尔指数期货合约的价值为指数乘以500美元等。目前较著名的股票指数期货品种有：道琼斯指数期货、标准普尔指数期货、金融时报指数期货、日经指数期货、恒生指数期货等。

三、金融期货交易的基本业务程序

参与金融期货交易的一般业务程序包括会员入会、会员交易、会员退会等。

（一）会员入会

交易所实行会员制，参加期货交易的单位，经期货交易所审查取得资格后，即成为期货交易所的会员。非会员单位必须委托会员单位（如期货经纪公司）代理进行期货交易，自身不能进入期货交易所进行交易。作为会员，要以缴纳会员资格费的形式对期货交易所进行投资。期货交易所为每个会员提供一个基本交易席位，如果会员另外申请交易席位，应按规定的标准向期货交易所一次性缴纳席位占用费。此外，会员还需按年缴纳会员费用。

（二）会员交易

会员单位进行交易前，需缴纳一笔结算准备金，作为交易结算预先准备的款项，是没有被合约占用的保证金。按照交易计划进行期货合约买卖，持有期货合约（开仓），需要按照一定标准缴纳交易保证金，开仓时缴纳的保证金称为初始保证金。

期货交易达成后须在专门的清算所或各自交易所内的清算部进行登记，以备每日结算。期货标的的价格是变化的，从而导致期货合约的价格也在变动，因此，与市场价格相比，投资者未结清的期货合约就出现了账面盈亏。这时，清算所就登记交易者每日的交易记录，并根据当日的结算价格，对投资者未结清的合约进行重新报价，确定当日的盈亏水平，同时调整投资者账户的保证金余额。交易所规定了投资者账户的保证金的最低余额，称为维持保证金，一般为初始保证金的75%。若按市场价格计算的保证金余额超出初始保证金，投资者可提走超出部分，若低于维持保证金水平，投资者需再存入一笔保证金，补足到初始保证金水。例如，甲在2×14年12月1日购买某种资产X的期货合约3份，每份合约的交易数量为100个X。当时的价格为200元，若初始保证金比率为5%，则需存入初始保证金为100×3×200×5%＝3 000（元）。交易的第二天，X的价格降为198元，则投资者损失(200－198)×3×100＝600（元），其保证金账户余额将减少600元，变为2 400元。假如交易所规定的维持保证金为2 500元，投资者需再追加600元，使之达到初始保证金水平，这600元就是追加保证金。假若X的价格升为202元，则保证金余额为3 000＋(202－200)×3×100＝3 600（元），甲可以提出超出初始保证金的部分600元。追加保证金一般以货币资金形式缴纳，在货币资金不足的情况下也可采用质押形式。会员质押后，如果会员无力追加保证金，质押到期后交易所有权变现质押品。开仓后，对持有的合约一般以对冲方式平仓，即在同一期货交易所，通过买入或卖出相同交割月份的期货合约来了结前期所卖出或买进的合约。对于合约到期前尚未对冲平仓的合约应通过交割实物的方式来了结，交割时，先按结算价对冲平仓，再进行交割。当会员违规时，交易所有权对其持有的合约实行强制平仓。

（三）会员退会

会员不再从事期货交易申请退会时，应转让交易席位；收回会员资格费投资及席位占用费，结清保证金，撤销相应账户。

金融期货交易在业务流程上与商品期货相似，在账务处理方面也有许多相似之处，这里不再赘述。

第二节　金融期权概述

金融期权也是20世纪70年代以来国际金融创新中发展起来的又一种新的金融交易形式，自其产生以来，发展也很迅速，应用非常广泛，尤其是在金融风险管理中，成为一种颇受投资者欢迎的套期保值的新工具。

一、金融期权的概念及特点

期权是一种证券化契约，它赋予期权的购买者或持有者有权在一个预先规定的时间或在某个时间之前，以契约中预先规定的价格向期权的出售者购买或出售一定数量的标的物。为了取得这一权利，期权的购买者需要在购买期权时向卖出者付出一定数量的期权费。它是买方获取权利所付出的代价；同时它也是卖方履行义务得到的补偿。当市场价格朝不利于买方的方向变动，买方选择不履约，其最大损失为期权费，而卖方的义务随之取消，保留期权费，并不退还。期权合约交易中，期权合约的买方叫做多头，期权合约的卖方叫做空头，预先规定的时间叫做期权的到期日，预先规定的价格叫做期权的执行价格，期权买方要求履约时必须提前通知卖方的这一天叫做通知日。所以，期权是一种权利，而不是义务，期权的购买者到期后可以根据情况选择执行或放弃，当期权的购买者认为现行的市场价格比契约中执行价格对他更有利时，便会放弃对期权的行使。期权是指一种选择，持有者通过付出一定成本而获得一种权利，在规定的时间内有权利要求，按约定条件实施某种行为（如买卖某种资产）但不负有义务。

金融期权是期权的一种，是指投资者按一定价格购买期权合约，进而获得在规定的时间内以约定的价格买进或卖出某种金融工具的权利。与其他三种衍生金融工具相比，金融期权的最大特点在于其风险与收益的不对称，具体体现在如下几个方面：

第一，期权中的交易双方的权利是不对等的。期权交易双方的权利和义务存在明显的不对称性，期权的购买方在合约规定的期限内有权利选择履约与否但没有相应的义务，出售方只有遵从购买者的履约义务而没有权利。

第二，期权交易双方的盈利与亏损的不对等性。由于期权交易双方的权利义务的不对等性，期权的购买者在交易中的风险是确定的，仅限于他所支付的期权费，而盈利可能是无限的（看涨），也可能是有限的（看跌）；期权的出售者在交易中的风险是无限的（看涨），可能是有限的（看跌），而盈利则是有限的（限于期权费）。

第三，期权交易双方交纳保证金制度不同。期权的购买者在交易中无需交纳保证金，因为其亏损不会超过其已支付的期权费用，而期权的出售者由于必须履行交易的义务，所以应交纳保证金。

二、期权的种类

期权按不同的分类标准有不同的种类，期权通常可按时间期限、标的内容和执行时间等标准划分为相应的种类。

（一）按期权合约赋予期权购买者不同权利划分

根据期权合约赋予期权购买者的不同权利，期权可分为看涨期权、看跌期权和双向期权。

（1）看涨期权又称买入期权，指期权的买方具有在约定期限内按约定价格买入一定数量金融资产的权利。

（2）看跌期权又称卖出期权，指期权的买方具有在约定期限内按约定价格卖出一定数量金融资产的权利。

（3）双向期权是指期权的买方既享有在规定的有效期限内按某一具体的约定价格买进某一特定数量的相关商品期货合约的权利，又享有在约定的有效期限内按同一约定价格卖出某一特定数量的相关商品、期货合约的权利。

（二）按合约标的内容划分

期权按合约标的内容可分为现货期权、期货期权和复合期权。

（1）现货期权是指以各种金融工具本身为期权合约标的物的期权，如外汇期权、利率期权、股票指数期权。

（2）期货期权是以各种金融期货合约作为期权合约标的物的期权，如外汇期货期权、利率期货期权以及股票指数期货期权等。

（3）复合期权是以各种金融期权作为期权合约标的物的期权，实质上是“期权的期权”。

（三）按期权合约所规定的履约时间划分

根据期权合约所规定的履约时间不同，可分为欧式期权和美式期权。

（1）欧式期权是指只有在合约到期日才被允许执行的期权，大部分场外交易中采用欧式期权。

（2）美式期权是指可以在成交后有效期内任何一天被执行的期权，多为场内交易所采用。值得注意的是，欧式期权和美式期权的区别仅限于执行期不同，与地理位置无关。在美洲有欧式期权交易，在欧洲也有美式期权交易。

（四）按期权的内在价值不同划分

期权的内在价值是指期权购买者通过执行期权可获得收益，是构成期权费或期权价格的基本要素之一。期权的内在价值是由期权合约的协定价格与该期权的标的物市场价格的关系所决定，在协定价格与期权的标的物市场价格之间存在溢价、折价和平价。根据期权合约的协定价格与标的物市场价格的不同关系，期权可分为溢价期权、折价期权和平价期权。

（1）溢价期权是指期权的内在价值为正。

（2）折价期权是指期权的内在价值为负。

（3）平价期权是指期权的内在价值为零。

通常情况下，当期权为溢价时，期权购买者会要求执行期权；而当期权为折价或平价时，期权购买者会放弃执行期权。

（五）按期权出售者是否具有期权合约的标的资产划分

根据期权出售者是否具有期权合约的标的资产，可分为有担保期权和无担保期权。在期权交易中期权出售者只有履约的义务，没有违约的权利，因此期权出售者必须根据购买者的要求实施履约行为。事实上，在实际交易中，出售者未必拥有期权合约规定的标的资产。以看涨期权为例，如果看涨期权的出售者拥有相应的标的资产，则他出售的期权为“有担保的看涨期权”；如果看涨期权的出售者没有相应的标的资产，则他出售的期权为“无担保的看涨期权”。

（六）按期权的标的物不同划分

按期权合约的标的物不同，可以将期权合约分为外汇期权、利率期权、股票期权、股票指数期权。

（1）外汇期权是以某种外国货币或外汇期货合约为交易对象的期权。以标的物划分，可将外汇期权分为外汇现货期权和外汇期货期权。以某种外国货币为标的物的是外汇现货期权；以外汇期货合约为标的物的是外汇期货期权。为了规避外汇汇率波动的风险，弥补远期外汇买卖只保现在值，不保将来值的不足，20 世纪 80 年代初出现了外汇期权交易这种新的金融产品。参与外汇期权交易的主要是进出口公司、银行、跨国公司等。

（2）利率期权是以各种利率相关品（国债、商业票据、定期存单及其他政府公债等）或利率期货合约为标的物的期权。为了规避短期利率风险，1982 年 3 月，澳大利亚的悉尼期货交易所率先推出了利率期权交易，主要用于银行票据利率风险的防范。之后，美国芝加哥交易所于同年 10 月推出了长期债券利率期权，同时，美国股票交易所也推出了中短期债券利率期权。如今利率期权交易已成为最活跃的期权交易方式之一。

（3）股票期权是以一定数量某种股票为标的物的期权。分红和拆股对股票期权的影响非常大。场外交易的期权协定价格是根据红利进行调整的。某一公司派发一项现金红利，则在除权日后，该公司的股票期权的协定价格应减去红利金额。场内交易的协定价格是通过拆股进行调整的。所谓拆股是将现有的 X 张股票拆成 Y 张更多的股票。例如，1 拆 4，就是将一张股票拆成四张股票。在其他因素不变的情况下，1 拆 4 使股票数量增加了四倍，而使协定价格降至原协定价格的 1/4。股票期权交易开始于 20 世纪 70 年代。

（4）股票指数期权又称指数期权，它是以某种股票指数或股票指数期货为标的物的期权。以股票指数为标的物的是股票指数现货期权，履约时按市场价格与协定价格之差进行结算；以股票指数期货合约为标的物的是期货期权，履约时买卖双方交割股票指数期货合约，与股指期货相同，股指期权也是以现金进行交割结算的。1983 年 3 月芝加哥期权交易所首次推出普通股指期权合约，随后，又有几家交易所开始了股指期权交易，这种交易一直发展延续至今。

三、期权交易的过程

期权交易可以在场内进行，也可以在场外进行。但是，从交易量上看，场内交易已经远远超出了场外交易，而且场内交易的过程也较场外交易完整，所以本书只以场内交易为例来描述期权交易的过程。

企业要进行期权交易，必须首先在各自的经纪公司开立账户，使之成为自己进行期权交易的经纪人。在准备买入或卖出期权时，企业向其经纪人下达交易指令，说明要买入或卖出的合约种类、执行价格、限价、期权类型等。经纪人向各自的场内经纪人传达交易指令，场内经纪人进入相应的位置并在其感兴趣的期权品种内寻求报价。造市商报出其买入或卖出的期权价格。场内经纪人在交易所内互相寻求信息、协商确定交易价格，并将协定价格向经纪人汇报，经纪人向企业汇报协定价格，企业同意价格后，交易谈妥。参与交易的双方向清算所汇报交易信息，并登记交易。买方通过其经纪人向清算所交纳权利金，清算所发出期权；卖方通过其经纪人向清算所交纳保证金。期权买卖交易完成。可见，现行的开立账户、下达指令、寻求报价等工作只是交易双方进行的合约谈判，并不会导致双方产生权利义务关系的变化，只有双方到清算所登记并交纳权利金和保证金后，交易才发生。

期权买卖交易完成后，期权买卖双方会每日关注自己买入或卖出的期权市价，计算所持有的期权损益，期权卖出方还必须依据期权市价与清算所计算调整期权保证金。

期权到期前或到期时，其履约有以下三种情况：

第一，对冲。在有效期内不想进行实物交割，交易双方都可以通过对冲的方式了结合约。

第二，在有效期内履行合约。如果买方选择履行合约，此时期权卖方有义务且必须接受该选择。

第三，买方到期放弃权利，合约失效。当买方到期期权为虚值期权时，买方放弃权利，此时买方最大损失为权利金，卖方无须再履行义务。

期权交易与期货交易之间既有区别又联系。其联系是：第一，两者均是以买卖远期标准化合约为特征的交易。第二，在价格关系上，期货市场价格对期权交易合约的敲定价格及权利金确定均有影响。一般来说，期权交易的敲定价格是以期货合约所确定的远期买卖同类商品交割价为基础，而两者价格的差额又是权利金确定的重要依据。第三，期货交易是期权交易的基础。期权交易的内容一般均为买卖一定数量期货合约的权利，期货交易越发达，期权交易的开展就越具有基础，因此，期货市场发育成熟和规则完备为期权交易的产生和发展创造了条件。期权交易的产生和发展又为套期保值者和投机者进行期货交易提供了更多可选择的工具，从而扩大和丰富了期货市场的交易内容。第四，期货交易可以做多做空，交易者不一定进行实物交收。期权交易同样可以做多做空，买方不一定要实际行使这个权，

只要有利，也可以把这个权利转让出去。卖方也不一定非履行不可，而可在期权买入者尚未行使权利前通过买入相同期权的方法以解除它所承担的责任。第五，由于期权的标的物为期货合约，因此期权履约时买卖双方会得到相应的期货部位。

四、期权交易要点总结

金融衍生工具（Financial Derivatives）是从标的资产（Underlying Assets）派生出来的金融工具，其价值依赖其他金融产品的价值而定，具有风险转移、价格发现和提高交易效率的市场功能。一般来说，金融衍生品市场分为四大基本类别，即远期合约、期货合约、互换合约和期权合约。远期合约是指双方约定在未来的某一确定时间，按确定的价格买卖一定数量某种商品的合约。在签约时，双方可就交割地点、交割时间、交割价格、合约规模、标的物的品质等细节进行谈判，以便尽量满足双方需要，灵活性更大。但远期合约是非标准化合约，市场效率较低，流动性较差，且违约风险较高。期货合约是指协议双方同意在约定的将来某个日期按约定的条件（包括价格、交割地点、交割方式）买入或卖出一定标准数量的某种商品的标准化协议。期货合约均在交易所进行，交易双方无须担心对方违约，买卖双方可在交割日之前采用对冲交易以结束其期货头寸（即平仓），而无须进行最后的实物交割。这相当于买者可把原来买进的期货卖掉，卖者可把原来卖出的期货买回，这就克服了远期交易流动性差的问题；合约规模、交割日期、交割地点等都是标准化的无须双方再商定。从期货交易的目的看，期货交易分为套期保值与投机交易。套期保值的目的是通过期货交易锁定现货价格的风险，把期货交易当作防范现货价格风险的手段。投机交易的目的是从期货合约本身的价格变化中获利。套期保值就是买进（或卖出）与现货数量相等但交易方向相反的期货合约，以期在未来某一时间通过平仓获利来抵偿因现货市场价格变化带来的风险的期货交易。互换合约分为货币互换与利率互换。互换是约定两个或两个以上当事人按照商定条件，在约定的时间内，相互交换等值现金流的合约。

根据比较优势理论，只要满足以下两种条件，就可进行互换：一是双方对对方的资产或负债均有需求；二是双方在两种资产或负债上存在比较优势。两种基本的互换类型——利率互换与货币互换。

在曾经轰动一时的中航油新加坡公司期权交易巨额亏损中，就是祸起期权合约。期权合约有两个明显的特征：首先，从期权买卖双方的财务状况看，如果投资者对商品未来的价格看涨，就可以购买"看涨期权"，假如未来商品价格真的上涨，投资者就可以低价购买高价出售获利（或将手中的期权高价转让获利）；同样，如果投资者对商品未来的价格看跌，则购买"看跌期权"，假如未来商品价格真的下降，则同样可以获利。当然，如果价格的走势与投资者预期的不一致，则购买期权的投资者损失期权费，这一部分"损失"就成为期权出售者的收入。其次，从权利义务的角度看，不论是"看涨期权"（call）还是"看跌期权"（put），只要是期权的买方，都有执行期权的权利；而期权的卖方只有在买方提出执行期权时才能履行期权合约——即期权的卖方无法要求买方执行期权，只能在买方要求执行时才能执行。期权合约买卖双方的权利与义务如表 8－1 所示。

表 8－1　　　　期权交易行情分析表

项目	期权的买方	期权的卖方
权利与义务	执行合约的权利，无义务	只有义务没有权利
期权费	买方支付	卖方收取
履行合约	决定权在买方	无法要求履约
最大损失	期权费	理论上无限损失
最大收益	理论上无限盈利	期权费
对市场的预期	对商品看涨买进 call	对商品看涨卖出 put
	对商品看跌买进 put	对商品看跌卖出 call

可见，如果处置不当，期权合约就会给期权卖方带来灭顶之灾。

第三节　股指期货核算

股指期货是衍生金融工具的一种，其会计处理一直都是会计界长期探索的一大难题。随着股指期货即将在我国推出，其会计处理的相关问题也亟待解决。根据《国际会计准则》和我国会计准则关于金融工具四项准则（CAS22 号金融工具确认和计量、CAS23 号金融资产转移、CAS24 号套期保值准则和 CAS37 号金融工具列报）的精神，本节提出以下处理思路。

一、股指期货的相关概述

股指期货（Stock Index Futures）是指以股票价格指数为交易标的物的期货，是由交易双方订立的约定，在未来某一特定时间按成交时约定好的价格进行股票指数交易的一种标准化合约。合约的价格为当前市场股价指数乘以每一点所代表的金额。股指期货的交割采用现金形式，而不用股票。

二、股指期货交易的会计确认

股指期货交易的确认，就是其作为一项金融资产或金融负债的确认。股指期货是衍生金融工具的一种，其确认也应符合金融工具确认的标准。根据 CAS22 规定，股指期货的确认应分为初始确认、合约持有期间确认和终止确认。

（一）股指期货交易的初始确认

CAS22 规定，企业成为金融工具合同的一方时，应当确认为一项金融资产或金融负债。由于买入股指期货合约时，与股指期货合约的风险和报酬已转移给合约买方，按照衍生金融工具会计的一般原则，投资企业应当在股指期货合约开仓（交易者初次买进或卖出期货合约）同时作初始确认。初次确认时，应根据合约的实际成交价格确认为一项金融资产或金融负债。

（二）股指期货合约持有期间的确认

股指期货合约持有期间的确认，即合约持仓阶段的确认，已初始确认的金融资产或金融负债，若在会计报表日（如果企业在报告期内），其公允价值发生变化且该变化能可靠计量时，则应对股票价格指数的变动所导致的潜在资本利得或损失进行确认，可称之为“动态确认”。因此再确认就是股指期货合约价格变动当日（其确认时间以报告期的时间为标准）。

（三）股指期货交易的终止确认

在 CAS22 中，终止确认是指将金融资产或金融负债从企业的账户和资产负债表内予以转销。金融资产满足下列条件之一的，应当终止确认：（1）收取该金融资产现金流量的合同权利终止；（2）该金融资产已转移，且符合

《企业会计准则第23号——金融资产转移》规定的金融资产终止确认条件。金融负债的现时义务全部或部分已经解除的，才能终止确认该金融负债或其一部分。根据准则的规定，股指期货投资企业应当在合约平仓（交易者买进先前卖出的期货合约或卖出先前买进的期货合约）时，必须立即对交易进行确认，可称之为“终止确认”。其确认时间以平仓交易时间为标准。金融负债全部或部分终止确认的，企业应当将终止确认部分的账面价值与支付的对价（包括转出的非现金资产或承担的新金融负债）之间的差额，计入当期损益。

三、股指期货交易的会计计量

股指期货交易的会计计量可以分为初始计量、后续计量以及持有期间利得或损失计量。

1. 初始会计计量应用的计量属性。CAS22第五章规定，企业初始确认金融资产或金融负债，应当按照公允价值计量。

2. 股指期货交易费用的处理。买卖股指期货合约时，要发生手续费等相关的交易费用。对于股指期货这种以公允价值计量且其变动计入当期损益的金融资产或金融负债（交易性金融资产或金融负债），CAS22规定其相关的交易费用应当直接计入当期损益。

3. 股指期货交易的后续计量。CAS22规定，企业应当按照公允价值对金融资产进行后续计量，且不扣除将来处置该金融资产时可能发生的交易费用；对金融负债企业应当采用实际利率法，按摊余成本对其进行后续计量。

4. 股指期货合约持有期间相关利得和损失的处理。CASS22规定，金融资产或金融负债公允价值变动形成的利得或损失，除与套期保值有关外，应当按照下列规定处理：以公允价值计量且其变动计入当期损益的金融资产或金融负债，公允价值变动形成的利得或损失，应计入当期损益，影响利润，进入损益表。由于股指期货合约的标的物——股票价格指数每天都是在不断地变动的，其变动所形成的利得或损失，就应直接计入当期损益。

四、股指期货交易的会计处理

按照交易目的划分，股指期货合约分为投机套利和套期保值两类，对其会计处理方法也应根据其交易目的而定。交易的目的不同决定了它们的会计处理也不相同，以下对股指期货交易两种不同目的下的会计处理问题进行讨论。

（一）股指期货投机交易的会计处理

股指期货投机交易指在期货市场上以获取价差收益为目的的期货交易行为。投机者根据自己对股票指数趋势的判断，作出买进或卖出的决定，如果这种判断与市场趋势相同，则投机者平仓出局后可获取利润；如果判断与价格趋势相反，则投机者平仓出局后承担投机损失。由于投机的目的是赚取差价收益，所以，投机者一般只是平仓了结持有的期货合约。投机交易分为两种：价差投机和套利交易。所谓价差投机是指投机者通过对股票价格指数的预期，在认为股票价格指数上升时买进、股票价格指数下跌时卖出，然后待有利时机再卖出或买进原期货合约，以获取利润的活动。套利交易是期货投机交易中的一种特殊方式，它利用期货市场中不同月份、不同市场、不同商品之间的相对价格差，同时买入和卖出不同种类的期货合约，来获取利润。可见，股指期货投机交易的目的就是获利，因此在会计核算上应重点反映其收益。

1. 会计科目设置

由于股指期货的确认标准分为初始确认、后续确认与终止确认，其计量采用公允价值法，股市的波动导致其价值不断变化而形成损益，即在平仓时，平仓价与开仓价的差额形成平仓盈亏；在持仓期间，结算价与开仓价的差额形成持仓盈亏（属于未实现收益）。而股指期货投机套利交易合约目的就是获利，因而会计处理上应重点反映其获利的情况，包括合约市价变化带来的损益（即未实现收益）。根据上述状况，笔者认为应设置以下会计科目：

“衍生工具——股指期货交易”，本科目核算企业衍生金融工具股指期货交易业务中的衍生金融工具的公允价值及其变动形成的衍生资产或衍生负债。本科目应当按照衍生金融工具类别，分别“成本”“公允价值变动”进行明细核算。

“投资收益——手续费”，本科目核算企业在进行股指期货交易时发生的交易费用和股指期货公允价值变动的损益情况。

“公允价值变动损益”，本科目主要用于核算股指期货持有期间公允价值高于或低于其账面余额的差额。

2. 股指期货交易的主要账务处理

当企业进行股指期货交易时，按开仓时的公允价值，借记“衍生工具

——股指期货交易（成本）”科目，按发生的交易费用，借记“投资收益”科目，按实际支付的金额，贷记“银行存款”科目。

在资产负债表日，股指期货的公允价值高于其账面余额的差额，借记“衍生工具——股指期货交易（公允价值变动）”科目，贷记“公允价值变动损益”科目；公允价值低于其账面余额的差额，作相反的会计分录。

当股指期货交易终止确认时，借记“银行存款”科目，贷记“衍生工具——股指期货交易（成本）”科目，两者的差额借记或贷记“衍生工具——股指期货交易（公允价值变动）”科目。同时，借记或贷记“公允价值变动损益”科目，贷记或借记“投资收益”科目。

3. 具体实例分析

【例8－1】假设某公司预期近期股市会上涨，于某年6月10日购入恒生指数股指期货合约10份，当天的恒生指数为3 000点，每份恒生指数期货合约的价值为指数乘以50港元，即50×3 000＝150 000（港元），发生手续费5 000元。6月底，恒生指数上涨为3 500点，7月底，公司卖出股指期货合约时恒生指数回落为3 400点，假设股指期货保证金为合约价值的10%：

（1）6月10日，公司缴纳股指期货保证金（150 000×10×10%），购入股指期货合约时。

借：衍生工具——股指期货（成本）　150 000
　　投资收益——交易费用　5 000
　　贷：银行存款　155 000

（2）6月底，期货合约共盈利200 000港元[（3 500－3 000）×50×10]。

借：衍生工具——股指期货（公允价值变动）　250 000
　　贷：公允价值变动损益　250 000

（3）7月底，期货合约共亏损50 000港元[（3 500－3 400）×50×10]。

借：公允价值变动损益　50 000
　　贷：衍生工具——股指期货（公允价值变动）　50 000

（4）收回股指期货保证金350 000港元（150 000＋250 000－50 000）。

借：银行存款　350 000
　　贷：衍生工具——股指期货（成本）　150 000
　　　　衍生工具——股指期货（公允价值变动）　200 000

借：公允价值变动损益　200 000

贷：投资收益 200 000

（二）股指期货套期保值的会计处理

为了避免股票价格波动风险，股票投资者最常用的手段便是套期保值。股指期货交易的主要目的是将股票投资者的价格风险转移给投机者。当股票投资者利用股指期货市场来抵销股票市场中价格的反向运动，这个过程就叫股指期货套期保值。它的基本做法就是：当投资者购买了某种股票时，可以同时在期货市场上卖出该股票权数较大的股指期货合约；如果将来股票价格下跌，一般来说该种股票所占权数较大的股指也会相应下跌，那么该投资者可以在期货市场上买入相应的期货合约进行平仓，使股票市场的损失可以通过股指期货市场的交易加以弥补，从而达到套期保值的目的。

根据 CAS24 号套期会计准则，我们可以把股指期货套期保值分为公允价值套期和现金流量套期。对于套期保值的会计处理应采用套期会计方法；套期会计方法的核心是：在相同会计期间将套期工具和被套期项目公允价值变动的抵销结果计入当期损益或权益。对于股指期货套期保值来说，套期工具就是股指期货，被套期项目就是股票。按照 CAS24 第十六条规定，对符合套期有效性要求的认定为套期关系，按套期会计处理。所谓套期有效性，并不是量化指标（80% –125%），而主要考核其项目与工具之间是否存在经济关系、信用风险的影响不占主导地位、指定套期比率与风险管理策略一致等三项要求。

1. 股指期货公允价值套期的会计方法

公允价值套期会计方法主要集中在两方面，即套期工具与被套期工具公允价值变动的会计处理上。基本原则是套期工具为衍生金融工具的，套期工具公允价值变动形成的利得或损失应当计入当期损益；而被套期项目因被套期风险形成的利得或损失也应当计入当期损益，同时调整被套期项目的账面价值。股指期货套期保值就是对股票（组合）的公允价值变动风险所作的套期。在公允价值计量模式下，股指期货合约和股票（组合）的公允价值变动所产生的收益都已计入当期收益，因而公允价值套期保值的会计核算与投机套利交易的会计核算大致相同，在这里就不再讨论。

2. 股指期货现金流量套期的会计方法

根据 CAS24 规定，股指期货现金流量套期会计处理的基本原则应是：（1）套期工具利得或损失中属于有效套期的部分，应当直接确认为所有者权益，并单列项目；（2）套期工具利得或损失中属于无效套期的部分，应当计入当期损益；（3）被套期项目为预期交易，且该项预期交易使企业随后确认了一项金融资产或金融负债的。这种情况下，企业可以在下列两种方法中选择一种处理方法：（1）原直接在所有者权益中确认的相关利得或损失，应当在该非金融资产或非金融负债影响企业损益的相同期间转出，计入当期损益。但是，企业预期原直接在所有者权益中确认的净损失全部或部分在未来会计期间不能弥补时，应当将不能弥补的部分转出，计入当期损益。（2）将原直接在所有者权益中确认的相关利得或损失转出，计入该非金融资产或非金融负债的初始确认金额。

对于用于套期保值的合约，其意图是避免或冲销被保值项目所面临的风险，会计上应重点反映避险的效果，所以在合约持有期间发生的价格变动都应归于被保值项目，与被保值项目的价格变动损益相配比。

3. 会计科目设置

“套期工具——股指期货”科目，本科目核算企业开展的套期业务中套期工具股指期货公允价值变动形成的资产或负债。

“资本公积——其他资本公积”科目，本科目核算企业股指期货公允价值变动形成的利得或损失中属于有效套期的部分。

“投资收益”科目，本科目核算企业股指期货公允价值变动形成的利得或损失中属于无效套期的部分。

4. 套期工具的主要账务处理

当企业将已确认的金融资产或金融负债指定为套期工具时，应按该金融资产或金融负债的账面价值，借记或贷记本科目，贷记或借记“衍生工具”等科目。

在资产负债表日，企业应按套期工具股指期货产生的利得，借记“套期工具——股指期货”科目，贷记“公允价值变动损益”“投资收益”“资本公积——其他资本公积”等科目；按股指期货产生的损失，作相反的会计分录。

当金融资产或负债不再作为套期工具核算时，应按套期工具形成的资产或负债，借记或贷记相关科目，贷记或借记本科目。原计入资本公积的利得或损失，应按金融工具确认和计量准则规定的时点转出。企业应按转出的金额，借记或贷记“资本公积——其他资本公积”科目，贷记或借记“投资收益”“利息收入”及相关资产或负债等科目。

当终止确认时，应借记“银行存款”科目，贷记“套期工具——股指期货”科目。

【例8-2】假设某公司在某年10月持有价值为500 000港元的股票，由于公司对近期股市前景看淡，为所持股票进行套期保值，于10月10日卖出第二年2月到期的恒生指数股指期货合约20份，当天的恒生指数为2 600点，每份恒生指数期货合约的价值为指数乘以50港元，即2 600×50=130 000(港元)，12月31日，股市下跌，恒生指数为2 400点，公司所持股票总市价为400 000港元，第二年2月，恒生指数上涨到2 500点，公司所持股票总市价为450 000港元，假设股指期货保证金为合约价值的10%：

（1）10月10日，公司缴纳股指期货保证金（130 000×20×10%）卖出股指期货合约时：

借：衍生工具——股指期货（成本） 260 000

　　贷：银行存款 260 000

将该项股指期货合约定为套期保值：

借：套期工具——股指期货 260 000

　　贷：衍生工具——股指期货（成本） 260 000

（2）12月31日，股市下跌，公司所持股票下跌到400 000港元，恒生指数为2 400点，股指期货合约共盈利200 000港元[2 600－2 400)×50×20]。

借：套期工具——股指期货 200 000

　　贷：资本公积——其他资本公积 200 000

（3）第二年2月，公司所持股票上涨到450 000港元，恒生指数上涨到2 500点，股指期货合约共损失100 000港元[2 500－2 400)×50×20]。

借：资本公积——其他资本公积 100 000

　　贷：套期工具——股指期货 100 000

（4）收回股指期货保证金260 000+200 000－100 000=360 000（港元）。

借：银行存款 360 000

　　贷：套期工具——股指期货 360 000

第九章
期货公司业务管理探讨

本章精要

要想通过财务这一神经中枢系统把控公司运行全局，财务管理者所要做的除了持续改善会计核算理论和方法、财务管理技巧与思路，还要在实际中搞好“业财对接”，灵活运用财务，提升业务拓展水平。一个成熟、高效的财务会计工作者务必时刻关注期货公司业务管理的变化与变异，从两个主要方面（业务渗透与数据挖掘）主动地将财务体系置入业务深处，保证公司于市场竞争中立于不败之地。因此，本章将基于期货公司业务创新与风险管理的视角进行探讨。

期货公司业务创新的态势，将分成两个方面依次展开：一是在经济新常态环境下的期货公司业务创新之环境的现实分析，包括：期货公司传统经纪业务的持续渐变、期货公司新时期投资咨询业务的务实推进、期货公司资产管理业务的与时俱进、期货公司专业风险管理业务的衍生与开拓，等等；二是期货公司业务创新的主要着力点探索，比如：传统业务的创新、纵横借鉴下的创新和纯粹创新业务的拓展。

与创新并驾齐驱的则是期货公司风险管理控制，具体内容将主要从信用风险、流动性风险、操作风险和合规风险等方面一一阐述，以求解读各类风险的衍生、防范等要点。

在我国经济总量日趋壮大并成为全球大型经济主体的进程中，期货交易快速成长，期货行业也得到了相应的发展。尤其是近些年来，我国期货及衍生品市场在政府进一步促进资本市场健康发展、进一步推进期货经营机构创新发展等系列精神的提振下，迎来了全行业前所未有的重要机遇，改革创新蓄势待发，期货公司的市场主体活力不断涌现，创新性业务随之陆续登场。与此同时，一些期货投资人、期货公司经营者对市场风险的认知与识别还处于浅薄层面，风险的管理与控制理念还处于以满足监管需求为目的的初级阶段。为此，适应新的发展形势，既要努力创新业务发展模式，又要建立全面风险管理体系。为此，本章将针对期货公司的业务创新与风险管控进行相应的探索。

第一节　期货公司业务创新态势

期货公司作为一家金融企业，在其生存与发展进程中，必须适应创新业务发展的需要，这样才能在中国经济业务创新与转型发展的新环境下，取得持续的市场发展与业务进步。因此，深入观察整个经济环境对期货交易的潜在需求，梳理好期货公司业务创新的机会与基础，是近年来不少期货公司努力追求的目标。

一、期货公司业务创新的现实基础

（一）传统经纪业务的变异

经纪业务是期货公司接受客户委托，按照客户要求而买卖期货的业务，也是期货公司最为传统和主要的业务。不过，近年来，因市场竞争激烈且交易所取消返佣，期货公司的经纪业务手续费持续萎缩，不再成为期货公司收入的主要来源。不同于股票和债券，期货采用保证金交易，保证金产生的利息收入构成了期货公司的主要收入来源。经纪业务利润单一且微薄，促使期货公司在创新业务开闸后纷纷试水，探寻新的利润增长点。

（二）投资咨询业务的情形

投资咨询业务是期货公司及其从业人员基于客户委托，从事风险管理顾问、期货研究分析、期货交易咨询等营利性业务，这是一项创新性业务。虽然期货公司在投资咨询领域投入大量人力、物力进行宣导与推广，但其创造的显性收益有限，很难形成直接、稳定的收入，其盈利模式也未能成型。当然，未来随着期货品种的增多、市场的扩容，如何实现相应的合理流动收入值得探索，能不能借鉴券商研发赚取分仓佣金的模式进行操作，也是值得探讨的。

（三）资产管理业务的前景

资产管理业务是期货公司接受单一客户或特定多个客户的书面委托，运用客户委托资产进行投资，并按照合同约定收取费用或报酬的业务活动，属于创新业务。根据中国证监会试点办法，期货资管投资范围广泛，涵盖了市场上主要投资品种：期货和期权及其他金融衍生品、证券投资基金、集合资产管理计划、央行票据、短期融资券、资产支持证券，等等。出于对试点业务的谨慎态度，中国证监会对期货资管客户设置了较高的进入门槛（单一客户起始委托资产不得低于100万元人民币），并禁止期货公司通过公开媒体向公众推广、宣传资管业务和招揽客户。根据目前的进展，常见资管业务有两种：一种是通道业务，即发行“优先—劣后”分级产品，优先级的资金由期货公司发行资管产品募集，劣后级的资金由投顾团队垫付，募集好的资金池交由投顾团队管理。通常优先级资金享有固定收益，投资盈亏由劣后资金承担；另一种就是传统的资管业务，发行产品的募集资金由期货公司自有投资团队管理。

（四）风险管理业务的开拓

风险管理业务是期货公司通过设立风险管理子公司（期货公司控股50%以上），主要承担仓单服务、合作套保、定价服务、基差交易等风险管理专业服务活动。由于风险管理业务界定最为广泛，且与期货公司业务法规有差异，应该确保风险管理子公司与期货母公司之间的业务隔离制度。对于如何定位风险管理子公司，如何设计适当的盈利模式，仍处于摸索阶段。除了投资咨询、资产管理、风险管理子公司等之外，还有境外期货经纪业务和基金代销业务，也都属于创新型业务，其中，境外期货经纪业务是指国内的企业或个人可以通过有试点资格的期货公司来参与境外交易所的全球期货交易；而基金代销业务是根据修改后的《证券投资基金销售管理办法》于2013年6月1日代理基金销售业务。

二、期货公司创新业务的拓展态势

创新业务既包括近年来纳入期货公司业务范围的投资咨询、资产管理、风险管理子公司、基金代销等业务，也包括未来可能开展的自营业务。这些创新业务可以从不同维度进行分类，如果从其创新过程中的风险性出发，可作如下分析：

（一）传统业务上的创新

该类创新业务植根于传统业务，创新点在于对传统业务某个点上的变更和突破。相比于其他种类的创新，此类创新程度不大。可能的业务创新点包括：一是业务范围上的创新，如：境外代理业务；二是业务服务方式创新，如：对于高频交易的直连服务。此类创新业务的特点是：由于植根于传统业务，期货公司对于此类创新业务的熟悉程度较高，在开展过程中显得较为“轻车熟路”。创新业务的风控难点仅仅在于对创新点的分析。

（二）在纵横借鉴下的创新

随着经济和金融全球化趋势的日益明显，近年来出现了金融混业大趋势，期货公司也理所当然对其他金融行业某些可资借鉴和吸收的经营活动与商业模式进行必要的复制和移植。这样，国内期货公司和国内其他金融行业的部分边界逐渐模糊，国内期货公司业务范围也朝着国外先进期货公司的业务范围趋同。例如，资管和自营业务、基金代销业务等。此类创新业务的特点：此类业务从零开始，对业务了解程度不高。但由于其他金融行业已经开展了此类业务，事实上已有业务开展的模板。创新业务的风控难点在于对借鉴经验的本土化创造和行业化应用。

（三）纯粹的创新业务

某些业务的创新程度较大，其他金融行业也很少开展或者即使开展此类业务，具体信息也十分不透明，这是期货公司基于自身服务体验所推行的探索。我们可以将“风险管理子公司”视为此类业务。此类创新业务的特点：期货公司是业务的开创者和先行者，期货公司仅能通过业务实践积累经验，创新业务是一个边开展边学习边改进的过程。创新业务的风控难点不在技术层面，而在业务开展过程中风控体系的学习效率方面。

第二节　期货公司风险管理控制

在我国，20 世纪 90 年代初期货行业曾经历了一段混乱的发展时期，这段历史使得期货公司给监管层留下了“坏孩子”的烙印，在其他金融机构陆续快速发展的时候，期货公司却碍于风险管制止步不前。直到2007年，期货公司才被重新定位为金融企业。随着对期货监管的逐步放开，机会与风险并存，期货行业也在积极创新业务模式的同时，渐渐关注风险防范。现初步分析传统业务和创新业务面临的主要风险，便于读者认知与掌握。

一、期货公司传统业务风险

我国期货公司的传统业务是经纪业务，即接受客户委托，执行期货买卖指令。因期货交易需提交保证金，期货公司承担客户保证金足额安全的责任。依据经纪业务量而向客户收取的手续费和保证金产生的利息构成了期货公司主要收入来源。期货交易产生的盈亏风险均由客户直接承担，期货公司从事经纪业务面临的风险主要包括：

（一）信用风险

期货公司经纪业务的对手方是客户，信用风险主要发生于客户穿仓时，即客户账户权益为负值时，其客户保证金已不足以覆盖亏损，不足部分由期货公司用交易所的结算准备金垫付。若收盘结算时客户仍未能补足保证金，期货公司垫付的保证金将成为损失。在期货业发展历程中，穿仓事件曾多次发生过。针对穿仓风险而采取的措施也渐渐丰富起来，包括期货公司盘中追保、盘中强平、盘后追保等。当客户保证金不足且未及时补足时，期货公司有权对其强制平仓。通过这些风控手段，客户穿仓带给期货公司带来的信用风险得到了有效化解。

（二）流动性风险

期货公司不能如期满足客户提取交易保证金或不能如期偿还流动负债而导致的风险。只要期货公司严格履行证监会期货保证金封闭管理办法，将保证金全额存入结算银行，与自有资金分户存放封闭管理，严禁挪用，此类流动性风险便可被控制。

（三）操作风险

操作风险包括：下单员报错、敲错客户指令等而造成风险损失；结算系统及电脑运行系统出现差错而造成风险损失；没有严格按照有关规章制度操作，缺乏监督或制约而造成损失等。

（四）合规风险

合规风险是指期货公司因为各种自身原因主导性地违反法律法规和监管

规则等而遭受的经济或声誉的损失。

总结期货公司近年来开展经纪业务所发生的风险事故，可以看到，操作风险是期货公司最重要的风险来源，而信用风险和流动性风险都是围绕保证金管理产生，随着法规制度的完善已经能够被有效控制。总之，经纪业务面临的最大风险主要集中于操作风险、合规风险和信息系统漏洞带来的风险。

二、期货公司创新业务风险

目前全国有近 200 家期货公司，经纪业务高度同质化，且竞争已经到了白热化的程度，导致经纪业务手续费收入基本上成了不赚钱的业务。创新业务的开闸使得期货公司在业务范围上与主流金融机构的差距显性化。大浪淘沙，创新业务必将成为同行业公司之间优劣分化的关键。业务的复杂化带来了风险的多样化，有效管控创新业务风险意义重大：

（一）市场风险

市场风险产生于资产管理和风险管理子公司这两项创新业务，以及未来可能开展的自营业务。

1. 资产管理业务孕育的市场风险

期货资产管理业务的投资范围广泛，涵盖了市场上主要的投资品种：期货、期权和其他金融衍生品，以及证券投资基金、集合资产管理计划、央行票据、短期融资券、资产支持证券等。目前，期货公司常见的资管业务开展形式有“通道业务”和“传统资管业务”两种类型。

无论哪种业务模式，受托资产组合价值随投资标的价格的波动而变化，将带来市场风险。根据《期货公司资产管理业务试点办法》规定的资管产品投资范围，其相应所面临的市场风险可细分为利率风险、股票价格风险、商品价格风险等。市场风险的最终承担者视资管合同条款而定，比如通道业务的亏损可能完全由劣后资金承担。无论哪种情况，期货公司作为资产受托人都有责任实现受托资产合理的风险收益比。

2. 风险管理子公司孕育的市场风险

风险管理子公司相当于监管为期货公司留的一块“创新实验田”，理论上讲，有权限同时进行现货和期货交易。目前风险管理子公司的业务模式还在探索中，但只要涉及自有资金或代客买卖交易，市场风险就是必须关注的方面。例如，风险管理子公司的合作套保业务，是指客户将现货销售给期货公司，由期货公司制订套保方案并按照客户指令执行，保值完成后客户赎回现货。在此过程中期货公司同时持有现货和期货头寸，面临现货和期货价格波动带来的市场风险。风险管理子公司的基差交易服务，因持有现货和期货头寸也面临市场风险。具体的市场风险类型将根据风险管理子公司的业务开展而定，可根据其交易头寸划分利率风险、股票价格风险、汇率风险等。风险管理子公司的风险控制隶属于期货公司全面风险控制体系，但子母公司之间需建立有效的风险隔离措施，防止风险传染。

3. 自营业务孕育的市场风险

自营业务指期货公司以自有资金进行投资，组合价值的变动也将带来市场风险。

（二）信用风险

通俗地讲，信用风险产生于合同对手方的违约。创新业务使得期货公司经营模式多样化和复杂化，业务涉及更多的对手方，也带来了更多的信用风险。仍以风险管理子公司的合作套保业务为例，此业务涉及现货头寸的买入和回售，在任何一个环节的客户违约都将引致信用风险。资管业务的头寸包括场外衍生品时，面临的信用风险即交易对手方风险。当合约价值对于期货公司为正时，一旦对手方违约，期货公司将承担信用风险损失；资管业务以通道形式开展时，劣后资金的提供方一旦违约不愿承担损失，期货公司便暴露出信用风险。创新业务不同于经纪业务，单纯的保证金模式已经不能有效地管理信用风险。

与此同时，创新业务的客户群体与传统经纪业务的客户群体有较大差异，根据历史经验评估信用风险的方式已不适用，这对期货公司管理信用风险提出了更高的要求。

（三）流动性风险

创新业务带来市场风险的同时，也带来了与之相伴随的市场流动性风险，即由于市场交易不活跃而无法按照当前市场价值成交所造成的损失，也就是“有价无市”。对于交易不活跃的场外衍生品市场，流动性风险更为突出，而这恰恰是风险管理子公司开展业务的方向之一。

（四）操作风险

操作风险涉及各个业务条线，与公司的组织架构、授权体系监督机制都有密切联系。创新业务使得期货公司业务多样化的同时，发生操作风险的概率也相应增加。

三、期货公司全面风险管控要点

从上述分析可以看出，相对其他金融机构而言，期货公司的业务比较简单。经纪业务为其主营业务，一系列创新业务还在摸索中。对比业务模式，证券公司和期货公司的业务构成最为相近，二者都以经纪业务为传统业务，在经纪业务的基础上逐渐开展其他业务，面临的主要风险为操作风险。

在经纪业务这条业务线上，期货公司学习和借鉴证券公司的风险控制经验最为便捷。但应该注意到，有些证券公司也尚未建立起对操作风险的管理体系。此时，向已建立操作风险管理体系的金融机构学习为宜。对比业务共性，包括期货公司在内的所有金融机构均开展了资管业务。虽投资范畴和投资门槛有所不同，业务模式大致相似，面临的风险均可归类为市场风险、信用风险和操作风险。以上机构对资管业务的风险管理对于期货公司均具有借鉴意义。对比业务成熟度，以银行业务最为全面。需要指出的是，银行在外汇和利率市场方面已经涉足期货、期权、互换、远期等衍生品交易，作为以衍生品为经营主业的期货公司，如何管理衍生头寸风险值得信托公司学习借鉴。

在构造现代金融机构的全面风险管理体系时，至少需要考虑风险控制的流程：风控战略与风控目标—风险识别—风险计量—制定和实施风险管理对策—风控效果评价。也就是说，整个风险管理体系的宏观架构应基本顺应这一过程；风险管理过程需涉及管理层、风险管理人员、风险分析人员、业务管理人员和业务人员的共同参与。

风险管理是一个微观动态的过程，在一个理想的全面风险管理体系内，任何产品和业务一经发生，立刻通过识别风险的技术将其分解至对应的风险度量模块，如利率风险、股票价格风险等，用相应技术进行个体风险测度（如计算久期和 Beta）和系统风险测度（如 VaR），从而立刻判断对这一风险暴露的合理操作，即可容忍、分散、对冲、平仓、准备金或资本调整等，在此期间需不断在风险管理系统内和系统外交换数据，调整投资与风险政策等。因此一个良好的全面风险管理系统应能充分支持大量的数据交换、计算、调整、来回授权等，并能与其他财务和管理系统融为一体。

第十章 一般公司期货业务核算

本章精要

期货公司业务的繁荣与兴旺，除了自身努力之外，还与客户群体的参与度直接相关。因为期货交易活动是市场经济进一步发展的必然要求，也是现代市场经济体系中不可或缺的组成部分，期货交易活动具有投资的风险和功能属性，就自然而然地产生了许多企业前来投资期货业务的兴趣。投资者（包括企业投资者和个人）才是期货公司生存与发展的衣食父母。

尽管本书以专述期货公司会计核算与财务管理为主，但是，不论是期货公司会计或者是与之对接的一般企业的期货业务会计，都需要对期货业务运转的诸个节点及其结果进行相应的核算。换句话说，围绕期货交易活动，尽管几家欢喜几家愁，也不论期货行情全线上涨，或者经受“冰”与“火”考验，作为投资客户，任何一个企业投资者都需要对投资于期货公司的这种业务进行相应的会计核算。

本章从一般企业参与期货业务出发，专题探讨一般企业从事商品期货交易的业务核算，并基于《企业会计准则第 24 号——套期会计》进一步细化企业商品期货业务会计核算。本章内容拟分成三个层级逐步推进：

第一节主要阐述基于一般企业视角的期货业务，包括期货交易的特点与分类。

第二节阐述商品期货交易业务的会计核算。具体阐述商品期货交易的相关节点，日常期货交易的会计核算举例。

第三节是套期会计专题。根据《企业会计准则第 24 号——套期会计》，阐述套期业务与套期会计的构成要素，套期会计的配套会计科目与账务处理等。

前述各章内容都是探讨期货公司自身的会计核算与业务创新的。与之显著不同的是，本章将把视角转移到期货公司投资人（从事商品期货投资的一般公司）的核算上，也就是说，会计主体发生了本质的变化。从业务内容看，在期货市场上商品期货（或称期货投机、期货套利）和期货合约套期（或称套期保值）两大类别，前者的核算相对简单，可以参考相关规定执行，而后者则有相应的套期会计准则。因此，本章将在第一节简要分析期货基础知识的前提下，分成两节来分别阐述商品期货核算与套期保值核算。

第一节 基于一般公司视角的期货业务

事实上，期货公司是接受委托人委托在期货交易所从事期货交易代理业务的。那些委托期货经纪公司从事期货业务的投资者才是期货市场的实质参与者，因为他们要承担期货盈亏的经济责任。在这些期货市场参与者群体中，既有个人投资者，也有企业投资者。本章所说的一般公司，就是作为期货投资者的企业，作为这些企业主体的会计，对期货经纪公司所代理的期货业务也应该进行相应的核算和监督。因此，从一般公司角度，也需要认知一下期货市场的基本运行特征。

一、期货交易的特点、功能与分类

（一）期货交易的特点

期货交易的主要特点可以归结为如下几项：

1. 合约标准化。期货合约是由期货交易所统一制定的、规定在将来某一特定的时间和地点交割一定数量和质量标的物的标准化合约，除价格随市场行市波动外，其余所有条款都是事先规定好的。

2. 交易集中化。期货交易必须在期货交易所内集中进行。交易所实行会员制，只有会员才能进场交易。处于场外的广大投资者只能委托经纪公司参与期货交易。

3. 双向交易和对冲机制。与证券交易显著不同的是，期货交易不仅可以先买后卖，同样允许交易者先卖后买。这使得投资者无论在牛市或熊市中均有获利机会。对冲平仓则是指交易者在期货合约到期前，进行与前期操作反向的交易来了结交易活动，而不必一定交割实物。

4. 保证金制度。期货市场的魅力主要在于其经典的“标杆”效应，即只需缴纳少量保证金，一般为合约价值的5%—10%，就能完成整个交易。这使得期货交易可以以小搏大，对于进取型投资者来说，增加了盈利机会；而对于稳健型投资者来说，只要安排好持仓比例，可以灵活控制风险。

5. T+0制度。当日开仓的合约，当日就能平仓，操作较灵活，交易可以在极短时间内完成。

（二）期货交易的功能

期货交易具有其他要素市场所不具备的独特功能，主要表现在：

1. 有助于发现价格

期货交易是公开进行的对远期交割商品的一种合约交易，在这个市场中集中了大量的市场供求信息，不同的人从不同的地点对各种信息有不同的理解，通过公开竞价产生对未来远期价格的不同看法。期货交易过程实际上就是综合反映供求双方对未来某个时间供求关系变化和价格走势的预期判断。这种价格信息具有连续性、公开性和预期性特点，有利于增加市场透明度，提高资源配置效率。

2. 有助于稳定市场供求和价格

期货交易的产生，为现货市场提供了一个回避价格风险的场所和手段。首先，期货市场上交易的是在未来一定时间履约的期货合约。它能在一个生产周期开始之前，就使商品的买卖双方根据期货价格预期商品未来的供求状况，指导商品的生产和需求，形成合理预期和渐进式适应，起到稳定供求的作用。其次，由于投机者的介入和期货合约的多次转让，使买卖双方应承担的价格风险平均分散到参与交易的众多交易者身上，减少了价格变动的幅度和每个交易者承担的风险，回避了价格的剧烈震荡。

3. 有助于节约交易成本

期货市场为交易者提供了一个能安全、准确、迅速成交的交易场所，提供交易效率，不发生“三角债”，有助于市场经济的建立和完善。当然，从另外一个角度看，期货交易是一种重要的投资工具，有助于合理利用社会闲置资金。

（三）期货交易的分类

1. 从期货市场的交易标的划分

简单直观地看，着眼于交易的品种大类，可以将期货市场划分为商品期货和金融期货两大类别：

商品期货是基于商品实物的期货交易，包括三个类别：一是农产品期货：如大豆、豆油、豆粕、籼稻、小麦、玉米、棉花、白糖、咖啡、猪腩、菜籽油、棕榈油；二是金属期货：如铜、铝、锡、铅、锌、镍、黄金、白银、螺纹钢、线材；三是能源期货：如原油（塑料、PTA、PVC）、汽油（甲醇）、燃料油。新兴品种包括气温、二氧化碳排放配额、天然橡胶。

金融期货是基于金融产品的期货交易，主要是传统的金融商品（工具），如股指、利率、汇率等，各类期货交易包括期权交易等。

2. 从交易参与者的目的划分

深刻剖析其内在机理，从期货交易者交易目的的不同，划分为以下三类：投机、套利和套期保值。

投机：是指在期货市场上以获取价差收益为目的的期货交易行为。即根据对市场的判断，把握机会，利用市场出现的价差进行买卖，从中获得利润的交易行为，投机可以“买空”，也可以“卖空”，投机的目的很直接，就是获得价差。

套利：同时买进或卖出两张不同种类的期货合同，交易者买进自认为是“便宜的”合约，同时卖出那些“高价的”合约，从两合约价格间的变动关系中获利。

套期保值：买入（卖出）与现货市场数量相当但交易方向相反的期货合约，以期在未来某一时间通过卖出（买入）期货合约不定期补偿现货市场价格变动所需求的实际价格风险。

上述三种目的也不是完全井水不犯河水的。期货投机与套期保值的区别从交易目的来看，期货投机交易是以赚取价差收益为目的；而套期保值交易的目的是利用期货市场规避。套期保值主要是通过期货完成对相应现货的保值。而“投机”和“套利”严格意义上说是两种功能，投机就是我们俗称的“炒”期货，没有任何对冲或保值的目的，单纯的买空卖空，来赚取差价，而

"套利"则是当两个期限不同的相同标的物、或是相同标的物在不同交易市场、或是两种高度相关的标的物（如工业上的上下游产品、同生矿等），这些本来应该价格相同或是有固定比价的物品出现不同价格或严重偏离正常的比价时，做多价格过低的一方、做空价格较高的一方，这样只要两方价格回归一致，就可以实现套利盈利。不论什么功能，它们都能起到期货市场价格发现的功能。

二、基于期货交易的相关主体关系

（一）期货市场的直接参与主体

中国期货市场的直接参与主体，主要包括三个方面，即期货交易所、期货经纪公司、投资者。当然，严格意义上区分，投资者群体又可以细分为投机商和套期保值者构成。当然，整体期货市场，除了上述三类直接参与者之外，政府监管机构（中国证监会）也是特别重要的主导者角色。

从三类直接的市场参与主体分析，并各自承担着不同的使命：

期货交易所是期货市场的主体，是会员制的、非营利性的事业法人。期货交易所按照期货交易所章程和交易规则依法组织交易，并作为"买方的卖方"和"卖方的买方"承担履约责任，维护公平交易，监控市场风险，提供交易设施和技术手段；公布市场行情、仓单信息等相关信息；研究开发新合约、新技术等，从而保证期货交易公开、公平、公正地进行。

期货经纪公司是经中国证监会批准并在国家工商行政管理局注册的独立法人。期货经纪公司至少应成为一家期货交易所的会员。按照中国证监会规定，期货经纪公司不能从事自营交易，只能为客户进行代理交易。是收取佣金的中介机构，接受客户的买卖委托指令，通过交易所完成交易。

参与期货交易的各类投资者包括套期保值者和投机商套期保值者，是从事商品生产、储运、加工以及金融投资活动的主体。他们利用期货市场的价格发现机制来完成对现货市场交易的套期保值，同时放弃在期货市场营利的目的。投机商是在期货市场的频繁交易，低买高卖赚取差价利润的主体。他们是期货市场的润滑剂和风险承担者，没有投机商的参与就无法达到套期保值的目的。在现实市场中，投机商与套期保值者并不是截然可分的。

（二）期货市场的一般操作流程

作为期货市场的投资者，首先需要在市场参与资格方面办理必要的程序，主要包括：为取得期货交易所会员资格而交纳会员资格费，即企业申请退会、转让或被取消会员资格；支付交易手续费和年会费；而要进行具体的期货交易，则也要履行相应的手续，包括：缴存期货保证金、开新仓、对冲平仓甚至于实物交割。从会计核算角度简单归纳为开户、开仓、对冲平仓和实物交割等环节。

期货市场的交易产品，除了按产品实物特征细分之外，还可以结合投资者的交易目的与经济特征，划分为：投机、套得和套期保值三类。

现将市场主体、基本流程与产品类别结合起来如图 10－1 所示。

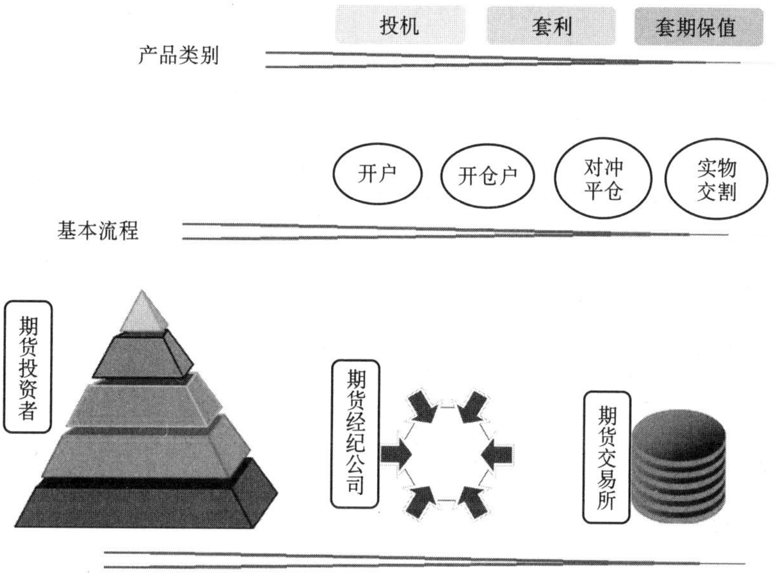

图 10－1　期货市场参与主体、流程与类型示意图

从上述分析可以看出，期货公司（约 180 家期货法人主体）作为专业金融机构承载着许多投资者的委托，这些期货公司在经纪业务中的会计核算显然是本书的重要内容。此外，作为期货市场的投资者（尤其是参与期货市场的一般公司），其参与期货市场的投机、套利活动也需进行相应的会计核算；进一步地，对通过期货市场进行套期保值的经济活动，则应该在《企业会计准则第 24 号——套期会计》之下，进行深入、专业的核算。因此，本章第二节探讨一般公司商品期货业务的会计核算，这主要参照相关会计准则；而第三节则探讨在现行《企业会计准则第 24 号——套期会计》规范下的套期保值

会计核算。

第二节 商品期货交易核算

一、商品期货的相关节点

从会计视角看，商品期货的操作过程主要有以下几个节点：

（一）期货投资和交纳席位占用费

企业为取得期货交易所会员资格而交纳会员资格费，应按实际支付的款项，借记“其他应收款——期货会员资格投资”科目，贷记“银行存款”科目。

企业申请退会、转让或被取消会员资格，应按实际收到的转让收入或期货交易所实际退还的会员资格费，借记“银行存款”科目，按期货会员资格投资的账面价值，贷记“其他应收款——期货会员资格投资”科目，按其差额，借（或贷）记“投资收益”科目。

企业为取得基本席位之外的席位而交纳的席位占用费，借记“其他应收款——应收席位费”科目，贷记“银行存款”科目；如退还席位，收到期货交易所退还的席位占用费，作相反分录。

（二）缴存期货保证金

企业划出和追加的保证金，借记“其他货币资金——期货保证金”科目，贷记“银行存款”科目；划回的保证金，作相反分录。

企业为取得保证金而向期货交易所或期货经纪机构提交质押品，按期货交易所或期货经纪机构实际划入的保证金款项，借记“其他货币资金——期货保证金”科目，贷记“其他应付款——质押保证金”科目；收到退还的质押品，借记“其他应付款——质押保证金”科目，贷记“其他货币资金——期货保证金”科目。

企业到期不能及时追加保证金，期货交易所或期货经纪机构处置质押品时，应分别不同情况进行处理：如质押品为国债，应按期货交易所或期货经纪机构原划入的保证金款项，借记“其他应付款——质押保证金”科目，按处置收入与原划入保证金的差额，借记“其他货币资金——期货保证金”

科目，按质押品的账面价值，贷记“其他应收款”科目，按质押品的账面价值与处置收入的差额，贷（或借）记“投资收益”科目。如质押品为仓单，应按期货交易所或期货经纪机构原划入的保证金款项，借记“其他应付款——质押保证金”科目，按处置收入和增值税额与原划入保证金的差额，借记“其他货币资金——期货保证金”科目，按处置收入的金额和增值税专用发票上注明的增值税额，贷记“主营业务收入”“应交税费——应交增值税（销项税额）”等科目；同时，按质押品的账面价值，借记“主营业务成本”等科目，贷记“商品采购”“材料采购”等科目。

收到划转的期货保证金存款利息，借记“其他货币资金——期货保证金”科目，贷记“财务费用”科目。

（三）对冲平仓

期货合约平仓了结时，企业应根据期货交易所或期货经纪机构的结算单据列明的盈亏金额入账，对实现的平仓盈利，借记“其他货币资金——期货保证金”科目，贷记“投资收益”科目；实现的平仓亏损作相反的分录。

强制平仓的会计处理与上述规定相同。

（四）实物交割

对进入实物交割期的合约，应根据期货交易所或期货经纪机构资金结算及有关单据；先按结算价对冲平仓，按上述对冲平仓的规定进行处理。

企业在实物交割期被确认为买方的，根据收到的增值税专用发票，按发票上记载的应计入采购成本的金额，借记“商品采购”“材料采购”等科目，按专用发票上注明的增值税额，借记“应交税费——应交增值税（进项税额）”科目，按交割货款的金额，贷记“其他货币资金——期货保证金”科目。

企业在实物交割期被确认为卖方的，按期货交易所单据列明的交割货款金额，借记“其他货币资金——期货保证金”等科目，按实现的销售收入，贷记“主营业务收入”等科目，按应收取的增值税额，贷记“应交税费——应交增值税（销项税额）”科目。

在实物交割过程中，因对方出现质量、数量等方面的违约行为而收取的违约罚款收入，借记“其他货币资金——期货保证金”科目，贷记“营业外收入”科目；如为本企业责任，应向对方交纳的违约罚款支出，借记“营业外支出”科目，贷记“其他货币资金——期货保证金”科目。

（五）支付交易手续费和年会费

企业向期货交易所或期货经纪机构支付手续费，按结算单列明的金额，借记“投资收益”科目，贷记“其他货币资金——期货保证金”科目。

企业按期交纳年会费，借记“管理费用——期货年会费”科目，贷记“其他货币资金——期货保证金”科目。

企业因违规被处以罚款的，应按实际支付的罚款金额扣除应由责任人承担的部分，借记“营业外支出”科目，按应由责任人承担的部分，借记“其他应收款”科目，按实际支付的金额，贷记“其他货币资金——期货保证金”科目。

二、商品期货的日常核算举例

【例 10－1】 买入商品期货合约会计处理。假设 2×18 年度华忠农业开发股份有限公司发生以下期货投资业务：

(1) 11 月 1 日向新光期货经纪公司申请开立期货买卖账户，存入资金 20 万元；

(2) 11 月 2 日买入大豆期货 20 手，每手 10 吨，2 000 元/吨，交易保证金为合约价值的 10%，交易手续费 4 元/手；

(3) 11 月 30 日结算价 1 970 元/吨；

(4) 12 月 31 日将上述大豆期货全部平仓，平仓成交价 1 950 元/吨，交易手续费 4 元/手。

则：华忠农业开发股份有限公司的有关会计分录如下：

(1) 11 月 1 日向新光期货经纪公司申请开立期货买卖账户，存入资金 20 万元。会计分录如下：

借：其他货币资金——期货保证金　　200 000

　　贷：银行存款　　200 000

(2) 11 月 2 日买入大豆期货 20 手，交纳交易保证金 40 000 元（20 手×10T/手×2 000 元/T×10%），交易手续费 80 元（20×4）。会计分录如下：

借：衍生工具——大豆期货　　40 000

　　投资收益　　80

　　贷：其他货币资金——期货保证金　　40 080

(3) 11 月 30 日，大豆期货合约亏损 6 000 元〔20×10×(2 000－

1 970)〕。会计分录如下:

借:公允价值变动损益　　6 000

　　贷:衍生工具——大豆期货　　6 000

(4) 12 月 31 日,大豆期货合约亏损 4 000 元〔20×10×(1 970－1 950)〕。会计分录如下:

借:公允价值变动损益　　4 000

　　贷:衍生工具——大豆期货　　4 000

(5) 12 月 31 日,将上述大豆期货全部平仓,并支付交易手续费 4 元/手。会计分录如下:

借:其他货币资金——期货保证金　　30 000

　　贷:衍生工具——大豆期货　　30 000

借:投资收益　　80

　　贷:其他货币资金——期货保证金　　80

借:投资收益　　10 000

　　贷:公允价值变动损益　　10 000

【例 10－2】 卖出商品期货合约会计处理。2×18 年度智辉金融材料经营有限公司发生以下期货投资业务:

(1) 11 月 1 日向新光期货经纪公司申请开立期货买卖账户,存入资金 50 万元;

(2) 11 月 2 日,卖出铜期货 10 手,每手 20 吨,19 000 元/吨,交易保证金为合约价值的 10%,交易手续费为成交金额的 4‰;

(3) 11 月 30 日结算价 18 800 元/吨;

(4) 12 月 31 日将上述铜期货全部平仓,平仓成交价 18 500 元/吨,交易手续费为成交金额的 4%。

则:智辉金融材料经营有限公司的上述业务之会计分录如下:

(1) 11 月 1 日向新光期货经纪公司申请开立期货买卖账户,存入资金 50 万元。其会计分录如下:

借:其他货币资金——期货保证金　　500 000

　　贷:银行存款　　500 000

(2) 11 月 2 日卖出铜期货 10 手,交纳交易保证金 380 000 元 (10×20×19 000×10%),交易手续费 15 200 元 (10×20×19 000×4%)。其会计分录

如下：

借：衍生工具——铜期货　　380 000

　　投资收益　　15 200

　　贷：其他货币资金——期货保证金　　395 200

（3）11 月 30 日，铜期货合约盈利 40 000 元〔10 × 20 ×（19 000 − 18 800）〕。其会计分录如下：

借：衍生工具——铜期货　　40 000

　　贷：公允价值变动损益　　40 000

（4）12 月 31 日，铜期货合约盈利 60 000 元〔10 × 20 ×（18 800 − 18 500）〕。其会计分录如下：

借：衍生工具——铜期货　　60 000

　　贷：公允价值变动损益　　60 000

（5）12 月 31 日，将上述铜期货全部平仓，并按成交金额的 4% 支付交易手续费 14 800 元（10 ×20 ×18 500 ×4%）。其会计分录如下：

借：其他货币资金——期货保证金　　480 000

　　贷：衍生工具——铜期货　　480 000

借：投资收益　　14 800

　　贷：其他货币资金——期货保证金　　14 800

借：公允价值变动损益　　100 000

　　贷：投资收益　　100 000

上述案例，主要介绍了开仓与平仓的日常核算。如果发生实物交割情形，则应该区分卖方和买方分别进行实物交割的核算。对于卖方投资者需通过期货公司将标准仓单与增值税专用发票交给期货交易所，同时收到交割货款。其会计分录为：借记“其他应收款（期货保证金）”科目，贷记“主营业务收入”和“应交税费——应交增值税（销项税额）”科目；对于买方投资者，则按交割结算价支付货款。其会计分录为：借记“材料采购”和“应交税费——应交增值税（进项税额）”科目，贷记“其他应收款——期货保证金——期货公司”科目。

第三节 套期保值核算

为适应企业利用期货进行商品价格风险管理的需求，2006 年 CAS 第 24 号（套期保值）揭开了套期保值会计的序幕。2015 年，财政部通过《商品期货套期业务会计处理暂行规定》进一步明确了套期保值会计核算。2017 年修改版 CAS 第 24 号（套期会计）则更好地吸收了国内外相关制度的优点，完善了套期会计准则的相关要点。

在有效管理和控制企业面临的外汇风险、利率风险、价格风险、信用风险等时，采用期货合约套期这一金融工具无疑是一个明智的选择。“套期”，即买入（卖出）与现货市场数量相当、但交易方向相反的期货合同，以期在未来某一时间通过期货合同的公允价值变动来补偿现货市场价格变动所带来的价格风险。套期会计根据公允价值套期、现金流量套期和境外经营净投资套期三种情形分别进行会计处理，进行套期关系评估或进行套期关系再平衡，从而延续套期关系。企业一旦正式指定套期关系并选择应用套期会计的，只能在企业不再符合准则规定的特定条件时终止应用套期会计，不得自行终止应用套期会计。

一、套期的基本要素阐述

（一）套期工具和被套期项目

套期工具和被套期项目是一对彼此能够冲减风险的矛盾统一体。当然，套期工具自然拥有一定的工具特征，即普遍适用性，是可以在更多领域被更多群体所认知的工具性事物；而被套期项目，则具有相对的企业个性化需求，是企业生产经营过程中的必要项目。套期工具和被套期项目各有特征，彼此相联。

1. 套期工具

套期工具，是指企业为进行套期而指定的、其公允价值或现金流量变动预期可抵销被套期项目的公允价值或现金流量变动的金融工具。

（1）常见套期工具的种类。并不是任何东西都可以作为套期工具，可以作为套期工具的金融工具主要包括：

一是以公允价值计量且其变动计入当期损益的衍生工具，但签出期权除外。常见的衍生工具包括远期合同、期货合同、互换和期权，以及具有远期合同、期货合同、互换和期权中一种或一种以上特征的工具等。

二是以公允价值计量且其变动计入当期损益的非衍生金融资产或非衍生金融负债，但指定为以公允价值计量且其变动计入当期损益、且其自身信用风险变动引起的公允价值变动计入其他综合收益的金融负债除外。需要注意的是，并非所有以公允价值计量且其变动计入当期损益的金融工具均为符合条件的套期工具。企业应当对因运用公允价值选择权而被指定为以公允价值计量且其变动计入损益的金融工具进行评估，以确保套期工具的指定并未与运用公允价值选择权的目标相冲突，即不会再次产生已通过运用公允价值选择权消除的会计错配。

三是对于外汇风险套期，企业可以将非衍生金融资产（选择以公允价值计量且其变动计入其他综合收益的非交易性权益工具投资除外）或非衍生金融负债的外汇风险成分指定为套期工具。

（2）对套期工具的指定。指定套期工具时，有三种情形值得关注：

一是，企业在确立套期关系时，应当将前述符合条件的金融工具整体（或外汇风险套期中的非衍生金融资产或非衍生金融负债的外汇风险成分）指定为套期工具。因为企业对套期工具进行计量时，通常以该金融工具整体为对象，采用单一的公允价值基础对其进行计量。但是，由于期权的时间价值、远期合同的远期要素和金融工具的外汇基差通常具备套期成本的特征且可以单独计量，准则规定允许企业在对套期工具进行指定时，作出以下例外处理：其一，对于期权，企业可以将期权的内在价值和时间价值分开，只将期权的内在价值变动指定为套期工具；其二，对于远期合同，企业可以将远期合同的远期要素和即期要素分开，只将即期要素的价值变动指定为套期工具；其三，对于金融工具，企业可以将金融工具的外汇基差单独分拆，只将排除外汇基差后的金融工具指定为套期工具。

二是，企业可以将套期工具的一定比例指定为套期工具，但不可以将套期工具剩余期限内某一时段的公允价值变动部分指定为套期工具。

三是，企业可以将两项或两项以上金融工具（或其一定比例）的组合指定为套期工具（包括组合内的金融工具形成风险头寸相互抵销的情形）。

通常，企业将单项套期工具指定为对一种风险进行套期。但是，如果对套期工具与被套期项目的不同风险敞口之间有具体对应关系，则一项套期工具可以被指定为对一种以上的风险进行套期。

2. 被套期项目

被套期项目，是指使企业面临公允价值或现金流量变动风险，且被指定为被套期对象的、能够可靠计量的项目。具体在指定被套期项目时，应该从四个方面掌握：

（1）企业可以将下列单个项目、项目组合或其组成部分指定为被套期项目：

一是已确认资产或负债。二是尚未确认的确定承诺。其中，确定承诺，是指在未来某特定日期或期间，以约定价格交换特定数量资源、具有法律约束力的协议；尚未确认，是指尚未在资产负债表中确认。三是极可能发生的预期交易。其中，预期交易，是指尚未承诺但预期会发生的交易。评估预期交易发生的可能性不能仅依靠企业管理人员的意图，而应当基于可观察的事实和相关因素。在评估预期交易发生的可能性时，企业应当考虑多方面的影响因素。四是境外经营净投资，包括《企业会计准则第19号——外币交易》及其相关规定所定义的境外经营净投资及实质构成境外经营净投资的外币货币性项目。

（2）企业确定被套期项目时，应当注意以下几点：

一是作为被套期项目，应当会使企业面临公允价值或现金流量变动风险（即被套期风险），在本期或未来期间会影响企业的损益或其他综合收益。与之相关的被套期风险，通常包括外汇风险、利率风险、商品价格风险、股票价格风险、信用风险等。企业的一般经营风险（如固定资产毁损风险等）不能作为被套期风险，因为这些风险不能具体识别和单独计量。同样地，企业合并交易中，与购买另一个企业的确定承诺相关的风险（不包括外汇风险）也不能作为被套期风险。

二是采用权益法核算的股权投资不能在公允价值套期中作为被套期项目，因为权益法下，投资方只是将其在联营企业或合营企业中的损益份额确认为当期损益，而不确认投资的公允价值变动。与之相类似，对纳入合并财务报表范围的子公司投资也不能作为被套期项目，但对境外经营净投资可以作为被套期项目，因为相关的套期指定针对的是外汇风险，而非境外经营净投资的公允价值变动风险。

三是在运用套期会计时，在合并财务报表层面，只有与企业集团之外的对手方之间交易形成的资产、负债、尚未确认的确定承诺或极可能发生的预期交易才能指定为被套期项目；在合并财务报表层面，只有与企业集团之外的对手方签订的合同才能指定为套期工具。对于同一企业集团内的企业之间的交易，在企业个别财务报表层面可以运用套期会计，在企业集团合并财务报表层面不得运用套期会计，但特殊情形除外。

（3）项目组成部分作为被套期项目的规定和要求。企业只能将下列项目组成部分或其组合指定为被套期项目：一是项目整体公允价值或现金流量变动中仅由某一个或多个特定风险引起的公允价值或现金流量变动部分（风险成分）。二是一项或多项选定的合同现金流量。三是项目名义金额的组成部分。

（4）汇总风险敞口作为被套期项目的规定和要求。在指定此类被套期项目时，企业应当评估该汇总风险敞口是否是由风险敞口与衍生工具相结合，从而产生了不同于该风险敞口的另一个风险敞口，并将其作为针对某项（或几项）特定风险的一个风险敞口进行管理。在这种情况下，企业可基于该汇总风险敞口指定被套期项目。企业基于汇总风险敞口指定被套期项目时，应当在评估套期有效性和计量套期无效部分时考虑构成该汇总风险敞口的所有项目的综合影响。

此外，还需要注意项目组成部分与项目总现金流量之间的关系，也需要具体分析被套期项目的组合，等等，不再一一阐述。

（二）套期的分类

在套期会计中，套期分为公允价值套期、现金流量套期和境外经营净投资套期。

1. 公允价值套期

公允价值套期，是指对已确认资产或负债、尚未确认的确定承诺，或上述项目组成部分的公允价值变动风险敞口进行的套期。该公允价值变动源于特定风险，且将影响企业的损益或其他综合收益。其中，影响其他综合收益的情形，仅限于企业对指定为以公允价值计量且其变动计入其他综合收益的非交易性权益工具投资的公允价值变动风险敞口进行的套期。

2. 现金流量套期

现金流量套期，是指对现金流量变动风险敞口进行的套期。该现金流量变动源于与已确认资产或负债、极可能发生的预期交易，或与上述项目组成部分有关的特定风险，且将影响企业的损益。

3．境外经营净投资套期

境外经营净投资套期，是指对境外经营净投资外汇风险敞口进行的套期。境外经营净投资套期中的被套期风险是指境外经营的记账本位币与母公司的记账本位币之间的折算差额。

二、套期会计的基本要点

（一）套期会计方法及其适用条件

1．套期会计方法

套期会计方法，是指企业将套期工具和被套期项目产生的利得或损失在相同会计期间计入当期损益（或其他综合收益）以反映风险管理活动影响的方法。简单地说，从长期角度来看，被套期项目和套期工具实现了风险的对冲，但是在套期存续期所涵盖的各个会计报告期间内，在常规会计处理方法下有可能会产生会计错配和损益波动。而套期会计方法基于企业风险管理活动，将套期工具和被套期项目产生的利得或损失在相同会计期间计入当期损益（或其他综合收益），有助于处理被套期项目和套期工具在确认和计量方面存在的上述差异，并在企业财务报告中如实反映企业进行风险管理活动的影响。

2．套期会计的适用条件

在什么条件下，才能运用套期会计方法来进行账务处理呢？三种套期务必同时满足下列三类条件才能采用套期会计系列：第一，套期关系仅由符合条件的套期工具和被套期项目组成。第二，套期开始时就书面正式指定了套期工具和被套期项目。第三，套期关系符合套期有效性要求。

（二）套期有效性及再平衡

1．套期有效性

套期有效性，是指套期工具的公允价值或现金流量变动能够抵销被套期风险引起的被套期项目公允价值或现金流量变动的程度。当然，对这个有效性的评估，原来是根据定量（实际抵销结果在80% –150%范围内），而现在则是根据定性分析要求的。这种定性要求就是套期同时满足下列条件的，企业应当认定套期关系符合套期有效性要求：一是被套期项目和套期工具之间存在经济关系。该经济关系使得套期工具和被套期项目的价值因面临相同的被套期风险而发生方向相反的变动。二是被套期项目和套期工具经济关系产生的价值变动中，信用风险的影响不占主导地位。三是套期关系的套期比率，应当等于企业实际套期的被套期项目数量与对其进行套期的套期工具实际数量之比。

如何依据上述原则进行套期有效性的评价呢，主要方法是：企业应当在套期开始日及以后期间持续地对套期关系是否符合套期有效性要求进行评估，尤其应当分析在套期剩余期限内预期将影响套期关系的套期无效部分产生的原因。企业至少应当在资产负债表日及相关情形发生重大变化将影响套期有效性要求时对套期关系进行评估。也就是说，必须强调：持续评估有效性、分析套期无效部分产生的原因、至少在资产负债表日及重大变化发生之时评估。

2. 套期关系再平衡

套期关系由于套期比率的原因而不再符合套期有效性要求，但指定该套期关系的风险管理目标没有改变的，企业应当进行套期关系再平衡。“再平衡”是指对已经存在的套期关系中被套期项目或套期工具的数量进行调整，以使套期比率重新符合套期有效性要求。调整套期比率使得企业可以应对由于基础变量或风险变量而引起的套期工具和被套期项目之间关系的变动。例如，当套期关系中的套期工具和被套期项目具有不同但是相关的基础变量（如，不同但相关的指数、比率或价格）时，套期关系会随着这两个基础变量之间关系的变动而发生变化。当套期工具和被套期项目之间关系发生的变动能通过调整套期比率得以弥补时，再平衡将可以使得套期关系得到延续。但是，在套期工具与被套期项目之间的关系变动不能通过调整套期比率来弥补的情况下，再平衡并不能促使套期关系得到延续。

并非所有套期工具的公允价值变动和被套期项目的公允价值或现金流量变动之间抵销程度的变化，均会导致套期工具与被套期项目之间的套期关系的变化。企业应当分析预期将在存续期内影响套期关系的套期无效部分的来源，并评估抵销程度的变化是否符合下列情况之一：其一，抵销程度的变化属于围绕套期比率的正常波动（即能够继续适当反映套期工具与被套期项目之间的关系）；其二，存在迹象表明套期比率不再能够恰当反映套期工具与被套期项目之间的关系。

企业针对套期比率进行套期有效性评估，即确保套期关系不会反映被套期项目与套期工具之间权重的失衡，这种失衡可能产生套期无效（无论确认与否），并可能产生与套期会计目标不一致的会计结果。因此，该评估须运用专业判断。

为应对每一特定结果而调整套期比率的做法，并不能减少围绕某个固定套期比率的上下波动及由此产生的套期无效部分。在该情况下，抵销程度的变动只需对套期无效部分进行计量和确认，而无须作出再平衡。

与此相反，如果抵销程度的变动表明该波动围绕着一个套期比率，而该套期比率不同于当前针对该套期关系所使用的套期比率，或存在偏离目前采用的套期比率的趋势，企业可以通过调整套期比率来降低套期无效部分，而保留原套期比率将显著增加套期的无效部分。在该情况下，企业必须评价套期关系是否反映出被套期项目与套期工具之间权重的失衡，这种失衡可能产生套期无效（无论确认与否），并可能产生与套期会计目标不一致的会计结果。如果套期比率被调整，则会同时影响套期无效部分的确认和计量。

通常，再平衡中对被套期项目或套期工具数量的调整应当反映企业实际使用的套期工具和被套期项目的数量调整。但是，如果出现下列情况，则企业必须调整根据实际使用的被套期项目或套期工具的数量而得出的套期比率：（1）由企业的套期工具或被套期项目的实际数量变动所产生的套期比率反映出某种失衡，这种失衡可能导致套期无效，并可能产生与套期会计目标不一致的会计结果；（2）企业维持套期工具和被套期项目的实际数量而得出的套期比率在新的情况下反映出某种失衡，这种失衡可能导致套期无效，并可能产生与套期会计目标不一致的会计结果。

企业对套期关系作出再平衡，可以通过增加或减少被套期项目或套期工具数量的方式调整套期比率。但是，数量的减少并不一定意味着那些项目或交易不再存在，或预计不再发生，而是表明其不再是套期关系的一部分。例如，企业减少套期工具的数量，但仍然保留某项衍生工具，该衍生工具仅有一部分将继续作为套期关系中的套期工具。

（三）套期关系的终止

如果套期关系不再满足套期风险管理目标或在再平衡之后不符合套期会计条件等准则规定情形的，则企业必须终止套期关系。除此之外，企业不得撤销指定并终止一项继续满足套期风险管理目标并在再平衡之后继续符合套期会计条件的套期关系。

当只有部分套期关系不再满足运用套期会计的标准时，套期关系将部分终止，其余部分将继续适用套期会计。例如，当对套期关系作出再平衡时，对套期比率进行的调整可能使得部分被套期项目的数量不再构成套期关系的一部分。因此，仅针对不再构成套期关系一部分的被套期项目的数量终止运用套期会计；或者当作为被套期项目的预期交易的部分数量不再极可能发生时，仅对不再极可能发生的被套期项目的数量终止运用套期会计。然而，如果企业曾将预期交易指定为被套期项目，并后续期间确定该预期交易预计不再会发生，则企业在预测类似的预期交易时，其准确预测预期交易的能力将受到质疑，这将影响对于类似的预期交易是否极可能发生的评估，并进而影响到这些类似的预期交易是否符合被套期项目的评估。

企业发生下列情形之一的，应当终止运用套期会计（包括部分终止运用套期会计和整体终止运用套期会计）：

（1）因风险管理目标发生变化，导致套期关系不再满足风险管理目标。

（2）套期工具已到期、被出售、合同终止或已行使。在套期工具已到期、被出售、合同终止或已行使的情况下，套期关系或其一部分不再满足套期会计的条件，因此应当相应终止运用套期会计。

（3）被套期项目与套期工具之间不再存在经济关系，或者被套期项目和套期工具经济关系产生的价值变动中，信用风险的影响开始占主导地位。

（4）套期关系不再满足本准则所规定的运用套期会计方法的其他条件。在适用套期关系再平衡的情况下，企业应当首先考虑套期关系再平衡，然后评估套期关系是否满足准则所规定的运用套期会计方法的条件。例如，套期工具和被套期项目是否符合条件。

当部分或整体终止运用套期会计时，企业可以对原套期关系中套期工具或被套期项目指定新的套期关系，这种情况并不构成套期关系的延续，而是重新开始一项套期关系。例如，某一套期工具出现严重信用恶化，企业以新的套期工具将其取代，这意味着原套期关系未能实现风险管理目标，因此被整体终止。新的套期工具被指定为对先前被套期的相同风险敞口进行的套期，并形成新的套期关系。在这种情况下，被套期项目的公允价值或现金流量变动的计量起始日应当是新套期关系的指定日，而非原套期关系的指定日。

三、会计科目和主要账务处理

（一）常用会计科目设置

一般公司为了核算套期保值业务，需要设置以下会计科目：

1. 设置“套期工具”科目

该科目适用于核算企业开展套期业务（包括公允价值套期、现金流量套期和境外经营净投资套期）的套期工具及其公允价值变动形成的资产或负债。该科目可按套期工具类别进行明细核算。当将已确认的衍生工具、以公允价值计量且其变动计入当期损益的非衍生金融资产或非衍生金融负债等金融资产或金融负债指定为套期工具的，应按其账面价值，借记或贷记该科目，贷记或借记“衍生工具”“交易性金融资产”等科目。在资产负债表日，对于公允价值套期，应当按照套期工具产生的利得，借记该科目，贷记“套期损益”“其他综合收益——套期损益”等科目，套期工具产生损失作相反的会计分录；对于现金流量套期，应当按照套期工具产生的利得，借记该科目，按照套期有效部分的变动额，贷记“其他综合收益——套期储备”等科目，按照套期工具产生的利得和套期有效部分变动额的差额，贷记“公允价值变动损益”科目，套期工具产生损失作相反的会计分录。当金融资产或金融负债不再作为套期工具核算时，应当按照套期工具形成的资产或负债，借记或贷记有关科目，贷记或借记该科目。“套期工具”科目期末借方余额反映企业套期工具形成资产的公允价值；而贷方余额，则反映企业套期工具形成负债的公允价值。

2. 设置“被套期项目”科目

该科目适用于核算企业开展套期业务的被套期项目及其公允价值变动形成的资产或负债。该科目可按被套期项目类别进行明细核算。

当企业将已确认的资产、负债或其组成部分指定为被套期项目，应当按照其账面价值，借记或贷记该科目，贷记或借记“原材料”“库存商品”“债权投资”等科目。已计提跌价准备或减值准备的，还应当同时结转跌价准备或减值准备。在资产负债表日，应当按照被套期项目因被套期风险敞口形成的利得，借记该科目，贷记“套期损益”、“其他综合收益——套期损益”等科目；被套期项目因被套期风险敞口形成损失做相反的会计分录。在资产或负债不再作为被套期项目核算时，应当按照被套期项目形成的资产或负债，借记或贷记有关科目，贷记或借记该科目。“被套期项目”科目期末借方余额，反映企业被套期项目形成的资产；该科目期末贷方余额，反映企业被套期项目形成的负债。

3. “套期损益”科目

该科目核算公允价值套期下套期工具和被套期项目公允价值变动形成的利得和损失。该科目可按套期关系进行明细核算。资产负债表日，应当按照套期工具产生的利得，借记“套期工具”科目，贷记该科目；套期工具产生损失作相反的会计分录。资产负债表日，应当按照被套期项目因被套期风险敞口形成的利得，借记“被套期项目”科目，贷记该科目；被套期项目因被套期风险敞口形成损失作相反的会计分录。“套期损益”科目在期末结账时，应当将余额转入“本年利润”科目，结转后该科目无余额。

4.“净敞口套期损益”科目

该科目核算净敞口套期下被套期项目累计公允价值变动转入当期损益的金额或现金流量套期储备转入当期损益的金额。该科目可按套期关系进行明细核算。对于公允价值套期，应当在被套期项目影响损益时，将被套期项目因被套期风险敞口形成的累计利得或损失转出，贷记或借记“被套期项目”等科目，借记或贷记该科目。对于现金流量套期，应当在将相关现金流量套期储备转入当期损益时，借记或贷记“其他综合收益——套期储备”，贷记或借记该科目；将相关现金流量套期储备转入资产或负债的，当资产和负债影响损益时，借记或贷记资产（或其备抵科目）、负债科目，贷记或借记该科目。期末，应当将该科目余额转入“本年利润”科目，结转后该科目无余额。

此外，还需要设置三个专项明细科目：

在“其他综合收益”科目下设置“套期储备”明细科目。用于核算现金流量套期下套期工具累计公允价值变动中的有效部分。资产负债表日，套期工具形成的利得或损失中属于套期有效的部分，借记或贷记“套期工具”科目，贷记或借记本明细科目；属于套期无效的部分，借记或贷记“套期工具”科目，贷记或借记“公允价值变动损益”科目。企业将套期储备转出时，借记或贷记本明细科目，贷记或借记有关科目。

在“其他综合收益”科目下设置“套期损益”明细科目。用于核算公允价值套期下对以公允价值计量且其变动计入其他综合收益的非交易性权益工具投资或其组成部分进行套期时，套期工具和被套期项目公允价值变动形成的部分。资产负债表日，应当按照套期工具产生的利得，借记“套期工具”科目，贷记本明细科目；套期工具产生损失作相反的会计分录。资产负债表日，应当按照被套期项目因被套期风险敞口形成的利得，借记“被套期项目”科目，贷记本明细科目；被套期项目因被套期风险敞口形成损失作相反的会计分录。当套期关系终止时，应当借记或贷记本明细科目，贷记或借记“利润分配——未分配利润”等科目。

在“其他综合收益”科目下设置“套期成本”明细科目。用于核算企业将期权的时间价值、远期合同的远期要素或金融工具的外汇基差排除在套期工具之外时，套期工具公允价值变动中期权的时间价值等产生的公允价值变动。资产负债表日，对于期权的时间价值等的公允价值变动中与被套期项目相关的部分，应当借记或贷记有关科目，贷记或借记本明细科目。企业在将相关金额从其他综合收益中转出时，借记或贷记本明细科目，贷记或借记有关科目。

（二）套期会计核算案例

为帮助读者具体理解和掌握套期会计核算的具体应用，现以公允价值套期和现金流量套期为例，进行相应的核算举例。

1. 公允价值套期会计确认和计量

当公允价值套期满足运用套期会计方法条件的，应当按照下列规定处理：

（1）套期工具产生的利得或损失应当计入当期损益。如果套期工具是对选择以公允价值计量且其变动计入其他综合收益的非交易性权益工具投资（或其组成部分）进行套期的，套期工具产生的利得或损失应当计入其他综合收益。

（2）被套期项目因被套期风险敞口形成的利得或损失应当计入当期损益，同时调整未以公允价值计量的已确认被套期项目的账面价值。被套期项目为按照 CAS 第 22 号第十八条分类为以公允价值计量且其变动计入其他综合收益的金融资产（或其组成部分）的，其因被套期风险敞口形成的利得或损失应当计入当期损益，其账面价值已经按公允价值计量，不需要调整；被套期项目为企业选择以公允价值计量且其变动计入其他综合收益的非交易性权益工具投资（或其组成部分）的，其因被套期风险敞口形成的利得或损失应当计入其他综合收益，其账面价值已经按公允价值计量，不需要调整。

需要说明的是，被套期项目为尚未确认的确定承诺（或其组成部分）的，其在套期关系指定后因被套期风险引起的公允价值累计变动额应当确认为一项资产或负债，相关的利得或损失应当计入各相关期间损益。当履行确定承诺而取得资产或承担负债时，应当调整该资产或负债的初始确认金额，以包括已确认的被套期项目的公允价值累计变动额。

公允价值套期中，被套期项目为以摊余成本计量的金融工具（或其组成部分）的，企业对被套期项目账面价值所作的调整应当按照开始摊销日重新计算的实际利率进行摊销，并计入当期损益。该摊销可以自调整日开始，但不应当晚于对被套期项目终止进行套期利得和损失调整的时点。被套期项目为按照 CAS 第 22 号准则第十八条分类为以公允价值计量且其变动计入其他综合收益的（或其组成部分）的，企业应当按照相同的方式对累计已确认的套期利得或损失进行摊销，并计入当期损益，但不调整金融资产（或其组成部分）的账面价值。

【例 10 -3】 2×17 年 1 月 1 日，以经营金属材料为主的东风华天公司为规避所持有铝存货公允价值变动风险，与某金融机构签订了一项铝期货合同，并将其指定为对 2×17 年前两个月铝存货的商品价格变化引起的公允价值变动风险的套期工具。铝期货合同的标的资产与被套期项目铝存货在数量、质次和产地方面相同。假设套期工具与被套期项目因铝价变化引起的公允价值变动一致，且不考虑期货市场中每日无负债结算制度的影响。

2×17 年 1 月 1 日，铝期货合同的公允价值为 0，被套期项目（铝存货）的账面价值和成本均为 2 000 000 元，公允价值为 2 200 000 元。2×17 年 1 月 31 日，铝期货合同公允价值上涨了 50 000 元，铝存货的公允价值下降了 50 000元。2×17 年 2 月 28 日，铝期货合同公允价值下降了 30 000 元，铝存货的公允价值上升了 30 000 元。当日，甲公司将铝存货以 2 18 000 元的价格出售，并将铝期货合同结算。

东风华天公司通过分析发现，铝存货与铝期货合同存在经济关系，且经济关系产生的价值变动中信用风险不占主导地位，套期比率也反映了套期的实际数量，显然，这符合套期有效性要求。

假定不考虑商品销售相关的增值税及其他因素，东风华天公司的账务处理如下：

(1) 2×17 年 1 月 1 日，指定铝存货为被套期项目：

借：被套期项目——库存商品铝　　　　2 000 000

　　贷：库存商品——铝　　　　2 000 000

当日，即 2×17 年 1 月 1 日，被指定为套期工具的铝期货合同的公允价值为 0，不作账务处理。

(2) 2×17 年 1 月 31 日，确认套期工具和被套期项目公允价值变动：

对于套期工具的会计分录如下：

借：套期工具——铝期货合同　　50 000

　　贷：套期损益　　50 000

对于被套期项目的会计分录如下：

借：套期损益　　50 000

　　贷：被套期项目——库存商品铝　　50 000

(3) 2×17 年 2 月 28 日，确认套期工具和被套期项目公允价值变动，并进行相应的处理。

对于套期工具的会计分录如下：

借：套期损益　　30 000

　　贷：套期工具——铝期货合同　　30 000

对于被套期项目的会计分录如下：

借：被套期项目——库存商品铝　　30 000

　　贷：套期损益　　30 000

此外，核算已经在当日完成的销售业务。

确认铝存货销售收入：

借：应收账款或银行存款　　2 180 000

　　贷：主营业务收入　　2 180 000

结转铝存货销售成本：

借：主营业务成本　　1 980 000

　　贷：被套期项目——库存商品铝　　1 980 000

结算铝期货合同：

借：银行存款　　20 000

　　贷：套期工具——铝期货合同　　20 000

注：由于东风华天公司采用套期进行风险管理，规避了铝存货公允价值变动风险，因此其铝存货公允价值下降没有对预期毛利 200 000 元（2 200 000 −2 000 000）产生不利影响。同时，东风华天公司运用公允价值套期会计将套期工具与被套期项目的公允价值变动损益计入相同会计期间，消除了因企业风险管理活动可能导致的损益波动。

2. 现金流量套期会计确认和计量

现金流量套期的目的是将套期工具产生的利得或损失递延至被套期的预期未来现金流量影响损益的同一期间或多个期间。本准则规定，现金流量套期满足运用套期会计方法条件的，应当按照下列规定处理：

（1）套期工具产生的利得或损失中属于有效套期的部分，作为现金流量套期储备，应当计入其他综合收益。现金流量套期储备的金额，应当按照下列两项的绝对额中较低者确定：①套期工具自套期开始的累计利得或损失；②被套期项目自套期开始的预计未来现金流量现值的累计变动额。每期计入其他综合收益的现金流量套期储备的金额应当为当期现金流量套期储备的变动额。

（2）套期工具产生的利得或损失中属于无效套期的部分（即扣除计入其他综合收益后的其他利得或损失），应当计入当期损益。

对于现金流量套期储备的后续处理，企业应当按照下列规定处理：

（1）被套期项目为预期交易，且该预期交易使企业随后确认一项非金融资产或非金融负债，或者非金融资产或非金融负债的预期交易形成一项适用于公允价值套期会计的确定承诺时，企业应当将原在其他综合收益中确认的现金流量套期储备金额转出，计入该资产或负债的初始确认金额。

（2）对于不属于上述（1）涉及的现金流量套期，企业应当在被套期的预期现金流量影响损益的相同期间，将原在其他综合收益中确认的现金流量套期储备金额转出，计入当期损益。

（3）如果在其他综合收益中确认的现金流量套期储备金额是一项损失，且该损失全部或部分预计在未来会计期间不能弥补的，企业应当将预计不能弥补的部分从其他综合收益中转出，计入当期损益。

准则还规定，当企业对现金流量套期终止运用套期会计时，在其他综合收益中确认的累计现金流量套期储备金额，应当按照下列规定进行处理：

（1）被套期的预期未来现金流量预期仍然会发生的，累计现金流量套期储备的金额应当予以保留，并按照前述现金流量套期储备的后续处理规定进行会计处理。

（2）被套期的未来现金流量预期不再发生的，累计现金流量套期储备的金额应当从其他综合收益中转出，计入当期损益。被套期的未来现金流量预期不再极可能发生但可能预期仍然会发生，在预期仍然会发生的情况下，累计现金流量套期储备的金额应当予以保留，并按照前述现金流量套期储备的后续处理规定进行会计处理。

【例10－4】 大明农业集团有限公司于2×18年11月1日与境外乙公司签订合同，约定于2×19年1月30日以外币（FC）每吨60元的价格购入100吨橄榄油。甲公司为规避购入橄榄油成本的外汇风险，于当日与某金融机构签订一项3个月到期的远期外汇合同，约定汇率为1FC＝45人民币元，合同金额FC6 000元。2×19年1月30日，大明农业集团有限公司以净额方式结算该远期外汇合同，并购入橄榄油。

假定：(1) 2×18年12月31日，FC对人民币1个月远期汇率为1FC＝44.8人民币元；(2) 2×19年1月30日，FC对人民币即期汇率为lFC＝44.6人民币元；(3) 该套期符合运用本准则所规定的运用套期会计的条件；(4) 不考虑增值税等相关税费。

根据准则，对确定承诺的外汇风险进行的套期，既可以划分为公允价值套期，也可以划分为现金流量套期。以下分别两种情形进行会计处理。

情形1：大明农业集团有限公司将上述套期划分为公允价值套期

(1) 2×18年11月1日。

远期外汇合同的公允价值为零，不作账务处理，但需编制指定文档。

(2) 2×19年12月31日，确认套期工具和被套期项目公允价值变动：

远期外汇合同的公允价值＝(45－44.8)×6 000＝1 200（人民币元）。

借：套期损益　　1 200

　　贷：套期工具——远期外汇合同　　1 200

借：被套期项目——确定承诺　　1 200

　　贷：套期损益　　1 200

(3) 2×19年1月30日，确认套期工具公允价值变动：

远期外汇合同的公允价值＝(45－44.6)×6 000＝2 400（人民币元）。

借：套期损益　　1 200

　　贷：套期工具——远期外汇合同　　1 200

结算远期外汇合同：

借：套期工具——远期外汇合同　　2 400

　　贷：银行存款　　2 400

确认被套期项目公允价值变动：

借：被套期项目——确定承诺　　1 200

　　贷：套期损益　　1 200

购入橄榄油：

借：库存商品——橄榄油　　267 600

　　贷：银行存款　　267 600

将被套期项目的余额转入橄榄油的账面价值：

借：库存商品——橄榄油　　2 400

　　贷：被套期项目——确定承诺　　2 400

情形2：大明农业集团有限公司将上述套期划分为现金流量套期

（1）2×18年11月1日

远期外汇合同的公允价值为零，不作账务处理，但需编制指定文档。

（2）2×18年12月31日，确认现金流量套期储备：

远期外汇合同的公允价值 $=(45-44.8)\times 6\,000/(1+6\%\times 1/12)=1\,194$（人民币元）。

借：其他综合收益——套期储备　　1 194

　　贷：套期工具——远期外汇合同　　1 194

（3）2×19年1月30日，确认现金流量套期储备：

远期外汇合同的公允价值 $=(45-44.6)\times 6\,000=2\,400$（人民币元）。

借：其他综合收益——套期储备　　1 206

　　贷：套期工具——远期外汇合同　　1 206

结算远期外汇合同：

借：套期工具——远期外汇合同　　2 400

　　贷：银行存款　　2 400

购入橄榄油：

借：库存商品——橄榄油　　267 600

　　贷：银行存款　　267 600

将计入其他综合收益中的套期储备转出：

借：库存商品——橄榄油　　2 400

　　贷：其他综合收益——套期储备　　2 400

上述案例，分别阐述了公允价值套期和现金流量套期下的会计核算。当然，现实经济生活中，套期会计需要结合具体情形，对套期工具与被套期项目、套期有效性、套期关系指定、套期关系评估、再平衡、套期关系终止等进行符合准则要求的分析判断，以此来推进套期会计的规范有序进行。

第三篇

信托公司篇

开篇有益

本篇是信托公司会计业务的专门篇章。信托公司的定位主要是“受托理财”，其最大特征就是“受人之托，代人理财”。因此，信托项目作为一个单独的会计主体，独立核算信托财产的管理、运用和处分情况。这是信托财产与固有财产分别核算的基本原则。

本篇共分为四个方面。第十一章是对信托公司会计基础的概括阐述；第十二章是针对信托项目的会计核算，包括信托项目会计核算基础、信托项目主体的核算内容、信托项目损益的核算；第十三章是针对信托公司一般业务的核算，包括信托公司存款、贷款业务和其他业务的核算；第十四章是关于近年来我国信托行业发展变化的态势探讨。

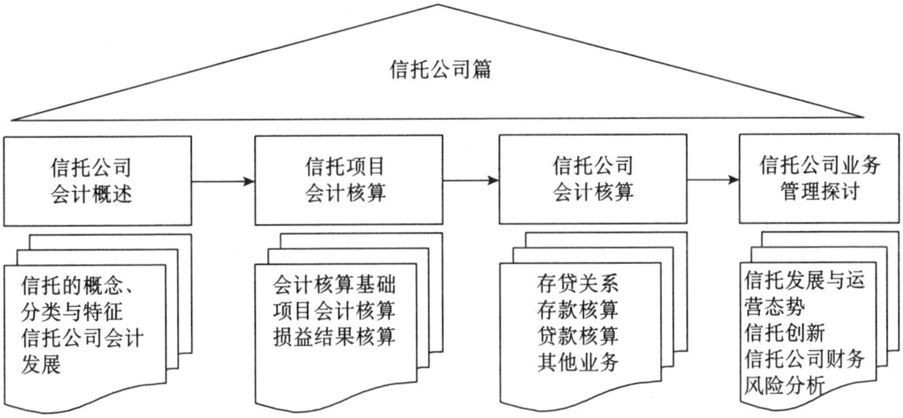

第十一章 信托公司会计概述

本章精要

信托业务作为信托公司的主营业务将回归“受托理财”的信托功能本源，涉及的是一种由委托人、受托人、受益人三方构成的信用委托关系，其会计核算工作的对象、范围与要求均发生了根本性的变化。信托公司本身具有“受人之托，代人理财”的特殊功能，那么代人理财的受托人必须具有专业的管理水平与专业管理的运营效率。

本章主要侧重于对信托简要阐述，包括信托的概念、分类以及信托公司会计的发展。

第一节 信托的概念、分类与特征

一、信托的概念

信托是指委托人基于对受托人的信任，通过签署信托契约设立和承诺信托，将其财产委托给受托人，由受托人按照委托人的意愿以自己的名义，为受益人的利益或者特定目的进行管理或者处分的行为。信托是社会经济发展到一定阶段的产物，是随着商品货币关系的发展而发展的。它是以资产为核心，以信任为基础，以委托为方式的财产管理制度。信托是多边信用关系，必须具备委托人、受托人、受益人三方当事人。委托人是信托财产的所有者，提出信托要求，是信托行为的起点；受托人是有经营能力的信托公司，它是信托行为的桥梁，通过自身经营的信托业务，满足委托人的要求，使受益人获利；受益人是信托关系中得到实际利益的一方，他可以是委托人自身，也可以是委托人指定的第三者或不确定的多数人，他可同时作为委托人和第三者，受益是信托行为的终点。

二、信托的分类

对于信托业务，不同的标准就有不同的分类，目前主要是基于如下标准来分类的：

（一）按信托服务对象不同，可分为个人信托和法人信托

个人信托是以个人身份委托受托人办理信托业务。个人信托又分为生前信托和身后信托。生前信托是个人在世时就与受托人建立了信托关系，其信托契约限于委托人在世时有效；身后信托则根据个人遗嘱办理身后有关信托事项，如执行遗嘱、管理财产、为投保寿险者在身后代领赔款等，仅限于委托人去世后生效；法人信托又称公司信托，即委托人不是某个人，而是单位或公司等具备资格的法人委托受托人办理信托业务。

（二）按信托财产种类不同划分，可分为资金信托、实物信托、债权信托和经济事务信托

资金信托是一种以货币资金为标的物的信托业务，如单位资金信托、公益资金信托、劳保基金信托、个人特约信托等；实物信托是一种以动产或不动产为标的物的信托业务。动产指原材料、设备、物资、交通工具，而不动产则指厂房、仓库和土地等；债权信托是一种以债权凭证为标的物的信托业务，如代为清理和代为收付款项、代收人寿保险公司赔款等；经济事务信托，是一种以委托代办各种经济事务为内容、委托凭证为标的物的信托业务。如委托设计、专利转让、委托审查、委托代理会计事务等。

（三）按是否跨国划分，可以分为国内信托和国际信托

国内信托是信托关系人及信托行为在国内进行，其业务主要有信托、委托、代理租赁、咨询等；国际信托是信托关系人及信托行为跨国进行，业务主要有国际信托投资、国际租赁、代理发行外币有价证券、对外担保鉴证及国际咨询业务等。

除了上述三种分类标准之外，还可以按信托受益对象不同，可以分为私益信托和公益信托。其中，私益信托是委托人为了自己和其他特定人的利益而设立的信托，而公益信托（英美法系中也被称为慈善信托）是委托人为社会公共利益而设立的信托。

尽管信托涉及诸多的广义范畴，但本章主要以金融信托为主线。金融信托是一种具有融资和融物以及融资与财产管理相结合的金融性质的信托业务，是信托公司作为金融企业的一个重要组成部分，标的物主要是委托人的资金或财产等。

三、信托公司的经营特征

信托是一个既原始又现代的经济范畴。信托者，把事情托付给值得信任的他人也。信托是指委托人基于对受托人的信任，通过签署信托契约设立和承诺信托，将其财产委托给受托人，由受托人按照委托人的意愿以自己的名义，为受益人的利益或者特定目的进行管理或者处分的行为。信托是社会经济发展到一定阶段的产物，是随着商品货币关系的发展而发展的。它是以资产为核心，以信任为基础，以委托为方式的财产管理制度。信托是多边信用关系，必须具备委托人、受托人、受益人三方当事人。委托人是信托财产的所有者，提出信托要求，是信托行为的起点；受托人是有经营能力的信托公司，它是信托行为的桥梁，通过自身经营的信托业务，满足委托人的要求，使受益人获利；受益人是信托关系中得到实际利益的一方，他可以是委托人自身，也可以是委托人指定的第三者或不确定的多数人，他可同时作为委托人和第三者，受益是信托行为的终点。

第二节　信托公司会计的发展

一、信托公司的经营业务特点

与一般企业不一样，信托公司的主营业务是信托业务，即为他人管理财产，并收取一定的信托报酬即管理费或佣金。当然，信托公司也有一些业务是与其他企业（包括金融和非金融企业）相同或类似的，比如自有资金的贷款和投资业务，一些中间业务等。

具体来说，信托公司由人民银行总行批准设立，经营除银行储蓄存款、银行结算、证券经纪、上市承销以及保险业务之外的金融业务。其自有资金贷款业务类似商业银行的贷款业务。也存在股权投资、证券投资、国债回购与返售业务、同业拆借、融资租赁以及担保业务。在信托业务方面，其信托财产的形态多种多样，从信托资金运用方式来看，就包括贷款、股权投资、证券投资、权益投资、融资租赁等，且金融创新在不断丰富着信托品种。

二、信托公司会计制度的变迁

回首多年之前，执行《金融企业会计制度》的相关规定，出现了许多制度性的混乱现象。根据中国银监会组织的信托公司现场和非现场检查，存在着信托项目资金与公司固有资金混用、信托资金彼此之间相互混用，无法准确核算，出现不能兑付信托收益，损害投资者合法权益，如与德隆事件有关的金新信托、宁夏伊斯兰信托等案。同时，业务创新对修订信托业务会计核算办法的需求，如建行、开发行、工行、AMC 已经或将要开展的资产证券化业务。

通过数年调研拟定，财政部于 2005 年颁布了《信托业务会计核算办法》（简称《核算办法》）。《核算办法》适用对象实际是金融信托机构，包括但不限于信托投资公司，适用条件有两个：一是信托机构有合法的金融信托业务资格；二是委托人和受托人通过签署信托契约设立和承诺信托。《核算办法》以《信托法》及相关法规为框架，充分体现“信托财产与固有财产分别核算；突出信托项目为独立会计主体”的原则，既规范信托项目，又规范各个信托当事人（委托人、受托人、受益人）的会计核算行为。全新信托业务会计核算的基本理念主要表现出在信托项目—设计思路上，作为一个单独的会计主体，独立核算信托财产的管理、运用和处分情况。即信托资产、信托负债、信托权益、信托收入、信托费用和信托利润的核算，同时，独立编制会计报表，独立提供报表附注；在信托终止时，受托人应编制清算报告，依法清算信托项目。

通俗地说，信托项目会计主体地位的确立，意味着每个信托项目一本账，即每家信托机构除有一本机构本身的账簿（自营）外，还会有若干本信托项目账簿。这与其他金融机构和非金融机构的理财业务结构有明显的区别：其他契约型的理财产品本身（除证券投资基金外）没有会计主体资格，不能单独设账，只能在理财机构的账簿上作为代理业务进行核算。

正是基于“信托项目会计主体”的基本假设，信托资产、信托负债、信托权益、信托项目收入、信托项目费用、信托项目利润六个会计要素才能自然浮出（受托人办理信托业务时，其自身也会因此发生收入、成本和利润，信托项目的后三个会计要素都加上“项目”二字，以示区别）。根据上述阐述，现形象地描绘信托公司会计主体示意图如图 11－1 所示。

在这种全新的会计核算框架下，作为信托公司会计需要“双管齐下”，一是以自身经济活动为主体，设立独立账目进行会计核算，编制自身会计报表；二是对旗下拥有的信托项目组织单独会计核算，并专门编制相应的会计报表，与自身报表一并对外报送。因此，本章内容的安排，我们也对公司自身与信托项目分别进行阐述，第十二章通过三节内容主要阐述信托项目的会计核算，并在第十三章通过四节来具体阐述信托公司自身会计核算。

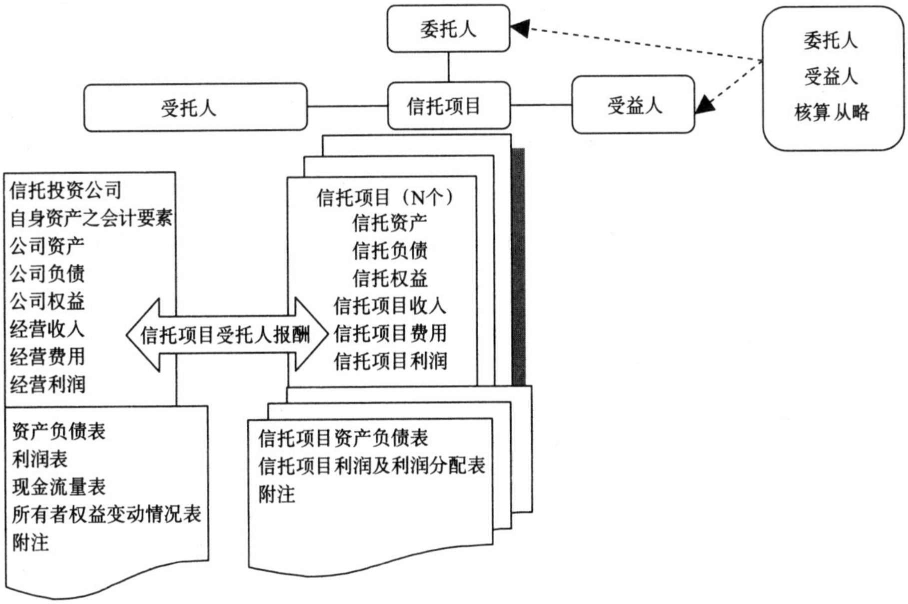

图 11－1　信托公司会计主体之关系图

第十二章 信托项目会计核算

本章精要

本章主要围绕信托公司的重点、独立业务项目——信托项目的核算来展开。

以信托项目作为会计核算主体，首先需要认知信托项目会计核算的基本特点，以每一个信托项目作为会计核算对象，进行独立、专门的收益成本核算，必须理解其核算思路、掌握专用核算科目，同时明确信托项目核算之后的专用财务报告。

以信托项目为主体进行会计核算，需要掌握其初始设立时、对外运用时、日常工作运营时的资本与资产运营核算，以及特定时点的信托项目的权益核算。

以信托项目为主体进行会计核算，还需要紧扣信托项目收支情况，掌握相关的信托收入的核算、信托费用的核算、信托业务赔偿的核算，最后，需要掌握信托项目利润的核算。

第一节 信托项目会计核算基础

信托项目是指信托公司作为受托人，根据信托文件的约定，单独或集合管理运用、处分信托财产的基本单位。承接前述之要义，信托公司在组织自身资金运营会计核算的同时，需要设立相应的信托项目会计主体，进行信托项目的专门化会计核算。由于信托公司自身资金运营的会计核算与本书第一篇所述金融企业共同业务并无差异，这里将侧重于对信托项目的会计核算基础进行阐述。

一、信托项目核算基本思路

在信托公司依法签订信托项目合约之后，信托项目应该作为独立的会计核算主体，以持续经营为前提，独立核算信托财产的管理运用和处分情况。各个信托项目应该单独记账、单独核算，单独编制财务报告。同时，不同信托项目之间在账户设置、资金划拨、账目记录等方面应该严格独立。

信托公司通过对外签署信托契约，取得了相应价值的信托财产，必须在会计核算上完全匹配。以信托项目为主体的信托项目会计，自然而然地产生了信托项目的六个方面的会计要素，即包括信托资产、信托负债、信托所有者权益、信托项目收入、信托项目费用、信托项目利润。

信托项目会计主体的要素，与信托公司会计要素相似但并不相同，这是需要特别区分的：

信托资产是指根据信托文件的要求，由受托人受托管理运用、处分信托财产而形成的各项资产，包括银行存款、短期投资、应收账款、长期股权投资、客户贷款、固定资产、无形资产等。

信托负债是指信托项目管理运用、处分信托财产而形成的负债，包括应付受托人报酬、应付受益人收益、应付托管费、卖出回购信贷资产款等。

信托所有者权益是指信托受益人在信托财产中享有的经济利益，其金额为信托资产减去信托负债后的余额，包括实收信托、资本公积、未分配利润等。

信托项目收入是指信托项目管理运用、处分信托财产而形成的收入。信托项目收入包括利息收入、投资收益、租赁收入和其他收入。信托项目收入不包括为第三方或受托人代收的款项。

信托项目费用是指信托文件约定由信托项目承担的各项费用。信托文件中没有作出约定的，信托项目费用指受托人与委托人协商达成的书面协议约定由信托项目承担的各项费用。

信托项目利润是指信托项目在一定会计期间的经营成果。信托项目利润应按信托文件的约定，分配给信托受益人。

当信托终止时，受托人应对信托项目作出处理信托事务的清算报告。受益人或者信托财产的权利归属人在信托文件约定的期限内对清算报告无异议的，受托人对信托项目就清算报告所列事项解除责任，并按信托文件的规定书面通知受益人或信托财产归属人，取回信托清算后的全部信托财产。

二、信托项目核算会计科目

根据财政部于2005年专门颁布的《信托业务会计核算办法》，并结合财政部在2006年初颁布的企业会计准则之精神实质，通过对信托项目核算业务的系统分析，我们从信托会计与企业会计的科学系统建设出发，对会计科目进行了必要而科学的整理与整合，使之既能体现《信托业务会计核算办法》、又能遵循《企业会计准则》，更能符合信托公司信托项目运营现实的会计科目体系，如表12－1所示。

表12－1　　信托项目核算会计科目表

会计科目类别		会计科目名称	会计科目类别		会计科目名称
信托资产科目	1	银行存款	信托负债科目	30	应付利息
	2	其他货币资金		31	应付受托人报酬
	3	拆出资金		32	应付受益人收益
	4	交易性金融资产		33	应付托管费
	5	指定为公允价值计量的金融资产		34	应交税费
	6	应收票据		35	其他应付款
	7	应收股利		36	卖出回购金融资产款
	8	应收利息		37	递延收益
	9	应收账款	信托权益科目	38	实收信托
	10	应收经营租赁款		39	资本公积
	11	其他应收款		40	本年利润
	12	坏账准备		41	利润分配
	13	买入返售金融资产	信托损益科目	42	利息收入
	14	贷款		43	投资收益
	15	贷款损失准备		44	租赁收入
	16	债权投资		45	其他收入
	17	其他债权投资		46	税金及附加
	18	其他权益工具投资		47	营业费用
	19	长期股权投		48	资产减值损失
	20	长期股权投资减值准备		49	信用减值损失
	21	融资租赁资产			
	22	应收融资租赁款			
	23	未担余值			
	24	累计折旧			
	25	固定资产减值准备			
	26	无形资产			
	27	无形资产减值准备			
	28	长期待摊费用			
	29	应收票据			

三、信托项目财务报告

信托公司对信托项目的专项财务报表，主要包括两种，即信托项目资产负债表和信托项目利润及利润分配表，其格式如表 12－2、表 12－3 所示：

表 12－2　　信托项目资产负债表

编制单位：　　年　月　日　　会信项目 01 表

信托项目名称：　　信托期限：　　单位：元

信托资产	年初数	期末数	信托负债和信托权益	年初数	期末数
信托资产：			信托负债：		
货币资金			应付受托人报酬		
拆出资金			应付托管费		
应收款项			应付受益人收益		
买入返售资产			其他应付款项		
短期投资			应交税费		
长期债权投资			卖出回购资产款		
长期股权投资			其他负债		
贷款			信托负债合计		
应收融资租赁款			信托权益：		
固定资产			实收信托		
无形资产			资本公积		
长期待摊费用			未分配利润		
其他资产			信托权益合计		
信托资产总计			信托负债及信托权益总计		

表 12－3　　信托项目利润及利润分配表

编制单位：　　年　月　日　　会信项目 02 表

信托项目名称：　　信托期限：　　单位：元

项　目	本月数	本年累计数
一、营业收入		
利息收入		
投资收益		
租赁收入		
其他收入		
二、营业费用		
三、税金及附加		

续表

项　目	本月数	本年累计数
四、扣除资产损失前的信托利润		
减：资产减值损失		
信用减值损失		
五、扣除资产损失后的信托利润		
加：期初未分配信托利润		
六、可供分配的信托利润		
减：本期已分配信托利润		
七、期末未分配信托利润		

第二节　信托项目会计主体核算

我们知道，信托财产是受托人承诺信托而取得的财产；受托人因信托财产的管理运用、处分或者其他情形而取得的财产，也归入信托财产。信托财产应与属于受托人所有的财产（以下简称固有财产）相区别，不得归入受托人的固有财产或者成为固有财产的一部分。信托财产应与委托人未设立信托的其他财产相区别。

一、信托项目初始设立时的核算

设立信托时，就表明受托人在取得信托资产的同时，也相应取得了信托权益，需要设置专门反映信托权益的“实收信托”科目来核算。

在会计上，我们将信托项目所产生的这些财产称之为信托项目的信托资产，即由受托人管理运用、处分信托财产而形成的各项资产，包括银行存款、短期投资、应收账款、长期股权投资、客户贷款、固定资产、无形资产等。这些科目与前述完全相同，不再详述。

“实收信托”科目核算信托项目取得的信托财产的初始价值。如受益人要求将应付未来受益人收益转增实收信托，也通过本科目核算。委托人以货币资金设立信托的，按实际收到的金额，借记“银行存款”等科目，贷记本科目。如委托人以非现金资产设立信托，按信托文件约定的价值，借记有关科目，贷记本科目。按受益人要求将应付未付的受益人收益转增实收信托，借记“应付受益人收益”科目，贷记本科目。本科目应按受益人设置明细账，进行明细核算。“实收信托”科目期末贷方余额，反映信托项目实收信托的余额。

设立信托时，信托财产的入账原则，是以信托文件约定的价值借记各相应信托资产的会计科目，同时，贷记“实收信托”科目。

【例 12－1】 万世国际信托投资股份有限公司与某市东非机械工业公司签署信托合同，受托管理其组合资产（信托文件约定的价值表明：具有现金流收益权信托实质的实物信托 5 000 万元、债权信托 3 000 万元、资金信托 200 万元），信托文件约定的价值在全面审查信托双方签署的信托契约后，根据文件约定的价值入账，编制会计分录如下：

借：银行存款　　2 000 000
　　固定资产　　50 000 000
　　其他应收款　　30 000 000
　　贷：实收信托　　82 000 000

二、信托项目对外运用时的核算

信托项目投资，是指信托公司以投资者身份，直接参与企业的投资及其经营成果的分配，并承担相应的经济责任的业务，其资金主要来源于信托公司的自有资金及各种信托存款。

信托项目投资是信托公司以自有资金或未指定使用对象和范围的信托存款进行投资。信托公司对现有项目进行审查初选，在初选项目上进行评估，然后就可否投资提出结论性意见。决定投资后，信托公司与被投资单位签订投资合同。信托投资的收益全部归信托公司，风险亦由其承担。信托投资包括短期信托投资和长期信托投资。短期信托投资指能够随时变现并且持有时间不准备超过一年的信托投资，包括股票、债券、基金投资等。长期信托投资是指短期信托投资外的信托投资，包括股权投资、债权投资等。

常见的信托项目资产对外投放情况包括：

1. 在信托财产被使用时，如果是固定资产，存在着对所使用资产依照相关规定计提折旧和减值准备的事项，当然，这需要区分委托人是否终止确认信托财产。

2. 在利用信托项目的资产实施对外投资时，通常需要视其具体投资形式，进行会计核算。

3. 在利用信托项目的资金投放于短期债券市场时，存在短期投资持有期间利息或利息收入的核算。

4. 在利用信托项目的资金投放于短期债权时，需要根据其资产的具体形态（如买入返售资产、短期拆借）进行相应的收入核算。

信托项目投资时，为反映和监督信托投资业务状况，可根据投资业务的性质，在信托项目会计中设置“交易性金融资产”“债权投资”“其他债权投资”“长期股权投资”和“投资收益”等科目。

“交易性金融资产”科目核算信托公司为获得证券买卖价差收入交易性目的而持有的债券投资、股票投资、基金投资、权证投资等交易性金融资产的公允价值。该科目属资产类科目，借方登记买入证券的公允价值（不含支付的价款中所包含的、已到付息期但尚未领取的利息或已宣告但尚未发放的现金股利，及相关的交易费用）；贷方登记售出证券时，结转已售证券的公允价值；本科目期末借方余额反映信托公司持有的交易性金融资产的公允价值；本科目应当按照交易性金融资产的类别和品种，分别按“成本”“公允价值变动”进行明细核算。

同时，设置“指定公允价值计量的金融资产”科目，属于直接指定为以公允价值计量且其变动计入当期损益的金融资产。

“债权投资”——企业以摊余成本计量的债权投资的账面余额。分别“面值”、“利息调整”、“应计利息”等核算。

“其他债权投资”——企业分类为以公允价值计量且其变动计入其他综合收益的债权投资金融资产的价值。本科目可按金融资产类别和品种，分别“成本”、“利息调整”、“应计利息”、“公允价值变动”等进行明细核算。

“其他权益工具投资”——企业指定为以公允价值计量且其变动计入其他综合收益的非交易性权益工具投资。本科目可按其他权益工具投资的类别和品种，分别“成本”、“公允价值变动”等进行明细核算。

“长期股权投资”科目属于资产类科目，核算企业持有的采用成本法或权益法核算的长期股权投资。本科目应当按照被投资单位进行明细核算。长期股权投资采用权益法核算的，应当分别按“成本”“损益调整”“所有者权益其他变动”进行明细核算。

“投资收益”为损益类科目，本科目核算信托项目对外投资（含股票投资、债券投资、基金投资等）所取得的收益或发生的损失。贷方反映应收或实际收到的债券利息、投资红利、股利，借方反映发生的投资损失。本科目应按投资种类和接受投资的单位设置明细账。

上述几个会计科目的核算与前述相关章节基本一致，不再赘述。

【例 12－2】 北方信托公司接受 A 公司存入资金 400 万元，之后投资于 D 公司，经协商，北方信托公司对收取投资额的 2% 作为手续费。具体会计分录为：

设立信托项目，收到投资资金时：

借：银行存款　　4 000 000

　　贷：实收信托——A 公司委托存款　　4 000 000

对外投资时：

借：长期股权投资——D 公司　　4 000 000

　　贷：银行存款　　4 000 000

收取手续费时：

借：银行存款　　80 000

　　贷：手续费及佣金收入——委托投资手续费收入　　80 000

三、信托项目日常运行时的核算

信托项目的日常运行，是整个信托项目托管过程中不可缺少的一个环节，分为信托项目的信托收入、信托费用，也包括相应的信托负债的核算。

信托项目收入是指信托项目管理运用、处分信托财产而形成的收入。信托项目收入包括利息收入、投资收益、租赁收入和其他收入。信托项目收入不包括为第三方或受托人代收的款项。

信托项目费用是指信托文件约定由信托项目承担的各项费用。如税金及附加、业务及管理费、资产减值损失。

信托负债是指信托项目管理运用、处分信托财产而形成的负债，包括应付受托人报酬、应付受益人收益、应付托管费等。

“应付受托人报酬”科目核算信托项目根据信托文件的约定，在管理运用、处分信托财产过程中，应付未付给受托人的、由信托项目承担的信托管理报酬，包括手续费收入、服务佣金等。按信托文件规定计提受托人报酬时，按计提的报酬，借记“业务及管理费”科目，贷记本科目；支付时，按实际支付的金额，借记本科目，贷记“银行存款”科目。“应付受托人报酬”科目期末贷方余额，反映信托项目尚未支付给受托人的信托管理报酬余额。

“应付受益人收益”科目核算信托项目根据信托文件的约定，由信托项目利润分配产生的、应付未付给受益人的收益。分配信托收益（利润）时，按应付收益，借记“利润分配”科目，贷记本科目；支付款项时，借记本科目，贷记“银行存款”科目。本科目应按受益人设置明细账，进行明细核算。“应付受益人收益”科目期末贷方余额，反映已经分配尚未支付给受益人收益的余额。

“应付托管费”科目核算信托项目根据信托文件的约定，应由信托财产承担的、应付未付给信托资金托管人的管理费用。按信托文件规定计提托管人管理费时，按计提的管理费，借记“业务及管理费”科目，贷记本科目；支付时，按实际支付的金额，借记本科目，贷记“银行存款”科目。本科目应按托管人设置明细账，进行明细核算。“应付托管费”科目期末贷方余额，反映信托项目已经计提尚未支付给托管人的管理费余额。

【例 12－3】 北方信托投资公司在 2×19 年 1 月 5 日接受方向科技开发公司的组合资产信托项目，收到存入资金 200 万元、机器设备 400 万元。经过市场调研，将现金 200 万元托管于某商业银行认购金融债券、将机器设备租赁给某电子制造商，年度中期收到商业银行的收益回报 90 000 元、电子制造商的设备租金 100 000 元。依照信托契约条款，北方信托投资公司可收取信托项目收入的 5% 作为受托人报酬，并计提债券收益的 2% 作为银行托管费。

2×19 年 1 月 5 日，设立信托项目，会计分录如下：

借：银行存款　　2 000 000
　　固定资产　　4 000 000
　　贷：实收信托——方向组合资产信托项目　　6 000 000

对外运营信托财产时，会计分录如下：

借：债权投资——某商业银行金融债券　　2 000 000
　　贷：银行存款　　2 000 000

对经营租赁的机器设备不进行会计核算，只作相应的备查记录即可。

2×19 年 6 月 30 日，收到债券收益、租金时，计算相关费用数额：

受托人报酬 = 信托项目收入 ×5% =(90 000 +100 000) ×5% =9 500（元）

银行托管费 = 债券收益 ×2% =90 000 ×2% =1 800（元）

会计分录如下：

借：银行存款　　190 000

　　贷：应付托管费　　1 800

　　　　应付受托人报酬——委托投资手续费收入　　9 500

　　　　利息收入——方向组合资产信托项目　　83 700

　　　　租赁收入——方向组合资产信托项目　　95 000

四、信托权益形成时的核算

信托项目的信托权益，是指信托受益人在信托财产中享有的经济利益，其金额为信托资产减去信托负债后的余额，包括实收信托、资本公积、未分配利润等。

信托项目利润是指信托项目在一定会计期间的经营成果。信托项目利润应按信托文件的约定，分配给信托受益人。

信托终止，受托人应对信托项目作出处理信托事务的清算报告。受益人或者信托财产的权利归属人在信托文件约定的期限内对清算报告无异议的，受托人对信托项目就清算报告所列事项解除责任，并按信托文件的规定书面通知受益人或信托财产归属人取回信托清算后的全部信托财产。

第三节　信托项目损益结果核算

一、信托收入的核算

信托收入包括信托投资获得的投资收益、信托贷款或拆出信托资金获得的利息收入、信托租赁形成的租赁收入、信托公司办理代理、咨询等中介业务形成的手续费及佣金收入等。信托公司发生信托收入时，借记“银行存款”等科目，贷记“利息收入”“手续费及佣金收入”“投资收益”等科目。

信托收入应按委托人和收入类别（投资收益、利息收入、手续费及佣金收入、租赁收入等）进行明细核算。

二、信托费用的核算

信托费用分为可直接归集于某项信托资产的费用和不可直接归集于某项

信托资产的费用。前者属于因办理某项信托资产业务而发生的费用，可直接归集于该项信托资产，由该项信托资产承担；后者不属于因办理某项信托资产业务而发生的费用，不可直接归集于该项信托资产，由信托公司承担。

发生的由某项信托资产业务承担的费用，如利息费用，投资交易过程中的手续费、投资损失等，借记“利息支出”“投资收益”等科目，贷记“银行存款”等科目，这些费用应按委托人和具体业务的类别等进行明细核算。发生的由信托公司承担的费用，借记“业务及管理费”科目，贷记“银行存款”等科目，业务及管理费应按照业务费用的类别等进行明细核算。

三、信托业务赔偿的处理

由于从事信托业务使受益人或公司受到损失的，按损失产生原因不同分别处理。

属于信托公司违反信托目的、违背管理职责、管理信托事务不当造成信托资产损失的，以信托赔偿准备金赔偿。信托公司自身的会计处理为：

借：信托赔偿准备金　　×××
　　贷：实收信托等相关科目　　×××

属于委托人自身原因导致对其信托资产司法查封、冻结，且须以其信托资产对第三人进行补偿的，仅能以其信托资产（扣除原约定费用和对未到期信托资产进行处置的违约金及相关费用后的资产）为限。

四、信托利润的结转

期末，信托收入和信托费用转入“本年利润”科目，账务处理为：

借：信托收入　　×××
　　贷：本年利润　　×××
借：本年利润　　×××
　　贷：信托费用　　×××

期末，信托公司应将未分配给受益人和委托人的信托收益结转为待分配信托收益，账务处理为：

借：本年利润　　×××
　　贷：利润分配　　×××

【例 12－4】华山信托公司 2×19 年度共获得信托投资收入 800 万元，其中信托贷款利息收入600万元，手续费750万元，发生办公费1 000万元，利息支出190万元。结转损益的会计分录如下：

借：本年利润	11 900 000	
贷：业务及管理费		10 000 000
利息支出		1 900 000
借：投资收益	8 000 000	
利息收入	6 000 000	
手续费及佣金收入	7 500 000	
贷：本年利润		21 500 000
借：本年利润	9 600 000	
贷：利润分配		9 600 000

第十三章 信托公司业务核算

本章精要

作为一个信托公司，除了经营类似单个集合信托计划之类的信托项目之外，经常会发生其他相关业务，既有资产证券化等创新业务，也有资本的运营等传统业务。这也是信托公司会计的重要核算内容。

关于存贷款案例的辨析。在信托公司的经营活动中，信托业务与委托业务是法律风险完全不同的业务，需要通过细化法律法规来明确。

在信托公司存款业务方面，需要掌握存款的基本种类、信托存款的核算、委托存款的核算。

在信托公司贷款业务方面，需要掌握贷款的基本种类、信托贷款的核算、委托贷款的核算。

在信托公司其他业务方面，需要掌握投资基金信托、公益信托的核算，也需要掌握代理、咨询和担保等相关业务的会计核算。

在信托公司的对外业务活动中，对客户单笔、一次性的存款与贷款业务，如果没有通过签署完整的信托合同作为信托项目进行独立管理与核算，那么，通常可以通过信托存款或信托贷款来进行相应的管理与核算。

第一节 信托公司存贷款实践中的法律关系

一、信托与委托的理论概念辨析

从理论概念上看，委托与信托有许多共同点，即都是基于彼此的信任而产生，都是一方受托为他方办理事务，由他方承担委托事务法律后果的行为。但信托和委托是有区别的，可以说信托是一种特殊的委托，归纳起来两者区别有以下几方面：

1. 法律对合同主体及主体资格的要求不同

委托合同的当事人是委托人和受托人，委托合同的主体十分广泛，法律对受托人没有特别要求；信托合同的当事人是委托人、受托人、受益人三方，信托的受托人在法律上要求较为严格，是经有关部门批准专门经营信托业务的法人。

2. 委托事务的性质和范围不同

委托是一般合同关系，其所涉及的事务没有特别限定，除了财产委托事务之外，还可以委托代理其他事务；而信托的实质是财产管理关系，信托事务仅限于与财产管理有关的特定事务。

3. 合同是否有偿不同

信托合同是有偿的、从事信托事务的经营行为；而委托合同既可以是有偿的，也可以是无偿的。

4. 办理受托事务的名义不同

委托既可以受托人的名义，又可以委托人的名义办理受托事务，在后一种情况下，委托人直接与第三人产生权利义务关系（即民法上的代理）；而信托是以受托人的名义办理信托事务，委托人不直接与第三人发生法律上的权利义务关系。

5. 合同成立的要件不同

委托合同为非要式合同，即自双方当事人就委托事宜达成一致意思表示时成立并生效；而信托合同为实践合同、要式合同，即须采用书面文件形式，以财产实际交付给受托人为成立要件。

6. 合同解除的规定不同

就委托而言，我国《合同法》规定委托合同的当事人双方均有任意解除权，可随时提出解除合同；而《信托法》对信托合同的解除是有限制的，首先受托人不得随意解除信托。信托是自益权时，委托人中途可撤销信托，但为他益权时，委托人不能随时撤销，不能违反信托目的。而且信托不因委托人或受托人的死亡、丧失民事行为能力、解散、破产而终止（委托人是唯一受益人的除外），也不因受托人的辞任而终止。

信托具备了财产独立化、受托机构组织化、信托受益权的证券化等法律特色。信托财产的独立性和超越性，使得委托人或受益人在有限度的风险内享受信托财产利益，并且免于受益人之债权人的追索，建立了有效的破产隔离机制。这是信托与其他机构在资产管理市场上进行竞争的重要制度优势，也是信托的魅力所在。

二、信托业务与委托业务的关系辨析

通过考察目前的经济实践活动，总结与委托贷款、信托贷款领域有关的法规和规章及司法解释，可以得出如下结论：一是委托贷款必须有委托方、受托方、借款方之间的三方协议；信托存款只有两方协议。二是委托贷款必须由委托方指定借款对象、项目、用途、期限、利率等事项；信托存款由受托方自行确定借款对象、项目、用途、利率等事项。三是委托贷款由委托方承担风险责任，因此有关借款担保由委托方自行办理；信托存款由受托方承担风险责任，因此有关借款担保由受托方自行办理。四是委托贷款受托方向委托方收取手续费，借款的全部收益归委托方；信托存贷款受托方不向信托方收取手续费，受托方收取信托存款与信托贷款的利差。五是当合同名称与实质内容不一致时，应以实质内容定性。六是当事双方订立委托贷款合同后，若金融机构单方指定用资人，应按信托贷款处理。

第二节　信托公司存款业务核算

一、存款的种类

存款核算包括信托存款与委托存款，二者存在着一定的差异。

信托存款的资金来源基本限于非直接经营单位可自行支配的专项资金。按《金融信托投资机构资金管理暂行办法》规定，信托公司可吸收以下五种1年期以上的信托存款：财政部门委托投资或贷款的信托资金、企事业主管部门委托投资或贷款的信托资金、劳动保险机构的劳保基金、科研单位的科研基金及各种学会、基金会的基金。信托存款每笔资金都单独管理，独立核算。信托公司对信托存款的运用效益决定信托存款的收益，并且其收益由信托公司按合同规定支付给委托人本人或委托人指定的第三人。

信托存款与信托货币资金十分相似，委托人对信托资金不指定运用范围，由信托公司负责管理运用并负责保本付息。委托人除获得保本之外，还将收取固定收益。信托公司的收益则来自于支付委托利息外的资金营运的多余收入，而不是收取的手续费。

委托存款是指委托人将定额资金委托给信托公司，由其在约定期限内按规定用途进行营运，营运所获收益扣除一定信托报酬后全部归委托人所有的信托业务。它与一般的信托货币资金存在许多实质性的差异。

二、信托存款的核算

客户提出申请，填写“存款委托书”后，信托公司应审查其资金来源，审查合乎规定后，与客户签订“信托存款协议书”，写明信托存款金额、期限、信托受益支付方法、指定受益人、手续费率等。信托公司为委托人开立账户，委托人将信托存款划转到信托公司开立的银行账户，信托公司相应签发存款凭证给委托人。

1. 开户

信托公司接受客户委托，为客户开立信托存款账户时，会计分录为：

借：银行存款　　×××

　　贷：代理业务负债——信托存款——XX 单位户　　×××

2. 计息

信托存款是定期存款，原则上在期满后利随本清，但在存款期内根据权责发生制原则定期计算应付利息。会计分录为：

借：利息支出——信托存款利息支出　　×××

　　贷：应付利息——信托存款利息——XX 单位户　　×××

3. 到期支取

存款单位在信托存款期满后，凭信托存款单向信托公司提取存款，并结清利息。如果存款单位因各种客观原因，与信托公司协商后，可提前支取，但利率按银行同期活期存款利率计算。会计分录为：

借：代理业务负债——信托存款——XX 单位户　　×××

　　应付利息——信托存款利息——XX 单位户　　×××

　　利息支出——信托存款利息支出　　×××

　　贷：银行存款　　×××

【例 13－1】2×19 年 3 月 1 日，华山信托公司收到 A 公司存入信托存款 600 万元，存期 1 年，年利率 7%，采取利随本清的结息方式，2×19 年 3 月 1 日 A 公司前来支取存款本金。信托公司接受存款的会计分录为：

借：银行存款　　6 000 000

　贷：代理业务负债——信托存款——A 公司　　6 000 000

2×19 年 3 月 1 日支付 A 公司到期存款的会计分录为：

借：代理业务负债——信托存款——A 公司　　6 000 000

　利息支出——信托存款利息支出　　420 000

　贷：银行存款　　6 420 000

三、委托存款的核算

客户与信托公司商定办理委托业务后，双方应签订“委托存款协议书”，标明存款的资金来源、金额、期限及双方的责任等。信托公司根据协议书为客户开立委托存款账户，由客户将委托存款资金存到信托公司开立的银行账户里，信托公司则向客户开出“委托存款单”。

1. 开户

会计分录为：

借：银行存款　　×××

　贷：代理业务负债——委托存款——XX 单位户　　×××

2. 计息

信托公司按银行同期活期存款利率，按季给委托存款计息，计息的基数是委托存款与委托贷款余额的轧差数。会计分录为：

借：利息支出——委托存款利息支出　　×××

　贷：应付利息——委托存款利息——XX 单位户书　　×××

3. 支取

委托人可随时支取委托存款，但只能限制在委托存款余额与委托贷款余额的轧差数之内。信托公司收到委托人支取委托存款的通知后，将款项划入委托人的银行账户。会计分录为：

借：代理业务负债——委托存款——XX 单位委托存款户　×××

　贷：银行存款　　×××

【例 13－2】2×19 年 3 月 2 日，华山信托公司接受 B 公司委托存款 400

万元，会计分录为：

借：银行存款　4 000 000

　贷：代理业务负债——委托存款——B公司委托存款户　4 000 000

第三节　信托公司贷款业务核算

一、贷款的种类

通常，信托公司经办两种性质不同的贷款业务，其一是信托贷款，其二是委托贷款。二者在相关主体的法律责任、经济权限等方面都存在着明显的不同。

信托贷款是指信托公司运用自有资金、信托存款或筹集的其他资金，对自行审定的企业和项目，自主发放贷款的业务。贷款的对象、用途、期限和利率等都由信托公司根据国家政策自行确定，贷款的风险责任也由信托公司承担。它的性质和用途与银行贷款相似，但更灵活、方便、及时。信托贷款的用途主要是解决企业某些正当、合理，而银行限于制度规定无法支持的资金需求。

与信托贷款完全由信托公司承担权责利不同的是，委托贷款是指信托公司接受委托人委托，在委托人存入的委托存款额度内，按委托人指定的对象、用途、期限、利率及金额发放贷款，监督使用并到期收回本息的业务。由于信托资金的运用对象、运用范围等均由委托人事先指定，信托公司对委托贷款能否达到预期收益以及到期能否收回不负任何经济责任。

二、信托贷款的核算

借款单位向信托公司提出申请后，由信托公司进行自主性审查。审查决定贷款后，由借款单位出具借据，并按要求出具贷款担保，然后与信托公司签订“信托借款合同”，合同写明贷款的金额、期限、利率等。贷款到期，信托公司收回本息。如借款单位确有困难不能还款，应在到期前提出申请，有担保的还需原担保单位承诺担保，然后经信托公司审查同意办理一次续展，续展期最长不超过半年。

（1）发放贷款时，按实际发放的金额作会计分录：

借：贷款——信托贷款——XX单位户　　×××

　贷：银行存款　　×××

（2）期末计提贷款利息，通常情况下，信托公司按季根据每个借款单位的借款积数分别计算利息。会计分录如下：

借：应收利息——信托贷款利息——XX单位户　　×××

　贷：利息收入——信托贷款利息收入　　×××

（3）到期收回贷款本息时，按实际收到的金额作会计分录：

借：银行存款　　×××

　贷：贷款——信托贷款——XX单位户　　×××

　　应收利息——信托贷款利息——XX单位户　　×××

（4）期末，应对客户贷款进行全面检查，并合理计提贷款损失准备。委托人以信贷资产设立信托而取得的客户贷款，若未终止确认，则不计提贷款损失准备。期末计提贷款损失准备的会计分录为：

借：贷款损失准备　　×××

　贷：资产减值损失　　×××

当客户贷款到期（含展期，下同）90天后仍未收回的，或者客户贷款尚未到期而已计提应收利息逾期90天后仍未收回的，或者客户贷款虽然未逾期或逾期未超过90天但借款人生产经营已停止、项目已停建的，应将原已计入损益的利息收入转入表外核算，其后发生的应计利息纳入表外核算。

已计提应收利息转入表外核算时，按所转应收利息金额，借记“利息收入”科目，贷记“应收利息”科目。已转入表外核算的应收利息以后收到的，应按以下原则处理：

①本金未逾期，且有客观证据表明借款人将会履行未来还款义务的，应将收到的该部分利息确认为利息收入。收到该部分利息时，按收到的金额，借记“银行存款”科目，贷记“利息收入”科目。

②本金未逾期，且无客观证据表明借款人将会履行未来还款义务的，或本金已逾期的，应将收到的该部分利息确认为客户贷款本金的收回。收到该部分利息时，按收到的金额，借记“银行存款”科目，贷记本科目。

【例13-3】华山信托公司贷放给华发公司信托贷款600万元，年利率

6.5%，期限1年，采取利随本清的结息方式。发放贷款的会计分录为：

借：贷款——信托贷款——华发公司　　6 000 000

　　贷：银行存款　　6 000 000

到期收回贷款本利的会计分录为：

借：银行存款　　6 390 000

　　贷：贷款——信托贷款——华发公司　　6 000 000

　　　　利息收入——信托贷款利息收入　　390 000

三、委托贷款的核算

由委托人向信托公司提出办理委托贷款的申请，信托公司审查同意后与委托人签订委托贷款合同。委托人按合同向信托公司交存委托基金，信托公司为其开立委托存款户，专项存储。信托公司按委托人指定的对象或项目、金额、期限及利率等发放贷款，并督促借款单位按期归还贷款。委托期满，信托公司将已收回的委托贷款和尚未发放的委托存款退回委托人，并收取规定的手续费。手续费按委托金额和期限征收，手续费率每月最高不超过3‰，付款方式、时间由双方商定。需要注意的是，如有到期未收回的委托贷款，信托公司应保留相应委托资金，待委托贷款全部收回再予以全部归还。

1. 发放贷款

委托贷款的发放，事先要由委托人通过书面形式通知信托公司，内容包括贷款单位名称、贷款用途、金额、时间、利率等。借款单位按规定要向信托公司报送有关资料，并填写借据，签订借款合同。然后，信托公司将贷款款项划到借款单位的银行账户里。会计分录为：

借：代理业务资产——委托贷款——XX单位委托贷款户　×××

　　贷：银行存款　　×××

2. 收取手续费

信托公司向委托人收取手续费，作为委托贷款业务的劳务收入。手续费计算基数以委托贷款额为准，按双方商定的比率收取。会计分录为：

借：银行存款　　×××

　　贷：手续费及佣金收入——委托贷款手续费收入　　×××

如果按存贷利差收取手续费，则是在按季计算贷款利息时一并收取。会计分录为：

借：银行存款　　×××

　　贷：应付受托人报酬 ——XX 单位户　　×××

　　　　手续费及佣金收入——委托贷款手续费收入　　×××

3. 结息

信托公司负责按季收取利息，在委托贷款到期时付给委托单位。会计分录为：

借：银行存款　　×××

　　贷：应付利息——委托贷款利息——单位户　　×××

委托贷款到期时，由信托公司负责收回。信托公司作会计分录如下：

借：银行存款　　×××

　　贷：代理业务资产——委托贷款——XX 单位委托贷款户　×××

如果协议规定贷款收回后终止委托，则将款项划转到委托方的存款账户里，并作如下会计分录：

借：代理业务负债——委托存款——XX 单位户　　×××

　　贷：银行存款　　×××

【例 13-4】华山信托公司接受 B 公司委托，贷放给金山贸易公司委托贷款 3 000 万元，贷款期限 1 年，年利率为 9.5%。双方约定华山信托公司在放款时按照贷款金额的 2% 向委托方收取手续费。华山信托公司放款时的会计分录为：

借：代理业务资产——委托贷款——金贸公司委托贷款

　　30 000 000

　　贷：银行存款　　30 000 000

向委托方 B 公司收取手续费的会计分录为：

借：银行存款　　60 000

　　贷：手续费及佣金收入——委托贷款手续费收入　　60 000

贷款到期时，信托公司代为收回贷款本息，会计分录为：

借：银行存款　　32 850 000

　　贷：代理业务资产——委托贷款——金贸公司委托贷款

　　30 000 000

　　　　应付利息——委托贷款利息——B 公司　　2 850 000

第四节 信托公司其他业务核算

信托公司的其他信托业务，通常包括投资基金信托、公益信托、拆出信托资金、咨询、担保等。

一、投资基金信托

投资基金信托是信托公司受托经办国家有关法规允许从事的投资基金业务。具体账务处理如下：

批准办理时，作如下会计分录：

借：银行存款　　×××

　　贷：实收信托——投资基金信托　　×××

终止时，作如下会计分录：

借：实收信托——投资基金信托　　×××

　　应付受托人报酬　　×××

　　贷：银行存款　　×××

二、公益信托

公益信托是信托公司为公益目的而设立的信托，公益项目包括救济贫困，扶助残疾人，发展教育、科技、体育、文化、艺术事业，发展医疗卫生事业，维护生态环境，发展其他有利于社会的公共事业。

当信托公司办理公益信托业务时，按实际收到的金额或财产价值，会计分录如下：

借：银行存款　　×××

　　贷：实收信托——公益信托　　×××

公益信托应按信托类别、委托人进行明细分类核算。

三、代理、咨询、担保等业务

信托公司接受客户的委托，以代理人身份，代为办理其指定的经济事项的业务称为代理业务。代理业务不要求委托人转移其财产所有权，信托公司一般只发挥财务管理职能。信托公司办理的代理类业务主要有：代理收付款业务、代理有价证券业务、代保管业务、代理保险业务、担保签证业务、代理会计事务业务等。

信托公司办理代理业务，在一定程度上会影响信托公司的资产负债情况，如代收、代付款项，要涉及公司银行账户的变动，担保业务也可能会形成公司的一项负债，即或有负债，因此有必要对这些业务进行核算。

（1）当办理代理业务收取手续费时，会计分录如下：

借：银行存款　×××

　贷：手续费及佣金收入——XX 代理业务收入　×××

（2）办理代付业务。当委托人拨来代付资金时，会计分录如下：

借：银行存款　×××

　贷：实收信托——代理付款——XX 单位户　×××

办理代付业务，付出款项时，作相反会计分录：

借：实收信托——代理付款——XX 单位户　×××

　贷：银行存款　×××

（3）代收业务。办理代收业务，代委托人收款时，会计分录如下：

借：银行存款　×××

　贷：实收信托——代理收款——XX 单位户　×××

将款项交付委托人，作相反会计分录：

借：实收信托——代理收款——XX 单位户　×××

　贷：银行存款　×××

（4）代保管业务。信托公司开办代保管业务所保管资产的所有权仍属委托者，会计分录如下：

借：实收信托——代保管财产　×××

　贷：实收信托——委托人　×××

第十四章
信托公司业务管理探讨

本章精要

三十年河东，三十年河西，信托行业的潮起潮落轮番上演。进入本轮快速发展的历史阶段之后，全国信托行业所管理的信托资产规模在2015年已经突破“16万亿”的历史大关。自2009年开始连续4个年度保持50%以上的增长率，信托行业资产规模先后在2010年超过了公募基金资产总额、2012年又超过整个中国保险业资产总额。高速增长的同时，让人也开始感觉到其后劲有所衰减，尤其是在中国经济新常态和金融改革不断深化的大背景下，信托业不得不开始步入全面布局转型发展的时期。这既是对金融市场短期因素扰动、中长期经济波动因素的被动反应，也是信托业为适应经济新常态而进行的主动调整。

本章将分三个方面来阐述信托公司业务管理的探索之路：一是信托业的发展概况与运营趋势，二是信托业近年的创新形势及主要着力点分析；三是与创新相伴而行的风险控制问题如何突破。

第一节　信托发展与运营态势

一、信托的起源与轨迹

信托与银行、证券、保险并称为金融业四大支柱。信托行业连接着货币市场、资本市场、产业市场，既能融资又能投资，被称为金融百货公司。有文字记载的信托活动已有3 800多年历史，最早可追溯到公元前2548年古埃及人写的遗嘱，而英国则是原始特性信托发源地，不过信托业逐渐发展壮大并具有一定社会影响力的国度，则是美国和日本。

回顾中国信托史，始于20世纪初的上海。第一家专业信托投资机构——中国通商信托公司于1921年8月在上海成立。1979年改革开放后国内第一家信托机构——中国国际信托投资公司宣告成立，开始了新中国信托业的全新历史阶段。不过，改革开放以来，中国信托行业的发展已经先后经历了五次“过山车”式的大发展与大整顿：一是1979年后，在财政收入分成制度实施、强化地方政府经济利益的背景下，全国各地产生了信托机构蓬勃发展的强烈动机，信托公司俨然成为地方政府融资平台而被高速推进。1982年，国务院发布《关于整顿国内信托投资业务和加强更新改造资金管理的通知》，规定除国务院批准和国务院授权单位批准的信托投资公司外，各地区、各部门不得办理信托投资业务。二是1983年，央行提出凡是有利于引进外资、引进先进技术，有利于发展生产、搞活经济的各种信托业务都可以办理，这又一次催生了信托行业高潮，信托重复着银行信贷业务，导致了货币市场信贷失控和货币投放失控。1984年底，央行再次将信托业务作为清理对象。这是信托业的第二次整顿。三是1986年，央行先后发布《金融信托投资机构管理暂行规定》和《金融信托投资机构资金管理暂行办法》，对信托行业的管理强调纳入法制轨道。此后，在利率市场化改革背景下，信托行业再次掀起发展高潮，加剧了通货膨胀。1989年，央行根据《中共中央、国务院关于清理整顿公司的决定》和国务院《关于进一步清理整顿金融性公司的通知》宣布对信托业进行清理整顿，以控制货币、稳定金融。四是1992年改革开放的新热潮，房地产兴起、信托行业也随风潜入夜，一方面经营银行业务，一方面经营证券业务。1993年6月，中央决定进行宏观调控，整顿金融秩序，要求银行与信托分业经营，分业管理。五是1998年央行开始第五次整顿，保留少量规模大、效益好、管理严格、真正从事受托理财业务的公司，实现信托业与银行业、证券业的分业经营、分业管理。

在这些整顿中，每次的原因也是不断发展变化的。其中，前三次的原因是信托业务与银行业务的同质化，加剧了信贷资产投放量，引发通货膨胀，削弱了政府宏观调控力度，从而引发监管层的大规模整顿。第四次整顿的原因是信托公司不仅经营银行业务，而且经营证券业务，管理混乱，这与政府期待分业经营、分业管理的金融秩序思路并不相符。第五次整顿的导火线是业务定位不清，并未归位于受托理财业务的本位，且风险管理能力不足，出现兑付危机，从而受到监管层整顿管理。

二、信托行业的现有态势

就近年来整体态势看，信托业在适应经济新常态过程中经受了关联市场波动的考验，更加注重提高发展质量和效益，行业转型初露成效，业务结构日趋合理，事务管理和投资功能显著增强，资产主动管理能力明显提升，资金供给端与资产需求端匹配度不断提高。同时在经济下行和竞争加剧的双重挑战下，信托行业面临着增幅放缓、业绩下滑、个案风险增加等挑战，逐渐步入转型发展的阶段。

（一）信托资产规模呈合理增长态势

全国68家信托公司管理的信托资产规模在2015年为16.30万亿元，2016年为22万亿元，2017年为26.25万亿元，持续高速增长，不断创造新高，固有资产规模及所有者权益呈现出稳中有升的格局，尽管随着信托业资本实力的扩充和信托保障基金的实施，信托行业整体风险可控，不会发生系统性风险，但是“高处不胜寒”，高速增长也导致整个信托公司内生了一定的脆弱性。

（二）市场变化下的结构优化

在总体规模前提下，进一步分析信托行业具体特征，可以归纳为：信托客户“三足鼎立”+信托功能“三分天下”+信托投向“五大领域”。

1. 信托客户的“三足鼎立”特征

从信托财产来源看，仍然以资金信托为主、财产信托为辅。从资金信托这一层面的客户结构看，“单一大客户驱动的单一资金信托+合格投资者驱动的集合资金信托+银行理财客户驱动的银信合作单一资金信托”构成的“三足鼎立”的布局继续呈现。大体结构为：单一大客户驱动的单一资金信托占比40%左右，集合资金信托占比30%左右，银信合作单一资金信托占比为22%左右。从财产信托尚未激活的原因分析：一是我国目前财产主要属于生活资料（如住房）和生产资料（如股权、固定资产等），其信托需求不明显；二是制度障碍，有较强信托需求的财产，如不动产、股权、应收账款等，由于信托财产过户制度、信托财产登记制度以及信托税收制度等不健全，阻碍了其进入信托市场，其信托需求被强行抑制。

2. 信托功能的“三分天下”特征

从信托功能看，融资类信托占比继续下降，首次降到了40%以下；与此同时，投资类信托和事务管理类信托占比稳步提升，占比分别达到30%。过去融资信托一枝独秀的局面已经得到根本扭转，融资信托、投资信托和事务管理信托“三分天下”的格局得以形成。进一步分析，信托业务功能“三分天下”的格局，正是信托业适应理财市场需求结构变化、主动谋求转型的结果。在降低融资信托业务的同时，加大了具有浮动收益特征的权益性产品的开发，现金流管理业务、私募基金合作业务、私募股权投资信托业务、基金化房地产信托业务、资产证券化业务以及受托境外理财业务等资产管理产品均有明显的发展；与此同时，以事务管理驱动的服务信托业务，比如土地信托、消费信托、年金信托、养老信托、公益信托等也均有显著发展。信托功能的多元化，对于信托业的转型发展具有重大意义：一是融资信托的大幅度下降，在微观上适应了私募融资市场萎缩的变化，在宏观上消除了长期笼罩在信托业头上的“影子银行”阴影；二是投资信托和事务管理信托的稳步提升，微观上适应了投资者的多元化资产管理需求和高净值客户的财富管理需求，宏观上预示了信托业转型发展的根本方向。

3. 信托投向的“五大领域”特征

从信托财产的运用领域来讲，信托公司以其“多方式运用、跨市场配置”的灵活经营体制，总能根据政策和市场的变化，适时调整信托财产的配置领域。资金信托主要投向工商企业、基础产业、金融机构、证券投资和房地产五大领域，但资金信托投向在上述领域的占比有较大程度的变化，市场化对信托资产配置领域变化的驱动非常明显。对工商企业仍是资金信托的第一大配置领域，但是占比有明显的下降，信托业对工商企业的资金运用开始偏向谨慎；投向基础产业是资金信托的第二大配置领域，占比为20%左右。近年来的减少，与基础产业过度投资、地方债务风险显现有密不可分的关系。对金融机构则是资金信托的第三大配置领域，占比20%以内，主要源于信托业强化金融协同、金融业投资及其资产运用波动不大和回报稳定等市场因素。对证券投资是资金信托的第四大配置领域，主要缘于资本市场投资价值的显现以及投资多元化资产配置需求等市场因素。对房地产是资金信托的第五大配置领域，与房地产市场的短期波动平稳、中长期风险暴露增加的特点有关。总之，从信托资金投向看，投向非实体经济部门（包括金融机构及证券投资）

的规模占30%左右；投向实体经济部门（包括工商企业、基础产业等）规模占比70%左右，表明信托业依然是实体经济的坚定支持者。

展望未来，一方面，我们强调信托业的整体转型方向应当跟上国家明确提出“补短板”的投资领域与重点；另一方面，我们看到信托公司高度重视转型，在互联网信托、家族信托、消费信托、消费众筹平台、艺术品信托、PPP项目、资产证券化、产业基金、私募股权投资信托业务、单独账户管理、海外资产配置等方面的创新为信托业注入新动力。同时信托公司要清醒认识到现实的创新空间不仅要花大力气开发，还要突破许多制度性约束和障碍，决非一年之功。

因此，探索新常态下的信托行业发展之路，加大创新开拓力度，显然是务实之举。同时应当深刻总结前面数次全行业快速发展与深度整顿调整的轮番上演的经验与教训，增强可持续发展理念、加强公司内部控制与财务风险管理，以增强信托公司的可持续发展能力与核心竞争力。

第二节　信托业创新发展探索

得益于灵活的投资范围，信托公司在很大程度上扮演着“通道”角色，其业务大多也是以融资方为主导。我们必须看到，经过将十多年的高速发展后，传统业务增速逐渐减缓。这一趋势的背后是信托产品严重同质化，使得传统业务竞争愈发激烈；为了防范系统性风险，监管层方面对传统信托业务的限制越发严厉；行业规模不断扩大的同时，问题项目逐渐暴露；泛资管时代信托制度优势逐渐被削弱……似乎整个信托业弥漫着浓厚的悲观情绪。事实上，信托公司早已在创新业务创新与转型之路上迈出了探索的脚步。

总体上来看，经过早期初步探索和近两年的持续创新，信托公司已经将未来布局重点转向了实现信托财富管理、私人银行的功能定位上来。其中某些新型业务有着广阔的市场前景和空间，在不久的将来或将替代传统业务，成为信托行业新的发展方向和利润增长点。

一、清晰认识形势，精准研判行业商机

（一）市场需求仍然旺盛

当前，我国信托资产规模占GDP的比重，相对于发达经济体而言还不高，

市场依然具有很大发展空间。这是一个基本规律所决定的未来空间，即便是算上银行理财、券商资管、基金子公司专项、保险资管、期货资管等众多金融产品，从广义大资管市场分析，其规模占 GDP 的比重也处于较低水平。而我国人均 GDP 和居民人均可支配收入相比发达市场也还有很大差距，随着居民收入和财富增长，资产管理和财富管理需求必然攀升。这就从根本上决定了信托市场的未来空间仍然可以持续扩大。

（二）信托业务仍然可靠

信托业（Trust Industry）的本来含义就是“受人之托、代人理财”。在一次次风雨洗礼与危机暴发过后，信托总是显得如此珍贵。保值增值是企业和个人的恒定追求，在经济高速发展时，人们都想着财富更多增值，不过，股市火爆则总是让人容易忘记风险；而在经济低迷阶段，保值需求便会凸显；危机过后，信托又成为人们追捧的对象。在现阶段，或许大部分人士选择信托只是因为其收益率较高，而在经历了危机和失败的选择后，人们对于信托产品的认知也将更加全面。

（三）业务拓展指日可待

未来信托行业的创新转型并不仅仅是信托公司这一个体点。伴随着我国经济进入新的历史发展阶段，“三期叠加”势必会诱导整个经济包括信托行业的业务创新与转型升级，在经历了从死而生的蜕变之后，信托公司的业务模式也将会彻底实现业务创新与转型。未来不排除有信托公司被收购甚至出现破产，但信托业务仍然是具有活力的业务。

二、创新步伐相对迟缓的原因

近两年，信托行业和信托公司业务创新与转型的呼声纷纷出现，但是，就整体情况而言，似乎进行得并不顺利，在信托资产规模越来越大的同时，信托业务却越来越难做，业务创新总是昙花一现。分析其原因，以下几点值得关注：

（一）传统业务仍有市场空间

近年来，我国经济运行面临下行压力，一些传统融资领域潜在风险积聚，这都对信托等非标融资业务造成了巨大影响。但为了保证经济不出现系统性风险，政府出台了促进房地产市场健康发展的众多鼓励措施，尤其是市场利率进入下行通道，金融产品收益率一降再降，而股票市场的不景气则令固定收益信托再一次爆发。传统业务由此获得喘息机会。

（二）业务创新与转型并未触及业务模式重构

过去的信托业务创新与转型，大多数信托公司都是跟着市场热点走，所谓的业务创新与转型只不过是在地方政府融资平台业务、房地产业务、证券投资信托业务间来回转换，可能更多是为了规避监管而在交易结构方面进行创新，但其实质还是在寻找不同融资主体，并未触及业务模式的重构。因此我们发现，信托公司业务创新与转型喊了半天，虽然也有土地流转信托、资产证券化、互联网信托等创新业务出现，但业务还是一样的单一化和同质化，信托公司并没有找到新的稳定的盈利增长点。

（三）信托公司当前的主基调是防风险

业务创新与转型是一个漫长的过程，信托业务创新与转型与中国经济业务创新与转型的逻辑相一致，都需经历一个从高速增长向中高速增长的过程，都需要进行结构调整，都需要通过创新寻找新的动力源。当前信托公司的主基调是防风险，创新乏力也就不足为奇了。

三、创新的关键着力点分析

过去，信托业务创新与转型之所以显得缓慢，一方面是信托公司还未到生死时刻（观念问题），另一方面是不知道该如何下手（行动问题）。就如同人生病，很多人起初只随便吃点药就以为可以缓过来，直拖到危机时刻才想起手术，可手术带来的痛苦却是剧烈的。目前的信托公司似乎也陷入重症生死时刻（没业务可做、没业务敢做），因此必须进行手术（重构业务循环系统）。

除了在观念上需要进行更新之外，信托业务创新与转型的关键还是对资金来源端和资产管理端的把控。信托公司的三大业务私募投行、资产管理、财富管理，都需要进行资金的获取和使用，只不过之前并没有做到系统化和专业化。在从传统的私募投行向资产管理和财富管理过程中，信托公司的角色也将从融资中介转化为投资管理人，做真正的受托人，这就需要强大的风险管理能力、投资研究能力和信息系统支撑，信托公司要摸索并建立充分发挥信托制度优势和特色的资金来源端、资金运用端和风险管控模式。

还有一个问题是信托的私募属性应该继续保持。当前，信托产品被当作非标准化产品进行监管，信托仍未摆脱被边缘化的感觉，未来则仍将是我国多层次资本市场中的重要金融产品。因为目前金融业混业经营的趋势愈演愈烈，金融监管的格局也可能会随之转变，对于金融机构和金融产品的监管也会更加协调。尽管信托公司在开发现金管理类产品和支持国家重大专项建设（铁路发展基金等）时，可以因地制宜地降低投资者门槛，目前互联网金融和普惠金融概念也炒得十分火爆，但总体来看，信托的私募属性还应该继续保持，对于委托人的准入门槛也应该继续坚持甚至适当提高，不能为了追风而放弃了信托为高净值客户服务的宗旨。

第三节　信托公司财务风险分析

在企业管理理论和实践中，财务风险的管理与控制是其中很重要的一环。信托资产规模巨大增长的背后也肯定隐藏着巨大的风险，信托公司如何有效管理财务风险对于信托业长远发展至关重要。掌握和提高信托公司财务风险的识别能力与管理能力，必将成为未来信托公司稳健运行与持续发展具有重要的理论和现实意义。

一、信托公司财务风险的概念

（一）风险与财务风险概述

风险，就其普遍含义而言，是一种主观行为的目的与客观成果之间的不确定性，或者是收益不确定性，或者是代价（损失）不确定性。风险管理意味着努力规避损失而导向收益。从信托公司风险表现看，通常包括信用风险、市场风险、流动性风险、操作风险、法律风险等几大类。由于各种风险产生的原因不同，对各种风险的管理方法不同，信托公司的重视程度也不同。上述风险的发生，都有可能导致信托公司财务状况发生变化。因此对信托公司财务风险的管理就颇为重要。

财务风险是指在各项财务活动中，由于各种难以预料或控制的因素影响，财务状况具有不确定性，从而使企业有蒙受损失的可能性。按财务活动的主要环节，可以分为流动性风险、信用风险、筹资风险、投资风险，按可控程度分类，可分为可控风险和不可控风险。从某种意义上看，金融机构就是管理风险的企业，在风险和收益之间作出权衡，信托公司风险管理也不例外。

（二）引起信托公司财务风险分类

在信托公司面临的各种风险中，一类是不可度量的风险，如操作风险、法律风险、声誉风险等；另一类是可度量风险，如信用风险、市场风险、流动性风险等。本章讨论的财务风险属于可度量的风险。信托公司把可度量的风险管理好，可以促进对不可度量的风险的管理。例如对信用风险、市场风险的管理，降低融资方的违约率，从而可以加强对声誉风险的管理，而信托机构的声誉是信托机构得以存在的基础。

根据信托公司自身特点，信托公司财务风险主要有以下几类：

信用风险是指信用活动中，由于信息不对称，对交易对手信息掌握不充分，遭受损失的可能性。比如：对借款人、担保人的资信情况，项目技术和市场情况等缺乏必要的调查研究；对担保、抵押的资产价值不能进行准确的评估。还有由于信托项目存续期融资方的经营状况发生恶化，不能按初始条件偿还本金，形成不良资产等。

市场风险是指因股市价格、利率、汇率等的变动而导致未预料到的潜在损失的风险。

股票价格风险是指由于信托公司投资股票的价格发生不利变动而带来损失的风险。

汇率风险是指由于汇率的不利变动而导致信托公司发生损失的风险。

利率风险是指利率变动的不确定性给信托公司造成损失的可能性。

流动性风险是指在信托项目到期时，未能在信托合同规定的时点完成项目兑付的风险。由于缺乏稳定的负债支撑，信托公司不能以合理的利率借入资金以应付资金周转不灵。在项目具体运作中，出现兑付危机时，信托公司会通过将信托受益权转让给资产管理公司，信托公司股东购买信托受益权等方式化解危机。

投资风险是指投资收益的不确定性给委托人带来损失的可能性。在固定收益类投资产品中，信托产品的收益率最高。信托公司往往追求高回报，造成对投资项目和合作对象选择不当，资产质量较差，致使投资的实际收益率低于预期收益率，甚至本金遭到损失。

除了信用风险、市场风险、流动性风险、投资风险等，还有其他能引发信托公司财务风险的风险。所有这些风险如果管理不善，缺乏有效的风险管理措施，对业务中存在的重大与财务状况有关的风险不能及时察觉，会造成信托公司自身财务状况恶化，长期积累可能会引起更大的危机，甚至危及整个行业的健康发展。

二、信托公司财务风险管理态势

（一）信托公司财务风险管理的外部环境

企业是一个经济组织，也是一个社会组织。任何一家信托公司，风险的衍生与认知意识、管理与控制能力的强弱不仅取决于自身的内部要素，还取决于相关的外部环境。

1. 社会信用体系缺乏

信托是社会信用的缩影，目前我国的征信体系还在建设初始阶段，企业的诚信理念还未普及应用，更谈不上没有得到强化和固化。在此环境下，对企业信用风险的审查还停留在信托公司内部，审查范围比较窄，缺乏社会公众的道德监督，相应就增加了信托公司的潜在风险。信用风险是目前我国最大的金融风险，因此，诚实守信的环境与信托事业一脉相承，必须加强社会信用体系建设，增强社会监督职能，降低借款人违约率，从而降低信托公司信用风险，保护受益人财产安全。

2. 兑付事件频出，刚性兑付难破

随着信托管理资产规模的扩张，信托风险开始逐渐暴露。整个信托行业，即使是第一梯队的信托强者也会出现兑付问题。这些兑付事件只是信托业兑付危机的缩影，实际业务还有很多类似事件。出现类似危机，信托公司的处理方式主要有以下几种：找到新的投资者、进行信托受益权转让，信托公司控股股东等关联方实现兑付等。虽然这些项目最终都实现兑付，但是对整个行业的声誉影响不可忽视。因此信托公司应不断完善对信托项目的风险控制。与此同时，从信托公司管理的资产总额及信托行业现有从业人员数量看，相比其他金融机构，信托行业人均管理资产规模更大。而信托从业人员的研究能力由于客观原因又相对较弱，管理风险的能力也相对较弱。因此，提高风险管理能力，尤其是财务风险的管理能力，对于整个信托业的长远发展至关重要。

3. 和其他金融机构相比，信托业劣势更不容忽视

和其他金融机构相比，信托机构的优势主要体现在两方面，即在法律制度方面，信托具有破产隔离和横跨资本市场、货币市场、产业市场三大领域的制度优势。信托财产独立于委托人、受托人，不受两者破产的影响。信托

建立后，信托财产就实现了支配权和收益权的分离。信托公司是产业资本和金融资本融合的理想结合点。在经营模式方面，与其他金融机构不同，信托机构固有业务与信托业务分离，各信托业务单独管理、单独核算、风险相互分离。但是，在现实中，信托业作为我国金融体系的后起之秀，目前社会影响力还不及银行、保险、基金、证券，信托业的社会认同度有待提高。由于其发展时间较短，要赢得投资者信赖，仍然需要一个过程。相比于其他金融机构资产管理业务，信托公司有以下弱点：一是产品均为私募性质，无公募性质产品，目标客户主要是高净值群体，客户群体相对狭窄。二是大部分信托公司研究实力不强，很多信托公司都以项目为导向，业务部门工作繁忙，研究工作占用时间较少。很多信托公司并未设置研究部，研究实力相对处于弱势，尤其在宏观经济研究、行业研究和区域经济研究方面表现得更为突出。三是信托公司销售渠道不够通畅，信托公司的销售渠道有三部分，分别是项目托管银行的私人银行部、第三方理财机构、信托公司自己成立的财富管理中心。信托的社会基础相对较弱、公众认知度相对较低也导致了信托对风险的转移能力弱。

（二）信托公司财务风险管理的内部环境

尽管外有各种诱惑，但是，根本的能力还在于自身内部如何应对。因此，内部环境至关重要。

1. 财务风险管理方法相对落后

信托公司作为金融类企业，在财务风险管理中，重视定性分析，较少关注定量分析。比如，在业务开展过程中，业务部门和风险管理部门更多关注资金投向的政策合法性，资金运用过程中的安全性，以及信托资金到期时本金收益的安全回收等。信托公司对于信托资金运用过程中企业信用状况的持续跟踪缺乏行之有效的定量分析方法，同时缺乏有效的信息系统支持。上述情况是在信托公司逐渐发展壮大的过程中必然会经历的问题。产生的原因是多方面的，比如：信托业务发展迅速，但资深从业人员相对较少，人均管理资产规模以及人均管理项目数量相对较多，难以对财务管理风险进行全面的风险测度；此外，业务快速发展，而内部信息管理系统相对落后，难以满足业务需求。

2. 信托公司内部公司治理存在问题

不同类型的金融机构，内部公司治理表现出不同的特点。比如：银行为风险管理而在部门设置上相对细化，对由于贷前、贷中、贷后各环节的原因引起的违约事件都可具体到某一部门负责。对于信托公司，其风控责任主要集中在业务部门，由信托经理对其所管理的业务负主要责任，并作为其绩效考核的主要标准之一。这种仅注重一线的事前管控而事中事后管控相对弱化的格局，表明在公司内部治理方面，业务部门由于承担责任较多，对于风险管理部门来说处于相对强势的地位，难以形成有效的制衡。

3. 银信合作业务仍占比较高

银信合作是银行通过信托理财产品的方式为企业提供贷款。目前银信合作业务在信托业务中仍占较大比例，银行仍作为信托业务风险的最后承受者，最终的风险在银行端，信托公司自主管理仍不积极。从信托业发展过程来看，银信合作业务是信托业“祖业”，但难以成为信托业主业。从信托公司可持续发展的角度看，必须逐步建立起自主管理财务风险的体系，提高自身竞争力。

（三）信托公司财务风险管理现状总结

基于信托公司内外环境分析之后，再来看一看信托公司财务风险整体运行情形。金融危机提高了我国金融企业财务风险管理意识，而信托业兑付危机频发，同样提高了信托业相关各方的风险意识。近年来，不论是信托公司，还是监管机关，都有了一定的进步：

一是监管层在信托公司风险管理方面出台了相关政策指引。中国银监会于2010年发布《信托公司净资本管理办法》，明确规定信托公司应实施净资本管理，建立以净资本为核心的风险控制指标体系，加强信托公司的风险监管。要求信托公司计算净资本和风险资本，并持续要求信托公司净资本和风险资本的比值不小于100%，建立风险资本与净资本的对应关系，使各项业务的风险资本具有相应的净资本支撑，促使信托公司将有限的资本在不同风险状况的业务之间进行合理的配置，引导信托公司根据自身净资本水平、风险偏好和发展战略进行差异化选择，实现对总体风险的有效控制。进一步地，2014年，银监会下属《关于信托公司风险监管的指导意见》（即99号文），诸多具体措施涉及信托公司风险监管的各个方面，要求信托公司建立流动性支持和资本补充机制，即信托公司股东应承诺或在信托公司章程中约定，当信托公司出现流动性风险时，给予必要的流动性支持，在信托公司经营损失侵蚀资本的，应在净资本中全额扣减，并相应压缩业务规模，或由股东及时补充资本。这被信托业界称为“史上最全面”的信托公司风险监管文件。

二是在信托公司层面。国内信托公司已经开始了一场全新的以风险管理与控制为主的行业革命。不过，就目前情形分析，国内信托机构在财务风险管理方面也作了很多积极探索，但是现阶段我国信托机构的内部控制体制及财务风险定量分析仍比较落后，财务风险管理部门组织机构和职权划分不明确，尚未形成真正意义上的财务风险管理模式。

三、信托公司财务风险管控策略

近期信托业发生一些危机，虽然有其外部制度的原因，但风险控制水平，尤其是财务风险管理与控制水平低下是导致此类问题发生的重要原因，提高信托公司财务风险管理水平对信托行业的长远发展至关重要。当前混业经营趋势逐渐明朗，信托公司的部分业务，证券公司、基金公司也可涉及，在与其他金融机构的竞争中，从财务风险管理的角度讲，信托公司显然处于劣势。

（一）企业内部控制基本规范介绍

2004 年，全球著名专业机构——COSO 委员会发布《企业风险管理——整合框架》。企业风险管理整合框架认为，企业风险管理是一个过程，它由一个主体的董事会、管理当局和其他人员实施，应用于战略制定并贯穿于企业之中，旨在识别可能会影响主体的潜在事项，管理风险以使其在该主体的风险容量之内，并为主体目标的实现提供合理保证。该框架拓展了内部控制，更有力、更广泛地关注于企业风险管理这一领域。这一风险管理框架包括了八大要素：内部环境、目标设定、事项识别、风险评估、风险应对、控制活动、信息与沟通、监控。

2008 年 5 月，财政部会同证监会、审计署、银监会、保监会制定并印发了《企业内部控制基本规范》该规范认为内部控制是由企业董事会、监事会、经理层和全体员工实施的，旨在实现控制目标的过程。企业建立与实施有效的内部控制应包括五大要素：内部环境、风险评估、控制活动、信息与沟通、内部监督。内部环境，是企业实施内部控制的基础，是其他内部控制要素的根基。一般包括组织结构、权责分配、战略的发展、人力资源政策、企业文化及社会责任等。信托公司首先应打造全员参与的内控文化，针对事前、事中、事后三大环节构建内部工作流程，把握好风险控制的关键节点，形成良好的内部控制环境。风险评估，是指企业及时识别、系统分析经营活动中与实现内部控制目标相关的风险，合理确定风险应对策略。在风险评估方面，除了目前实施的《信托公司净资本管理办法》，信托公司应根据自身发展情况，建立相应的信用评估体系及财务预警体系，建立业务数据库，实现对财务风险尤其是兑付风险的实时监控。控制活动，需要根据风险评估结果，采用相关的控制措施，将风险控制在可承受范围内。在控制活动方面，可将具体工作分配明确，责任到人，建立相应风险应对机制。信息与沟通要求及时准确地收集、传递与内部控制相关的信息，确保信息在企业内部、企业与外部之间进行有效沟通。信托公司内部相应部门可以每月在公司内部会议上，通报公司目前存续项目风险管理情况，公司高管、业务部门、风险控制部门、财务部门定期对项目可能引发的财务风险进行有效沟通，实现信息共享，尽早采用相应手段管理财务风险、控制财务风险。内部监督，要求对内部控制建立与实施情况进行监督检查，评价内部控制的有效性，发现内部控制缺陷，并及时加以改进。通过业务部门与风险管理本门相互制衡的模式，形成内部有效监督，减少风险事件的发生。

（二）建立信托公司全面风险管理体系

信托业近几年发展迅速，大部分信托公司仍以业务部门为导向，对业务部门的考核不仅包括业务部门收入，而且包括项目违约率，使业务部门的职责重叠，风险管理部门在与业务部门沟通时更多处于弱势地位。从公司内部控制的角度考虑，应将业务部门的职责一分为二，弱化对项目违约率的考核，同时将项目违约率作为风险管理部门的重要考核指标，这样风险管理部门在与信托业务部门的合作中，增强了话语权，更有利于信托公司风险管理。

引起信托公司财务风险的原因主要是信用风险和市场风险，以及包含这些风险的资产组合。建立全面风险管理体系是指将信托公司内部各种业务、各个种类的风险纳入风险管理体系，对各类风险进行测量并加总，对整体业务风险进行控制管理。

风险管理的方法主要有两类。第一类是基于组织结构体系对全面风险标准化度量的全面风险管理方法 - ERM。其核心理念是从企业整体的角度，对整个机构内部各个层次的业务单位和业务环节的各个种类的风险进行整体管理。ERM 要求对市场风险、信用风险、操作风险等各种风险、各种风险所涉及的金融资产与资产组合以及承担具体风险的各个业务单位，进行全面有效的整合管理。第二类是基于风险决策因素的全面风险管理理论 - TRM。其核心思想是从系统决策的角度出发，引入风险管理策略的三因素概念，这三因素包括概率、价格和偏好因素。风险管理的目标是谋求三要素的最优均衡。价格用来确定风险防范所需支付的成本，概率用来估计风险（含衍生交易本身风险）发生的可能性，而偏好则用来确定决策者愿意承受风险的程度和信心。目前 TRM 还只是一个理论上的概念。很显然 ERM 更适合信托公司现阶段建立全面风险管理体系，信托公司应建立良好的内部控制环境，增强全员风险管理意识，根据具体业务有可能产生风险的关键点建立全面风险管理体系。根据 ERM 的要求，信托公司根据内部各部门业务计算风险，并获得信托公司整体风险。信托公司中能够引起财务风险的主要是市场风险和信用风险。对于固有业务来说，主要是市场风险的管理，市场风险的量化方法中，目前使用最为广泛的是 VAR 方法。VAR 方法及相关模型主要是运用资产定价理论、数理统计分析技术及市场风险的历史数据，评估在正常的市场条件和给定的置信度内任何一种金融资产在既定时期内所可能遭受的最大价值损失。VAR 考虑了金融资产对某一风险来源（如利率、汇率、商品价格、股票价值等基础金融变量）的敞口和市场逆向变化的可能性。不仅能计算单个金融工具的风险，还能计算由多个金融工具组成的投资组合风险，它比传统的风险测定技术，如到期时间、持续期以及缺口分析等有了更大的适应性和科学性。VAR 方法适用于对固有业务进行风险管理。对于信托业务来说，主要是信用风险的管理，因此在管理信用风险时，仍然需要其他的定量方法，以保证对财务风险进行有效管理，以下章节将对信用风险的评估办法提供建议参考。

第四篇

财报编制篇

开篇有益

财务报告是阶段性会计核算的结果。本篇将针对编制财务报告相关的事前准备、事中编制的事后分析展开。

在编制财务报告之前，通常需要学习和掌握两项内容：一是资产负债表日后事项的处理，二是关于会计政策、会计估计变更和会计差错更正。在编制财务报告之后，则主要是学习和掌握财务报表分析技术。

期货公司应当执行证券公司财务报表格式和附注规定、信托公司应当执行商业银行财务报表格式和附注规定。本篇对期货公司、信托公司的财务报表分别阐述，但信托公司报告概论与权益变动表不重复阐述，拟参照信托部分相关内容。

当然，除了年度报表之外，其他报表也都需要一一关注：中期财务报告、分部报告编制、关联关系披露、合并报表编制和金融工具列报，也都需要相应掌握与理解。

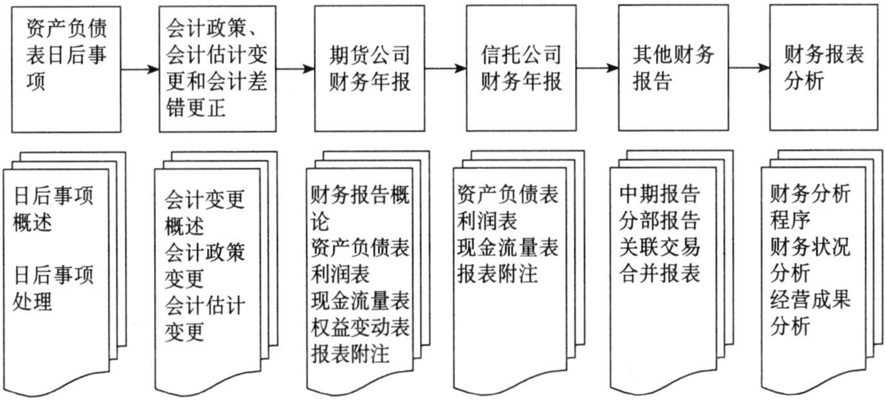

第十五章
资产负债表日后事项

本章精要

会计分期人为地将连续不断的公司经营活动分隔成前后不同的会计期间，但是，从财报使用者角度，必须前后一体地看问题。因此，需要对资产负债表日后事项进行相应的会计处理。

日后事项，很显然，首先要从时间关系上理解资产负债表日后事项的定义，即资产负债表日后事项，是指资产负债表日至财务报告批准报出日之间发生的有利或不利事项。当然，并不是指在这个特定期间内发生的全部事项，而是指与资产负债表日存在状况有关的事项，或者虽然与资产负债表日存在状况无关，但对公司财务状况具有重大影响的事项。

本章的重点，是在认识日后事项的基础上，区分不同类别日后事项的规范处理方法，即区别掌握调整事项会计处理的原则和方法。如日后事项涉及损益事项的，则通过“以前年度损益调整”核算，涉及利润分配调整的事项，直接通过“利润分配——未分配利润”核算；如日后事项不涉及损益和利润分配的事项，直接调整相关的资产、负债及所有者权益；对非调整事项会计处理，也要掌握其披露的原则与方法。

第一节 资产负债表日后事项概述

一、资产负债表日后事项的基本内涵

资产负债表日后事项，是指发生于资产负债表日至财务报告批准报出日

之间的各种有利或不利事项。为准确理解这个概念，我们需要明确以下几个层次：

第一，资产负债表日。在我国，资产负债表日，通常是指每年 12 月 31 日。根据《中华人民共和国会计法》的规定，“会计年度自公历 1 月 1 日起至 12 月 31 日止”，因此，资产负债表日是指“年度资产负债表日”。资产负债表日后事项不含 12 月 31 日发生的事项。

第二，财务报告批准报出日，即董事会或类似机构批准财务报告报出的日期。通常是指对财务报告的内容负有法律责任的单位或个人批准财务报告向企业外部公布的日期。在上市公司，财务报告批准报出日是指董事会批准财务报告报出的日期。

第三，资产负债表日后事项包括所有有利或不利的事项，即对于资产负债表日后事项在会计处理中采用同一原则进行处理。

第四，资产负债表日后事项不是指在这个特定期间内发生的全部事项，而是指与资产负债表日存在状况有关的事项，或者虽然与资产负债表日存在状况无关，但对企业财务状况具有重大影响的事项。

第五，资产负债表日后事项及其会计处理适用于企业处于持续经营状态，不涉及资产负债表日前、资产负债表日或资产负债表日后确定的终止营业。

二、资产负债表日后事项的涵盖期间

资产负债表日后事项所涵盖的期间是指资产负债表日后至财务报告批准报出日之间。对于上市公司在这个期间内涉及完成财务报告编制日、注册会计师出具审计报告日、董事会批准财务报告可以对外公布日、实际对外公布日等几个日期。其中审计报告日期是指注册会计师完成外勤审计工作的日期；实际对外公布日通常不会早于董事会批准财务报告对外公布的日期。这几个日期可用图 15－1 表示。

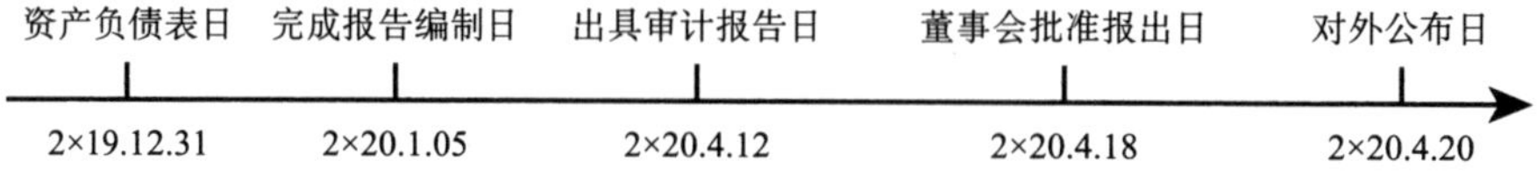

图 15－1　资产负债表日后事项时间示意图

资产负债表日后事项是以报告年度次年的 1 月 1 日起（含 1 月 1 日，下同），但应以哪个日期为截止日期？即要明确资产负债表日后事项涵盖的期间，是以报告年度次年的1月1日至董事会批准财务报告可以对外公布的日期。

应注意的是，董事会批准财务报告可以对外公布的日期至公司实际对外公布的日期之间发生的事项，也属于资产负债表日后事项，由此影响财务报告对外公布日期的，以董事会再次批准对外公布的日期为截止日期。

【例15-1】 某上市的信托投资股份有限公司2×19年的年度财务报告于2×20年1月5日编制完成，注册会计师完成整个年度审计工作并签署审计报告的日期为2×20年4月12日，经董事会批准财务报告可以对外公布的日期为2×20年4月20日（注：本章凡涉及经批准财务报告对外公布日，均假定为4月20日），财务报告实际对外公布日期为2×20年4月24日，股东大会召开日期为2×20年5月15日。

本例中，财务报告批准报出日为2×20年4月20日，资产负债表日后事项涵盖的期间为2×20年1月1日至2×20年4月20日。

如果该公司在4月20日至24日之间发生了重大事项，按规定需要调整会计报表相关项目的数字或需要在会计报表附注中披露的，经调整或说明后的财务报告再经董事会批准的报出日期为2×20年4月28日，实际对外公布的日期为2×20年4月30日，则资产负债表日后事项涵盖的期间为2×20年1月1日至2×20年4月28日。

三、资产负债表日后事项的主要类别

资产负债表日后事项，根据是否需要通过会计报表进行特殊的确认、计量与披露程序而分为两类：

（一）调整事项

调整事项，是指对资产负债表日已经存在的情况提供了新的或进一步证据的事项。这类事项所提供的新的或进一步的证据，表明依据资产负债表日存在状况编制的会计报表已不再具有有用性，应依据新发生的情况对资产负债表日存在状况的有关金额作出重新估计，并据此对资产负债表日所反映的收入、费用、资产、负债以及所有者权益进行调整。

1. 调整事项的特点

调整事项的特点体现在以下两个方面：一是在资产负债表日或以前已经存在，资产负债表日后得以证实的事项；二是对按资产负债表日存在状况编制的会计报表产生重大影响的事项。

2. 调整事项的内容

调整事项的内容通常包括资产负债表日后诉讼案件结案，已确定支付的赔偿；已证实资产发生减损；购入资产的成本或售出资产的收入发生了变化；发现了财务报表舞弊或差错。具体举例说明如下：

（1）诉讼案件结案，已确定支付的赔偿。这一事项是指，在资产负债表日以前，或资产负债表日已经存在的诉讼案件已估计了与该诉讼案件相关的预计负债，而在资产负债表日后期间诉讼案件结案，法院判决证实了企业在资产负债表日已经存在现时义务，确定了企业需要支付的赔偿款，这一事项的发生需要调整原先确认的与该诉讼案件相关的预计负债，或确认一项新负债，应对资产负债表日编制的会计报表进行调整。

【例 15－2】东明期货经纪公司与乙企业签订一项服务合同约定，东明期货经纪公司应于2×19 年 10 月 10 日提供给乙企业一项特定服务项目，由于东明期货经纪公司未按合同规定按时提供服务项目，致使乙企业发生经济损失，乙企业于 2×19 年 11 月提出起诉，要求东明期货经纪公司赔偿违约经济损失 1 500 000 元。由于案件尚在审理过程中，法院尚未作出最终判决，东明期货经纪公司于 2×19 年 12 月 31 日根据当时的资料判断很可能会败诉，估计赔偿金额为 800 000 元，并按此估计金额入账。但在财务报告批准报出前的 3 月 10 日经法院判决，东明期货经纪公司需赔偿乙企业经济损失为 1 200 000 元，双方均接受此判决，不再上诉。

本例中，东明期货经纪公司于 2×19 年 12 月 31 日结账时已经知道根据本企业违约和当时的资料判断很可能会败诉（即在 2×19 年 12 月 31 日资产负债表日，东明期货经纪公司违约和很可能败诉的事实已经存在），但没有得到法院的最终判决，按 800 000 元借记“营业外支出”科目，贷记“预计负债”科目，并编制了 2×19 年 12 月 31 日资产负债表、2×19 年度的利润表和所有者（或股东，下同）权益变动表。2×20 年 3 月 10 日接到法院判决通知，已确定赔偿金额，这就对 2×19 年 12 月 31 日存在的状况提供了新的证据，表明根据 2×19 年 12 月 31 日存在情况提供的资产负债表所估计的预计负债和利润表所估计的营业外支出以及由此引起的盈余公积、未分配利润等已不能真实反映企业的实际情况，因此，应据此对资产负债表日编制的会计报表相关项目的数字进行调整。

（2）已证实资产发生减损。这一事项是指，在年度资产负债表日以前，或在年度资产负债表日，根据当时资料判断某项资产可能发生了损失或永久性减值，但没有最后确定是否会发生，因而按照当时最好的估计金额反映在会计报表中。但在年度资产负债表日后期间，取得了确凿证据，表明该项资产已经发生了损失或永久性减值，应对资产负债表日所作的估计进行修正。

【例 15-3】 甲公司于 2×19 年 6 月 1 日销售给乙企业一批商品，应收 800 000 元，按合同约定应在 2×19 年 8 月 1 日前收回货款。在 2×19 年 12 月 31 日结账时甲公司尚未收到这笔应收账款，并已知乙企业财务状况不佳，近期内难以偿还债务，甲公司对该项应收账款提取 5% 的坏账准备。2×20 年 3 月 10 日，在甲公司报出财务报告之前收到乙企业已宣告破产通知，无法偿付全部欠款。

本例中，甲公司于 2×19 年 12 月 31 日结账时已经知道乙企业财务状况不佳（即在 2×19 年 12 月 31 日资产负债表日，乙企业财务状况不佳的事实已经存在），但未得到乙企业破产的确切证据。2×20 年 3 月 10 日甲公司正式收到乙企业通知，得知乙企业已破产，并且无法偿付全部货款，即 2×20 年 3 月 10 日对 2×19 年 12 月 31 日存在的情况提供了新的证据，表明根据 2×20 年 12 月 31 日存在情况提供的资产负债表所反映的应收乙企业账款已全部成为坏账，据此应对会计报表相关项目的数字进行调整。

（3）购入资产的成本或售出资产的收入发生了变化。这一事项是指，在资产负债表日以前或资产负债表日，根据合同规定所购入资产已经收到，按照当时确定的资产价值已经入账；或者销售的物资已经发出，当时认为与该项物资所有权相关的风险和报酬已经转移，货款能够收回，确认了收入。即在资产负债表日企业已经确认为资产或收入，并在会计报表上反映，但在资产负债表日后期间所取得的证据证明，已确认为资产的物资确实已经退货或销售的物资确实已经退回，应作为调整事项进行相关的账务处理，并调整资产负债表日编制的会计报表有关项目的数字。

（4）发现了财务报表舞弊或差错。这一事项是指，在资产负债表日后期间所取得的证据证明资产负债表日编制的财务报表有舞弊行为或差错问题，对于这些问题应作为调整事项，调整资产负债表日编制的会计报表有关项目的数字。一般来说财务舞弊均是重要事项。但发生的差错，可能是重要差错或非重要差错。

【例 15 - 4】 东明期货经纪公司 2×19 年 12 月 31 日编制资产负债表时，人为调增当年利润，没有摊销应由本年管理部门负担的财产保险费，也没有预提应由本年负担的短期借款利息费用。

本例中，东明期货经纪公司 2×19 年 12 月 31 日人为调节会计报表，在 2×20年 4 月 20 日财务报告批准报出日前的 2 月 28 日注册会计师出具审计报告，查明该事实确凿，属于财务报表舞弊事项，应调整资产负债表日编制的会计报表有关项目。

（二）非调整事项

非调整事项，是指表明资产负债表日后才发生或存在情况的事项。这类事项在资产负债表日并不存在而是其后才发生或存在的事项，其事项不影响资产负债表日存在的状况，但为了对外提供更有用的会计信息，必须以适当的方式披露这类事项。

1. 非调整事项的特点

非调整事项的特点体现在以下两个方面：一是在资产负债表日并没有发生或者存在，完全是在其后新发生的事项；二是对理解和分析财务报告有重大影响的事项。

2. 非调整事项的内容

非调整事项的内容通常包括：发生重大诉讼、仲裁、承诺；资产价格、税收政策、外汇汇率发生重大变化；因自然灾害导致资产发生重大损失；发行股票和债券以及其他巨额举债；资本公积转增资本；发生巨额亏损；发生企业合并或处置子公司。

（三）调整事项和非调整事项的异同

调整事项和非调整事项的区别在于：调整事项是事项存在于资产负债表日或以前，资产负债表日后提供了证据对以前已存在的事项所作的进一步说明；而非调整事项是在资产负债表日尚未存在，但在财务报告批准报出日之前发生或存在。

调整事项和非调整事项的共同体现在：调整事项和非调整事项都是在资产负债表日后至财务报告批准报出日之间发生的，对报告年度的财务报告所反映的财务状况、经营成果都将产生重大影响。

例如，2×19 年 8 月 10 日甲公司应收乙企业一笔货款，在 2×19 年 12 月 31 日该笔款项尚未收到，此时，乙企业经营状况良好，没有任何财务情况恶化的信息，甲公司按2%的比例计提了坏账准备。但在甲公司财务报告批准报出前的2×20年2月5日乙企业发生火灾，烧毁了全部厂房、设备和存货，甲公司立即得到消息，乙企业发生重大损失，应收账款有可能收不回来。由于这一情况在资产负债表日并不存在，是在资产负债表日后才发生或存在的事项，甲公司应作为非调整事项在会计报表附注中进行披露。

但是如果乙企业在2×19年12月28日发生火灾，由于种种原因，甲公司在2×19年12月31日或之前不知道这一情况，在资产负债表日后才得知，则应作为调整事项。因为不论甲公司是否知道，乙企业遇到火灾的事实在资产负债表日已经存在，资产负债表日之后发生的情况只是对这一情况提供了进一步的证据，表明原估计的坏账准备不足，应重新调整。

第二节　资产负债表日后事项的会计处理

一、调整事项会计处理的原则和方法

（一）调整事项会计处理的原则

企业发生的资产负债表日后调整事项，应当如同资产负债表所属期间发生的事项一样，作出相关账务处理，并对资产负债表日已编制的资产负债表、利润表、所有者权益变动表及现金流量表附注中作出相应的调整。

由于资产负债表日后事项发生在次年，上年度的有关账目已经结转，特别是损益类账户在结账后已无余额。因此，资产负债表日后发生的调整事项，应当分别以下情况进行账务处理：

（1）涉及损益的事项，通过“以前年度损益调整”科目核算。该科目属于损益类会计科目，贷方登记调整增加以前年度利润或调整减少以前年度亏损的事项，及其调整减少的所得税费用（即收入的增加或费用的减少）；该科目的借方调整减少以前年度利润或调整增加以前年度亏损的事项，以及调整增加的所得税费用（即收入的减少或费用的增加）。期末将本科目贷方或借方余额，转入“利润分配——未分配利润”科目，结转后本科目应无余额。“以前年度损益调整”科目核算的内容如图15-2所示。

以前年度损益调整

调整减少以前年度利润； 调整增加以前年度亏损； 因以前年度损益调整增加的所得税费用； 将本科目余额转入"利润分配——未分配利润	调整增加以前年度利润； 调整减少以前年度亏损； 因以前年度损益调整减少的所得税费用； 将本科目余额转入"利润分配——未分配利润

图 15－2

（2）涉及利润分配调整的事项，直接调增或调减"利润分配——未分配利润"科目。

（3）不涉及损益和利润分配的事项，直接调整相关的资产、负债及所有者权益。

（4）通过上述账务处理后，还应同时调整会计报表相关项目的数字，包括：资产负债表日编制的会计报表相关项目的数字；当期编制的会计报表相关项目的年初数；提供比较会计报表时，还应调整相关会计报表的上年数；经过上述调整后，如果涉及会计报表附注内容的，还应当调整会计报表附注相关项目的数字。

（二）调整事项的具体会计处理方法

1. 预计负债

资产负债表日后诉讼案件结案，法院判决证实了企业在资产负债表日已经存在现时义务，需要调整原先确认的与该诉讼案件相关的预计负债，或确认一项新负债。

【例 15－5】沿用【例 15－2】且假定东明期货经纪已经支付了赔偿款 1 200 000 元，假定 2×20 年 4 月 20 日为财务报告批准报出日，所得税税率为 25%，按净利润的 15% 提取盈余公积，提取盈余公积之后，不再作其他分配。假定甲、乙双方 2×19 年所得税汇缴清算在 2×20 年 2 月 15 日完成，所得税采用资产负债表债务法核算。

对该项调整事项，甲公司应进行如下处理：

（1）支付赔偿款。

①借：以前年度损益调整　400 000（补充调整营业外支出差额）
　　贷：其他应付款　　　　　　　　　　　　　　400 000

②借：预计负债　　　　　　　　　　　　800 000

贷：其他应付款　　800 000

③借：其他应付款　　1 200 000

贷：银行存款　　1 200 000

应说明的是：资产负债表日后发生的调整事项如果涉及现金收支项目的，均不调整报告年度资产负债表的货币资金项目和现金流量表各项目数字。本例中，虽然已支付了赔偿款，但在调整会计报表相关数字时，只需调整上述第一笔会计分录，第二笔会计分录作为 2×20 年的会计事项处理。

（2）调整应交所得税。

借：递延所得税资产　　100 000

贷：以前年度损益调整

100 000（400 000×25%）（调整所得税费用）

注：2×19 年末负债账面价值 500 000 元，在 2016 年所得税申报时可抵扣，而产生可抵扣暂时性差异 500 000 元；因确认预计负债 300 000 元时已确认相应的递延所得税资产，因此日后事项处理时再确认增加的 200 000 元负债对应的递延所得税资产。

（3）将“以前年度损益调整”科目余额转入利润分配。

借：利润分配——未分配利润　　300 000

贷：以前年度损益调整　　300 000（400 000－100 000）

（4）因净利润变动，调整盈余公积。

借：盈余公积　　45 000

贷：利润分配——未分配利润　　45 000（300 000×15%）

（5）调整报告年度（2×19 年）会计报表相关项目的数字（会计报表略）：

①调整资产负债表有关数字：调增其他应付款 120 000 元；调增递延所得税资产 200 000 元；调增应交税费 300 000 元；调减预计负债 800 000 元；调减盈余公积 45 000 元；调减未分配利润 255 000（300 000－45 000）元。

②调整利润表有关数字：调增营业外支出 400 000 元；调减所得税费用 100 000 元。

③调整所有者权益变动表有关数字：调减提取盈余公积 45 000 元；调减未分配利润 255 000 元。

（6）调整 2×20 年 3 月份资产负债表相关项目的年初余额。甲公司在编制 2×20 年 1 月份的会计报表时，按照调整前的数字作为资产负债表的年初数，由于发生了资产负债表日后调整事项，甲公司除了调整2×19年度会计报表相关项目的数字外，还应当调整2×20年3月份资产负债表相关项目的年初余额，其年初数按照上述调整后的数字填列。

对该项调整事项，乙企业应进行如下处理：

(1) 记录已收到赔偿款。

①借：其他应收款　　1 200 000
　　贷：以前年度损益调整　　1 200 000（调整营业外收入）

②借：银行存款　　1 200 000
　　贷：其他应收款　　1 200 000

(2) 调整应交所得税。

借：以前年度损益调整　　300 000（调整所得税费用）
　　贷：递延所得税负债　　300 000（1 200 000×25%）

(3) 将“以前年度损益调整”科目余额转入利润分配。

借：以前年度损益调整　　900 000
　　贷：利润分配——未分配利润　　900 000（1 200 000－300 000）

(4) 因净利润增加，补提盈余公积。

借：利润分配——未分配利润　　135 000
　　贷：盈余公积　　135 000（900 000×15%）

(5) 调整报告年度会计报表相关项目的数字：

①调整资产负债表有关数字：调增其他应收款12 000 000元；调增递延所得税负债300 000元；调增盈余公积135 000元；调增未分配利润765 000（900 000－135 000）元。

②调整利润表有关数字：调增营业外收入1 200 000元；调增所得税费用300 000元。

③调整所有者权益变动表有关数字：调增提取盈余公积135 000元；调增未分配利润765 000元。

(6) 调整2×20年3月份资产负债表相关项目的年初余额。乙公司在编制2×20年1、2月份的会计报表时，按照调整前的数字作为资产负债表的年初数，由于发生了资产负债表日后调整事项，乙公司除了调整2×19年度会计报表相关项目的数字外，还应当调整2×20年3月份资产负债表相关项目的年初余额，其年初数按照上述调整后的数字填列。

2. 资产减值

资产负债表日后取得确凿证据，表明某项资产在资产负债表日后发生了减值或者需要调整该项资产原先确认的减值金额。这一事项是指，在年度资产负债表日以前，或在年度资产负债表日，根据当时资料判断某项资产可能发生了损失或永久性减值，但没有最后确定是否会发生，因而按照当时最好的估计金额反映在会计报表中。但在年度资产负债表日后期间，取得了确凿证据，表明该项资产已经发生了损失或永久性减值，应对资产负债表日所作的估计进行修正。

【例 15－6】 甲信托投资股份有限公司于 2×19 年 6 月 1 日贷给乙企业 800 000 元，按合同约定应在 2×19 年 8 月 1 日前收回贷款。在 2×19 年 12 月 31 日结账时，甲信托投资股份有限公司尚未收回这笔贷款，并已知乙企业财务状况不佳，近期内难以偿还债务，该信托投资股份有限公司对该笔贷款提取 5% 的坏账准备。2×20 年 3 月 10 日，甲信托投资股份有限公司报出财务报告之前收到乙企业已宣告破产通知，无法偿付全部欠款。

本例中，甲信托投资股份有限公司于 2×19 年 12 月 31 日结账时已经知道乙企业财务状况不佳（即在 2×19 年 12 月 31 日资产负债表日，乙企业财务状况不佳的事实已经存在），但未得到乙企业破产的确切证据。2×20 年 3 月 10 日信托投资股份有限公司正式收到乙企业通知，得知乙企业已破产，并且无法偿付全部贷款，即 2×20 年 3 月 10 日对 2×19 年 12 月 31 日存在的情况提供了新的证据，表明根据 2015 年 12 月 31 日存在情况提供的资产负债表所反映的应收乙企业账款已全部成为坏账，据此应对会计报表相关项目的数字进行调整。

3. 购入资产的成本或售出资产的收入发生了变化

这一事项是指，在资产负债表日以前或资产负债表日，根据合同规定所购入资产已经收到，按照当时确定的资产价值已经入账；或者保险产品已经销售，当时认为与该保险产品所有权相关的风险和报酬已经转移，相关款项能够收回，确认了收入。即在资产负债表日企业已经确认为资产或收入，并在会计报表上反映，但在资产负债表日后期间所取得的证据证明，已确认为资产的物资确实已经退货或销售的保险产品确实已经退回，应作为调整事项进行相关的账务处理，并调整资产负债表日编制的会计报表有关项目的数字。

4. 发现了财务报表舞弊或差错

这一事项是指，在资产负债表日后期间所取得的证据证明资产负债表日编制的财务报表有舞弊行为或差错问题，对于这些问题应作为调整事项，调整资产负债表日编制的会计报表有关项目的数字。一般来说财务舞弊均是重要事项。但发生的差错，可能是重要差错或非重要差错。

【例 15-7】 甲公司 2×19 年 12 月 31 日编制资产负债表时，人为调增当年利润，将应由当年管理部门负担的财产保险费 600 000 元暂列“其他应收款”而没有进行摊销。2×20 年 2 月 28 日注册会计师出具审计报告，查明该事实确凿，属于财务报表舞弊行为（假定在计算所得税时，不考虑产生暂时性差异）。

对该项调整事项，甲公司应进行如下处理：

（1）调整管理费用。

借：以前年度损益调整　　600 000

　　贷：其他应收款——待摊费用　　600 000

（2）调整应交所得税。

借：应交税费——应交所得税　　150 000（600 000×25%）

　　贷：以前年度损益调整　　150 000

（3）将“以前年度损益调整”科目余额转入利润分配。

借：利润分配——未分配利润　　450 000（600 000-150 000）

　　贷：以前年度损益调整　　450 000

（4）因净利润变动，调整盈余公积。

借：盈余公积　　45 000

　　贷：利润分配——未分配利润　　45 000（450 000×10%）

（5）调整报告年度会计报表相关项目的数字：

①调整资产负债表有关数字：调减待摊费用 600 000 元；调减应交税费 150 000 元；调减盈余公积 45 000 元；调减未分配利润 405 000（450 000-45 000）元。

②调整利润表有关数字：调增管理费用 600 000 元；调减所得税费用 150 000 元。

③调整所有者权益变动表有关数字：调减提取盈余公积 45 000 元；调减未分配利润 405 000 元。

（6）甲公司 2×20 年 2 月份资产负债表的年初余额应按上述调整后的数字填列。

二、非调整事项会计处理的原则和方法

（一）非调整事项会计处理的原则

对于非调整事项，不需要进行账务处理，也不需要调整会计报表。但是，财务报告应当反映最近期的相关信息，以满足财务报告及时性的要求，同时，由于这类事项可能很重大，如不加以说明，将会影响财务报告使用者对企业财务状况、经营成果作出正确的估价和决策，因而需要在会计报表附注中说明事项的内容、估计其对财务状况、经营成果的影响，以提供会计数据来补充资产负债表日编制的财务报告的信息。如无法对资产负债表日后才发生或存在的事项对财务报告数据的影响作出估计，应说明其原因。

（二）非调整事项的具体会计处理方法

【例15－8】 甲公司于2×20年1月25日经批准发行三年期债券8 000 000元，面值100元，年利率4%，公司按105元的价格发行，并于2×20年4月5日发行结束。

本例属于资产负债表日后发行债券。由于甲公司发行债券是在2×20年1月25日，是资产负债表日后才发生的事项，对于这一非调整事项，甲公司在2×19年度会计报表附注中应披露与这一非调整事项有关的发行债券总额、发行价格等信息。

【例15－9】 甲公司于2×20年2月25日经董事会批准并办理了有关手续，将2 000 000元资本公积转增资本。

本例属于资产负债表日后资本公积转增资本。由于甲公司转增资本是在2×20年2月25日，是资产负债表日后才发生的事项，对于这一非调整事项，甲公司在2×19年度会计报表附注中应披露与这一非调整事项有关的增加实收资本（或股本）金额的信息。

【例15－10】 甲公司2×19年度实现净利润100 000元，但在2×20年3月31日对外宣布，一季度公司发生亏损800 000元。

本例属于资产负债表日后发生巨额亏损。由于甲公司在2×20年一季度发生亏损，是资产负债表日后才发生的事项，对于这一非调整事项，甲公司在2015年度会计报表附注中应披露与这一非调整事项有关的发生亏损的事实、原因等信息。

第十六章 会计政策、会计估计变更和会计差错更正

本章精要

任何事都处于持续不断的变化过程中。从某种视角看，变是绝对的、经常的，不变是相对的、暂时的。当然，我们的会计确认、计量的报告又必须在保持稳定不变的制度环境下进行。因此，当客观发生了会计政策变更、会计估计变更，甚至于会计差错事件时，就需要进行规范、统一的专业处理。这就是本章探讨的主题。

本章首先是在掌握会计变更的原因及具体情形前提下，分层次来解析：一是会计政策概述及其变更的原因，分析会计政策的含义、会计政策变更的原因；二是会计估计概述、特点及其变更的原因，还要掌握对会计政策和会计估计的基本要求。

其次，在上述阐述基础上，要分别掌握会计政策、会计估计变更的会计处理。会计政策变更的会计处理，要掌握追溯调整法和未来适用法的选择与使用，还要关注会计政策变更在会计报表附注中的披露。对会计估计变更，应采用未来适用法。作为难点，需要掌握会计政策变更和会计估计变更不易划分的会计处理。在这种情况下，如果不易区别会计政策变更和会计估计变更，按规定视为会计估计变更，按会计估计变更的未来适用法进行处理。

再次，是前期差错及其更正。明确前期差错的定义及产生的原因，前期差错通常包括计算错误、应用会计政策错误、疏忽或曲解事实以及舞弊产生的影响等。对重要的前期差错，采用追溯重述法进行更正。如果确定前期差错累积影响数不切实可行的，可以从可追溯重述的最早期间开始调整留存收益的期初余额，财

务报表其他相关项目的期初余额也应当一并调整，也可以采用未来适用法。对非重大前期差错，采用未来适用法进行更正。

需要明确的是，任何一个企业，都应当按照CAS28号会计政策、会计估计变更和差错更正准则的规定，结合本企业的实际情况，确定会计政策和会计估计，经其经营决策机构批准后执行，并按照法律、行政法规等的规定报送有关各方备案。企业的会计政策和会计估计一经确定，不得随意变更。如需变更，应重新履行上述程序，并按规定处理。

第一节　会计政策变更

一、会计政策的基本内涵

（一）会计政策的含义、特点和内容

1. 会计政策的含义

会计政策是指企业在确认、计量和报告中所采用的原则、基础和会计处理方法。其中：原则，是指企业在会计核算过程中按照《企业会计准则》和统一会计制度规定的原则所制定的、适合于本企业的会计制度中所采用的会计原则；基础，是指企业在会计核算中按照《企业会计准则》规定的所采用的会计计量基础；会计处理方法，是指企业在会计核算中对于诸多可选择的会计处理方法中所选择的适合于本企业的会计处理方法。从会计政策的定义，可以看出其内涵和外延都比较宽泛，涉及了会计的基本假设、会计的一般原则、具体原则和会计计量，这也体现了会计政策的不同层次。

2. 会计政策的特点

会计政策具有以下特点：一是会计政策由国家统一的会计制度规定；二是会计政策是在允许的会计原则、基础和会计处理方法中作出的具体选择；三是会计政策是企业进行会计核算的直接依据；四是会计政策应保持前后各期的一致性。

3. 会计政策的主要内容

核算中所采纳的会计政策，通常应在会计报表附注中加以披露，企业至少应当需要披露的重要会计政策包括存货、长期股权投资、投资性房地产、固定资产、生物资产、无形资产、非货币性资产交换、资产减值、职工薪酬、企业年金基金、股份支付、债务重组、或有事项、收入、建造合同、政府补助、借款费用、所得税、外币折算、企业合并、租赁、金融工具确认和计量、金融资产转移、套期保值、石油天然气开采、合并财务报表、每股收益、分部报告、金融工具列报等。

（二）会计政策变更的原因

会计政策变更，是指企业对相同的交易或事项由原来采用的会计政策改用另一会计政策的行为。

为保证会计信息的可比性，使会计报表使用者在比较企业一个以上期间的会计报表时，能够正确判断企业的财务状况、经营成果、现金流量和所有者权益变动的趋势，一般情况下，企业应在每期采用相同的会计政策，不应也不能随意变更会计政策。否则，势必削弱会计信息的可比性，使会计报表使用者在比较企业的经营业绩时发生困难。但是，也不能认为会计政策不能变更，按规定，符合下列条件之一的，应改变原采用的会计政策：

1. 法律、行政法规或者国家统一的会计制度要求变更

即按照《企业会计准则》、全国统一会计制度以及其他法规、规章的规定，要求企业采用新的会计政策，则应按照法规、规章的规定改变原会计政策，按新的会计政策执行。例如，《企业会计准则第 1 号——存货》的颁布，取消了确定发出存货实际成本的后进先出法，要求企业按新的会计政策执行，采用先进先出法、加权平均法或者个别计价法确定发出存货的实际成本。又如《企业会计准则第 18 号——所得税》的颁布，取消了企业既可以选用应付税款法，也可以选用纳税影响会计法的递延法或债务法进行所得税会计处理，要求企业采用资产负债表债务法进行所得税会计处理等等。这就属于法律、行政法规或者国家统一的会计制度要求企业变更会计政策。

2. 会计政策变更能够提供更可靠、更相关的会计信息

即由于经济环境、客观情况的改变，使企业原采用的会计政策所提供的会计信息，已不能恰当地反映企业的财务状况、经营成果、现金流量和所有者权益变动等情况。在这种情况下，应改变原有会计政策，采用新的会计政策进行核算，以对外提供更可靠、更相关的会计信息。例如，在价格比较稳

定的情况下，企业对存货的计价一直采用加权平均法，近期由于存货价格持续下降，如果再用加权平均法核算，可能不能正确反映企业存货及损益的情况，则应将存货的计价方法由加权平均法改为先进先出法。又如企业所用某种机器设备，在使用前期采用年限平均法提取折旧，近几年由于技术进步，同类设备面临更新换代，如果再用年限平均法提取折旧，已不能正确反映企业资产及损益情况，应将折旧方法改为双倍余额递减法或年限总和法等等。

应注意的是，下列两种情况不属于会计政策变更：

第一，本期发生的交易或者事项与以前相比具有本质差别而采用新的会计政策。

第二，对初次发生的或不重要的交易或者事项采用新的会计政策。

二、会计政策变更的会计处理

（一）会计政策变更的会计处理方法的选择

会计政策变更的会计处理方法的选择应根据具体情况，分别按照以下规定处理：

1. 企业依据法律或会计准则等行政法规、规章的要求变更会计政策

如果国家发布相关的会计处理办法，按照国家发布的相关会计处理规定进行处理。例如，由于2006年2月《企业会计准则——基本准则》和38项具体准则发布后，涉及的会计政策发生了较大的变动，为此，财政部专门制定了《企业会计准则第38号——首次执行企业会计准则》，明确了在首次执行日，哪些事项应采用追溯调整，哪些事项不应采用追溯调整，企业在执行新制度过程中对于会计政策变更的处理，就应按照该准则规定进行处理。

实务中某项交易或者事项的会计处理，具体会计准则或其应用指南未作规范的，应当根据《企业会计准则——基本准则》规定的原则、基础和方法进行处理；待作出具体规定时，从其规定。

2. 由于经济环境、客观情况的改变而变更会计政策

如果由于经济环境、客观情况的改变，企业需要变更会计政策，以便提供有关企业财务状况、经营成果、现金流量和所有者权益等更可靠、更相关的会计信息，则应采用追溯调整法进行会计处理。

3. 会计政策变更的累积影响数不能合理确定

如果会计政策变更的累积影响数不能合理确定，无论属于法规、规章要求变更会计政策，还是经济环境、客观情况的改变而变更会计政策，均采用未来适用法进行会计处理。例如，存货的计价方法由其他方法改为先进先出法时，因为改用先进先出法的那一年度的年初存货价值很难再按先出法进行调整，在这种情况下，变更年度的基期存货余额一般只能是变更前按其他方法计算出来的结果，无法计算会计政策变更后的累积影响数。又如，企业如果因账簿、凭证超过法定保存期限而销毁，或因不可抗力而毁坏，遗失，如火灾、水灾等，或因人为因素，如盗窃、故意毁坏等，也可能使会计政策变更的累积影响数无法计算。在这种情况下，会计政策的变更可以采用未来适用法进行处理。

（二）会计政策变更的会计处理方法

会计政策变更的会计处理方法有两种（如果国家没有发布相关的会计处理规定），即追溯调整法和未来适用法。

1. 追溯调整法

（1）追溯调整法的主要内容。追溯调整法，是指对某项交易或事项变更会计政策时，视同该项交易或事项初次发生时就开始采用变更后的会计政策，并以此对财务报表相关项目进行调整的方法。追溯调整如同新的会计政策在一开始时就采用，但不需要重编以前年度会计报表。在追溯调整法下，应计算会计政策变更累积影响数，并将会计政策变更的累积影响数调整期初留存收益。

运用追溯调整法的步骤如下：

第一步，计算会计政策变更的累积影响数；

第二步，相关的账务处理；

第三步，调整会计报表相关项目；

第四步，附注说明。

（2）累积影响数的确定。运用追溯调整法对会计政策变更进行账务处理时，关键在于确定累积影响数。会计政策变更的累积影响数，是指按变更后的会计政策对以前各期追溯计算的变更年度期初留存收益应有的金额与现有的金额之间的差额。即会计政策变更的累积影响数，是以下两个金额之间的差额：

①在变更会计政策的当年，按变更后的会计政策对以前各期追溯计算，所得到的年初留存收益金额；

②变更会计政策当年年初的留存收益。

上述留存收益金额，包括当年和要求年度的未分配利润和按照相关规定提取并累积的盈余公积。调整期初留存收益是指对期初未分配利润和盈余公积两个项目的调整。

累积影响数通常可以通过以下各步计算获得：

第一步，根据新的会计政策重新计算受影响的前期交易或事项；

第二步，计算两种会计政策下的差异；

第三步，计算差异的所得税影响金额；

第四步，确定前期中的每一期的税后差异；

第五步，计算会计政策变更的累积影响数。

采用追溯调整法时，会计政策变更的累积影响数应包括在变更当期期初留存收益中；如果提供可比会计报表，对于比较会计报表期间的会计政策变更，应调整各该期间净损益各项目和会计报表其他相关项目，视同该政策在比较会计报表期间一直采用，对于比较会计报表可比期间以前的会计政策变更的累积影响数，应调整比较会计报表最早期间的期初留存收益，会计报表其他相关项目的数字也应一并调整。例如，会计政策从2×19年1月1日开始变更，在提供2×20年和2×19年两期比较会计报表时（假定该事项于2×18年已经存在），在资产负债表留存收益各项目的年初数反映为追溯调整后的2×20年年末数；利润表上2×20年度的实际发生额反映为追溯调整后的2×20年度的数字；所有者权益变动表上2×20年度的实际发生额中的“年初未分配利润”反映经调整后的2×19年的年末数。

【例16-1】 甲期货公司2×19年12月购入设备一台，入账价值为1 000 000元，购入后即投入管理部门使用。该设备预计用10年，预计净残值为零，采用年限平均法计提折旧。该设备自2×22年1月1日起，改用双倍余额递减法计提折旧。该公司适用的所得税率为25%，按净利润的15%提取盈余公积。假定税法规定按年限平均法计提折旧，该设备的账面价值与其计税基础不一致，形成了可抵扣暂时性差异。该公司所得税采用资产负债表债务法核算。

第一步，根据资料，甲公司应计算由年限平均法改为双倍余额递减法的累积影响数如表16-1所示。

表 16－1

年度	按年限平均法提取的折旧额	按双倍余额递减法提取的折旧额	所得税前差异	所得税影响额	累计影响额
2×20	100 000	200 000	100 000	25 000	75 000
2×21	100 000	160 000	60 000	15 000	45 000
合计	200 000	360 000	160 000	40 000	120 000

第二步，对该项会计政策变更进行账务处理如下：

（1）调整会计政策变更累积影响数：

借：利润分配——未分配利润　　120 000
　　递延所得税资产　　40 000
　　贷：累计折旧　　160 000

（2）调整盈余公积：

借：盈余公积　　18 000（120 000×15%）
　　贷：利润分配——未分配利润　　18 000

第三步，调整2×22年度会计报表相关项目，如表16－2、表16－3、表16－4所示。

表 16－2　　资产负债表（局部）

编制单位：甲公司　　2×22年12月31日　　会企01表　金额单位：元

资产	年初数			负债和所有者权益	年初数		
	调整前	调增（减）	调整后		调整前	调增（减）	调整后
累计折旧	600 000	160 000	760 000	盈余公积	86 000	（18 000）	8 000
递延所得税资产	0	40 000	40 000	未分配利润	322 450	（102 000）	220 450

表 16－3　　利润表（局部）

编制单位：甲公司　　2×22年　　会企02表　金额单位：元

项目	上年数		
	调整前	调增（减）	调整后
减：管理费用	50 000	60 000	110 000
二、营业利润	580 000	（60 000）	520 000
三、利润总额	580 000	（60 000）	520 000
减：所得税费用	145 000	（15 000）	130 000
四、净利润	435 000	（45 000）	390 000

表 16-4　　所有者权益变动表（局部）

编制单位：甲公司　　2×22 年　　会企 04 表　金额单位：元

项目	上年金额					
	实收资本（或股本）	资本公积	减：库存股	盈余公积	未分配利润	所有者权益合计
一、上年金额				86 000	322 450	
加：会计政策变更				(18 000)	(102 000)	
前期差错更正						
二、本年年初余额				68 000	20 450	

2. 未来适用法

未来适用法，是指对某项交易或事项变更会计政策时，新的会计政策适用于变更当期及未来期间发生的交易或事项的方法。即采用未来适用法时，会计政策的变更只影响变更当期及未来各期，不需要计算会计政策变更的累积影响数，也不需要重编以前年度会计报表。例如，某企业 2×20 年 1 月 1 日存货计价方法由其他方法改为先进先出法时，因为年初存货的价值很难再按先进先出法进行调整，在这种情况下，变更年度的原存货余额只能是变更前按其他方法计算出来的结果，无法计算会计政策变更后的累积影响数，应采用未来适用法。又如，如果企业因账簿、凭证超过法定保存期限而销毁，或因火灾、水灾等不可抗力而毁坏、遗失，或因故意毁坏、盗窃等人为因素，使会计政策变更累积影响数无法计算，在这种情况下，会计政策的变更也可以采用未来适用法。

（三）会计政策变更在会计报表附注中的披露

企业应在附注中披露如下与会计政策变更有关的信息：

（1）会计政策变更的性质、内容和原因；

（2）当期和各个列报前期财务报表中受影响的项目名称和调整金额；

（3）无法进行追溯调整的，说明该事实和原因以及开始应用变更后的会计政策的时点、具体应用情况。

第二节 会计估计变更

一、会计估计变更的基本内涵

（一）会计估计概述

1. 会计估计的含义

会计估计，是指企业对其结果不确定的交易或事项以最近可利用的信息为基础所作的判断。企业为了定期、及时提供有用的会计信息，将企业延续不断的营业活动人为地划分为各个阶段，如年度、季度、月度，并在权责发生制的基础上对企业的财务状况和经营成果进行定期确认和计量。在确认、计量过程中，当记入的交易或事项涉及未来事项不确定性时，例如，关于未来事项是否发生的不确定性以及关于未来事项的影响或时间的不确定性，必须予以估计入账。

2. 会计估计的特点

会计估计具有以下特点：一是会计估计的存在是由于经营活动中内在的不确定因素造成的；二是会计估计的基础应当是最近可利用的信息或资料；三是进行会计估计并不会削弱会计核算的可靠性，合理的会计估计是会计核算中不可缺少的组成部分。

3. 会计估计的主要内容

会计核算中经常存在各种估计，会计估计和会计政策都是进行会计核算的基础。常见的需要进行会计估计的项目包括：坏账；存货遭受毁损、全部或部分陈旧过时；固定资产的耐用年限与净残值；无形资产的受益期；长期待摊费用的分摊期间；预计负债；收入确认中的估计等等。

（二）会计估计变更的原因

会计估计变更，是指由于资产和负债的当前状况及预期未来经济利益和义务发生了变化，从而对资产或负债的账面价值或者资产的定期消耗金额进行的重估和调整。

企业在会计核算过程中，估计是不可或缺的。其原因是企业经营活动中内在的不确定因素，许多财务报表项目不能准确地计量，只能加以估计，比如发生的坏账、存货报废、预提费用和待摊费用的摊销、应计折旧固定资产的使用年限等等，都需要进行估计。但是，估计毕竟是根据过去或现有状况而对未来所作的判断，随着时间的推移，如果赖以进行估计的基础发生变化，或者由于取得了新的信息、积累了更多的经验以及后来的发展变化，可能需要对估计进行修订。

对会计估计进行修订并不表明原来的估计方法有问题或不是最适当的，只表明会计估计已经不能适应目前的实际情况，在目前已经失去了继续沿用的依据。

二、会计估计变更的会计处理

（一）会计估计变更会计处理方法

会计估计变更应采用未来适用法，其处理方法为：

（1）如果会计估计的变更仅影响变更当期，有关估计变更的影响应于当期确认；

（2）如果会计估计的变更既影响变更当期又影响未来期间，有关估计变更的影响在当期及以后各期确认；

（3）如果以前期间的会计估计变更的影响数计入特殊项目，则以后期间也相应计入特殊项目。

【例16－2】甲公司对于2×18年1月1日起计提折旧的一台管理用设备，价值80 000元，估计使用年限为8年，净残值为4 000元，按年限平均法计提折旧。至2×22年初，由于新技术的发展等原因，需要对原估计的使用年限和净残值作出修正，修改后该设备的耐用年限为6年，净残值为1 000元。

甲公司对上述估计变更的处理方式如下：不调整以前各期折旧，也不计算累积影响数；变更日以后发生的经济业务改按新估计使用年限提取折旧。

按原估计，每年折旧额为9 500元，已提折旧4年，共计38 000元，固定资产净值为42 000元，则第五年相关科目的期初余额为：固定资产原值80 000元，累计折旧38 000元，固定资产净值42 000元。

改变估计使用年限后，2×22年起每年计提的折旧费用为20 500元〔(42 000－1 000)÷(6－4)〕。2×22年不必对以前年度已提折旧进行调整，只需按重新预计的使用年限和净残值计算确定的年折旧费用，编制会计分录如下：

借：管理费用　　　　　　　　　　　　　20 500

贷：累计折旧　　　　20 500

（二）会计估计变更在会计报表附注中的披露

企业应当在附注中披露与会计估计变更有关的下列信息：

（1）会计估计变更的内容和原因；

（2）会计估计变更对当期和未来期间的影响数；

（3）会计估计变更的影响数不能确定的，披露这一事实和原因。

例如，对【例 16－2】所述情形，应在附注中披露如下信息：本公司一台管理用设备，原始价值 80 000 元，原估计使用年限为 8 年，预计净残值 4 000 元，按年限平均法计提折旧。由于新技术的发展，该设备已不能按原估计使用年限计提折旧，本公司于 2×22 年初变更该设备的耐用年限为 6 年，预计净残值为 1 000 元，以反映该设备的真实耐用年限和净残值。此估计变更影响本年度净利润减少数为 7 370 元[（20 500－9 500）×（1－25%）]。

三、会计政策变更和会计估计变更不易划分的会计处理

企业应当正确划分会计政策变更和会计估计变更，并按不同的方法进行相关会计处理。但有时很难区分会计估计变更和会计政策变更，例如，某企业原按应收款项余额的5%计提坏账准备，现改按账龄分析法计提坏账准备如表 16－5 所示。

表 16－5　　应收款项逾期时间及计提坏账准备比例

1 年以上	20%
2 年至 3 年	10%
1 年至 2 年	5%
6 个月至 1 年	2%

对于这一事项如果从会计政策变更角度考虑，坏账准备由应收账款余额百分比法改为账龄分析法，属于会计政策变更；但从计提比例看，计提坏账准备的比例发生了变化，属于会计估计变更。在这种情况下，如果不易区别会计政策变更和会计估计变更，按规定视为会计估计变更，按会计估计变更的未来适用法进行处理。

第三节　前期差错及其更正

一、前期差错的定义及产生的原因

前期差错，是指由于没有运用或错误运用以下两种信息，而对前期财务报表造成遗漏或误报。

（1）编报前期财务报表时能够合理预计取得并应当加以考虑的可靠信息。

（2）前期财务报表批准报出时能够取得的可靠信息。

企业在会计核算过程中可能会发生各种各样的差错，产生错账。会计差错按发生的原因分为会计政策使用上的差错、会计估计上的差错和其他差错。按发现及归属期间分为本期发现的、属于本期的会计差错以及本期发现、属于以前年度的会计差错，即前期差错。

前期差错通常包括计算错误、应用会计政策错误、疏忽或曲解事实以及舞弊产生的影响以及存货、固定资产盘盈等。其中：

（1）计算错误。例如，某企业对 2×19 年一项 3 年后到期、金额为 900 000元、合同利率为 5% 的长期借款，年末计算时却错误的计算为 4 500 元（90 000×5%）。又如，某企业购入五年期国债，意图长期持有，但在记账时记入了“交易性金融资产”，这种账户分类上的错误，导致在资产负债表上流动资产和非流动资产的信息披露结果也错。

（2）应用会计政策错误。例如，某企业 2×19 年发生一项未决诉讼，原告要求赔偿 1 000 000 元，企业在应诉过程中，发现对原告赔偿的可能性达到 40% 至 50%，企业尚未收到法院的判决。但是在编制会计报表时，企业将该事项按 1 000 000 元记入预计负债和营业外支出项目。又如，在采用委托代销销售方式下，应在收到代销单位的代销清单时，确认营业收入的实现，如企业在发出委托代销商品时即确认为收入，则为提前确认尚未实现的收入，属于应用会计政策错误。

（3）疏忽或曲解事实产生的错误。例如，某企业对某项建造合同应按建造合同规定的方法确认营业收入，但该企业按商品销售收入的确认原则确认收入。

(4) 舞弊产生的错误。

(5) 存货、固定资产盘盈。存货盘盈产生的差错，是指对于盘盈存货的处理应通过企业权力机构批准后，再作会计处理。如果会计期末权力机构尚未作出批准处理的决定，会计人员可以先按一般处理去向进行会计处理，待批准后再修正与批准决定不一致的差错。固定资产盘盈，是指按照会计准则规定“企业如有盘盈固定资产的，应作为前期差错记入‘以前年度损益调整’科目”。

二、前期差错更正的会计处理

(一) 前期差错更正的会计处理方法

为了保证经营活动的正常进行，企业应当建立健全内部稽核制度，保证会计资料的真实、合法和完整。但是，在日常会计核算中也可能由于各种原因造成会计差错，如抄写差错、可能对事实的疏忽和误解以及对会计政策的误用等。企业发现前期差错时，应当根据差错的性质及时纠正。前期差错的更正应按以下规定处理：

(1) 采用追溯重述法进行更正。追溯重述法，是指在发现前期差错时，视同该项前期差错从未发生过，从而对财务报表相关项目进行更正的方法。追溯重述法的会计处理与追溯调整法相同。

(2) 采用未来适用法进行更正。确定前期差错累积影响数不切实可行的，可以从可追溯重述的最早期间开始调整留存收益的期初余额，财务报表其他相关项目的期初余额也应当一并调整，也可以采用未来适用法。即对于前期重要差错，本应追溯重述，但因无法取得数据等原因无法重述，则不重述。

(二) 非重大前期差错更正的会计处理

非重大前期差错，是指不足以影响会计报表使用者对企业财务状况、经营成果、现金流量和所有者权益变动作出正确判断的会计差错。对于本期发现的，属于与前期相关的非重大会计差错，不调整会计报表相关项目的期初数，但应调整发现当期与前期相同的相关项目，属于影响损益的，应直接计入本期与上期相同的净损益项目；属于不影响损益的，应调整本期与前期相同的相关项目。

【例 16－3】 某企业在 2×19 年 12 月 31 日发现，2×18 年漏记了专设销售机构人员工资 5 000 元。

则2×19年应编制更正此差错的会计分录为：

借：销售费用　5 000

　贷：应付职工薪酬——应付工资　5 000

【例16-4】某公司2×19年12月31日发现，2×18年1月1日从承租单位收到该年度房屋租金10 000元。已借记“银行存款”10 000元，贷记“预收账款”10 000元，但2×18年底未作任何调整分录。

则2×19年发现时更正此差错的会计分录为（假设该公司房屋租赁收入作为其他业务收入处理）：

借：预收账款　10 000

　贷：其他业务收入　10 000

如果账上原来已借记“银行存款”10 000元，贷记“其他业务收入”10 000元，则在2×19年发现时，不需要作任何分录，因为该项差错已经被抵销了。

（三）重大前期差错更正的会计处理

重大前期差错，指企业发现的使公布的会计报表不再具有可靠性的会计差错。重大前期差错一般是指金额比较大，通常某项交易或事项的金额占该类交易或事项的金额10%及以上，则认为金额比较大，如某企业提前确认未实现的营业收入占全部营业收入的10%及以上，则认为是重大前期差错。企业发现的重大前期差错，如不加以调整，会使公布的会计报表所反映的信息不可靠，并有可能误导投资者、债权人及其他会计报表阅读者的决策或判断。因此，重大前期差错应调整期初留存收益，及会计报表其他相关项目的期初数。

【例16-5】甲公司在2×19年发现2×18年公司漏记一项管理部门用固定资产折旧费用400 000元，但在所得税申报表中扣除了该项折旧（假设2×19年适用所得税税率为25%，不考虑企业确认的应纳税暂时性差异）。该公司按净利润的15%提取盈余公积。

第一步，计算错误的后果：

2×18年少计管理费用400 000元；少计累计折旧400 000元；多计所得税费用100 000元（400 000×25%）；多计净利润300 000元（400 000-100 000），多提盈余公积45 000元（300 000×15%），多形成未分配利润255 000元（300 000-45 000）。

第二步，账务处理：

1. 补提折旧

借：以前年度损益调整　　　　400 000

　　贷：累计折旧　　　　400 000

2. 调整应交税费

借：应交税费　　　　100 000

　　贷：以前年度损益调整　　　　100 000

3. 将“以前年度损益调整”科目的余额转入利润分配

借：利润分配——未分配利润　　　　300 000

　　贷：以前年度损益调整　　　　300 000

4. 调整利润分配有关数字

借：盈余公积　　　　45 000

　　贷：利润分配——未分配利润　　　　45 000

第三步，报表调整：

该公司2×19年度资产负债表的年初数、利润及所有者权益变动表的上年数栏分别按调整前和调整后的金额见表16-6、表16-7和表16-8。

表16-6　　资产负债表（局部）

编制单位：甲公司　　2×19年12月31日　　会企01表　金额单位：元

资产	年初数			负债和所有者权益	年初数		
	调整前	调增（减）	调整后		调整前	调增（减）	调整后
累计折旧	600 000	400 000	1 000 000	应交税费	191 400	(100 000)	91 400
				盈余公积	86 000	(45 000)	41 000
				未分配利润	322 450	(255 000)	67 450

表16-7　　利润表（局部）

编制单位：甲公司　　2×19年　　会企02表　金额单位：元

项目	上年数		
	调整前	调增（减）	调整后
减：管理费用	50 000	400 000	450 000
二、营业利润	580 000	(400 000)	180 000
三、利润总额	580 000	(400 000)	180 000
减：所得税费用	191 400	(100 000)	91 400
四、净利润	322 450	(255 000)	67 450

表 16－8　　　　所有者权益变动表（局部）

编制单位：甲公司　　　　2×19 年　　　　会企 04 表　金额单位：元

项目	上年金额					
	实收资本（或股本）	资本公积	减：库存股	盈余公积	未分配利润	所有者权益合计
一、上年金额				86 000	322 450	
加：会计政策变更						
前期差错更正				(45 000)	(255 000)	
二、本年年初余额				41 000	67 450	

第四步，附注说明：

本年度发现 2×18 年漏记固定资产折旧 400 000 元，在编制 2×19 年与 2×18年可比的会计报表时，已对该项差错进行了更正。由于此项错误的影响，2×18 年虚增净利润及留存收益 300 000 元，少计累计折旧 400 000 元。

需要说明的是，如果企业在资产负债表日后期间发现报告年度或前期差错，应按《企业会计准则 29 号——资产负债表日后事项》进行处理。

第十七章
期货公司财务年报

本章精要

期货公司应当执行证券公司财务报表格式和附注规定。因此，本章将结合期货公司情况，重点解读财务报告在期货公司的实际应用。

第一节是财务会计报告概述。明确年度财报应当包括：会计报表；会计报表附注和财务情况说明书三个层次，而会计报表至少应当包括资产负债表、利润表、现金流量表、所有者权益变动表、附注。

第二节是资产负债表，要掌握资产负债表的结构和内容，流动资产、非流动资产、流动负债、非流动负债和所有者权益做到心中有数、取数科学。

第三节是利润表，需要从利润表的逻辑结构上来逐层分析，并对构成营业利润、利润总额、净利润的各项要素进行渐进式分析与填列。

第四节是现金流量表，要在准确分析判断经营活动产生的现金流量、投资活动产生的现金流量和筹资活动产生的现金流量的基础上，掌握其列报方法：直接法和间接法，通晓其编制程序：工作底稿法和T型账户法。

第五节是所有者权益变动表，认知所有者权益变动表的意义和作用，对所有者权益变动表的结构和内容和编制技术进行掌握。

第六节是财务报表附注。要深刻理解其价值所在，并掌握保险公司等财务报表附注的披露内容。

第一节　财务会计报告概述

一、财务会计报告的概念

财务会计报告是指企业对外提供的反映企业某一特定日期财务状况和某一会计期间经营成果、现金流量的文件。通常由会计报表、会计报表附注和财务情况说明书组成。会计报表又称为财务报表，是对企业财务状况、经营成果和现金流量的结构性表述。会计报表是财务会计报告的核心，它是根据企业日常会计核算资料归集、加工和整理后形成的，是企业会计核算的最终成果。

财务会计报告是提供会计信息的重要手段，是会计作为“商业语言”的载体，是决策者进行决策的重要经济信息来源。但是，财务会计报告所提供的信息只是一种工具，它与其他工具一样，对于那些有能力并愿意去使用的人们有直接的助益。而编制财务会计报告本身并不能确定或影响各种决策的结果，它只为人们使用这种信息提供前提条件。

二、财务会计报告的种类

财务会计报告分为年度、半年度、季度和月度财务会计报告。年度财务会计报告应当包括：会计报表；会计报表附注和财务情况说明书。会计报表至少应当包括下列组成部分：资产负债表；利润表；现金流量表；所有者权益（或股东权益，下同）变动表；会计报表附注。

三、会计报表的编制要求

（一）做好编制会计报表的准备工作

（1）对发生的所有经济业务全部登记入账；

（2）核对账簿，做到账证、账账相符；

（3）清查财产物资和往来账项，做到账实相符；

（4）收集与会计报表所反映内容有关的重要信息资料。

（二）编制会计报表的具体要求

（1）内容完整。会计报表要提供全面的会计信息，不得少报、漏报。对于应当填列的，无论是表内项目还是表外项目，都应填报齐全。对于一些重要信息，应以适当形式予以披露。

（2）计算准确。会计报表要做到数字准确，不得用估计数代替实际数。在日常的会计核算中，会计人员要严格遵守会计准则和各项会计法规制度，对发生的经济业务和会计事项进行准确的确认、计量和记录。要做好财产物资的清查盘点工作，经常进行账证核对、账账核对、账表核对，以保证账实相符，计算准确。只有做好上述工作，才能保证会计报表的真实性和准确性。

（3）数字真实。会计报表反映的各种数据要真实准确，不得弄虚作假，掩盖真相。

（4）编报及时。会计报表必须按照国家和有关部门规定的期限和程序，及时编制。为此，应科学地组织日常的会计核算，平时认真做好记账、算账、对账、报账和财产清查工作。在会计报表的编制过程中，会计人员应密切配合，加强协作，提高效率。

四、财务会计报告列报的基本要求

（一）企业应当以持续经营为基础编报财务会计报告

企业应当以持续经营为基础，根据实际发生的交易和事项，按照企业会计准则的规定进行确认和计量，在此基础上编制财务报表。企业不应以附注披露代替确认和计量。如果以持续经营为基础编制财务报表不再合理的，企业应当采用其他基础编制财务报表，并在附注中披露这一事实。

（二）财务报表项目列示的一致性

财务报表项目的列报应当在各个会计期间保持一致，不得随意变更，但下列情况除外：（1）会计准则要求改变财务报表项目的列报。（2）企业经营业务的性质发生重大变化后，变更财务报表项目的列报能够提供更可靠、更相关的会计信息。

（三）财务报表项目的单独列示

性质或功能不同的项目，应当在财务报表中单独列报，但不具有重要性的项目除外。性质或功能类似的项目，其所属类别具有重要性的，应当按其类别在财务报表中单独列报。所谓重要性，是指财务报表某项目的省略或错报会影响使用者据此作出经济决策的，该项目具有重要性。重要性应当根据企业所处环境，从项目的性质和金额大小两方面予以判断。

（四）财务报表项目的相互抵销

财务报表中的资产项目和负债项目的金额、收入项目和费用项目的金额不得相互抵销，但其他会计准则另有规定的除外。这里需要强调的是，资产项目按扣除减值准备后的净额列示，不属于抵销。非日常活动产生的损益，以收入扣减费用后的净额列示，不属于抵销。

（五）比较信息的提供

除国家另有规定外，当期财务报表的列报，至少应当提供所有列报项目上一可比会计期间的比较数据，以及与理解当期财务报表相关的说明。

财务报表项目的列报发生变更的，应当对上期比较数据按照当期的列报要求进行调整，并在附注中披露调整的原因和性质，以及调整的各项目金额。对上期比较数据进行调整不切实可行的，应当在附注中披露不能调整的原因。所谓不切实可行，是指企业在作出所有合理努力后仍然无法采用某项规定。

（六）至少披露的项目

企业应当在财务报表的显著位置至少披露下列各项：编报企业的名称；资产负债表日或财务报表涵盖的会计期间；人民币金额单位；财务报表是合并财务报表的，应当予以标明。

（七）企业至少应当按年编制财务报表

年度财务报表涵盖的期间短于1年的，应当披露年度财务报表的涵盖期间，以及短于1年的原因。对外提供中期财务报告的，还应遵循中期财务报告的规定。

第二节　资产负债表

一、资产负债表的性质与作用

资产负债表是反映企业在某一特定日期财务状况的会计报表，它是根据“资产 = 负债 + 所有者权益”这一会计等式，按照一定的分类标准和顺序，把企业一定日期的资产、负债和所有者权益各项目予以适当排列，并对日常工作中发生的经济业务和事项产生的数据进行整理后编制而成的。资产负债表反映的是企业在某一特定日期资产、负债、所有者权益的总体规模和结构。

通过资产负债表可以看出企业拥有多少资产，在这些资产中，流动资产、非流动资产各有多少；流动资产中，货币资金有多少，应收款项有多少，存货有多少等等。通过资产负债表可以看出企业所承担的债务有多少，这些债务中，流动负债有多少，长期负债有多少；通过资产负债表可以看出企业所有者权益有多少，在所有者权益中，实收资本（或股本，下同）有多少，资本公积有多少，盈余公积有多少，未分配利润有多少等等。

资产负债表反映企业在某一特定日期所掌握的经济资源、债权人和投资者在企业所拥有的权益。从资产负债表的功能上说，主要有四个方面的作用：一是反映资产的构成及其分布状况；二是表明企业所承担的债务及其偿还时间；三是反映净资产的构成及其形成原因；四是提供财务分析所需基本资料。

二、资产负债表的结构和内容

（一）资产负债表的结构和内容

1. 资产负债表的结构

资产负债表一般包括表首和正表两部分。其中，表首列示资产负债表的名称、编制单位、编制日期、报表编号、货币名称等。正表是资产负债表的主体，列示了用以说明企业财务状况的资产、负债和所有者权益各项目的期初数和期末数。

2. 资产负债表的内容

资产负债表的项目分为资产、负债和所有者权益三类。资产类项目主要按照项目的流动性排列，按照流动资产和非流动资产分项列示。把资产分成这样几类，就是让会计信息使用者一看到流动资产就知道 1 年内它能够变现；看到非流动资产就知道变现期要超过 1 年等。而且从上往下看，变现能力是越来越差。如果企业需要钱，需要把资产变成钱，流动资产比较容易变成钱，但是要想把固定资产、无形资产等变成钱则比较困难。因此，读表时会发现，非流动资产占的比重越大，企业变现能力就越差。

符合下列条件之一的资产，应当归为流动资产：

（1）预计在一个正常营业周期中变现、出售或耗用；经营周期是指从购买用于加工的资产到其收回现金或现金等价物的这段时间；

（2）主要为交易目的而持有的；

（3）预期在自资产负债表日起 1 年内变现的；

(4) 在自资产负债表日起 1 年内，交换其他资产或清偿负债的能力不受限制的现金或现金等价物。

流动资产以外的资产应当归类为非流动资产，并应按其性质分类列示。

负债类项目一般按照债务偿还期限的长短分为流动负债和长期负债并分项列示。这样分类的目的是使报表使用者看到流动负债就知道企业将在 1 年内要清偿的债务有多少，看到长期负债就知道企业偿还期在 1 年以上的债务有多少，从而判断企业的财务状况。

负债满足下列条件之一的，应当归类为流动负债：

(1) 预计在一个正常营业周期中清偿；

(2) 主要为交易目的而持有；

(3) 在资产负债表日起 1 年内到期应予以清偿；

(4) 企业无权自主地将清偿推迟至资产负债表日后 1 年以上。

当没有可靠证据表明企业的营业周期超过 1 年，或者同行业大多数企业的营业周期均不超过 1 年时，企业应当以 1 年作为划分流动负债与非流动负债的标准。

流动负债以外的负债，应当归类为非流动负债。非流动负债应当按照长期负债的性质分类列示。

对于在资产负债表日起 1 年内到期的负债，企业预计能够自主地将清偿义务展期至资产负债表日起 1 年以上的，应当归类为非流动负债；不能自主地将清偿义务展期的，即使在资产负债表日后、财务报表批准报出日前签订了重新安排清偿计划协议，该项负债仍应归类为流动负债。

企业在资产负债表日或之前违反了长期借款协议，导致贷款人可随时要求清偿的负债，应当归类为流动负债。

贷款人在资产负债表日或之前同意提供在资产负债表日起 1 年以上的宽限期，企业能够在此期限内改正违约行为，且贷款人不能要求随时清偿，该项负债应当归类为非流动负债。

所有者权益则按实收资本（或股本）、资本公积、盈余公积、未分配利润等项目分项列示。资产负债表中的所有者权益类应当包括所有者权益的合计项目。

资产负债表应当列示资产总计项目，负债和所有者权益总计项目。资产类项目金额的合计与负债和所有者权益类项目的合计数必须相等。资产项目和负债项目的金额不得相互抵销。资产项目按扣除减值准备后的净额列示，不属于抵销。

（二）资产负债表的格式

资产负债表有两种格式：一种是账户式格式，另一种是报告式格式。账户式资产负债表是左右结构，左边列示资产，右边列示负债和所有者权益，资产各项目的金额合计等于负债和所有者权益各项目的金额合计。我国采用的是账户式的资产负债表。

公司资产负债表的格式如表17－1所示。

表17－1 **资产负债表** 会金融01表

编制单位：XXX期货股份有限公司 20XX年X月XX日 单位：元

资产	期末余额	上年年末余额	负债和所有者权益	期末余额	上年年末余额
资产：			负债：		
货币资金			短期借款		
其中：客户资金存款			拆入资金		
结算备付金			交易性金融负债		
其中：客户备付金			衍生金融负债		
贵金属			卖出回购金融资产款		
拆出资金			应付职工薪酬		
衍生金融资产			应交税费		
应收款项			应付款项		
合同资产			合同款项		
买入返售金融资产			持有待售负债		
持有待售资产			预计负债		
金融投资：			长期借款		
交易性金融资产			应付债券		
债权投资			其中：优先股		
其他债权投资			永续股		
其他权益工具投资			递延所得税负债		
长期股权投资			其他负债		
投资性房地产			负债合计		
固定资产			所有者权益（或股东权益）		
在建工程			实收资本（或股本）		
无形资产			其他权益工具		

续表

资产	期末余额	上年年末余额	负债和所有者权益	期末余额	上年年末余额
递延所得税资产			其中：优先股		
其他资产			永续股		
			资本公积		
			减：库存股		
			其他综合收益		
			盈余公积		
			一般风险准备		
			末分配利润		
			所有者权益（或股东权益）合计		
资产总计			负债和所有者权益（或股东权益）总计		

另外，资产负债表除了列示各项资产、负债和所有者权益项目的期末余额外，通常还列示这些项目的年初余额，通过对年初数与期末数的比较，可以看出各项资产、负债及所有者权益的变动。所以，这种资产负债表称为比较资产负债表。

（三）资产负债表编制的重点项目阐述

期货公司在编制资产负债表时，除了掌握上述基本方法、具体方法之外，也需要对一些重点项目进行关注，尤其是新的金融工具、收入等准则有所调整的重点项目，现简要强调如下：

1. “合同资产”和“合同负债”项目。期货公司应按照相关准则规定根据企业履行履约义务与客户付款之间的关系，在资产负债表中列示合同资产或合同负债。同一合同下的合同资产和合同负债应当以净额列示，其中净额为借方余额的，应当扣除损失准备后在“合同资产”项目中填列；净额为贷方余额的，应当在“合同负债”项目中填列。

2. “持有待售资产”项目，反映资产负债表日企业分类为持有待售类别的非流动资产及分类为持有待售类别的处置组中的流动资产和非流动资产的期末账面价值（扣除减值准备）。

3. “金融投资”之下的“交易性金融资产”“债权投资”“其他债权投

资”和“其他权益工具投资”等四个项目，是根据新金融准则分类而归口的金融资产。其中，“交易性金融资产”，是指定为以公允价值计量且其变动计入当期损益的金融资产，以及因不符合分类为摊余成本计量的金融资产或以公允价值计量且其变动计入其他综合收益的金融资产的条件而分类为以公允价值计量且其变动计入当期损益的金融资产；“债权投资”是以摊余成本计量的金融资产的期末账面价值（扣除损失准备）；“其他债权投资”是以公允价值计量且其变动计入其他综合收益的金融资产的期末账面价值；“其他权益工具投资”是指定为以公允价值计量且其变动计入其他综合收益的非交易性权益工具投资。

4. 期货公司应当按照金融工具准则的相关规定确认利息收入和利息费用。基于实际利率法计提的金融工具的利息应包含在相应金融工具的账面余额中，并反映在相关“拆出资金”“金融投资：债权投资”“金融投资：其他债权投资”“发放贷款和垫款”“应付债券”“长期借款”等项目中，而不应单独列示“应收利息”项目或“应付利息”项目。“应收利息”科目和“应付利息”科目应仅反映相关金融工具已到期可收取或应支付但于资产负债表日尚未收到或尚未支付的利息，通常由于金额相对较小，应在“其他资产”或“其他负债”项目中列示。

5. 期货公司按照《企业会计准则第 14 号——收入》相关规定确认为资产的合同取得成本、合同履约成本与应收退货成本，应当扣除相关减值准备后在“其他资产”项目中填列。

6.“交易性金融负债”项目，即企业按照金融工具准则规定分类的金融负债，反映资产负债表日企业承担的分类为以公允价值计量且其变动计入当期损益的金融负债（含企业指定为以公允价值计量且其变动计入当期损益的金融负债）的期末账面价值。

7.“应付款项”项目，反映资产负债表日以摊余成本计量的、企业因购买商品和接受服务等经营活动形成的支付款项的合同义务以及开出、承兑的商业汇票（包括银行承兑汇票和商业承兑汇票）的账面价值（即摊余成本）。

8.“持有待售负债”项目，反映资产负债表日处置组中与划分为持有待售类别的资产直接相关的负债的期末账面价值。

9. 企业按照《企业会计准则第 14 号——收入》相关规定确认为预计负债的应付退货款，应当在“预计负债”项目中填列。

10. 企业按照金融工具准则相关规定对贷款承诺、财务担保合同等项目计提的损失准备，应当在“预计负债”项目中填列。

11. 企业应根据实际情况在“应付债券”项目下增设“其中：优先股”和“永续债”两个项目，分别反映资产负债表日企业发行在外的分类为金融负债的优先股和永续工具的期末账面价值。

12. “其他权益工具”项目，反映资产负债表日企业发行在外的除普通股以外分类为权益工具的金融工具的账面价值。企业应根据实际情况在“其他权益工具”项目下设“其中：优先股”和“永续债”两个项目，分别反映资产负债表日企业发行在外的分类为权益工具的优先股和永续工具的账面价值。

13. “其他综合收益”项目，反映企业根据企业会计准则规定应在其他综合收益中确认的各项税后净利得和净损失的累计余额等。

三、资产负债表的编制方法

（一）资产负债表编制的基本方法

会计报表的编制，主要是通过对日常会计核算记录的数据加以归集、整理，使之成为有用的财务信息。我国企业资产负债表各项目数据的来源，主要通过以下几种方式取得：

1. 根据总账账户余额直接填列

资产负债表各项目的数据来源，大多是根据总账账户期末余额直接填列，如“应收利息”项目，根据“应收利息”总账科目的期末余额直接填列；“短期借款”项目，根据“短期借款”总账科目的期末余额直接填列。

2. 根据总账账户余额计算填列

资产负债表的某些项目不能直接根据总账账户的期末余额填列，而是要根据若干个总账账户的期末余额合并计算填列。如“货币资金”项目，根据“库存现金”“银行存款”“其他货币资金”账户的期末余额合计数计算填列。

3. 根据明细账户余额计算填列

资产负债表的某些项目不能根据总账账户的期末余额或若干个总账账户的期末余额计算填列，而是需要根据有关账户所属的相关明细账户的期末余额分析计算填列。如“应付账款”项目，根据“应付账款”“预付账款”科目所属相关明细科目的期末贷方余额计算填列。

4. 根据总账账户和明细账户余额分析计算填列

资产负债表的某些项目不能根据总账账户的期末余额或若干个总账账户的期末余额计算填列，也不能根据有关账户所属的相关明细账户的期末余额分析计算填列，而是要根据总账账户和明细账户的期末余额计算填列。如“长期借款”项目，根据“长期借款”总账账户期末余额，扣除“长期借款”账户所属明细分类账户中反映的、将于1年内到期的长期借款部分，分析计算填列。

5. 根据账户余额减去其备抵项目后的净额填列

资产负债表的某些项目应当反映账面价值，应根据有关账户余额减去其备抵项目后的净额填列。如“固定资产”项目，根据“固定资产”账户的期末余额，减去“累计折旧”和“固定资产减值准备”备抵账户余额后的净额填列；又如，“无形资产”项目，根据“无形资产”账户的期末余额，减去“累计摊销”和“无形资产减值准备”备抵账户余额后的净额填列。

（二）资产负债表编制的具体方法

1. 资产负债表“年初余额”栏的填列方法

在我国，资产负债表的“年初余额”栏内各项数字，根据上年末资产负债表“期末余额”栏内各项数字填列。如果当年度资产负债表规定的各个项目的名称和内容同上年度不相一致，则按编报当年的口径对上年年末资产负债表各项目的名称和数字进行调整，填入“年初余额”栏内。

2. 资产负债表“期末余额”栏的内容和填列方法

资产负债表的“年初余额”栏内各项数字，根据各项目期末情况填列。

第三节　利润表

一、利润表的结构

概括地说，利润表提供了不同方面能够形成企业利润的相关指标，它主要反映以下几方面的内容：

一是构成营业利润的各项要素。营业利润是企业在生产经营活动过程中形成的利润，它从营业收入出发，减去营业成本、营业税金及附加、销售费用、管理费用、财务费用、资产减值净损失，加上公允价值变动净收益（或减去公允价值变动净损失），再加上投资净收益（或减去投资净损失）后得出。

二是构成利润总额的各项要素。利润总额（或利润亏损）在营业利润的基础上，加上营业外收入，减去营业外支出后得出。

三是构成净利润的各项要素。净利润（或净亏损）在利润总额（或亏损总额）的基础上，减去本期计入损益的所得税费用后得出。

四是反映企业投资者每个单位投资额的回报情况，包括每股收益和稀释每股收益。

从利润表的格式性结构来看。由于不同国家和地区对会计报表的信息要求不完全相同，利润表的格式也不完全相同。目前，利润表的格式主要有多步式利润表和单步式利润表两种。我国企业的利润表一般采用多步式。

单步式利润表是将本期发生的所有收入收益汇集在一起，将所有的费用损失汇集在一起，然后将收入收益合计减去费用损失合计，得出本期净利润。在单步式下，利润表分为营业收入和收益、费用和损失、净利润三部分。营业收入和收益包括营业收入、公允价值变动净收益、投资净收益、营业外收入等。费用和损失包括营业成本、税金及附加、销售费用、管理费用、财务费用、资产减值损失、投资损失、公允价值变动净损失、营业外支出、所得税费用等。净利润是两者计算的结果。单步式利润表对于营业收入和收益、营业费用和损失，在各类内排列时不区分先后顺序。

多步式利润表是通过多步计算，最后确定的净利润。通常分为以下几步：

第一步，反映营业利润。从营业收入出发，减去营业成本、营业税金及附加、销售费用、管理费用、财务费用、资产减值损失、信用减值损失加上公允价值变动净收益和投资收益，计算出营业利润。

第二步，反映利润总额（或利润亏损）。在营业利润的基础上，加上营业外收入，减去营业外支出，计算出利润总额（或利润亏损）。

第三步，反映净利润（或净亏损）。在利润总额（或亏损总额）的基础上，减去本期计入损益的所得税费用后，计算出净利润。

第四步，反映从企业投资者视角看的当期综合收益总额情况净利润、其他综合收益税后净额等，包括每股收益和稀释每股收益。

二、利润表的编制方法

（一）利润表的编制方法概述

利润表中的“本期金额”栏反映各项目的本期实际发生数，应根据本期实际发生额填列。本表“上期金额”栏内各项数字，反映上期的实际发生额，应根据上期利润表“本期金额”栏内所列数字填列。在编制年度利润表时，“本期金额”为报表年度全年的累计实际发生额。“上期金额”为上年度全年的累计实际发生额，应根据上年度利润表“本期金额”栏数字填列，如果上年度利润表规定的各个项目的名称和内容同本年度不相一致，应对上年度利润表各项目的名称和数字按本年度的规定进行调整，填入“上期金额”栏内。

（二）利润表的重点项目阐述

期货公司利润表中的各项目，主要根据各损益类账户的发生额填列。其中，如下一些项目需要特别注意其填列方法：

1.“利息收入”项目，反映期货公司按照金融工具准则相关规定对分类为以摊余成本计量的金融资产和分类为以公允价值计量且其变动计入其他综合收益的金融资产按照实际利率法计算的利息收入。其他项目的利息收入不得计入本项目；应计入本项目的利息收入金额也不得计入“投资收益”等其他项目。

2.“手续费及佣金收入”与“手续费及佣金支出”项目可根据具体情况进一步细化列示。

3.“其中：以摊余成本计量的金融资产终止确认产生的收益”项目，反映企业因转让等情形导致终止确认以摊余成本计量的金融资产而产生的损益。如为损失，以“-”号填列。该项目在“投资收益”项目中单独列示。

4.“净敞口套期收益”项目，反映企业开展的净敞口套期下被套期项目累计公允价值变动转入当期损益的金额或现金流量套期储备转入当期损益的金额。如为损失，以“-”号填列。

5.“其他收益”项目，反映企业计入其他收益的政府补助等。

6.“汇兑收益”项目，主要包括外币交易因汇率变动而产生的损益以及外汇衍生金融工具产生的损益。如为损失，以“-”号填列。

7.“资产处置收益”项目，反映企业出售分类为持有待售的非流动资产（金融工具、长期股权投资和投资性房地产除外）或处置组（子公司和业务除外）时确认的处置利得或损失，以及处置未划分为持有待售的固定资产、在建工程、生产性生物资产及无形资产而产生的处置利得或损失。债务重组中因处置非流动资产产生的利得或损失和非货币性资产交换中换出非流动资产产生的利得或损失在本项目中反映。商业银行、证券公司等金融企业处置抵押、质押资产的利得或损失，依据被处置资产的类别在本项目或“投资收益”等相关项目中反映。如为处置损失，以“－”号填列。

8.“信用减值损失”项目，反映企业按照《企业会计准则第22号——金融工具确认和计量》(2017年修订）相关规定计提金融工具信用损失准备所确认的信用损失。

9.“其他资产减值损失”项目，反映除“信用减值损失”外，企业按照相关企业会计准则的规定计提其他资产的减值准备所确认的减值损失。

10.“营业外收入”项目，反映企业发生的除营业利润以外的收益，主要包括债务重组利得、与企业日常活动无关的政府补助、盘盈利得、捐赠利得（企业接受股东或股东的子公司直接或间接的捐赠，经济实质属于股东对企业的资本性投入的除外）等。

11.“营业外支出”项目，反映企业发生的除营业利润以外的支出，主要包括债务重组损失、公益性捐赠支出、非常损失、盘亏损失、非流动资产毁损报废损失等。

12.“净利润”项目下的“（一）持续经营净利润”和“（二）终止经营净利润”项目，分别反映净利润中与持续经营相关的净利润和与终止经营相关的净利润；如为净亏损，以“－”号填列。该两个项目应按照《企业会计准则第42号——持有待售的非流动资产、处置组和终止经营》相关规定分别列报。

（三）利润表格式

期货公司利润表格式如表17－2所示。

表17－2 **利　润　表** 会金融02表

编制单位：XXX期货股份有限公司 20XX年X月 单位：元

项　目	本期金额	上期金额
一、营业总收入		
利息收入		
手续费及佣金收入		
投资收益（损失以“－”号填列）		
其中：对联营企业和合营企业的投资收益		
以摊余成本计量的金融资产终止确认产生的收益（损失以“－”号填列）		
净敞口套期收益（损失以“－”号填列）		

续表

项　目	本期金额	上期金额
其他收益		
公允价值变动收益（损失以“－”号填列）		
汇兑收益（损失以“－”号填列）		
其他业务收入		
资产处置收益（损失以“－”号填列）		
二、营业总支出		
利息支出		
手续费及佣金支出		
税金及附加		
业务及管理费		
信用减值损失		
其他资产减值损失		
其他业务成本		
三、营业利润（亏损以“－”号填列）		
加：营业外收入		
减：营业外支出		
四、利润总额（亏损总额以“－”号填列）		
减：所得税费用		
五、净利润（净亏损以“－”号填列）		
（一）持续经营净利润（净亏损以“－”号填列）		
（二）终止经营净利润（净亏损以“－”号填列）		
六、其他综合收益的税后净额		
……		
（一）不能重分类进损益的其他综合收益		
1. 重新计量设定受益计划变动额		
2. 权益法下不能转损益的其他综合收益		
3. 其他权益工具投资公允价值变动		
4. 企业自身信用风险公允价值变动		
……		
（二）将重分类进损益的其他综合收益		
1. 权益法下可转损益的其他综合收益		

续表

项　目	本期金额	上期金额
2. 其他债权投资公允价值变动		
3. 金融资产重分类计入其他综合收益的金额		
4. 其他债权投资信用损失准备		
5. 现金流量套期储备		
6. 外币财务报表折算差额		
……		
七、综合收益总额		
八、每股收益：		
（一）基本每股收益		
（二）稀释每股收益		

第四节　现金流量表

一、现金及现金流量的含义与内容

（一）现金流量的含义

现金流量也称“现金净流量”，指现金和现金等价物的流入和流出的净额。

现金流量表是以现金为基础编制的，这里的现金包括现金和现金等价物。具体包括以下内容：

1. 现金，是指企业库存现金以及可以随时用于支付的存款。不能随时用于支付的存款不属于现金。

应注意的是，银行存款和其他货币资金中有些不能随时用于支付的存款，如，不能随时支取的定期存款等，不应作为现金，而应列作投资；提前通知公司便可支取的定期存款，则应包括在现金范围内。

2. 现金等价物

现金等价物，是指企业持有的期限短、流动性强、易于转换为已知金额现金、价值变动风险很小的投资。期限短，一般是指从购买日起 3 个月内到期。现金等价物通常包括 3 个月内到期的债券投资等。权益性投资变现的金额通常不确定，因而不属于现金等价物。企业应当根据具体情况，确定现金等价物的范围，一经确定不得随意变更。现金等价物的定义本身，包含了判断一项投资是否属于现金等价物的四个条件，即，（1）期限短（一般是指从购买之日起3个月内到期）；（2）流动性强；（3）易于转换为已知金额的现金；（4）价值变动风险很小。其中，期限短、流动性强，强调了变现能力，而易于转换为已知金额的现金、价值变动风险较小，则强调了支付能力的大小。

（二）现金流量的分类

现金流量是现金流量表所要反映的一个重要指标，它反映了企业各类活动形成的现金流量的最终结果，它产生于不同的来源，也有不同的用途，如企业可通过销售商品、提供劳务收回现金，通过向银行借款收到现金、对外投资分红收到现金等；购买原材料、购买固定资产、对外投资、支付职工工资等需要用现金进行支付。所以，编制现金流量表首先应对现金流量进行合理的分类。CAS31号现金流量表准则将一般企业现金流量分为三类即：经营活动产生的现金流量，投资活动产生的现金流量，筹资活动产生的现金流量。

1. 经营活动产生的现金流量

经营活动是指企业投资活动和筹资活动以外的所有交易和事项。也就是说，除归属于企业投资活动和筹资活动以外的所有交易和事项，都可归属于经营活动。经营活动主要包括：公司吸收存款、发放贷款、提供结算服务，公司的保险业务、租赁公司的融资租赁业务等等。

2. 投资活动产生的现金流量

投资活动是指企业长期资产的购建和不包括在现金等价物范围内的投资及其处置活动，包括实物资产的投资，也包括金融资产投资。这里的长期资产是指固定资产、无形资产、在建工程、其他资产等持有期限在1年或一个营业周期以上的资产。

一般来说，投资活动产生的现金流入项目主要有：收回投资所收到的现金，取得投资收益所收到的现金，处置固定资产、无形资产和其他长期资产所收回的现金净额和收到的其他与投资活动有关的现金。

投资活动产生的现金流出项目主要有：购建固定资产、无形资产和其他长期资产所支付的现金，投资所支付的现金，取得子公司及其他营业单位支付的现金净额和支付的其他与投资活动有关的现金。

3. 筹资活动产生的现金流量

筹资活动是指导致企业资本及债务规模和构成发生变化的活动。这里所说的资本，包括实收资本（股本），也包括资本溢价（股本溢价）。这里所说的债务，指对外举债，包括向银行借款、发行债券等。

一般来说，筹资活动产生的现金流入项目主要有：吸收投资收到的现金，发行债券所收到的现金和收到的其他与筹资活动有关的现金。

筹资活动产生的现金流出项目主要有：偿还债务所支付的现金，分配股利、利润或偿付利息所支付的现金，支付的其他与筹资活动有关的现金。

需要注意的是：在企业日常活动之外企业可能还会偶然遇到一些特殊的、不经常发生的项目，如自然灾害损失、保险赔款、捐赠等。现金流量表通过揭示企业现金流量的来源和用途，为分析现金流量前景提供信息，对于那些日常活动之外特殊的、不经常发生的项目，CAS31 号现金流量表准则规定应当归并到相关类别中，并单独反映，也就是在现金流量相应类别下单设一项。比如，对于自然灾害损失和保险赔款，如果能够确指，属于流动资产损失，应当列入经营活动产生的现金流量；属于固定资产损失，应当列入投资活动产生的现金流量。如果不能确指，则可以列入经营活动产生的现金流量。捐赠收入和支出，可以列入经营活动。当然，如果特殊项目的现金流量金额不大，则可以列入现金流量类别下的“其他”项目，不单列项目。

二、现金流量表的编制程序和方法

（一）现金流量表的列报方法

现金流量表的列报方法有两种：直接法和间接法，它们通常也被称之为经营活动产生的现金流量表的报告方法。

1. 直接法

直接法是指按现金收入和现金支出的主要类别，直接反映企业经营活动产生的现金流量。采用直接法编报的现金流量表，便于分析企业经营活动产生的现金流量的来源和用途，预测和评价企业现金流量的未来前景。

2. 间接法

间接法是指以净利润为起点，调整不涉及现金的收入、费用、营业外收支等有关项目，据此计算出经营活动产生的现金流量。采用间接法编报的现金流量表，便于将净利润与经营活动产生的现金流量净额进行比较，了解净利润与经营活动产生的现金流量差异的原因，从现金流量的角度分析净利润的质量。

由于采用直接法编制“现金流量表”可以直接揭示经营活动产生的现金流量的收支总额，预测和评价企业现金流量的未来前景。所以国际会计准则鼓励企业采用直接法编制现金流量表；我国的CAS31号现金流量表准则也规定企业应当采用直接法编报现金流量表，同时要求提供在净利润基础上调节到经营活动产生的现金流量的信息。

（二）现金流量表的格式

CAS31号现金流量表准则应用指南规定：期货公司应当执行证券公司现金流量表格式规定，如有特别需要，可以结合本企业的实际情况，进行必要调整和补充。

直接法下企业现金流量表包括主表和现金流量表补充资料两部分。期货公司现金流量表格式如表17－3所示。

表17－3　　现金流量表　　会金融03表

编制单位：XXX期货股份有限公司　　20XX年X月　　单位：元

项　　目	本期金额	上期金额
一、经营活动产生的现金流量：		
销售商品、提供劳务收到的现金		
向其他金融机构拆入资金净增加额		
收取利息、手续费及佣金的现金		
拆入资金净增加额		
回购业务资金净增加额		
收到其他与经营活动有关的现金		
经营活动现金流入小计		
为交易目的而持有的金融资产净增加额		
拆出资金净增加额		
返售业务资金净增加额		
支付利息、手续费及佣金的现金		
支付给职工及为职工支付的现金		
支付的各项税费		
支付其他与经营活动有关的现金		

续表

项目	本期金额	上期金额
经营活动现金流出小计		
经营活动产生的现金流量净额		
二、投资活动产生的现金流量：		
收回投资收到的现金		
取得投资收益收到的现金		
处置固定资产、无形资产和其他长期资产收回的现金净额		
收到其他与投资活动有关的现金		
投资活动现金流入小计		
投资支付的现金		
购建固定资产、无形资产和其他长期资产支付的现金		
支付其他与投资活动有关的现金		
投资活动现金流出小计		
投资活动产生的现金流量净额		
三、筹资活动产生的现金流量：		
吸收投资收到的现金		
取得借款收到的现金		
发行债券收到的现金		
收到其他与筹资活动有关的现金		
筹资活动现金流入小计		
偿还债务支付的现金		
分配股利、利润或偿付利息支付的现金		
支付其他与筹资活动有关的现金		
筹资活动现金流出小计		
筹资活动产生的现金流量净额		
四、汇率变动对现金及现金等价物的影响		
五、现金及现金等价物净增加额		
加：期初现金及现金等价物余额		
六、期末现金及现金等价物余额		

（三）现金流量表的编制程序

编制现金流量表的程序可以分为两种：一种是工作底稿法，另一种是T型账户法。

1. 工作底稿法

采用工作底稿法编制现金流量表，就是以工作底稿为手段，以利润表和资产负债表数据为基础，对每一项目进行分析并编制调整分录，从而编制出现金流量表。在直接法下，整个工作底稿纵向分成三段，第一段是资产负债表项目，其中又分为借方项目和贷方项目两部分；第二段是利润表项目；第三段是现金流量表项目。工作底稿横向分为五栏，在资产负债表部分，第一栏是项目栏，填列资产负债表各项目名称；第二栏是期初数，用来填列资产负债表项目的期初数；第三栏是调整分录的借方；第四栏是调整分录的贷方；第五栏是期末数，用来填列资产负债表项目的期末数。在利润表和现金流量表部分，第一栏也是项目栏，用来填列利润表和现金流量表项目名称；第二栏空置不填；第三、第四栏分别是调整分录的借方和贷方；第五栏是本期数，利润表部分这一栏数字应和本期利润表数字核对相符，现金流量表部分这一栏的数字可直接用来编制正式的现金流量表。

采用工作底稿法编制现金流量表的程序是：

第一步，将资产负债表的期初数和期末数过入工作底稿的期初数栏和期末数栏。

第二步，对当期业务进行分析并编制调整分录。调整分录大体有这样几类：第一类涉及利润表中的收入、成本和费用项目以及资产负债表中的资产、负债及所有者权益项目，通过调整，将权责发生制下的收入费用转换为现金基础；第二类是涉及资产负债表和现金流量表中的投资、筹资项目，反映投资和筹资活动的现金流量；第三类是涉及利润表和现金流量表中的投资和筹资项目，目的是将利润表中有关投资和筹资方面的收入和费用列入现金流量表投资、筹资现金流量中去。此外，还有一些调整分录并不涉及现金收支，只是为了核对资产负债表项目的期末期初变动。在调整分录中，有关现金和现金等价物的事项，并不直接借记或贷记现金，而是分别记入“经营活动产生的现金流量”“投资活动产生的现金流量”“筹资活动产生的现金流量”有关项目，借记表明现金流入，贷记表明现金流出。

第三步，将调整分录过人工作底稿中的相应部分。

第四步，核对调整分录，借贷合计应当相等，资产负债表项目期初数加减调整分录中的借贷金额以后，应当等于期末数。

第五步，根据工作底稿中的现金流量表项目部分编制正式的现金流量表。

2. T 型账户法

采用T型账户法，就是以T型账户为手段，以利润表和资产负债表数据为基础，对每一项目进行分析并编制调整分录，从而编制出现金流量表。采用T型账户法编制现金流量表的程序如下：

第一步，为所有的非现金项目（包括资产负债表项目和利润表项目）分别开设T型账户，并将各自的期末期初变动数过入各该账户。

第二步，开设一个大的“现金及现金等价物”T型账户，每边分为经营活动、投资活动和筹资活动三个部分，左边记现金流入，右边记现金流出。与其他账户一样，过入期末期初变动数。

第三步，以利润表项目为基础，结合资产负债表分析每一个非现金项目的增减变动，并据此编制调整分录：

第四步，将调整分录过入各T型账户，并进行核对，该账户借贷相抵后的余额与原先过入的期末期初变动数应当一致。

第五步，根据大的“现金及现金等价物”T型账户编制正式的现金流量表。

（四）现金流量表的编制方法

企业应采用直接法报告经营活动的现金流量，即通过现金收入和现金支出的主要类别反映来自企业经营活动的现金流量。现金流量表应分别经营活动、投资活动和筹资活动报告企业的现金流量。现金流量一般应分别按现金流入和现金流出总额反映。但代客户收取或支付的现金以及周转快、金额大、期限短的项目的现金收入和现金支出，应以净额列示。

企业外币现金流量以及境外子公司的现金流量，应以现金流量发生日的汇率或平均汇率折算。汇率变动对现金的影响，应作为调节项目，在现金流量表中单独列示。

有些特殊项目，如自然灾害损失、保险索赔等，应根据发生业务的性质，分别归并到前述现金流量的类别中。

采用直接法时，有关经营活动现金流量的信息，可通过以下途径之一取得：（1）企业的会计记录；（2）根据以下项目对利润表中的营业收入、营业成本以及其他项目进行调整：①当期存货及经营性应收和应付项目的变动；②固定资产折旧、无形资产摊销等其他非现金项目；③其现金影响属于投资或筹资活动现金流量的其他项目。

（五）现金流量表项目的内容和填报方法

下面以公司为例说明公司现金流量表的内容和填报方法。

1. 经营活动产生的现金流量

（1）客户存款和同业存放款项净增加额。本项目反映公司本期向中央银行借入款项的净增加额。

（2）向中央银行借款净增加额。本项目反映了公司本期向中央银行借入款项的净增加额。

（3）向其他金融机构拆入资金净增加额。本项目反映公司本期从境内外金融机构拆入款项索取得的现金，减去拆借给境内外金融机构款项所支付现金后的金额。

（4）收取利息、手续费及佣金的现金。本项目反映了公司本期从境内外客户收取的利息、手续费及佣金收入。

（5）收到其他与经营活动有关的现金。本项目反映企业除上述各项目外，与经营活动有关的其他现金流入，如捐赠现金收入、罚款收入、流动资产损失中由个人赔偿的现金收入等。其他现金流入如价值较大的，应单列项目反映。

（6）客户贷款及垫款净增加额。本项目反映了公司本期发放的各种客户贷款，以及办理商业票据贴现，转贴现融出及融入资金等业务款项的净增加额。

（7）存放中央银行和同业款项净增加额。本项目反映公司存放于中央银行以及存放于境内外金融机构的款项的净增加额。

（8）支付手续费及佣金的现金。本项目反映了公司委托其他企业代办业务实际支付的手续费和佣金。

（9）付给职工以及为职工支付的现金。本项目反映企业实际支付给职工的现金以及为职工支付的现金，包括本期实际支付给职工的工资、奖金、各种津贴和补贴等，以及为职工支付的其他费用。不包括支付的离退休人员的各项费用和支付给在建工程人员的工资等。支付的离退休人员的各项费用，包括支付的统筹退休金以及未参加统筹的退休人员的费用，在“支付的其他与经营活动有关的现金”项目中反映；支付的在建工程人员的工资，在“购建固定资产、无形资产和其他长期资产所支付的现金”项目中反映。

（10）支付的各项税费。本项目反映企业按规定支付的各项税费，包括本期发生并支付的税费（不包括支付的增值税进项税额），以及本期支付以前各期发生的税费和预交的税金，如支付的教育费附加、矿产资源补偿费、印花税、房产税、土地增值税、车船税、预交的营业税等。不包括计入固定资产价值、实际支付的耕地占用税等，也不包括本期退回的增值税、所得税。本期退回的增值税、所得税，在“收到的税费返还”项目中反映。

（11）支付的其他与经营活动有关的现金。本项目反映企业除上述各项目外，支付的其他与经营活动有关的现金，如罚款支出、支付的差旅费、业务招待费、保险费、经营租赁所支付的现金等。其他与经营活动有关的现金如果价值较大的，应单列项目反映。

2. 投资活动产生的现金流量

（1）收回投资所收到的现金。本项目反映企业出售、转让或到期收回除现金等价物以外的交易性金融资产、债权投资、长期股权投资而收到的现金，以及收回长期债权投资本金而收到的现金。不包括长期债权投资收回的利息，以及收回的非现金资产。

（2）取得投资收益所收到的现金。

（3）收到的其他与投资活动有关的现金。本项目反映企业除上述各项目外，收到的其他与投资活动有关的现金。其他与投资活动有关的现金，如果价值较大的，应单列项目反映。

（4）购建固定资产、无形资产和其他长期资产所支付的现金。

（5）投资所支付的现金。

需要注意的是，企业购买股票和债券时，实际支付的价款中包含的已宣告但尚未领取的现金股利或已到付息期但尚未领取的债券利息，应在“支付的其他与投资活动有关的现金”项目中反映；收回购买股票和债券时支付的已宣告但尚未领取的现金股利或已到付息期但尚未领取的债券利息，应在“收到的其他与投资活动有关的现金”项目中反映。

（6）支付的其他与投资活动有关的现金。本项目反映企业除上述各项目外，支付的其他与投资活动有关的现金。其他与投资活动有关的现金，如果价值较大的，应单列项目反映。

3. 筹资活动产生的现金流量

（1）吸收投资所收到的现金。

（2）取得借款所收到的现金。本项目反映企业举借各种短期、长期借款而收到的现金。本项目可根据“库存现金”“银行存款”“短期借款”“长期借款”等科目的记录分析填列。

（3）收到的其他与筹资活动有关的现金。本项目反映企业除上述各项目外，收到的其他与筹资活动有关的现金。其他与筹资活动有关的现金，如果价值较大的，应单列项目反映。本项目可根据有关科目的记录分析填列。

（4）偿还债务所支付的现金。本项目反映企业以现金偿还债务的本金，包括：归还公司的借款本金、偿付企业到期的债券本金等。需要注意的是，企业偿还的借款利息、债券利息在“分配股利、利润或偿付利息所支付的现金”项目中反映，不在本项目中反映。

（5）分配股利、利润或偿付利息所支付现金。本项目反映企业实际支付的现金股利、支付给其他投资单位的利润或用现金支付的借款利息、债券利息所支付的现金。

（6）支付的其他与筹资活动有关的现金。本项目反映企业除上述各项目外，支付的其他与筹资活动有关的现金。如“发生筹资费用所支付的现金”“融资租赁所支付的现金”“减少注册资本所支付的现金”项目等，其他与筹资活动有关的现金，如果价值较大的，应单列项目反映。

4. 汇率变动对现金的影响

该项目反映企业外币现金流量及境外子公司的现金流量折算为人民币时，所采用的现金流量发生日的汇率或平均汇率折算为人民币金额与“现金及现金等价物净增加额”中外币现金净增加额按期末汇率折算为人民币金额之间的差额。

在编制现金流量表时，对当期发生的外币业务，也可不必逐笔计算汇率变动对现金的影响，可以通过会计报表附注中“现金及现金等价物净增加额”数额与报表中“经营活动产生的现金流量净额”“投资活动产生的现金流量净额”“筹资活动产生的现金流量净额”三项之和比较，其差额即为“汇率变动对现金的影响”。

5. 现金流量表补充资料的编制方法

企业应当采用间接法在现金流量表附注中披露将净利润调节为经营活动现金流量的信息。现金流量表的格式参见表 17－4。

表 17－4　　期货公司现金流量表补充资料

补充资料	本期金额	上期金额
1. 将净利润调节为经营活动现金流量：		
净利润		
加：资产减值准备、信用减值损失		
固定资产折旧、油气资产折耗、生产性生物资产折旧		
无形资产摊销		
长期待摊费用摊销		
处置固定资产、无形资产和其他长期资产的损失（收益以“－”号填列）		
固定资产报废损失（收益以“－”号填列）		
公允价值变动损失（收益以“－”号填列）		
财务费用（收益以“－”号填列）		
投资损失（收益以“－”号填列）		
递延所得税资产减少（增加以“－”号填列）		
递延所得税负债增加（减少以“－”号填列）		
存货的减少（增加以“－”号填列）		
经营性应收项目的减少（增加以“－”号填列）		
经营性应付项目的增加（减少以“－”号填列）		
其他		
经营活动产生的现金流量净额		
2. 不涉及现金收支的重大投资和筹资活动：		
债务转为资本		
一年内到期的可转换公司债券		
融资租入固定资产		
3. 现金及现金等价物净变动情况：		
现金的期末余额		
减：现金的期初余额		
加：现金等价物的期末余额		
减：现金等价物的期初余额		
现金及现金等价物净增加额		

（1）“将净利润调节为经营活动现金流量”部分的内容及填列方法。

①资产减值准备。本项目反映企业计提的各项资产的减值准备，例如坏账准备、存货跌价准备、短期投资跌价准备、长期投资减值准备、固定资产减值准备、无形资产减值准备等。企业计提的各项资产的减值准备，包括在利润表中，从利润中扣除，但是，却没有发生现金流出。所以，在将净利润调节为经营活动现金流量时，需要进行“增加”调节。本项目可根据“资产减值损失”等科目的记录分析填列。

②固定资产折旧。本项目反映企业本期累计提取的折旧。企业计提的固定资产折旧，有的包括在管理费用中，有的包括在制造费用中。计入管理费用中的部分，作为期间费用在计算净利润时从中扣除，但是，却没有发生现金流出，所以，在将净利润调节为经营活动现金流量时，需要予以加回。计入制造费用中的已经变现的部分，在计算净利润时通过销售成本予以扣除，但是，却没有发生现金流出，计入制造费用中的没有变现的部分，由于在调节存货时，已经从中扣除，但是，却不涉及现金收支，所以，在此处将净利润调节为经营活动现金流量时，需要予以加回。本项目可根据“累计折旧”科目的贷方发生额分析填列。

③无形资产摊销、长期待摊费用摊销。本项目分别反映企业本期累计摊入成本费用的无形资产的价值及长期待摊费用。企业摊销无形资产时，计入管理费用；长期待摊费用摊销时，有的计入管理费用，有的计入营业费用，有的计入制造费用。计入管理费用、营业费用中的部分，作为期间费用在计算净利润时从中扣除，但是，却没有发生现金流出，所以，在将净利润调节为经营活动现金流量时，需要予以加回。计入制造费用中的已经变现的部分，在计算净利润时通过销售成本予以扣除，但是，却没有发生现金流出；计入制造费用中的没有变现的部分，由于在调节存货时，已经从中扣除，但是，却不涉及现金收支，所以，在此处将净利润调节为经营活动现金流量时，需要予以加回。这两个项目可根据“累计摊销”“长期待摊费用”科目的贷方发生额分析填列。

④处置固定资产、无形资产和其他长期资产的损失（减：收益）。本项目反映企业本期由于处置固定资产、无形资产和其他长期资产而发生的净损失。企业处置固定资产、无形资产和其他长期资产发生的损益，属于投资活动产生的损益，不属于经营活动产生的损益，所以，在将净利润调节为经营活动

现金流量时，需要予以调节。本项目可根据“营业外收入”“营业外支出”等科目所属有关明细科目的记录分析填列；如为净收益，以“-”号填列。

⑤固定资产报废损失。本项目反映企业本期固定资产盘亏（减：盘盈）后的净损失。企业发生的固定资产报废损益，属于投资活动产生的损益，不属于经营活动产生的损益，所以，在将净利润调节为经营活动现金流量时，需要予以调节。本项目可根据“营业外支出”“营业外收入”等科目所属有关明细科目中固定资产盘亏损失减去固定资产盘盈收益后的差额填列。

⑥信用减值损失。本项目根据“预期信用损失法”计提的各项金融工具减值准备所形成的预期信用损失。在预期信用损失法下，减值准备的计提不以减值的实际发生为前提，而是以未来可能的违约事件造成的损失的期望值来计量当前（资产负债表日）应当确认的减值准备，并从利润表中扣除，但却没有相应的现金流出随之发生。所以，在将净利润调整为经营活动现金流量时，需要进行“增加”调节。本项目可根据“信用减值损失”科目的记录分析填列。

⑦公允价值变动损失（减：收益）。由于公允价值计量与原账面价值的差额计入了当期损益，但不影响现金流量，故增加利润时调减，减少利润时调增。

⑧财务费用。本项目反映企业本期发生的应属于投资活动或筹资活动的财务费用。企业发生的财务费用，可以分别归属于经营活动、筹资活动和投资活动。其中，属于经营活动的部分，本身就应该在计算净利润时予以扣除，所以，在将净利润调节为经营活动现金流量时，不需要调节。与此相对应，属于投资活动、筹资活动的部分，在计算净利润时也从中扣除，但是，这部分发生的现金流出不属于经营活动范畴，所以，在将净利润调节为经营活动现金流量时，需要予以加回。本项目可根据“财务费用”科目的本期借方发生额分析填列；如为收益，以“-”号填列。

⑨投资损失（减：收益）。本项目反映企业本期投资所发生的损失减去收益后的净损失。企业发生的投资损益，属于投资活动产生的损益，不属于经营活动产生的损益，所以，在将净利润调节为经营活动现金流量时，需要予以调节。本项目可根据利润表中“投资收益”项目的数字填列；如为投资收益，以“-”号填列。

⑩递延所得税资产减少（减：增加）。本项目反映企业本期期末递延所得

税资产比期初减少的金额，企业发生递延所得税资产，与其相对应的是所得税的减少，增加了本期的净利润。而企业本期期末递延所得税资产比期初减少意味着本期转回递延所得税资产比本期发生的递延所得税资产多，因而增加了本期所得税费用，但却没有发生现金流出，所以，在将净利润调节为经营活动现金流量时，需要予以加回；“递延所得税资产”的期末数大于期初数的差额，以“-”号填列。

⑪递延所得税负债增加（减：减少）。本项目反映企业本期期末递延所得税负债比期初减少的金额，企业发生递延所得税负债，与其相对应的是所得税的增加，减少了本期的净利润。而企业本期期末递延所得税负债比期初增加意味着本期发生递延所得税负债比本期转回的递延所得税负债多，因而增加了本期所得税费用，但却没有发生现金流出，所以，在将净利润调节为经营活动现金流量时，需要予以加回；“递延所得税负债”的期末数小于期初数的差额，以“-”号填列。

⑫存货的减少（减：增加）。本项目反映企业本期存货的减少（减：增加）。在不存在赊购情况下，如果某一期间期末存货比期初存货增加，说明当期购入的存货除耗用外，还余留了一部分，即除了为当期销货成本包含的存货发生支出外，还为增加的存货发生了现金流出，所以，在将净利润调节为经营活动现金流量时，需要从中扣除；反之，如果某一期间期末存货比期初存货减少，说明本期生产过程耗用的存货有一部分是期初的存货，耗用这部分存货并没有发生现金流出，所以，在将净利润调节为经营活动现金流量时，需要予以加回。本项目可根据资产负债表中“存货”项目的期初数、期末数之间的差额填列；期末数大于期初数的差额，以“-”号填列。

⑬经营性应收项目的减少（减：增加）。本项目反映企业本期经营性应收项目（包括应收账款、应收票据和其他应收款中与经营活动有关的部分以及应收增值税销项税额等）的减少（减：增加）。如果某一期间经营性应收项目期末余额大于经营性应收项目期初余额，说明本期销售收入中有一部分没有收回现金，但是，在计算净利润时这部分销售收入已包括在内，所以，在将净利润调节为经营活动现金流量时，需要从中扣除；反之，如果某一期间经营性应收项目期末余额小于经营性应收项目期初余额，说明本期收回的现金大于利润表中所确认的销售收入，所以，在将净利润调节为经营活动现金流量时，需要予以加回。

⑭经营性应付项目的增加（减：减少）。本项目反映本期经营性应付项目（包括应付账款、应付票据、应付福利费、应交税费、其他应付款中与经营活动有关的部分以及应付的增值税进项税额等）的增加（减：减少）。如果某一期间经营性应付项目期末余额大于经营性应付项目期初余额，说明本期购入的存货中有一部分没有支付现金，但是，在计算净利润时却通过销售成本包括在内，所以，在将净利润调节为经营活动现金流量时，需要予以加回；反之，如果某一期间经营性应付项目期末余额小于经营性应付项目期初余额，说明本期支付的现金大于利润表中所确认的销售成本，所以，在将净利润调节为经营活动现金流量时，需要从中扣除。

⑮其他。本项目反映影响企业损益但不包括在以上项目的其他项目。如，企业在编制会计差错更正处理当年的现金流量表时，除将会计差错更正对有关科目的影响分别反映于“净利润”有关调节项目外，还应将其对本年留存收益的影响作为“净利润”的调节因素反映于“其他”项目中。

（2）“不涉及现金收支的重大投资和筹资活动”项目的内容和填列方法。

本项目反映企业一定期间内影响资产或负债但不形成该期现金收支的所有重大投资和筹资活动的信息。这些投资和筹资活动虽然不涉及现金收支，但对以后各期的现金流量有重大影响。

①“债务转为资本”项目：反映企业本期转为资本的债务金额。

②“一年内到期的可转换公司债券”项目，反映企业1年内到期的可转换公司债券的本息。

③“融资租入固定资产”项目，反映企业本期融资租入固定资产计入“长期应付款”科目的金额。

（六）现金流量表的披露要求

CAS31号现金流量表准则第十六条规定：企业应当在附注中披露将净利润调节为经营活动现金流量的信息。至少应当单独披露对净利润进行调节的下列项目：

（1）资产减值准备；

（2）固定资产折旧；

（3）无形资产摊销；

（4）长期待摊费用摊销；

（5）待摊费用；

（6）预提费用；

（7）处置固定资产、无形资产和其他长期资产的损益；

（8）固定资产报废损失；

（9）公允价值变动损益；

（10）财务费用；

（11）投资损益；

（12）递延所得税资产和递延所得税负债；

（13）存货；

（14）经营性应收项目；

（15）经营性应付项目。

CAS31 号现金流量表准则第十七条规定：企业应当在附注中以总额披露当期取得或处置子公司及其他营业单位的下列信息：

（1）取得或处置价格；

（2）取得或处置价格中以现金支付的部分；

（3）取得或处置子公司及其他营业单位收到的现金；

（4）取得或处置子公司及其他营业单位按照主要类别分类的非现金资产和负债。

CAS31 号现金流量表准则第十八条规定：企业应当在附注中披露不涉及当期现金收支、但影响企业财务状况或在未来可能影响企业现金流量的重大投资和筹资活动。

CAS31 号现金流量表准则第十九条规定：企业应当在附注中披露与现金和现金等价物有关的下列信息：

（1）现金和现金等价物的构成及其在资产负债表中的相应金额。

（2）企业持有但不能由母公司或集团内其他子公司使用的大额现金和现金等价物金额。

第五节　所有者权益变动表

一、所有者权益变动表的意义和作用

所有者权益变动表是反映企业在一定会计期间所有者权益（或股东权益）

变动情况的会计报表。企业所有者权益的变动，反映了当期企业净资产的增加或减少情况，除了资本的投入、回购或股利分配外，所有者权益变动综合体现了企业当期经营活动对净资产的影响。所有者权益变动表一般一年编制一次，属于年度报表。同时，该表反映的是一定期间所有者权益变动的信息，又属于动态报表。

所有者权益变动表具有以下意义：第一，所有者权益变动表除列示直接计入所有者权益的利得和损失外，同时包含最终属于所有者权益变动的净利润，在一定程度上体现企业综合收益的特点。第二，所有者权益变动表反映各项交易和事项导致的所有者权益增减变动，以及所有者权益各组成部分增减变动的结构性信息，便于信息使用者分析企业净资产的构成、来源和去向。

二、所有者权益变动表的结构和内容

（一）所有者权益变动表的结构

所有者权益变动表包括表首和正表两部分。其中，表首列示所有者权益变动表的名称、编制单位、所属报表期间、报表编号、货币名称等。正表是所有者权益变动表的主体，列示构成企业所有者权益各项目变动情况的本年金额和上年金额。表 17 -5 列示了期货公司的所有者权益变动表。

（二）所有者权益变动表的内容

这是一个矩阵式表格，需要左右与上下同时平衡。

从左到右，该表分列“本年金额”和“上年金额”，在每一年度金额中又具体分别列出所有者权益的各个项目。其中，“其他权益工具”项目，反映企业发行的除普通股以外分类为权益工具的金融工具。企业应根据实际情况在该项目下设“优先股”“永续股”和“其他”三个项目，分别反映企业发行的分类为权益工具的优先股和永续工具等项目。

从上到下，该表项目分为上年年末余额、本年年初余额、本年增减变动金额和本年年末余额四项。其中：

（1）本年年初余额是在上年所有者权益年末余额的基础上，加上（或减去）会计政策变更和前期会计差错更正对上年所有者权益的影响金额。

（2）本年增减变动金额项目是本表的主要部分，主要包括会计期间形成的净利润，直接计入所有者权益的利得和损失，所有者投入和减少的资本，利润分配等项目对所有者权益增减变动的影响。

表 17－5　　所有者权益变动表

会金融 04 表

编制单位：XXX 期货股份有限公司　　20XX 年度　　单位：元

资产	本年金额											上年金额										
	实收资本（或股本）	其他权益工具			资本公积	减：库存股	其他综合收益	盈余公积	一般风险准备	未分配利润	所有者权益合计	实收资本（或股本）	其他权益工具			资本公积	减：库存股	其他综合收益	盈余公积	一般风险准备	未分配利润	所有者权益合计
		优先股	永续股	其他									优先股	永续股	其他							
一、上年年末余额资产：																						
加：会计政策变更																						
前期差错更正																						
其他																						
二、本年年初余额																						
三、本年增减变动额（减少以“—”表示）																						
（一）综合收益总额																						
（二）所有者投入和减少资本																						
1. 所有者投入的普通股																						
2. 其他权益工具持有者投入资本																						
3. 股份支付计入所有者权益的金额																						
4. 其他																						

续表

资产	本年金额											上年金额										
	实收资本（或股本）	其他权益工具			资本公积	减：库存股	其他综合收益	盈余公积	一般风险准备	未分配利润	所有者权益合计	实收资本（或股本）	其他权益工具			资本公积	减：库存股	其他综合收益	盈余公积	一般风险准备	未分配利润	所有者权益合计
		优先股	永续股	其他									优先股	永续股	其他							
（三）利润分配																						
1. 提取盈余公积																						
2. 提取一般风险准备																						
3. 对所有者（或股东）的分配																						
4. 其他																						
（四）所有者权益内部结转																						
1. 资本公积转增资本（或股本）																						
2. 盈余公积转增资本（或股本）																						
3. 盈余公积弥补亏损																						
4. 设定受益计划变动额结转留存收益																						
5. 其他综合收益结转留存收益																						
6. 其他																						
四、本年年末余额																						

所有者权益变动表至少应当单独列示反映下列信息的项目：①净利润；②直接计入所有者权益的利得和损失项目及其总额；③会计政策变更和差错更正的累积影响金额；④所有者投入资本和向所有者分配利润等；⑤按照规定提取的盈余公积；⑥实收资本（或股本）、资本公积、盈余公积、未分配利润的期初和期末余额及其调节情况。

在这个基本结构下，其中有三个新项目需要关注：一是“其他权益工具持有者投入资本”项目，反映企业发行的除普通股以外分类为权益工具的持有者投入资本的金额；二是“对所有者（或股东）的分配”项目，反映企业对普通股东以及企业发行的除普通股以外分类为权益工具的金融工具持有者的股利分配；三是“其他综合收益结转留存收益”项目，主要反映两个：企业指定为以公允价值计量且其变动计入其他综合收益的非交易性权益工具投资终止确认时，之前计入其他综合收益的累计利得或损失从其他综合收益中转入留存收益的金额；企业指定为以公允价值计量且其变动计入当期损益的金融负债终止确认时，之前由企业自身信用风险变动引起而计入其他综合收益的累计利得或损失从其他综合收益中转入留存收益的金额等。

（3）本年年末余额是本年年初余额加上（或减去）本年所有者权益增减变动金额后的余额。

（三）所有者权益变动表的编制方法

所有者权益变动表反映企业年末所有者权益（或股东权益）增减变动的情况。该表应根据所有者权益账户及其所属的各明细分类账户的发生额分析填列。其中，“上年金额”栏，根据上年“所有者权益变动表”中的“本年金额”栏填列的数据填列。“本年金额”栏，根据本年“本年利润”“实收资本（或股本）”“资本公积”“库存股”“盈余公积”“利润分配”账户及其所属明细账户的记录分析填列。

本表“本年金额”栏各项目的内容及填列方法：

（1）“上年年末余额”项目，反映上年年末各所有者权益各项目的余额。该项目直接根据上年所有者权益变动表的“本年年末余额”项目填列。

（2）“会计政策变更”项目，反映企业由于会计政策变更对上年所有者权益各项目（主要是盈余公积、未分配利润项目）的影响金额。该项目应根据“盈余公积”“利润分配”账户所属明细分类账户分析填列。

（3）“前期差错更正”项目，反映企业由于前期会计差错对以前年度所有者权益各项目（主要是盈余公积、未分配利润项目）的影响金额。该项目应根据“盈余公积”“利润分配”账户所属明细分类账户分析填列。

（4）“本年年初余额”项目，反映经过调整后的上年年末余额。该项目根据所有者权益各项目的“上年年末余额”加上（或减去）“会计政策变更”和“会计政策变更”对所有者权益各项目的影响金额。

（5）“本年增减变动金额”项目，反映企业当期形成的净利润、直接计入当期所有者权益的利得和损失、所有者投入和减少的资本以及利润分配等对本年所有者权益的影响金额。该项目根据该项目下的“（一）净利润”“（二）直接计入所有者权益的利得和损失”“（三）所有者投入和减少资本”“（四）利润分配”等项目对所有者权益的影响金额的合计填列。如果是减少金额，以“－”号填列。

（6）“综合收益总额”项目，反映企业全年实现的综合收益总额。该项目根据“利润表”中“本期金额”栏中的“综合收益总额”项目金额填列。如为净亏损，则以“－”号填列。

（7）“直接计入所有者权益的利得和损失”项目，反映直接计入所有者权益的利得和损失金额，如果是损失金额，以“－”号填列。该项目一般填列“资本公积”栏，根据“资本公积”账户所属明细分类账户分析计算填列。

（8）“所有者投入的普通股”项目，反映企业投资人投入或收回投资而增加或减少的资本。

（9）“股份支付计入所有者权益的金额”项目，反映企业股份支付计入所有者权益的金额。该项目一般填列本表的“实收资本”“资本公积”和“未分配利润”栏，根据“实收资本”“资本公积——资本（股本）溢价”和“利润分配——转作股本的股利”账户本期发生额分析计算填列。

（10）“提取盈余公积”项目，反映企业当期提取的盈余公积。该项目一般填列本表的“盈余公积”和“未分配利润”栏，根据“盈余公积”“利润分配”账户及其所属明细分类账户本期发生额分析计算填列。

（11）“对所有者（或股东）的分配”项目，反映企业分配给所有者或股东的股利。该项目一般填列本表的“未分配利润”栏，根据“利润分配——应付现金股利或利润”账户本期发生额分析计算填列。

（12）“资本公积转增资本（股本）”项目，反映企业资本公积转增资本

（股本）的情况。该项目一般填列本表的“资本公积”和“实收资本（或股本）”栏，根据“资本公积——资本溢价”和“实收资本（或股本）”账户本期发生额分析计算填列。

（13）“盈余公积转增资本（股本）”项目，反映企业盈余公积转增资本（股本）的情况。该项目一般填列本表的“盈余公积”和“实收资本（或股本）”栏，根据“盈余公积”和“实收资本（或股本）”账户本期发生额分析计算填列。

（14）“本年年末余额”项目，反映企业年末所有者权益各项目的余额。该表所有者权益各项目的“本年年末余额”应与资产负债表中所有者权益项目的“期末余额”栏金额相等。

第六节　财务报表附注

从第二节到第五节，分别阐述了期货公司四种财务报表的具体内容、格式与填列方式。资产负债表是期货公司某一时点的资产、负债和权益之总体家底；利润是期货公司从上一时点到本时点这一时期的经营收支与绩效数据；在权责发生制基础下，通过现金流量表来补充反映期货公司这一时期“真金白银”的发生态势与变化结果；而所有者权益变动表则专注于股东自身权益在这一时期的家底情况。这四种报表彼此呼应形成了期货公司的财务报表体系。不过，进一步来看，财务报表是高度浓缩、高度抽象、高度概括的数据集成，为便于报表阅读者理解和掌握一些重点项目的具体情况，还需要对形成期货公司财务报表的特定项目和情况进行解释，这就是财务报表附注了。

一、财务报表附注的作用

公司财务报表附注是对在资产负债表、利润表、现金流量表和所有者权益变动表等报表中列示项目的文字描述或明细资料，以及对未能在这些报表中列示项目的说明等。

附注是财务报表的重要组成部分，是对财务报表的补充说明，它对财务报表不能包括的内容，或者披露不详尽的内容，作进一步的解释和说明，从而有助于财务报告使用者理解和使用会计信息。

例如，财务报表采用报表格式，由于形式的限制，只能按照大类设置项目，反映总括情况，具有一定的固定性和规定性，至于各项目的构成明细等情况难以在表内反映，从而使其反映的会计信息受到一定的限制。再如，在可比性原则下，对于同样的经济业务，要求企业采用同样的会计方法和程序。此外，它要求前后各期采用的会计政策保持一致，不得随意变更。在实际工作中，由于会计法规发生变化，或者为了更加公允地反映企业的实际情况，企业有可能改变财务报表中某些项目的会计政策，由于不同期间的财务报表中同一项目采用了不同的会计政策，影响不同期间财务报表的可比性。为了帮助财务报表使用者掌握会计政策的变化，也需要在财务报表附注中加以说明。

需要注意的是，财务报表附注不能代替确认和计量。

二、财务报表附注的披露内容

财务报表附注应当披露财务报表的编制基础，相关信息应当与资产负债表、利润表、现金流量表和所有者权益变动表等报表中列示的项目相互参照。

财务报表附注应当按照顺序披露以下内容：

（1）财务报表的编制基础；

（2）遵循企业会计准则的声明；

（3）重要会计政策的说明，包括财务报表项目的计量基础和会计政策的确定依据等；

（4）重要会计估计的说明，包括下一会计期间内很可能导致资产、负债账面价值重大调整的会计估计的确定依据等；

（5）会计政策和会计估计变更以及差错更正的说明；

（6）对已在资产负债表、利润表、现金流量表和所有者权益变动表中列示的重要项目的进一步说明，包括终止经营税后利润的金额及其构成情况等；

（7）或有和承诺事项、资产负债表日后非调整事项、关联方关系及其交易等需要说明的事项。

此外，企业还应当在附注中披露在资产负债表日后、财务报告批准报出日前提议或宣布发放的股利总额和每股股利金额（或向投资者分配的利润总额）。

下列各项未在与财务报表一起公布的其他信息中披露的，企业应当在附注中披露：

（1）企业注册地、组织形式和总部地址；

（2）企业的业务性质或主要经营活动；

（3）母公司以及集团最终母公司的名称。

三、公司财务报表附注的内容

期货公司应当按照规定披露附注信息，主要包括下列内容：

（一）期货公司的基本情况

（二）财务报表的编制基础

（三）遵循企业会计准则的声明

（四）重要会计政策和会计估计

（五）会计政策和会计估计变更以及差错更正的说明

以上（一）至（五）项，应当比照一般企业进行披露。

（六）报表重要项目的说明

1. 货币资金的披露格式（见表17-6）

表17-6

项　　目	期末账面余额	年初账面余额
库存现金		
银行存款		
其中：公司自有		
经纪业务客户		
结算备付金		
其中：公司自有		
经纪业务客户		
其他货币资金		
其中：新股申购款		
合　　计		

2. 买入返售金融资产除比照商业银行进行披露外，还应按交易对手披露以下信息（见表17-7）

表17-7

项　　目	期末账面余额	年初账面余额
同业		
其他非银行金融机构		
合　　计		

3. 存出保证金的披露格式（见表 17－8）

表 17－8

项　　目	期末账面余额	年初账面余额
交易保证金		
履约保证金		
合　　计		

4. 企业应当披露代理承销证券的方式（全额包销、余额包销、代销）、承销证券的种类等情况

5. 企业应当披露代理兑付债券的方式、种类、记名证券或无记名证券情况

6. 交易席位费的披露格式（见表 17－9）

表 17－9

项　　目	年初账面余额	本期增加额	本期减少额	期末账面余额
一、原价合计				
1. 上海证券交易所				
其中：A 股				
B 股				
2. 深圳证券交易所				
其中：A 股				
B 股				
二、累计摊销额合计				
1. 上海证券交易所				
其中：A 股				
B 股				
2. 深圳证券交易所				
其中：A 股				
B 股				
三、交易席位费账面价值合计				
1. 上海证券交易所				
其中：A 股				
B 股				
2. 深圳证券交易所				
其中：A 股				
B 股				

7. 其他资产的披露格式（见表 17－10）

表 17－10

项　目	期末账面价值	年初账面价值
应收股利		
其他应收款		
……		
其他		
合　计		

8. 卖出回购金融资产款除比照商业银行进行披露外，还应按交易对手披露以下信息（见表 17－11）

表 17－11

项　目	期末账面余额	年初账面余额
同业		
其他非银行金融机构		
合　计		

9. 代理买卖证券款的披露格式（见表 17－12）

表 17－12

项　目	期末账面余额	年初账面余额
个人客户		
法人客户		
……		
合　计		

10. 代理承销证券款的披露格式（见表 17－13）

表 17－13

项　目	期末账面余额	年初账面余额
股票		
债券		
其中：国债		
金融债券		
企业债券		
其他有价证券		
合　计		

11. 代理兑付证券款的披露格式（见表 17－14）

表 17－14

项　　目	年初账面余额	本期收到兑付资金	本期已兑付债券	本期结转手续费收入	期末账面余额
国债					
企业债券					
金融债券					
其他债券					
合　　计					

12. 其他负债的披露格式（见表 17－15）

表 17－15

项　　目	期末账面余额	年初账面余额
应付股利		
其他应付款		
……		
合　　计		

13. 受托客户资产管理业务的披露格式（见表 17－16）

表 17－16

资产项目	期末余额	年初余额	负债项目	期末余额	年初余额
受托管理资金存款			受托管理资金		
客户结算备付金			应付款项		
应收款项					
受托投资					
其中：投资成本					
已实现未结算损益					
合　　计			合　　计		

14. 手续费及佣金净收入的披露格式（见表 17－17）

表 17－17

项　　目	本期发生额	上期发生额
手续费及佣金收入		
—证券承销业务		
—证券经纪业务		
—受托客户资产管理业务		
—代理兑付证券		
—代理保管证券		
—其他		
手续费及佣金支出		
—证券经纪业务手续费支出		
—佣金支出		
手续费及佣金净收入		

15. 受托客户资产管理手续费及佣金收入的披露格式（见表 17－18）

表 17－18

项　　目	本期发生额	上期发生额
定向资产管理业务		
专项资产管理业务		
集合资产管理业务（按项目列示） 1. ……		
合　　计		

16. 分部报告

（1）主要报告形式是业务分部的披露格式（见表 17－19）

表 17－19

项　　目	××业务		××业务		……	其他		抵销		合计	
	本期	上期	本期	上期	……	本期	上期	本期	上期	本期	上期
一、营业收入											
手续费及佣金净收入其中：分部间手续费及佣金净收入											

续表

项目	××业务		××业务		……	其他		抵销		合计	
	本期	上期	本期	上期	……	本期	上期	本期	上期	本期	上期
其他收入											
二、营业费用											
三、营业利润（亏损）											
四、资产总额											
五、负债总额											
六、补充信息											
1. 折旧和摊销费用											
2. 资本性支出											
3. 折旧和摊销以外的非现金费用											

注：主要报告形式是地区分部的，比照业务分部格式进行披露。

（2）在主要报告形式的基础上，对于次要报告形式，企业还应披露对外交易收入、分部资产总额。

17. 除以上项目以外的其他项目，应当比照商业银行进行披露

（七）或有事项

比照商业银行进行披露。

（八）资产负债表日后事项

比照商业银行进行披露。

（九）关联方关系及其交易

比照商业银行进行披露。

（十）风险管理

1. 风险管理政策和组织架构

（1）风险管理政策，主要包括对各种风险的来源、正式风险治理组织和科学的监督流程及其定期复核制度，以及在严格职责分离、监督和控制基础上各相关业务部门、高级管理人员和风险管理职能部门之间的沟通和协作等。

（2）风险治理组织架构，主要包括各风险管理委员会和相关职能部门的设立和运转情况。

2. 信用风险

除比照商业银行披露必要的信用风险信息外，还应按行业、地区和交易

对手的信用评级等分别披露信用风险信息。

3. 流动风险

除比照商业银行披露必要的流动风险信息外，还应披露进行流动性风险管理拟采取的主要措施。

4. 市场风险

按照 CAS37 号金融工具列报准则的相关规定进行披露。

第十八章 信托公司财务年报

本章精要

企业会计准则明确要求信托投资公司应当执行商业银行财务报表格式和附注规定，如有特别需要，可以结合本企业的实际情况，进行必要调整和补充。

本章第一节是资产负债表，要掌握资产负债表的结构和内容，对结构与内容一清二楚后，才能对流动资产、非流动资产、流动负债、非流动负债和所有者权益做到心中有数、取数科学。

第二节是利润表，需要从利润表的逻辑结构上来逐层分析，并对构成营业利润、利润总额、净利润的各项要素进行渐进式分析与填列。

第三节是现金流量表，要在准确分析判断经营活动产生的现金流量、投资活动产生的现金流量和筹资活动产生的现金流量的基础上，掌握其列报方法：直接法和间接法，通晓其编制程序：工作底稿法和T型账户法。

第四节是财务报表附注。要深刻理解其价值所在，掌握信托公司财务报表附注的披露内容。

第一节 资产负债表

一、资产负债表的结构和内容

（一）资产负债表的内容

资产负债表的项目分为资产、负债和所有者权益三类。资产类项目主要按照项目的流动性排列，按照流动资产和非流动资产分项列示。把资产分成这样几类，就是让会计信息使用者一看到流动资产就知道1年内它能够变现；看到非流动资产就知道变现期要超过1年等。而且从上往下看，变现能力是越来越差。因此，读表时会发现，非流动资产占的比重越大，信托公司变现能力就越差。

符合下列条件之一的资产，应当归为流动资产：

（1）预计在一个正常营业周期中变现、出售或耗用经营周期是指从购买用于加工的资产到其收回现金或现金等价物的这段时间；

（2）主要为交易目的而持有的；

（3）预期在自资产负债表日起1年内变现的；

（4）在自资产负债表日起1年内，交换其他资产或清偿负债的能力不受限制的现金或现金等价物。

流动资产以外的资产应当归类为非流动资产，并应按其性质分类列示。

负债类项目一般按照债务偿还期限的长短分为流动负债和长期负债并分项列示。这样分类的目的是使报表使用者看到流动负债就知道信托公司将在1年内要清偿的债务有多少，看到长期负债就知道信托公司偿还期在1年以上的债务有多少，从而判断信托公司的财务状况。

符合下列条件之一的负债，应当归类为流动负债：

（1）预计在一个正常营业周期中清偿；

（2）主要为交易目的而持有；

（3）在资产负债表日起1年内到期应予以清偿；

（4）信托公司无权自主地将清偿推迟至资产负债表日后1年以上。

当没有可靠证据表明信托公司的营业周期超过1年，信托公司应当以1年作为划分流动负债与非流动负债的标准。

流动负债以外的负债，应当归类为非流动负债。非流动负债应当按照长期负债的性质分类列示。

对于在资产负债表日起1年内到期的负债，信托公司预计能够自主地将清偿义务展期至资产负债表日起1年以上的，应当归类为非流动负债；不能自主地将清偿义务展期的，即使在资产负债表日后、财务报表批准报出日前签订了重新安排清偿计划协议，该项负债仍应归类为流动负债。

信托公司在资产负债表日或之前违反了长期借款协议，导致贷款人可随时要求清偿的负债，应当归类为流动负债。

贷款人在资产负债表日或之前同意提供在资产负债表日起1年以上的宽限期，信托公司能够在此期限内改正违约行为，且贷款人不能要求随时清偿，该项负债应当归类为非流动负债。

所有者权益则按实收资本（或股本）、资本公积、盈余公积、未分配利润等项目分项列示。资产负债表中的所有者权益类应当包括所有者权益的合计项目。

资产负债表应当列示资产总计项目，负债和所有者权益总计项目。资产类项目金额的合计与负债和所有者权益类项目的合计数必须相等。资产项目和负债项目的金额不得相互抵销。资产项目按扣除减值准备后的净额列示，不属于抵销。

信托公司由于在经营内容上不同于一般的工商企业，导致其资产、负债、所有者权益的构成项目也与一般工商企业有所区别。在资产负债表上列示时，资产通常需要列示：（1）货币资金；（2）拆出资金；（3）交易性金融资产；（4）衍生金融资产；（5）买入返售金融资产；（6）应收利息；（7）贷款；（8）债权投资；（9）其他债权投资；（10）其他权益工具投资；（11）长期股权投资；（12）投资性房地产；（13）固定资产；（14）无形资产；（15）递延所得税资产；（16）其他资产。

负债也按流动性大小列示：（1）短期借款；（2）拆入资金；（3）交易性金融负债；（4）衍生金融负债；（5）卖出回购金融资产；（6）具有本行业特点的各类应付和预售款项；（7）应付职工薪酬；（8）应交税费；（9）应付利息；（10）预计负债；（11）长期借款；（12）长期应付款；（13）应付债券；（14）递延所得税负债。

所有者权益，按实收资本、资本公积、盈余公积、一般风险准备、未分配利润等项目分项列示。

另外，资产负债表除了列示各项资产、负债和所有者权益项目的期末余额以外，至少还应当提供所有列报项目上一可比会计期间的比较数据，即这些项目的年初余额，通过对年初、期末数的比较，可以看出各项资产，负债及所有者权益项目的变动情况。

（二）资产负债表的格式

资产负债表有两种格式：一种是账户式格式，另一种是报告式格式。账户式资产负债表是左右结构，左边列示资产，右边列示负债和所有者权益，资产各项目的金额合计等于负债和所有者权益各项目的金额合计。我国采用的是账户式的资产负债表。信托公司资产负债表的格式如表 18 - 1 所示。

表 18 - 1 **资产负债表** 会金融 01 表

编制单位：XXX 信托股份有限公司 20XX 年 X 月 XX 日 单位：元

资产	期末余额	上年年末余额	负债和所有者权益	期末余额	上年年末余额
资产：			负债：		
货币资金			短期借款		
其中：客户资金存款			拆入资金		
结算备付金			交易性金融负债		
其中：客户备付金			衍生金融负债		
贵金属			卖出回购金融资产款		
拆出资金			应付职工薪酬		
衍生金融资产			应交税费		
应收款项			应付款项		
合同资产			合同款项		
买入返售金融资产			持有待售负债		
持有待售资产			预计负债		
金融投资：			长期借款		
交易性金融资产			应付债券		
债权投资			其中：优先股		
其他债权投资			永续股		
其他权益工具投资			递延所得税负债		
长期股权投资			其他负债		
投资性房地产			负债合计		
固定资产			所有者权益（或股东权益）		
在建工程			实收资本（或股本）		
无形资产			其他权益工具		
递延所得税资产			其中：优先股		
其他资产			永续股		
			资本公积		
			减：库存股		
			其他综合收益		
			盈余公积		
			一般风险准备		

续表

资产	期末余额	上年年末余额	负债和所有者权益	期末余额	上年年末余额
			未分配利润		
			所有者权益（或股东权益）合计		
资产总计			负债和所有者权益（或股东权益）总计		

另外，资产负债表除了列示各项资产、负债和所有者权益项目的期末余额外，通常还列示这些项目的年初余额，通过对年初数与期末数的比较，可以看出各项资产、负债及所有者权益的变动。所以，这种资产负债表称为比较资产负债表。

三、资产负债表的编制方法

（一）资产负债表编制的基本方法

会计报表的编制，主要是通过对日常会计核算记录的数据加以归集、整理，使之成为有用的财务信息。我国信托公司资产负债表各项目数据的来源，主要通过以下几种方式取得：

1. 根据总账账户余额直接填列

资产负债表各项目的数据来源，大多是根据总账账户期末余额直接填列，如“长期股权投资”项目，根据“长期股权投资”总账科目的期末余额直接填列；“短期借款”项目，根据“短期借款”总账科目的期末余额直接填列。

2. 根据总账账户余额计算填列

资产负债表的某些项目不能直接根据总账账户的期末余额填列，而是要根据若干个总账账户的期末余额合并计算填列，如“现金及存放中央银行款项”项目，根据“库存现金”“存放中央银行款项”账户的期末余额合计数计算填列。

3. 根据明细账户余额计算填列

资产负债表的某些项目不能根据总账账户的期末余额或若干个总账账户的期末余额计算填列，而是需要根据有关账户所属的相关明细账户的期末余额分析计算填列。如“应付账款”项目，根据“应付账款”“预付账款”科目所属相关明细科目的期末贷方余额计算填列。

4. 根据总账账户和明细账户余额分析计算填列

资产负债表的某些项目不能根据总账账户的期末余额或若干个总账账户的期末余额计算填列，也不能根据有关账户所属的相关明细账户的期末余额分析计算填列，而是要根据总账账户和明细账户的期末余额计算填列。如“长期借款”项目，根据“长期借款”总账账户期末余额，扣除“长期借款”账户所属明细分类账户中反映的、将于一年内到期的长期借款部分，分析计算填列。

5. 根据账户余额减去其备抵项目后的净额填列

资产负债表的某些项目应当反映账面价值，应根据有关账户余额减去其备抵项目后的净额填列。如“固定资产”项目，根据“固定资产”账户的期末余额，减去“累计折旧”和“固定资产减值准备”备抵账户余额后的净额填列；又如，“无形资产”项目，根据“无形资产”账户的期末余额，减去“累计摊销”和“无形资产减值准备”备抵账户余额后的净额填列。

（二）资产负债表编制的具体方法

1. 资产负债表“年初余额”栏的填列方法

在我国，资产负债表的“年初余额”栏内各项数字，根据上年末资产负债表“期末余额”栏内各项数字填列。如果当年度资产负债表规定的各个项目的名称和内容同上年度不相一致，则按编报当年的口径对上年年末资产负债表各项目的名称和数字进行调整，填入“年初余额”栏内。

2. 资产负债表“期末余额”栏的内容和填列方法

资产负债表的“年初余额”栏内各项数字，根据各项目期末情况填列。

（三）资产负债表编制的重点项目阐述

信托公司在编制资产负债表时，除了掌握上述基本方法、具体方法之外，也需要对一些重点项目进行关注，尤其是新的金融工具、收入等准则有所调整的重点项目，现简要强调如下：

1. “合同资产”和“合同负债”项目。信托公司应按照相关准则规定根据企业履行履约义务与客户付款之间的关系，在资产负债表中列示合同资产或合同负债。同一合同下的合同资产和合同负债应当以净额列示，其中净额为借方余额的，应当扣除损失准备后在“合同资产”项目中填列；净额为贷方余额的，应当在“合同负债”项目中填列。

2.“持有待售资产”项目，反映资产负债表日企业分类为持有待售类别的非流动资产及分类为持有待售类别的处置组中的流动资产和非流动资产的期末账面价值（扣除减值准备）。

3.“金融投资”之下的“交易性金融资产”“债权投资”“其他债权投资”和“其他权益工具投资”等四个项目，是根据新金融准则分类而归口的金融资产。其中，“交易性金融资产”，是指定为以公允价值计量且其变动计入当期损益的金融资产，以及因不符合分类为摊余成本计量的金融资产或以公允价值计量且其变动计入其他综合收益的金融资产的条件而分类为以公允价值计量且其变动计入当期损益的金融资产；“债权投资”是以摊余成本计量的金融资产的期末账面价值（扣除损失准备）；“其他债权投资”是以公允价值计量且其变动计入其他综合收益的金融资产的期末账面价值；“其他权益工具投资”是指定为以公允价值计量且其变动计入其他综合收益的非交易性权益工具投资。

4. 信托公司应当按照金融工具准则的相关规定确认利息收入和利息费用。基于实际利率法计提的金融工具的利息应包含在相应金融工具的账面余额中，并反映在相关“拆出资金”“ 金融投资：债权投资”“ 金融投资：其他债权投资”“ 发放贷款和垫款”“应付债券”“长期借款”等项目中，而不应单独列示“应收利息”项目或“应付利息”项目。“应收利息”科目和“应付利息”科目应仅反映相关金融工具已到期可收取或应支付但于资产负债表日尚未收到或尚未支付的利息，通常由于金额相对较小，应在“其他资产”或“其他负债”项目中列示。

5. 信托公司按照《企业会计准则第 14 号——收入》相关规定确认为资产的合同取得成本、合同履约成本与应收退货成本，应当扣除相关减值准备后在“其他资产”项目中填列。

6.“交易性金融负债”项目，即企业按照金融工具准则规定分类的金融负债，反映资产负债表日企业承担的分类为以公允价值计量且其变动计入当期损益的金融负债（含企业指定为以公允价值计量且其变动计入当期损益的金融负债）的期末账面价值。

7.“应付款项”项目，反映资产负债表日以摊余成本计量的、企业因购买商品和接受服务等经营活动形成的支付款项的合同义务以及开出、承兑的商业汇票（包括银行承兑汇票和商业承兑汇票）的账面价值（即摊余成本）。

8.“持有待售负债”项目，反映资产负债表日处置组中与划分为持有待售类别的资产直接相关的负债的期末账面价值。

9. 企业按照《企业会计准则第 14 号——收入》相关规定确认为预计负债的应付退货款，应当在“预计负债”项目中填列。

10. 企业按照金融工具准则相关规定对贷款承诺、财务担保合同等项目计提的损失准备，应当在“预计负债”项目中填列。

11. 企业应根据实际情况在“应付债券”项目下增设“其中：优先股”和“永续债”两个项目，分别反映资产负债表日企业发行在外的分类为金融负债的优先股和永续工具的期末账面价值。

12.“其他权益工具”项目，反映资产负债表日企业发行在外的除普通股以外分类为权益工具的金融工具的账面价值。企业应根据实际情况在“其他权益工具”项目下设“其中：优先股”和“永续债”两个项目，分别反映资产负债表日企业发行在外的分类为权益工具的优先股和永续工具的账面价值。

13.“其他综合收益”项目，反映企业根据企业会计准则规定应在其他综合收益中确认的各项税后净利得和净损失的累计余额等。

第二节　利润表

一、利润表的结构

概括地说，利润表提供了不同方面能够形成信托公司利润的相关指标，它主要反映以下几方面的内容：

一是构成营业利润的各项要素。营业利润是信托公司在经营活动过程中形成的利润，它从营业收入出发，减去营业成本、税金及附加、管理费用、利息支出、资产减值净损失，加上公允价值变动净收益或减去公允价值变动净损失，再加上投资净收益或减去投资净损失后得出。

二是构成利润总额的各项要素。利润总额或利润亏损在营业利润的基础上，加上营业外收入，减去营业外支出后得出。

三是构成净利润的各项要素。净利润或净亏损在利润总额或亏损总额的基础上，减去本期计入损益的所得税费用后得出。

四是反映信托公司投资者每个单位投资额的回报情况，包括每股收益和稀释每股收益。

从利润表的格式性结构来看，由于不同国家和地区对会计报表的信息要求不完全相同，利润表的格式也不完全相同。目前，利润表的格式主要有多步式利润表和单步式利润表两种。我国信托公司的利润表一般采用多步式。

单步式利润表是将本期发生的所有收入收益汇集在一起，将所有的费用损失汇集在一起，然后将收入收益合计减去费用损失合计，得出本期净利润。在单步式下，利润表分为营业收入和收益、营业费用和损失、净利润三部分。营业收入和收益包括营业收入、公允价值变动净收益、投资净收益、营业外收入等。营业费用和损失包括营业成本、税金及附加、业务及管理费、利息支出、资产减值损失、投资损失、公允价值变动净损失、营业外支出、所得税费用等。净利润是两者计算的结果。单步式利润表对于营业收入和收益、营业费用和损失，在各类内排列时不区分先后顺序。

多步式利润表是通过多步计算，最后确定的净利润。通常分为以下几步：

第一步，反映营业利润。从营业收入出发，减去营业成本、税金及附加、管理费用、利息支出、资产减值损失加上公允价值变动净收益和投资收益，计算出营业利润。

第二步，反映利润总额或利润亏损。在营业利润的基础上，加上营业外收入，减去营业外支出，计算出利润总额或利润亏损。

第三步，反映净利润或净亏损。在利润总额或亏损总额的基础上，减去本期计入损益的所得税费用后，计算出净利润。

第四步，反映从信托公司投资者视角看的当期净利润额情况，包括基本每股收益和稀释每股收益。

二、利润表的编制方法

（一）利润表的编制方法概述

利润表中的“本期金额”栏反映各项目的本期实际发生数，应根据本期实际发生额填列。本表“上期金额”栏内各项数字，反映上期的实际发生额，应根据上期利润表“本期金额”栏内所列数字填列。在编制年度利润表时，“本期金额”为报表年度全年的累计实际发生额。“上期金额”为上年度全年的累计实际发生额，应根据上年度利润表“本期金额”栏数字填列，如果上年度利润表规定的各个项目的名称和内容同本年度不相一致，应对上年度利润表各项目的名称和数字按本年度的规定进行调整，填入“上期金额”栏内。

（二）利润表各项目的内容及其填列方法

利润表中的各项目，主要根据各损益类账户的发生额填列。

信托公司的利润表主要包括下列信息：（1）营业收入，其中包括利息收入、手续费及佣金收入、保费收入、投资收益、公允价值变动收益、汇兑收益、其他业务收入等；（2）营业支出，其中包括税金及附加、业务及管理费、资产减值损失、其他业务成本等；（3）营业外收入；（4）营业外支出；（5）所得税费用；（6）净利润。

（三）利润表格式

根据信托公司会计准则的规定，我国信托公司的利润表包括项目和补充资料两部分，表18－2列示了信托公司的利润表格式。

表18－2　　　　利　润　表　　　　会金融02表

编制单位：XXX信托股份有限公司　　　20XX年X月　　　单位：元

项　目	本期金额	上期金额
一、营业总收入		
利息收入		
手续费及佣金收入		
投资收益（损失以“－”号填列）		
其中：对联营企业和合营企业的投资收益		
以摊余成本计量的金融资产终止确认产生的收益（损失以“－”号填列）		
净敞口套期收益（损失以“－”号填列）		
其他收益		
公允价值变动收益（损失以“－”号填列）		
汇兑收益（损失以“－”号填列）		
其他业务收入		
资产处置收益（损失以“－”号填列）		
二、营业总支出		
利息支出		
手续费及佣金支出		

续表

项　目	本期金额	上期金额
税金及附加		
业务及管理费		
信用减值损失		
其他资产减值损失		
其他业务成本		
三、营业利润（亏损以“－”号填列）		
加：营业外收入		
减：营业外支出		
四、利润总额（亏损总额以“－”号填列）		
减：所得税费用		
五、净利润（净亏损以“－”号填列）		
（一）持续经营净利润（净亏损以“－”号填列）		
（二）终止经营净利润（净亏损以“－”号填列）		
六、其他综合收益的税后净额		
……		
（一）不能重分类进损益的其他综合收益		
1. 重新计量设定受益计划变动额		
2. 权益法下不能转损益的其他综合收益		
3. 其他权益工具投资公允价值变动		
4. 企业自身信用风险公允价值变动		
……		
（二）将重分类进损益的其他综合收益		
1. 权益法下可转损益的其他综合收益		
2. 其他债权投资公允价值变动		
3. 金融资产重分类计入其他综合收益的金额		
4. 其他债权投资信用损失准备		
5. 现金流量套期储备		
6. 外币财务报表折算差额		
……		
七、综合收益总额		
八、每股收益：		
（一）基本每股收益		
（二）稀释每股收益		

（四）每股收益

企业应当在利润表中单独列示基本每股收益和稀释每股收益。

1. 基本每股收益

企业应当按照归属于普通股股东的当期净利润，除以发行在外普通股的加权平均数计算基本每股收益。

发行在外普通股加权平均数 = 期初发行在外普通股股数 + 当期新发行普通股股数 × 已发行时间 ÷ 报告期时间 − 当期回购普通股股数 × 已回购时间 ÷ 报告期时间

已发行时间、报告期时间和已回购时间一般按照天数计算；在不影响计算结果合理性的前提下，也可以采用简化的计算方法。

2. 稀释每股收益

企业存在稀释性潜在普通股的，应当分别调整归属于普通股股东的当期净利润和发行在外普通股的加权平均数，并据以计算稀释每股收益。

稀释性潜在普通股，是指假设当期转换为普通股会减少每股收益的潜在普通股。潜在普通股，是指赋予其持有者在报告期或以后期间享有取得普通股权利的一种金融工具或其他合同，包括可转换公司债券、认股权证、股份期权等。

（1）分子的调整。计算稀释每股收益，应当根据下列事项对归属于普通股股东的当期净利润进行调整（应考虑相关的所得税影响）：当期已确认为费用的稀释性潜在普通股的利息；稀释性潜在普通股转换时将产生的收益或费用。

（2）分母的调整。计算稀释每股收益时，当期发行在外普通股的加权平均数应当为计算基本每股收益时普通股的加权平均数与假定稀释性潜在普通股转换为已发行普通股而增加的普通股股数的加权平均数之和。

计算稀释性潜在普通股转换为已发行普通股而增加的普通股股数的加权平均数时，以前期间发行的稀释性潜在普通股，应当假设在当期期初转换；当期发行的稀释性潜在普通股，应当假设在发行日转换。

第三节 现金流量表

一、现金及现金流量的含义与内容

（一）现金流量的含义

现金流量也称“现金净流量”，指现金和现金等价物的流入和流出的净额。

现金流量表是以现金为基础编制的，这里的现金包括现金和现金等价物。

（二）现金流量的分类

编制现金流量表首先应对现金流量进行合理的分类。CAS31 号现金流量表准则将一般信托公司现金流量分为三类即：经营活动产生的现金流量，投资活动产生的现金流量，筹资活动产生的现金流量。

1. 经营活动产生的现金流量

经营活动是指信托公司投资活动和筹资活动以外的所有交易和事项。也就是说，除归属于信托公司投资活动和筹资活动以外的所有交易和事项，都可归属于经营活动。经营活动主要包括：信托公司吸收存款、发放贷款、提供结算服务等。

2. 投资活动产生的现金流量

投资活动是指信托公司长期资产的购建和不包括在现金等价物范围内的投资及其处置活动，包括实物资产的投资，也包括金融资产投资。这里的长期资产是指固定资产、无形资产、在建工程、其他资产等持有期限在一年或一个营业周期以上的资产。

一般来说，投资活动产生的现金流入项目主要有：收回投资所收到的现金，取得投资收益所收到的现金，处置固定资产、无形资产和其他长期资产所收回的现金净额和收到的其他与投资活动有关的现金。

投资活动产生的现金流出项目主要有：购建固定资产、无形资产和其他长期资产所支付的现金，投资所支付的现金，取得子公司及其他营业单位支付的现金净额和支付的其他与投资活动有关的现金。

3. 筹资活动产生的现金流量

筹资活动是指导致信托公司资本及债务规模和构成发生变化的活动。这里所说的资本，包括实收资本股本，也包括资本溢价（股本溢价）。这里所说的债务，指对外举债，包括向银行借款、发行债券等。

一般来说，筹资活动产生的现金流入项目主要有：吸收投资收到的现金，发行债券所收到的现金和收到的其他与筹资活动有关的现金。

筹资活动产生的现金流出项目主要有：偿还债务所支付的现金，分配股利、利润或偿付利息所支付的现金，支付的其他与筹资活动有关的现金。

二、现金流量表的编制程序和方法

（一）现金流量表的列报方法

现金流量表的列报方法有两种：直接法和间接法，它们通常也被称之为经营活动产生的现金流量表的报告方法。

1. 直接法

直接法是指按现金收入和现金支出的主要类别，直接反映信托公司经营活动产生的现金流量。采用直接法编报的现金流量表，便于分析信托公司经营活动产生的现金流量的来源和用途，预测和评价信托公司现金流量的未来前景。

2. 间接法

间接法是指以净利润为起点，调整不涉及现金的收入、费用、营业外收支等有关项目，据此计算出经营活动产生的现金流量。采用间接法编报的现金流量表，便于将净利润与经营活动产生的现金流量净额进行比较，了解净利润与经营活动产生的现金流量差异的原因，从现金流量的角度分析净利润的质量。

由于采用直接法编制“现金流量表”可以直接揭示经营活动产生的现金流量的收支总额，预测和评价信托公司现金流量的未来前景。所以国际会计准则鼓励信托公司采用直接法编制现金流量表；我国的 CAS31 号现金流量表准则也规定信托公司应当采用直接法编报现金流量表，同时要求提供在净利润基础上调节到经营活动产生的现金流量的信息。

（二）现金流量表的格式

CAS31 号现金流量表准则应用指南规定：现金流量表格式分别一般企业、信托公司、保险公司、证券公司等四类型企业予以规定。信托公司现金流量表格式如表 18－3 所示。

表 18－3 **现金流量表** 会金融 03 表

编制单位：XXX 信托股份有限公司 20XX 年 X 月 单位：元

项　　目	本期金额	上期金额
一、经营活动产生的现金流量：		
销售商品、提供劳务收到的现金		
向其他金融机构拆入资金净增加额		
收取利息、手续费及佣金的现金		
拆入资金净增加额		
回购业务资金净增加额		
收到其他与经营活动有关的现金		
经营活动现金流入小计		
为交易目的而持有的金融资产净增加额		
拆出资金净增加额		
返售业务资金净增加额		
支付利息、手续费及佣金的现金		
支付给职工及为职工支付的现金		
支付的各项税费		
支付其他与经营活动有关的现金		
经营活动现金流出小计		
经营活动产生的现金流量净额		
二、投资活动产生的现金流量：		
收回投资收到的现金		
取得投资收益收到的现金		
处置固定资产、无形资产和其他长期资产收回的现金净额		
收到其他与投资活动有关的现金		
投资活动现金流入小计		
投资支付的现金		
购建固定资产、无形资产和其他长期资产支付的现金		
支付其他与投资活动有关的现金		
投资活动现金流出小计		
投资活动产生的现金流量净额		
三、筹资活动产生的现金流量：		
吸收投资收到的现金		

续表

项　目	本期金额	上期金额
取得借款收到的现金		
发行债券收到的现金		
收到其他与筹资活动有关的现金		
筹资活动现金流入小计		
偿还债务支付的现金		
分配股利、利润或偿付利息支付的现金		
支付其他与筹资活动有关的现金		
筹资活动现金流出小计		
筹资活动产生的现金流量净额		
四、汇率变动对现金及现金等价物的影响		
五、现金及现金等价物净增加额		
加：期初现金及现金等价物余额		
六、期末现金及现金等价物余额		

（三）现金流量表的编制程序

编制现金流量表的程序可以分为两种：一种是工作底稿法，一种是T型账户法。

1. 工作底稿法

采用工作底稿法编制现金流量表，就是以工作底稿为手段，以利润表和资产负债表数据为基础，对每一项目进行分析并编制调整分录，从而编制出现金流量表。在直接法下，整个工作底稿纵向分成三段，第一段是资产负债表项目，其中又分为借方项目和贷方项目两部分；第二段是利润表项目；第三段是现金流量表项目。工作底稿横向分为五栏，在资产负债表部分，第一栏是项目栏，填列资产负债表各项目名称；第二栏是期初数，用来填列资产负债表项目的期初数；第三栏是调整分录的借方；第四栏是调整分录的贷方；第五栏是期末数，用来填列资产负债表项目的期末数。在利润表和现金流量表部分，第一栏也是项目栏，用来填列利润表和现金流量表项目名称；第二栏空置不填；第三、第四栏分别是调整分录的借方和贷方；第五栏是本期数，利润表部分这一栏数字应和本期利润表数字核对相符，现金流量表部分这一栏的数字可直接用来编制正式的现金流量表。

采用工作底稿法编制现金流量表的程序是：

第一步，将资产负债表的期初数和期末数过入工作底稿的期初数栏和期末数栏。

第二步，对当期业务进行分析并编制调整分录。调整分录大体有这样几类：第一类涉及利润表中的收入、成本和费用项目以及资产负债表中的资产、负债及所有者权益项目，通过调整，将权责发生制下的收入、费用转换为现金基础；第二类是涉及资产负债表和现金流量表中的投资、筹资项目，反映投资和筹资活动的现金流量；第三类是涉及利润表和现金流量表中的投资和筹资项目，目的是将利润表中有关投资和筹资方面的收入和费用列入到现金流量表投资、筹资现金流量中去。此外，还有一些调整分录并不涉及现金收支，只是为了核对资产负债表项目的期末、期初变动。在调整分录中，有关现金和现金等价物的事项，并不直接借记或贷记现金，而是分别记入“经营活动产生的现金流量”“投资活动产生的现金流量”“筹资活动产生的现金流量”有关项目，借记表明现金流入，贷记表明现金流出。

第三步，将调整分录过入工作底稿中的相应部分。

第四步，核对调整分录，借贷合计应当相等，资产负债表项目期初数加减调整分录中的借贷金额以后，应当等于期末数。

第五步，根据工作底稿中的现金流量表项目部分编制正式的现金流量表。

2. T 型账户法

采用 T 型账户法，就是以 T 型账户为手段，以利润表和资产负债表数据为基础，对每一项目进行分析并编制调整分录，从而编制出现金流量表。采用 T 型账户法编制现金流量表的程序如下：

第一步，为所有的非现金项目（包括资产负债表项目和利润表项目）分别开设 T 型账户，并将各自的期末期初变动数过入各该账户。

第二步，开设一个大的“现金及现金等价物”T 型账户，每边分为经营活动、投资活动和筹资活动三个部分，左边记现金流入，右边记现金流出。与其他账户一样，过入期末、期初变动数。

第三步，以利润表项目为基础，结合资产负债表分析每一个非现金项目的增减变动，并据此编制调整分录：

第四步，将调整分录过入各 T 型账户，并进行核对，该账户借贷相抵后的余额与原先过入的期末期初变动数应当一致。

第五步，根据大的“现金及现金等价物”T 型账户编制正式的现金流量表。

（四）现金流量表的编制方法

信托公司应采用直接法报告经营活动的现金流量，即通过现金收入和现金支出的主要类别反映来自信托公司经营活动的现金流量。现金流量表应分别经营活动、投资活动和筹资活动报告信托公司的现金流量。现金流量一般应分别按现金流入和现金流出总额反映。但代客户收取或支付的现金以及周转快、金额大、期限短的项目的现金收入和现金支出，应以净额列示。

信托公司外币现金流量以及境外子公司的现金流量，应以现金流量发生日的汇率或平均汇率折算。汇率变动对现金的影响，应作为调节项目，在现金流量表中单独列示。

有些特殊项目，如自然灾害损失、保险索赔等，应根据发生业务的性质，分别归并到前述现金流量的类别中。

采用直接法时，有关经营活动现金流量的信息，可通过以下途径之一取得：(1) 信托公司的会计记录；(2) 根据以下项目对利润表中的营业收入、营业成本以及其他项目进行调整：①当期经营性应收和应付项目的变动；②固定资产折旧、无形资产摊销等其他非现金项目；③其现金影响属于投资或筹资活动现金流量的其他项目。

（五）现金流量表项目的内容和填报方法

下面举例说明信托公司现金流量表的内容和填报方法。

1. 经营活动产生的现金流量

(1) 客户存款和同业存放款项净增加额。本项目反映信托公司本期向中央银行借入款项的净增加额。

(2) 向中央银行借款净增加额。本项目反映了信托公司本期向中央银行借入款项的净增加额。

(3) 向其他金融机构拆入资金净增加额。本项目反映信托公司本期从境内外金融机构拆入款项索取得的现金，减去拆借给境内外金融机构款项所支付现金后的金额。

(4) 收取利息、手续费及佣金的现金。本项目反映了信托公司本期从境内外客户收取的利息、手续费及佣金收入。

(5) 收到其他与经营活动有关的现金。本项目反映信托公司除了上述各项目外，与经营活动有关的其他现金流入，如捐赠现金收入、罚款收入、流动资产损失中由个人赔偿的现金收入等。其他现金流入如价值较大的，应单列项目反映。

（6）客户贷款及垫款净增加额。本项目反映了信托公司本期发放的各种客户贷款，以及办理商业票据贴现，转贴现融出及融入资金等业务款项的净增加额。

（7）存放中央银行和同业款项净增加额。本项目反映信托公司存放于中央银行以及存放于境内外金融机构的款项的净增加额。

（8）支付手续费及佣金的现金。本项目反映了信托公司委托其他信托公司代办业务实际支付的手续费和佣金。

（9）付给职工以及为职工支付的现金。本项目反映信托公司实际支付给职工的现金以及为职工支付的现金，包括本期实际支付给职工的工资、奖金、各种津贴和补贴等，以及为职工支付的其他费用。不包括支付的离退休人员的各项费用和支付给在建工程人员的工资等。支付的离退休人员的各项费用，包括支付的统筹退休金以及未参加统筹的退休人员的费用，在“支付的其他与经营活动有关的现金”项目中反映；支付的在建工程人员的工资，在“购建固定资产、无形资产和其他长期资产所支付的现金”项目中反映。

（10）支付的各项税费。本项目反映信托公司按规定支付的各项税费，包括本期发生并支付的税费，不包括支付的增值税进项税额，以及本期支付以前各期发生的税费和预交的税金，如支付的教育费附加、矿产资源补偿费、印花税、房产税、土地增值税、车船税等。不包括计入固定资产价值、实际支付的耕地占用税等，也不包括本期退回的增值税、所得税。本期退回的增值税、所得税，在“收到的税费返还”项目中反映。

（11）支付的其他与经营活动有关的现金。本项目反映信托公司除上述各项目外，支付的其他与经营活动有关的现金，如罚款支出、支付的差旅费、业务招待费、保险费、经营租赁所支付的现金等。其他与经营活动有关的现金，如果价值较大的，应单列项目反映。

2. 投资活动产生的现金流量

（1）收回投资所收到的现金。本项目反映信托公司出售、转让或到期收回除现金等价物以外的交易性金融资产、债权投资、长期股权投资而收到的现金，以及收回长期债权投资本金而收到的现金。不包括长期债权投资收回的利息，以及收回的非现金资产。

（2）取得投资收益所收到的现金。

（3）收到的其他与投资活动有关的现金。本项目反映信托公司除上述各项目外，收到的其他与投资活动有关的现金。其他与投资活动有关的现金，如果价值较大的，应单列项目反映。

（4）购建固定资产、无形资产和其他长期资产所支付的现金。

（5）投资所支付的现金。需要注意的是，信托公司购买股票和债券时，实际支付的价款中包含的已宣告但尚未领取的现金股利或已到付息期但尚未领取的债券利息，应在“支付的其他与投资活动有关的现金”项目中反映；收回购买股票和债券时支付的已宣告但尚未领取的现金股利或已到付息期但尚未领取的债券利息，应在“收到的其他与投资活动有关的现金”项目中反映。

（6）支付的其他与投资活动有关的现金。本项目反映信托公司除上述各项目外，支付的其他与投资活动有关的现金。其他与投资活动有关的现金，如果价值较大的，应单列项目反映。

3. 筹资活动产生的现金流量

（1）吸收投资所收到的现金。

（2）取得借款所收到的现金。本项目反映信托公司举借各种短期、长期借款而收到的现金。本项目可根据“现金”“存放中央银行款项”“短期借款”“长期借款”等科目的记录分析填列。

（3）收到的其他与筹资活动有关的现金。本项目反映信托公司除上述各项目外，收到的其他与筹资活动有关的现金。其他与筹资活动有关的现金，如果价值较大的，应单列项目反映。本项目可根据有关科目的记录分析填列。

（4）偿还债务所支付的现金。本项目反映信托公司以现金偿还债务的本金，包括：归还信托公司的借款本金、偿付信托公司到期的债券本金等。需要注意的是，信托公司偿还的借款利息、债券利息在“分配股利、利润或偿付利息所支付的现金”项目中反映，不在本项目中反映。

（5）分配股利、利润或偿付利息所支付现金。本项目反映信托公司实际支付的现金股利、支付给其他投资单位的利润或用现金支付的借款利息、债券利息所支付的现金。

（6）支付的其他与筹资活动有关的现金。本项目反映信托公司除上述各项目外，支付的其他与筹资活动有关的现金。如“发生筹资费用所支付的现金”“融资租赁所支付的现金”“减少注册资本所支付的现金”项目等，其他与筹资活动有关的现金，如果价值较大的，应单列项目反映。

4. 汇率变动对现金的影响

该项目反映信托公司外币现金流量及境外子公司的现金流量折算为人民币时，所采用的现金流量发生日的汇率或平均汇率折算为人民币金额与“现金及现金等价物净增加额”中外币现金净增加额按期末汇率折算为人民币金额之间的差额。

在编制现金流量表时，对当期发生的外币业务，也可不必逐笔计算汇率变动对现金的影响，可以通过会计报表附注中“现金及现金等价物净增加额”数额与报表中“经营活动产生的现金流量净额”“投资活动产生的现金流量净额”“筹资活动产生的现金流量净额”三项之和比较，其差额即为“汇率变动对现金的影响”。

5. 现金流量表补充资料的编制方法

信托公司应当采用间接法在现金流量表附注中披露将净利润调节为经营活动现金流量的信息。现金流量表的格式参见表18－4。

表18－4 现金流量表补充资料

补充资料	本期金额	上期金额
1. 将净利润调节为经营活动现金流量：		
净利润		
加：资产减值准备		
固定资产折旧		
无形资产摊销		
长期待摊费用摊销		
处置固定资产、无形资产和其他长期资产的损失收益以“－”号填列		
固定资产报废损失收益以“－”号填列		
公允价值变动损失收益以“－”号填列		
信用减值损失		
财务费用收益以“－”号填列		
投资损失收益以“－”号填列		
递延所得税资产减少增加以“－”号填列		
递延所得税负债增加减少以“－”号填列		

续表

补充资料	本期金额	上期金额
经营性应收项目的减少增加以“-”号填列		
经营性应付项目的增加减少以“-”号填列		
其他		
经营活动产生的现金流量净额		
2. 不涉及现金收支的重大投资和筹资活动：		
债务转为资本		
一年内到期的可转换公司债券		
融资租入固定资产		
3. 现金及现金等价物净变动情况：		
现金的期末余额		
减：现金的期初余额		
加：现金等价物的期末余额		
减：现金等价物的期初余额		
现金及现金等价物净增加额		

（1）“将净利润调节为经营活动现金流量”部分的内容及填列方法。

①资产减值准备。本项目反映信托公司计提的各项资产的减值准备，例如长期投资减值准备、固定资产减值准备、无形资产减值准备等。信托公司计提的各项资产的减值准备，包括在利润表中，从利润中扣除，但是，却没有发生现金流出。所以，在将净利润调节为经营活动现金流量时，需要进行“增加”调节。本项目可根据“资产减值损失”等科目的记录分析填列。

②固定资产折旧。本项目反映信托公司本期累计提取的折旧。信托公司计提的固定资产折旧，包括在管理费用中。计入管理费用中的部分，作为期间费用在计算净利润时从中扣除，但是，却没有发生现金流出，所以，在将净利润调节为经营活动现金流量时，需要予以加回。本项目可根据“累计折旧”科目的贷方发生额分析填列。

③无形资产摊销、长期待摊费用摊销。本项目分别反映信托公司本期累计摊入成本费用的无形资产的价值及长期待摊费用。信托公司摊销无形资产时，计入管理费用；长期待摊费用摊销时，有的计入管理费用，有的计入营业费用。计入管理费用、营业费用中的部分，作为期间费用在计算净利润时从中扣除，但是，却没有发生现金流出，所以，在将净利润调节为经营活动

现金流量时，需要予以加回。这两个项目可根据“累计摊销”“长期待摊费用”科目的贷方发生额分析填列。

④处置固定资产、无形资产和其他长期资产的损失（减：收益）。本项目反映信托公司本期由于处置固定资产、无形资产和其他长期资产而发生的净损失。信托公司处置固定资产、无形资产和其他长期资产发生的损益，属于投资活动产生的损益，不属于经营活动产生的损益，所以，在将净利润调节为经营活动现金流量时，需要予以调节。本项目可根据“营业外收入”“营业外支出”等科目所属有关明细科目的记录分析填列；如为净收益，以“-”号填列。

⑤固定资产报废损失。本项目反映信托公司本期固定资产盘亏（减：盘盈）后的净损失。信托公司发生的固定资产报废损益，属于投资活动产生的损益，不属于经营活动产生的损益，所以，在将净利润调节为经营活动现金流量时，需要予以调节。本项目可根据“营业外支出”“营业外收入”等科目所属有关明细科目中固定资产盘亏损失减去固定资产盘盈收益后的差额填列。

⑥公允价值变动损失（减：收益）。由于公允价值计量与原账面价值的差额计入了当期损益，但不影响现金流量，故增加利润时调减，减少利润时调增。

⑦信用减值损失。本项目根据“预期信用损失法”计提的各项金融工具减值准备所形成的预期信用损失。在预期信用损失法下，减值准备的计提不以减值的实际发生为前提，而是以未来可能的违约事件造成的损失的期望值来计量当前（资产负债表日）应当确认的减值准备，并从利润表中扣除，但却没有相应的现金流出随之发生。所以，在将净利润调整为经营活动现金流量时，需要进行“增加”调节。本项目可根据“6702 信用减值损失”科目的记录分析填列。

⑧利息支出。本项目反映本期发生的应属于投资活动或筹资活动的财务费用。信托公司发生的利息支出费用，可以分别归属于经营活动、筹资活动和投资活动。其中，属于经营活动的部分，本身就应该在计算净利润时予以扣除，所以，在将净利润调节为经营活动现金流量时，不需要调节。与此相对应，属于投资活动、筹资活动的部分，在计算净利润时也从中扣除，但是，这部分发生的现金流出不属于经营活动范畴，所以，在将净利润调节为经营活动现金流量时，需要予以加回。本项目可根据“财务费用”科目的本期借

方发生额分析填列；如为收益，以“－”号填列。

⑨投资损失（减：收益）。本项目反映信托公司本期投资所发生的损失减去收益后的净损失。信托公司发生的投资损益，属于投资活动产生的损益，不属于经营活动产生的损益，所以，在将净利润调节为经营活动现金流量时，需要予以调节。本项目可根据利润表中“投资收益”项目的数字填列；如为投资收益，以“－”号填列。

⑩递延所得税资产减少（减：增加）。本项目反映信托公司本期期末递延所得税资产比期初减少的金额，信托公司发生递延所得税资产，与其相对应的是所得税的减少，增加了本期的净利润。而信托公司本期期末递延所得税资产比期初减少意味着本期转回递延所得税资产比本期发生的递延所得税资产多，因而增加了本期所得税费用，但却没有发生现金流出，所以，在将净利润调节为经营活动现金流量时，需要予以加回；“递延所得税资产”的期末数大于期初数的差额，以“－”号填列。

⑪递延所得税负债增加（减：减少）。本项目反映信托公司本期期末递延所得税负债比期初减少的金额，信托公司发生递延所得税负债，与其相对应的是所得税的增加，减少了本期的净利润。而信托公司本期期末递延所得税负债比期初增加意味着本期发生递延所得税负债比本期转回的递延所得税负债多，因而增加了本期所得税费用，但却没有发生现金流出，所以，在将净利润调节为经营活动现金流量时，需要予以加回；“递延所得税负债”的期末数小于期初数的差额，以“－”号填列。

⑫经营性应收项目的减少（减：增加）。本项目反映信托公司本期经营性应收项目的减少（减：增加）。

⑬经营性应付项目的增加（减：减少）。本项目反映本期经营性应付项目的增加（减：减少）。

⑭其他。本项目反映影响信托公司损益但不包括在以上项目的其他项目。如，信托公司在编制会计差错更正处理当年的现金流量表时，除将会计差错更正对有关科目的影响分别反映于“净利润”有关调节项目外，还应将其对本年留存收益的影响作为“净利润”的调节因素反映于“其他”项目中。

（2）“不涉及现金收支的重大投资和筹资活动”项目的内容和填列方法。

本项目反映信托公司一定期间内影响资产或负债但不形成该期现金收支的所有重大投资和筹资活动的信息。这些投资和筹资活动虽然不涉及现金收支，但对以后各期的现金流量有重大影响。

①“债务转为资本”项目：反映信托公司本期转为资本的债务金额。

②“一年内到期的可转换公司债券”项目，反映信托公司一年内到期的可转换公司债券的本息。

③“融资租入固定资产”项目，反映信托公司本期融资租入固定资产计入“长期应付款”科目的金额。

（六）现金流量表的披露要求

CAS31 号现金流量表准则第十六条规定：信托公司应当在附注中披露将净利润调节为经营活动现金流量的信息。至少应当单独披露对净利润进行调节的下列项目：

（1）资产减值准备；

（2）固定资产折旧；

（3）无形资产摊销；

（4）长期待摊费用摊销；

（5）待摊费用；

（6）预提费用；

（7）处置固定资产、无形资产和其他长期资产的损益；

（8）固定资产报废损失；

（9）公允价值变动损益；

（10）财务费用；

（11）投资损益；

（12）递延所得税资产和递延所得税负债；

（13）经营性应收项目；

（14）经营性应付项目。

CAS31 号现金流量表准则第十七条规定：信托公司应当在附注中以总额披露当期取得或处置子公司及其他营业单位的下列信息：

（1）取得或处置价格；

（2）取得或处置价格中以现金支付的部分；

（3）取得或处置子公司及其他营业单位收到的现金；

（4）取得或处置子公司及其他营业单位按照主要类别分类的非现金资产和负债。

CAS31 号现金流量表准则第十八条规定：信托公司应当在附注中披露不涉及当期现金收支、但影响信托公司财务状况或在未来可能影响信托公司现金流量的重大投资和筹资活动。

CAS31 号现金流量表准则第十九条规定：信托公司应当在附注中披露与现金和现金等价物有关的下列信息：

（1）现金和现金等价物的构成及其在资产负债表中的相应金额。

（2）信托公司持有但不能由母公司或集团内其他子公司使用的大额现金和现金等价物金额。

第四节　财务报表附注

本章前三节，逐一阐述了信托公司资产负债表、利润表和现金流量表的具体内容、格式与填列方式。资产负债表是信托公司期末时点的总体家底；利润是信托公司本期经营的收支与结果；现金流量表是对权责发生制会计基础的补充，体现信托公司的“真金白银”流动态势与变化结果。这些报表之间既明确分工，又彼此呼应地形成了信托公司的财务报表体系。进一步，财务报表具有浓缩性、概括性的抽象数据集成，为便于信托公司报表阅读者理解和掌握一些重点项目的具体情况，还需要对形成信托公司财务报表的特定项目和情况进行解释，这就是本节将要阐述的财务报表附注。

一、财务报表附注的作用

信托公司财务报表附注是对在资产负债表、利润表、现金流量表和所有者权益变动表等报表中列示项目的文字描述或明细资料，以及对未能在这些报表中列示项目的说明等。

附注是财务报表的重要组成部分，是对财务报表的补充说明，它对财务报表不能包括的内容，或者披露不详尽的内容，作进一步的解释和说明，从而有助于财务报告使用者理解和使用会计信息。

例如，财务报表采用报表格式，由于形式的限制，只能按照大类设置项目，反映总括情况，具有一定的固定性和规定性，至于各项目的构成明细等情况难以在表内反映，从而使其反映的会计信息受到一定的限制。再如，在可比性原则下，对于同样的经济业务，要求信托公司采用同样的会计方法和程序。此外，它要求前后各期采用的会计政策保持一致，不得随意变更。在实际工作中，由于会计法规发生变化，或者为了更加公允地反映信托公司的实际情况，信托公司有可能改变财务报表中某些项目的会计政策，由于不同期间的财务报表中同一项目采用了不同的会计政策，影响不同期间财务报表的可比性。为了帮助财务报表使用者掌握会计政策的变化，也需要在财务报表附注中加以说明。

需要注意的是，财务报表附注不能代替确认和计量。

二、财务报表附注的披露内容

财务报表附注应当披露财务报表的编制基础，相关信息应当与资产负债表、利润表、现金流量表和所有者权益变动表等报表中列示的项目相互参照。

财务报表附注应当按照顺序披露以下内容：

（1）财务报表的编制基础。

（2）遵循会计准则的声明。

（3）重要会计政策的说明，包括财务报表项目的计量基础和会计政策的确定依据等。

（4）重要会计估计的说明，包括下一会计期间内很可能导致资产、负债账面价值重大调整的会计估计的确定依据等。

（5）会计政策和会计估计变更以及差错更正的说明。

（6）对已在资产负债表、利润表、现金流量表和所有者权益变动表中列示的重要项目的进一步说明，包括终止经营税后利润的金额及其构成情况等。

（7）或有和承诺事项、资产负债表日后非调整事项、关联方关系及其交易等需要说明的事项。

此外，信托公司还应当在附注中披露在资产负债表日后、财务报告批准报出日前提议或宣布发放的股利总额和每股股利金额或向投资者分配的利润总额。

下列各项未在与财务报表一起公布的其他信息中披露的，信托公司应当在附注中披露：

（1）信托公司注册地、组织形式和总部地址。

（2）信托公司的业务性质或主要经营活动。

（3）母公司以及集团最终母公司的名称。

三、信托公司财务报表附注的内容

信托公司应当按照规定披露附注信息，主要包括下列内容：

（一）信托公司的基本情况；

（二）财务报表的编制基础；

（三）遵循会计准则的声明；

（四）重要会计政策和会计估计；

（五）会计政策和会计估计变更以及差错更正的说明。

以上这五个项个目，应当比照一般企业进行披露。

（六）报表重要项目的说明。

1. 现金及存放中央银行款项的披露格式（见表 18－5 所示）

表 18－5

项　目	期末账面余额	年初账面余额
库存现金		
存放中央银行法定准备金		
存放中央银行超额存款准备金		
存放中央银行的其他款项		
合　计		

2. 拆出资金的披露格式（见表 18－6）

表 18－6

项　目	期末账面余额	年初账面余额
拆放其他银行		
拆放非银行金融机构		
减：贷款损失准备		
拆出资金账面价值		

3. 交易性金融资产（不含衍生金融资产）的披露格式（见表 18－7）

表 18 -7

项　　目	期末公允价值	年初公允价值
债券		
基金		
权益工具		
其他		
合　　计		

如有指定为以公允价值计量且其变动计入当期损益的金融资产，也应比照上述格式进行披露。

4. 衍生工具的披露格式（见表 18 -8）

表 18 -8

类别	期末金额						年初金额					
	套期工具			非套期工具			套期工具			非套期工具		
	名义金额	公允价值		名义金额	公允价值		名义金额	公允价值		名义金额	公允价值	
		资产	负债		资产	负债		资产	负债		资产	负债
利率衍生工具												
衍生工具 1												
……												
货币衍生工具												
衍生工具 1												
……												
权益衍生工具												
衍生工具 1												
……												
信用衍生工具												
衍生工具 1												
……												
其他衍生工具												
合　计												

5. 买入返售金融资产的披露格式（见表 18－9）

表 18－9

项　　目	期末账面余额	年初账面余额
证券		
票据		
贷款		
其他		
减：坏账准备		
买入返售金融资产账面价值		

6. 发放贷款和垫款

（1）贷款和垫款按个人和企业分布情况的披露格式如表 18－10 所示。

表 18－10

项　　目	期末账面余额	年初账面余额
个人贷款和垫款 ——信用卡 ——住房抵押 ——其他		
企业贷款和垫款 ——贷款 ——贴现 ——其他		
贷款和垫款总额		
减：贷款损失准备 其中：单项计提数 组合计提数		
贷款和垫款账面价值		

（2）贷款和垫款按行业分布情况的披露格式如表 18－11 所示。

表 18－11

行业分布	期末账面余额	比例（%）	年初账面余额	比例（%）
农牧业、渔业				
采掘业				
房地产业				
建筑业				
金融保险业				
……				
其他行业				
贷款和垫款总额				
减：贷款损失准备				
其中：单项计提数				
组合计提数				
贷款和垫款账面价值				

注：银行可以按行业风险集中情况自行确定行业分布。

（3）贷款和垫款按地区分布情况的披露格式如表 18－12 所示。

表 18－12

地区分布	期末账面余额	比例（%）	年初账面余额	比例（%）
华南地区				
华北地区				
……				
其他地区				
贷款和垫款总额				
减：贷款损失准备				
其中：单项计提数				
组合计提数				
贷款和垫款账面价值				

注：银行可以按地区风险集中情况自行确定地区分布。

（4）贷款和垫款按担保方式分布情况的披露格式如表18－13所示。

表18－13

项　目	期末账面余额	年初账面余额
信用贷款		
保证贷款		
附担保物贷款		
其中：抵押贷款		
质押贷款		
……		
贷款和垫款总额		
减：贷款损失准备		
其中：单项计提数		
组合计提数		
贷款和垫款账面价值		

（5）逾期贷款的披露格式如表18－14所示。

表18－14

项　目	期末账面余额					年初账面余额				
	逾期1天至90天含90天	逾期90天至360天含360天	逾期360天至3年含3年	逾期3年以上	合计	逾期1天至90天含90天	逾期90天至360天含360天	逾期360天至3年含3年	逾期3年以上	合计
信用贷款										
保证贷款										
附担保物贷款										
其中：抵押贷款										
质押贷款										
……										
合　计										

注：即使是本金逾期1天，整笔贷款也应划为逾期贷款。

（6）贷款损失准备的披露格式如表 18－15 所示。

表 18－15

项　　目	本期金额		上期金额	
	单项	组合	单项	组合
期初余额				
本期计提				
本期转出				
本期核销				
本期转回：				
——收回原转销贷款和垫款导致的转回				
——贷款和垫款因折现价值上升导致转回				
——其他因素导致的转回				
期末余额				

注：①本期转出是指贷款转为抵债资产等而转出的贷款损失准备。②本期核销是指经批准贷款予以核销而核销的贷款损失准备。

7. 债权投资的披露格式（见表 18－16）

表 18－16

项　　目	期末公允价值	年初公允价值
债券		
其中：债券类别 1		
……		
权益工具		
其中：权益类别 1		
……		
其他		
合　　计		

8. 其他债权投资的披露格式（见表18－17）

表18－17

项　　目	期末账面余额	年初账面余额
债券		
其中：债券1		
……		
其他		
债权投资合计		
减：债权投资减值准备		
债权投资账面价值		

9. 其他资产的披露格式（见表18－18）

表18－18

项　　目	期末账面价值	年初账面价值
存出保证金		
应收股利		
其他应收款		
抵债资产		
……		
合　　计		

注：抵债资产的类别、减值准备计提、本年处置情况及未来处置计划，应同时予以披露。

10. 信托公司应当分别借入中央银行款项、国家外汇存款等披露期末账面余额和年初账面余额

11. 信托公司应当分别同业、其他金融机构存放款项披露期末账面余额和年初账面余额

12. 信托公司应当分别银行拆入、非银行金融机构拆入披露期末账面余额和年初账面余额

13. 交易性金融负债不含衍生金融负债的披露格式（见表18－19）

表 18－19

项　目	期末公允价值	年初公允价值
外币债券卖空		
其他		
合　计		

如有指定为以公允价值计量且其变动计入当期损益的金融负债，也应比照上述格式披露。

14. 卖出回购金融资产款的披露格式（见表 18－20）

表 18－20

项　目	期末账面余额	年初账面余额
证券		
票据		
贷款		
其他		
合　计		

15. 吸收存款的披露格式（见表 18－21）

表 18－21

项　目	期末账面余额	年初账面余额
活期存款		
其中：公司		
……		
定期存款（含通知存款）		
其中：公司		
……		
其他存款（含汇出汇款、应解汇款等）		
合　计		

16. 应付债券的披露格式（见表 18－22）

表 18－22

债券类型	发行日	到期日	利率	期初账面余额	本期增加额	本期减少额	期末账面余额
债券类别 1							
……							
合　计							

注：(1) 发行次级债券的，应补充披露发行总面值、转换选择权条款、未摊销发行成本余额等。(2) 发行可转换公司债券的，应补充披露发行日可转换公司债券面值、债务成份和权益成份的初始确认金额、本期和上期支付的利息总额等。

17. 其他负债的披露格式（见表 18－23）

表 18－23

项　目	期末账面余额	年初账面余额
存入保证金		
应付股利		
其他应付款		
……		
合　计		

18. 披露一般风险准备的期末、年初余额及计提比例

19. 利息净收入的披露格式（见表 18－24）

表 18－24

项　目	本期发生额	上期发生额
利息收入：		
——存放同业		
——存放中央银行		
——拆出资金		
——发放贷款及垫款		
其中：个人贷款和垫款		
公司贷款和垫款		
票据贴现		
——买入返售金融资产		
——债券投资		

续表

项　目	本期发生额	上期发生额
——其他		
其中：已减值金融资产利息收入		
利息支出：		
——同业存放		
——向中央银行借款		
——拆入资金		
——吸收存款		
——卖出回购金融资产		
——发行债券		
——其他		
利息净收入		

20. 手续费及佣金净收入的披露格式（见表 18－25）

表 18－25

项　目	本期发生额	上期发生额
手续费及佣金收入：		
——结算与清算手续费		
——代理业务手续费		
——信用承诺手续费及佣金		
——银行卡手续费		
——顾问和咨询费		
——托管及其他受托业务佣金		
——其他		
手续费及佣金支出：		
——手续费支出		
——佣金支出		
手续费及佣金净收入		

21. 投资收益的披露格式（见表 18 - 26）

表 18 - 26

项　　目	本期发生额	上期发生额
以公允价值计量且其变动计入当期损益的金融工具投资		
可供出售权益工具投资		
长期股权投资		
其他		
合　　计		

22. 公允价值变动收益的披露格式（见表 18 - 27）

表 18 - 27

项　　目	本期发生额	上期发生额
交易性金融工具		
指定为以公允价值计量且其变动计入当期损益的金融工具		
衍生工具		
其他		
合　　计		

23. 业务及管理费的披露格式（见表 18 - 28）

表 18 - 28

项　　目	本期发生额	上期发生额
电子设备运转费		
安全防范费		
物业管理费		
其他		
合　　计		

24. 分部报告

（1）主要报告形式是业务分部的披露格式如表 18 - 29 所示。

表 18-29

项目	××业务		××业务		……	其他		抵消		合计	
	本年	上年	本年	上年		本年	上年	本年	上年	本年	上年
一、营业收入											
利息净收入											
其中：分部间利息净收入											
手续费及佣金净收入											
其中：分部间手续费及佣金净收入											
其他收入											
二、营业费用											
三、营业利润（亏损）											
四、资产总额											
五、负债总额											
六、补充信息											
1. 折旧和摊销费用											
2. 资本性支出											
3. 折旧和摊销以外的非现金费用											

注：主要报告形式是地区分部的，比照业务分部格式进行披露。

（2）在主要报告形式的基础上，对于次要报告形式，信托公司还应披露对外交易收入、分部资产总额。

25. 担保物

按照 CAS37 号金融工具列报准则第二十一条和第二十二条的相关规定进行披露。

26. 金融资产转移（含资产证券化）

按照 CAS37 号金融工具列报准则第二十条的相关规定进行披露。

27. 除上述项目以外的其他项目，应当比照一般信托公司进行披露

（七）或有事项

除比照一般信托公司进行披露外，还应对承诺事项作如下披露：

（1）信贷承诺的披露格式如表 18-30 所示。

表 18－30

项　　目	期末合同金额	年初合同金额
贷款承诺 其中：1. 原到期日在 1 年以内 　　　2. 原到期日在 1 年或以上		
开出信用证		
开出保函		
银行承兑汇票		
其他		
合　　计		

注：对信贷承诺应计算并披露本期和上期信贷风险加权金额。

（2）存在经营租赁承诺、资本支出承诺、证券承销及债券承兑承诺的，还应披露有关情况。

（八）资产负债表日后事项

（1）每项重要的资产负债表日后非调整事项的性质、内容，及其对财务状况和经营成果的影响。无法作出估计的，应当说明原因。

（2）. 产负债表日后，企业利润分配方案中拟分配的以及经审议批准宣告发放的股利或利润。

（九）关联方关系及其交易

（1）本企业的母公司有关信息披露格式如表 18－31 所示。

表 18－31

母公司名称	注册地	业务性质	注册资本
……			

母公司不是本企业最终控制方的，说明最终控制方名称。

母公司和最终控制方均不对外提供财务报表的，说明母公司之上与其最相近的对外提供财务报表的母公司名称。

（2）母公司对本企业的持股比例和表决权比例。

（3）本企业的子公司有关信息披露格式如表 18－32 所示。

表 18－32

子公司名称	注册地	业务性质	注册资本	本企业合计持股比例	本企业合计享有的表决权比例
1.					
……					

（4）本企业的合营企业有关信息披露格式如表 18－33 所示。

表 18－33

被投资单位名称	注册地	业务性质	注册资本	本企业持股比例	本企业在被投资单位表决权比例	期末资产总额	期末负债总额	本期营业收入总额	本期净利润
1.									
……									

注：有联营企业的，比照合营企业进行披露。

（5）本企业与关联方发生交易的，分别说明各关联方关系的性质、交易类型及交易要素。交易要素至少应当包括：

①交易的金额；

②未结算项目的金额、条款和条件，以及有关提供或取得担保的信息；

③未结算应收项目的坏账准备金额；

④定价政策。

（十）风险管理

按照 CAS37 号金融工具列报准则的相关规定进行披露。

第十九章 其他财务报告

本章精要

在前两章分别就期货公司、信托公司年度财务报告进行阐述之后，本章将分析中期报告、分部报告与合并报告问题。

第一，中期报告。中期是指短于一个完整会计年度的报告期间。中期财务报告至少应当包括资产负债表、利润表、现金流量表和附注。在了解中期报告的定义的基础上，要进一步了解中期报告的内容、确认、计量以及差错更正的会计处理。

第二，分部报告。通过学习，结合期货公司与信托公司公司业务实际，掌握公司分部会计信息的披露要求，即重点明确业务分部和地区分部，再以业务分部或地区分部为基础确定报告分部。

第三是关联方披露。掌握结合公司运行的具体情况，遵循准则关于关联方关系及关联方交易的披露规定，对各种关联方交易的类型进行辨别与披露。

第四是汇总报表与合并财务报表。掌握对分支机构的汇总与对控制公司的合并。

第一节 中期财务报告

一、中期财务报告的概念与内容

中期财务报告是指以中期为基础编制的财务报告。

中期是指短于一个完整的会计年度的报告期间。中期应是在某一会计年度之内、但短于一个会计年度的会计报告期间，它既可以是一个月、一个季度或者半年度，也可以是其他短于一个会计年度的期间，例如1月1日至11月30日。

中期财务报告至少应当包括资产负债表、利润表、现金流量表和附注。但是，中期财务报告不仅限于3张报表和附注，还可以在中期财务报告中提供有助于中期财务报告使用者进行经济决策的其他相关信息。例如，企业可以在中期财务报告中提供所有者权益（或股东权益）变动方面的信息。

二、中期财务报告的编制

企业在确认、计量和报告各中期财务报表项目时，对项目重要性程度的判断，应当以中期财务数据为基础，不应以年度财务数据为基础。中期会计计量与年度财务数据相比，可在更大程度上依赖于估计，但是，企业应当确保所提供的中期财务报告包括了相关的重要信息。CAS32号中期财务报告准则对中期财务报表和中期财务报表附注的编制要求不同。

（一）中期财务报表

中期资产负债表、利润表和现金流量表应当是完整报表，其格式和内容应当与上年度财务报表相一致。当年新施行的会计准则对财务报表格式和内容作了修改的，中期财务报表应当按照修改后的报表格式和内容编制，上年度比较财务报表的格式和内容，也应当作相应调整。基本每股收益和稀释每股收益应当在中期利润表中单独列示。

1. 中期财务报告涉及的合并财务报表和母公司财务报表

上年度编制合并财务报表的，中期期末应当编制合并财务报表。上年度财务报告除了包括合并财务报表，还包括母公司财务报表的，中期财务报告也应当包括母公司财务报表。上年度财务报告包括了合并财务报表，当报告中期内处置了所有应当纳入合并范围的子公司的，中期财务报告只需提供母公司财务报表，但上年度比较财务报表仍应当包括合并财务报表，上年度可比中期没有子公司的除外。

2. 中期财务报表涉及的比较财务报表

企业在中期期末除需编制中期资产负债表、中期利润表、中期现金流量表外，还应当前期比较财务报表，以提高财务报表信息的可比性和有用性。

（1）中期财务报告中比较财务报表的种类。

①本中期末的资产负债表和上年度末的资产负债表。

②本中期的利润表、年初至本中期末的利润表以及上年度可比期间的利润表（上年度可比期间的利润表包括上年度可比中期的利润表和上年度年初至可比中期末的利润表）。

③年初至本中期末的现金流量表和上年度年初至本可比本中期末的现金流量表。

【例 19 – 1】 2×19 年 6 月 30 日，甲公司按照规定编制第 2 季度财务报告。

本例中，甲公司在第 2 季度财务报告中应提供以下财务报告（见表 19 – 1）。

表 19 – 1

报表类别	本年度中期财务报表时间	上年度比较财务报表时间
资产负债表	2×19 年 6 月 30 日	2×18 年 12 月 31 日
利润表（本中期）	2×19 年 4 月 1 日至 6 月 30 日	2×18 年 4 月 1 日至 6 月 30 日
利润表（年初至本中期末）	2×19 年 1 月 1 日至 6 月 30 日	2×18 年 1 月 1 日至 6 月 30 日
现金流量表	2×19 年 1 月 1 日至 6 月 30 日	2×18 年 1 月 1 日至 6 月 30 日

（2）提供比较财务报表时应注意的几点。

①企业在中期内如果由于新的会计准则或有关法规的要求，对财务报表项目的列报或分类进行了调整或者修订，或者企业出于便于报表使用者阅读和理解的需要，对财务报表项目作了调整，从而导致本年度中期财务报表项目及其分类与比较财务报表项目及其分类出现不同，比较财务报表中的有关金额应当按照本年度中期财务报表的要求予以重新分类，同时还应当在会计报表附注中说明财务报表项目重新分类的原因及其内容。

②企业如果在中期内发生了会计政策变更或者重大会计差错更正事项，则应当调整相关比较财务报表期间的净损益和其他相关项目，视同该项会计政策在比较财务报表期间一贯采用或者该重大会计差错在产生的当期已经得到了更正。对于比较财务报表可比期间以前的会计政策变更的累积影响数或者重大会计差错，应当根据规定调整比较财务报表最早期间的期初留存收益，财务报表其他相关项目的金额也应当一并调整。

③对于本年度中期内发生的调整以前年度损益事项，企业应当调整本年

度财务报表相关项目的年初数，同时中期财务报告中相应的比较财务报表也应当为已经调整以前年度损益后的报表。

（二）中期财务报表附注

中期财务报告中的附注应当以年初至本中期末为基础编制，披露自上年度资产负债表日之后发生的，有助于理解企业财务状况、经营成果和现金流量变化情况的重要交易或者事项。对于理解本中期财务状况、经营成果和现金流量有关的重要交易或者事项，也应当在附注中作相应披露。中期财务报告中的附注至少应当包括下列信息：

（1）中期财务报表所采用的会计政策与上年度财务报表相一致的声明。会计政策发生变更的，应当说明会计政策变更的性质、内容、原因及其影响数；无法追溯调整的，应当说明原因。

（2）会计估计变更的内容、原因及其影响数；影响数不能确定的，应当说明原因。

（3）前期差错的性质及其更正金额；无法进行追溯重述的，应当说明原因。

（4）企业经营的季节性或者周期性特征。

（5）存在控制关系的关联方发生变化的情况；关联方之间发生交易的，应当披露关联方关系的性质、交易类型和交易要素。

（6）合并财务报表的合并范围发生变化的情况。

（7）对性质特别或者金额异常的财务报表项目的说明。

（8）证券发行、回购和偿还情况。

（9）向所有者分配利润的情况，包括在中期内实施的利润分配和已提出或者已批准但尚未实施的利润分配情况。

（10）根据CAS35号分部报告准则规定应当披露分部报告信息的，应当披露主要报告形式的分部收入与分部利润（亏损）。

（11）中期资产负债表日至中期财务报告批准报出日之间发生的非调整事项。

（12）上年度资产负债表日以后所发生的或有负债和或有资产的变化情况。

（13）企业结构变化情况，包括企业合并，对被投资单位具有重大影响、共同控制或者控制关系的长期股权投资的购买或者处置，终止营业等。

（14）其他重大交易或者事项，包括重大的长期资产转让及其出售情况、重大的固定资产和无形资产取得情况、重大的研究和开发支出、重大的资产减值损失情况等。

企业在提供上述5、10有关联方交易、分部收入与分部利润（亏损）信息时，应当同时提供本中期（或者本中期末）和本年度年初至本中期末的数据，以及上年度可比中期（或者可比期末）和可比年初至本中期末的比较数据。

【例15－2】甲信托投资公司按季度编制季度财务报表，2×19年4月10日，甲财务公司向股东实施了上年度财务报告中提出的“每10股送3股并派发现金股利0.5元”的利润分配方案，分配方案的基数为上年度末总股本8 000 000股。

本例中，甲财务公司编制第2季度财务报告的财务报表附注中应作如下披露：

利润分配情况的说明：

2×19年4月10日，本公司以2×18年12月31日的8 000 000股总股本为基数，向全体股东实施了2×18年度财务报告中提出的“每10股送3股并派发现金股利0.5元”的利润分配方案，共计送股2 400 000股，派发现金400 000元，其中每股派发现金股利为0.05元（含税）。

三、中期财务报告的确认和计量

（1）企业在中期财务报表中应当采用与年度财务报表相一致的会计政策。

（2）企业上年度资产负债表日之后发生了会计政策变更，且变更后的会计政策将在年度财务报表中采用的，中期财务报表应当采用变更后的会计政策，并应当在附注中说明会计政策变更的性质、内容、原因及其影响数；无法追溯调整的，应当说明原因。

会计政策变更的累积影响数能够合理确定且涉及本年度以前中期财务报表相关项目数字的，应当予以追溯调整，视同该会计政策在整个会计年度一贯采用，同时上年度可比财务报表也应当作相应调整。

（3）企业财务报告的频率不应当影响其年度结果的计量，中期会计计量应当以年初至本中期期末为基础。

（4）在同一会计年度内，以前中期财务报表项目在以后中期发生了会计估计变更的，以后中期财务报表应当反映该会计估计变更后的金额，但对以前中期财务报表项目金额不作调整。同时，企业应当在以后中期财务报表附注中披露会计估计变更的内容、原因及其影响数；影响数不能确定的，应当说明原因。

（5）企业取得的季节性、周期性或者偶然性收入，应当在发生时予以确认和计量，不应在中期财务报表中预计或者递延。但是，会计年度末允许预计或者递延的季节性、周期性或者偶然性收入，允许在中期财务报表中预计或者递延。

（6）企业在会计年度中不均匀发生的费用，应当在发生时予以确认和计量，不应当在中期财务报表中预提或者待摊。但是，会计年度末允许预提或者待摊的费用，允许在中期财务报表中预提或者待摊。

四、中期会计政策变更的处理

企业在中期如果发生了会计政策的变更，应当按照 CAS28 号会计政策、会计估计变更和差错更正准则的规定处理，并在财务报表附注中作相应披露。会计政策变更的累积影响数能够合理确定且涉及本会计年度以前中期财务报表相关项目数字的，应当予以追溯调整，视同该会计政策在整个会计年度一贯采用；同时，上年度可比财务报表也应当作相应调整。

第二节　关联方披露

一、关联方关系的认定

关联方关系的存在是以控制、共同控制或重大影响为前提条件的。在判断是否存在关联方关系时，应当遵守实质重于形式原则。从一个企业的角度出发，与其存在关联方关系的各方包括：

（1）该企业的母公司，不仅包括直接或间接控制该企业的其他企业，也包括能够对该企业直接控制的部门、单位等。

①某一企业直接控制一个或多个企业。例如，母公司控制一个或若干个子公司，则母公司和子公司之间存在关联方关系。

②某一企业通过一个或者若干个中间企业间接控制一个或多个企业。例如，母公司通过其子公司，间接控制子公司的子公司，表明母公司与其子公司的子公司存在关联方关系。

③一个企业直接地和通过一个或者若干个中间企业间接控制一个或多个企业。例如，母公司对某一企业的投资虽然没有达到控股程度，但由于其子公司也拥有该企业的股份或权益，如果母公司与其子公司对该企业的投资之和达到拥有该企业一半以上表决权资本的控制权，则母公司直接或间接的控制该企业，表明母公司与该企业之间存在着关联方关系。

（2）该企业的子公司，包括直接或间接被该企业控制的其他企业，也包括直接或间接地被该企业控制的单位、信托基金等。

（3）与该企业同受同一母公司控制的其他企业。例如，A 公司和 B 公司共同控制 C 公司，同时 A 公司和 D 公司共同控制 E 公司，由于 C 公司和 E 公司同时受到 A 公司的共同控制，因此，C 公司和 E 公司之间构成关联方关系。

（4）对该企业实施共同控制的投资方这里的共同控制包括直接的共同控制和间接的共同控制。对企业实施直接或间接共同控制的投资方与该企业之间是关联方关系。但这些投资方之间并不能仅仅因为共同控制了同一家企业而视为存在关联方关系。例如，A、B、C 三个企业共同控制 D 企业，从而 A 和 D、B 和 D。以及 C 和 D 成为关联方关系。如果不存在其他关联方关系。A 和 B、A 和 C 以及 B 和 C 之间不构成关联方关系。

（5）对该企业施加重大影响的投资方。这里的重大影响包括直接的重大影响和间接的重大影响。对企业实施重大影响的投资方与该企业之间是关联方关系，但这些投资方之间并不能仅仅因为对同一家企业具有重大影响而视为存在关联方关系。

（6）该企业的合营企业。合营企业是以共同控制为前提的。两方或多方共同控制某一企业时。该企业则为投资者的合营企业。例如，A、B、C、D 企业各占 F 企业有表决权资本的 25%，按照合同规定，投资各方按照出资比例控制 F 企业，由于出资比例相同 F 企业由 A、B、C、D 企业共同控制，在这种情况下。A 和 F、B 和 F、C 和 F 以及 D 和 F 之间构成关联方关系。

（7）该企业的联营企业。联营企业和重大影响是相联系的如果投资者能对被投资企业施加重大影响，则该被投资企业视为投资者的联营企业。

（8）该企业的主要投资者个人及与其关系密切的家庭成员。主要投资者个人，是指能够控制、共同控制一个企业或者对一个企业施加重大影响的个人投资者。

①某一企业与其主要的投资者个人之间的关系。例如，张三是A企业的主要投资者，则A企业与张三构成关联方关系。

②某一企业的主要投资者个人关系密切的家庭成员之间的关系。例如，A企业主要的投资者张三的儿子与A企业构成关联方关系。

（9）该企业或其母公司的关键管理人员及与其关系密切的家庭成员。关键管理人员，是指有权力并负责计划、指挥和控制企业活动的人员。与主要投资者个人或关键管理人员关系密切的家庭成员，是指在处理与企业的交易时可能影响该个人或受该个人影响的家庭成员。

①某一企业与其关键管理人员的关系。例如，A企业的总经理与A企业构成关联方关系。

②某一企业与其关键管理人员关系密切的家庭成员关系。例如，A企业总经理张三的儿子与A企业构成关联方关系。

（10）该企业主要投资者个人、关键管理人员或与其关系密切的家庭成员控制、共同控制或施加重大影响的其他企业。对于这类关联方，应当根据主要投资者个人、关键管理人员或与其关系密切的家庭成员的实际影响力具体分析判断。

①某一企业与受该企业主要投资者个人直接控制的其他企业之间的关系。例如，A企业的主要投资者H拥有B企业60%的表决权资本，则A和B存在关联方关系。

②某一企业与受该企业主要投资者个人关系密切的家庭成员直接控制的其他企业之间的关系。例如，A企业的主要投资者Y的妻子拥有B企业60%的表决权资本，则A和B存在关联方关系。

③某一企业与受该企业关键管理人员直接控制的其他企业之间的关系。例如，A企业的关键管理人员H控制了B企业，则A和B存在关联方关系。

④某一企业与受该企业关键管理人员关系密切的家庭成员直接控制的其他企业之间的关系。例如，A企业的财务总监Y的妻子是B企业的董事长，则A和B存在关联方关系。

二、不构成关联方关系的情况

（1）与该企业发生日常往来的资金提供者、公用事业部门、政府部门和机构，以及与该企业发生大量交易而存在经济依存关系的单个客户、供应商、特许商、经销商和代理商之间，不构成关联方关系。

（2）与该企业共同控制合营企业的合营者之间，通常不构成关联方关系。

（3）仅仅同受国家控制而不存在控制、共同控制或重大影响关系的企业，不构成关联方关系。

三、关联方交易的类型

存在关联方关系的情况下，关联方之间发生的交易为关联方交易，关联方的交易类型主要有：

（1）购买或销售商品。购买或销售商品是关联方交易较常见的交易事项。例如，企业集团成员企业之间互相购买或销售商品，形成关联方交易。

（2）购买或销售除商品以外的其他资产。例如，母公司出售给其子公司设备或建筑物等。

（3）提供或接受劳务。

（4）担保。

（5）提供资金（贷款或股权投资）。

（6）租赁。

（7）代理。代理主要是依据合同条款，一方可为另一方代理某些事务，如代理销售货物，或代理签订合同等。

（8）研究与开发项目的转移。

（9）许可协议。当存在关联方关系时，关联方之间可能达成某项协议。允许一方使用另一方商标等，从而形成了关联方之间的交易。

（10）代表企业或由企业代表另一方进行债务结算。

（11）关键管理人员薪酬。企业支付给关键管理人员的报酬，也是一项主要的关联方交易。

四、关联方的披露

（1）企业无论是否发生关联方交易，均应当在附注中披露与该企业之间存在直接控制关系的母公司和子公司有关的信息。母公司不是该企业最终控制方的，还应当披露企业集团内对该企业享有最终控制权的企业（或主体）的名称。母公司和最终控制方均不对外提供财务报表的，还应当披露母公司之上与其最相近的对外提供财务报表的母公司名称。

(2) 企业与关联方发生关联方交易的，应当在附注中披露该关联方关系的性质、交易类型及交易要素。

(3) 对外提供合并财务报表的，对于已经包括在合并范围内各企业之间的交易不予披露。

第三节　合并报表编制

一、合并财务报表概述

合并财务报表，是指反映母公司和其全部子公司形成的企业集团（以下简称企业集团）整体财务状况、经营成果和现金流量的财务报表。

与个别财务报表相比，合并财务报表反映的是企业集团整体的财务状况、经营成果和现金流量，反映的对象是通常由若干个法人（包括母公司和其全部子公司）组成的会计主体，是经济意义上的主体，而不是法律意义上的主体。

（一）合并范围的确定

合并财务报表的合并范围应当以控制为基础加以确定。

控制，是指一个企业能够决定另一个企业的财务和经营政策，并能据以从另一个企业的经营活动中获取利益的权力。控制通常具有如下特征：

(1) 控制的主体是唯一的，不是两方或多方。即对被投资单位的财务和经营政策的提议不必要征得其他方同意，就可以形成决议，付诸被投资单位执行。

(2) 控制的内容是另一个企业的日常生产经营活动的财务和经营政策，这些财务和经营政策一般是通过表决权来决定的。在某些情况下，也可以通过法定程序严格限制董事会、受托人或管理层对特殊目的主体经营活动的决策权。如规定除设立者或发起人外，其他人无权决定特殊目的主体经营活动的政策。

(3) 控制的目的是为了获取经济利益，包括为了增加经济利益、维持经济利益、保护经济利益，或者降低所分担的损失等。

（4）控制的性质是一种权力，是一种法定权力，也可以是通过公司章程或协议、投资者之间的协议授予的权力。这种权力可以实际行使，也可以不实际行使。有权力实施控制力并不一定意味着有能力实施控制力。

（二）控制标准的具体应用

（1）母公司拥有其半数以上的表决权的被投资单位应当纳入合并财务报表的合并范围。

母公司直接或通过子公司间接拥有被投资单位半数以上的表决权表明母公司能够控制被投资单位，应当将该被投资单位认定为子公司，纳入合并财务报表的合并范围。但是，有证据表明母公司不能控制被投资单位的除外。

表决权是指对被投资单位经营计划、投资方案、年度财务预算方案和决算方案、利润分配方案和弥补亏损方案、内部管理机构的设置、聘任或解聘公司经理及其报酬等的表决权。表决权比例通常与其出资比例或持股比例是一致的，但是对于有限责任公司，公司章程另有规定的除外。

当母公司拥有被投资单位半数以上表决权时，母公司就拥有对该被投资单位的控制权，能够主导该被投资单位的股东大会（或股东会下同），特别是董事会，并对其生产经营活动和财务政策实施控制。在这种情况下，子公司处在母公司的直接控制和管理下进行日常生产经营活动，子公司的生产经营活动成为事实上的母公司生产经营活动的一个组成部分，母公司与子公司生产经营活动已一体化。拥有被投资单位半数以上表决权，是母公司对其拥有控制权的最明显的标志，应将其纳入合并财务报表的合并范围。

母公司拥有被投资单位半数以上表决权，通常包括如下三种情况：

①母公司直接拥有被投资单位半数以上表决权。P 公司直接拥有 S 公司 80% 的表决权，在这种情况下，S 公司就成为 P 公司的子公司，P 公司编制合并财务报表时，则必须将 S 公司纳入其合并范围。

②母公司间接拥有被投资单位半数以上表决权。间接拥有半数以上表决权，是指母公司通过子公司而对子公司的子公司拥有半数以上表决权。P 公司拥有 S_1公司 80% 的表决权，而 S_1公司又拥有 S_3公司 70% 的表决权。在这种情况下，P 公司作为母公司通过其子公司 S_1公司，间接拥有 S_3公司 70% 的表决权，从而 S_3公司也是 P 公司的子公司，P 公司编制合并财务报表时，也应当将 S_3公司纳入其合并范围。这里必须注意的是，P 公司间接拥有 S_3公司的表决权形成控制是以 S_1公司为 P 公司的子公司为前提的。

③母公司直接和间接方式合计拥有被投资单位半数以上表决权。直接和间接方式合计拥有半数以上表决权，是指母公司以直接方式拥有某一被投资单位半数以下的表决权，同时又通过其他方式如通过子公司拥有该被投资单位表决权，两者合计拥有该被投资单位半数以上的表决权。

（2）母公司拥有其半数以下的表决权的被投资单位纳入合并财务报表的合并范围的情况。

母公司拥有被投资单位半数或以下的表决权，满足下列条件之一的，视为母公司能够控制被投资单位，应当将该被投资单位认定为子公司，纳入合并财务报表的合并范围。但是，有证据表明母公司不能控制被投资单位的除外：

①通过与被投资单位其他投资者之间的协议，拥有被投资单位半数以上的表决权。

②根据公司章程或协议，有权决定被投资单位的财务和经营政策。这种情况是指在被投资单位的公司章程等文件中明确母公司对其财务和经营政策能够实施控制。

③有权任免被投资单位的董事会或类似机构的多数成员。

④在被投资单位董事会或类似机构占多数表决权。

在母公司拥有被投资单位半数或以下的表决权满足上述四个条件之一，合并报表准则视为母公司能够控制被投资单位，应当将该被投资单位认定为子公司，纳入合并财务报表的合并范围。但是，如果有证据表明母公司不能控制被投资单位的除外。

（三）所有子公司都应纳入母公司的合并财务报表的合并范围

母公司应当将其全部子公司纳入合并财务报表的合并范围。即，只要是由母公司控制的子公司，不论子公司的规模大小、子公司向母公司转移资金能力是否受到严格限制，也不论子公司的业务性质与母公司或企业集团内其他子公司是否有显著差别，都应当纳入合并财务报表的合并范围。

需要说明的是，受所在国外汇管制及其他管制，资金调度受到限制的境外子公司，在这种情况下，该被投资单位的财务和经营政策仍然由本公司决定。本公司也能从其经营活动中获取利益，资金调度受到限制并不妨碍本公司对其实施控制，因此，应将其纳入合并财务报表的合并范围。

下列被投资单位不是母公司的子公司，不应当纳入母公司的合并财务报表的合并范围：

1. 宣告被清理整顿的原子公司

已宣告被清理整顿的原子公司，是指在当期宣告被清理整顿的被投资单位。该被投资单位在上期是本公司的子公司。在这种情况下，根据2005年修订的《公司法》第一百八十四条的规定，被投资单位实际上在当期已经由股东、董事或股东大会指确定的人员组成的清算组或人民法院指定的有关人员组成的清算组对该被投资单位进行日常管理，在清算期间，被投资单位不得开展与清算无关的经营活动，因此，本公司不能再控制该被投资单位。不能将该被投资单位继续认定为本公司的子公司。

2. 已宣告破产的原子公司

已宣告破产的原子公司，是指在当期宣告破产的被投资单位。该被投资单位在上期是本公司的子公司，在这种情况下，根据《企业破产法》的规定，被投资单位的日常管理已转交到由人民法院指定的管理人，本公司不能控制该被投资单位，不能将该被投资单位认定为本公司的子公司。

3. 母公司不能控制的其他被投资单位

母公司不能控制的其他被投资单位，是指母公司不能控制的除上述两种情形以外的其他被投资单位，如联营企业等。

二、合并财务报表的编制程序

合并财务报表编制有其特殊的程序，主要包括如下几个方面：

（1）编制合并工作底稿。合并工作底稿的作用是为合并财务报表的编制提供基础。在合并工作底稿中，对母公司和子公司的个别财务报表各项目的金额进行汇总和抵销处理，最终计算得出合并财务报表各项目的合并金额。

（2）将母公司、子公司个别资产负债表、利润表、现金流量表、所有者权益变动表各项目的数据过入合并工作底稿，并在合并工作底稿中对母公司和子公司个别财务报表各项目的数据进行加总，计算得出个别资产负债表、利润表、现金流量表、所有者权益变动表各项目合计金额。

（3）在合并工作底稿中编制调整分录和抵销分录，将内部交易对合并财务报表有关项目的影响进行抵销处理。编制抵销分录，进行抵销处理是合并财务报表编制的关键和主要内容，其目的在于将个别财务报表各项目的加总金额中重复的因素予以抵销。但是，对属于非同一控制下企业合并中取得的子公司的个别财务报表进行合并时，还应当首先根据母公司为该子公司设置的备查簿的记录，以记录的该子公司各项可辨认资产、负债及或有负债等在购买日的公允价值为基础，通过编制调整分录，对该子公司提供的个别财务报表进行调整，以使子公司的个别财务报表反映为在购买日公允价值基础上确定的可辨认资产、负债及或有负债在本期资产负债表日的金额。对于子公司所采用的会计政策与母公司不一致的和子公司的会计期间与母公司不一致的。如果母公司自行对子公司的个别财务报表进行调整，也应当在合并工作底稿中通过编制调整分录予以调整。在编制合并财务报表时，对子公司的长期股权投资调整为权益法。也需要在合并工作底稿中通过编制调整分录予以调整，而不改变母公司“长期股权投资”账簿记录。

在合并工作底稿中编制的调整分录和抵销分录，借记或贷记的均为财务报表项目（即资产负债表项目、利润表项目、现金流量表项目和所有者权益变动表项目），而不是具体的会计科目。比如，在涉及调整或抵销固定资产折旧、固定资产减值准备等均通过资产负债表中的“固定资产”项目，而不是“累计折旧”、“固定资产减值准备”等科目来进行调整和抵销。

（4）计算合并财务报表各项目的合并金额。即在母公司和子公司个别财务报表各项目加总金额的基础上，分别计算出合并财务报表中各资产项目、负债项目、所有者权益项目、收入项目和费用项目等的合并金额。其计算方法如下：

①资产类各项目，其合并金额根据该项目加总金额，加上该项目抵销分录有关的借方发生额，减去该项目抵销分录有关的贷方发生额计算确定。

②负债类各项目和所有者权益类各项目。其合并金额根据该项目加总金额。减去该项目抵销分录有关的借方发生额，加上该项目抵销分录有关的贷方发生额计算确定。

③有关收入类各项目和有关所有者权益变动各项目，其合并金额根据该项目加总金额，减去该项目抵销分录的借方发生额，加上该项目抵销分录的贷方发生额计算确定。

④有关费用类项目。其合并金额根据该项目加总金额。加上该项目抵销分录的借方发生额，减去该项目抵销分录的贷方发生额计算确定。

（5）填列合并财务报表。即根据合并工作底稿中计算出的资产、负债、所有者权益、收入、费用类以及现金流量表中各项目的合并金额，填列生成正式的合并财务报表。

三、合并资产负债表

合并资产负债表是反映企业集团在某一特定日期财务状况的财务报表，由合并资产、负债和所有者权益各项目组成。公司编制合并报表和其他企业编制合并报表有相同之处，比如两者都涉及长期股权投资的抵销；但是两者之间也有很大的差别，比如公司的合并报表的编制很少涉及内部商品购销和内部购销固定资产的抵销。

（一）对子公司的个别财务报表进行调整

对于属于同一控制下企业合并中取得的子公司的个别财务报表，如果不存在与母公司会计政策和会计期间不一致的情况，则不需要对该子公司的个别财务报表进行调整，即不需要将该子公司的个别财务报表调整为公允价值反映的财务报表，只需要抵销内部交易对合并财务报表的影响即可。

对于属于非同一控制下企业合并中取得的子公司，除了存在与母公司会计政策和会计期间不一致的情况，需要对该子公司的个别财务报表进行调整外，还应当根据母公司为该子公司设置的备查簿的记录，以记录的该子公司的各项可辨认资产、负债及或有负债等在购买日的公允价值为基础，通过编制调整分录，对该子公司的个别财务报表进行调整，以使子公司的个别财务报表反映为在购买日公允价值基础上确定的可辨认资产、负债及或有负债在本期资产负债表日的金额。

（二）按权益法调整对子公司的长期股权投资

合并报表准则规定，合并财务报表应当以母公司和其子公司的财务报表为基础。根据其他有关资料；按照权益法调整对子公司的长期股权投资后，由母公司编制。

在合并工作底稿中。按权益法调整对子公司的长期股权投资时，应按CAS2号长期股权投资准则所规定的权益法进行调整。

合并报表准则也允许企业直接在对子公司的长期股权投资采用成本法核算的基础上编制合并财务报表，但是所生成的合并财务报表应当符合合并报表准则的相关规定。

（三）编制合并资产负债表时应进行抵销处理的项目

合并资产负债表是以母公司和子公司的个别资产负债表为基础编制的。

个别资产负债表则是以单个企业为会计主体进行会计核算的结果，它从母公司本身或从子公司本身的角度对自身的财务状况进行反映。这样，对于内部交易，从发生内部交易的企业来看，发生交易的各方都在其个别资产负债表中进行了反映。在这种情况下，资产、负债和所有者权益类各项目的加总金额中，必然包含有重复计算的因素。作为反映企业集团整体财务状况的合并资产负债表，必须将这些重复计算的因素予以扣除，对这些重复的因素进行抵销处理。这些需要扣除的重复因素，就是合并财务报表编制时需要进行抵销处理的项目。

编制合并资产负债表时需要进行抵销处理的，主要有如下项目：

1. 长期股权投资与子公司所有者权益的抵销处理

编制合并财务报表时，应当在母公司与子公司财务报表数据简单相加的基础上，将母公司对子公司长期股权投资项目与子公司所有者权益项目予以抵销。

子公司所有者权益中不属于母公司的份额，即子公司所有者权益中抵销母公司所享有的份额后的余额，在合并财务报表中作为“少数股东权益”处理，“少数股东权益”项目应当在“所有者权益”项目下单独列示。

当母公司对子公司长期股权投资的金额与在子公司所有者权益中所享有的份额不一致时，应按其差额计入“商誉”项目。

2. 内部债权与债务的抵销处理

发生在母公司与子公司、子公司相互之间的这些项目，企业集团内部企业的一方在其个别资产负债表中反映为资产，而另一方则在其个别资产负债表中反映为负债。但从企业集团整体角度来看，它只是内部资金运动，既不能增加企业集团的资产，也不能增加负债。因此，为了消除个别资产负债表直接加总中的重复计算因素，在编制合并财务报表时应当将内部债权债务项目予以抵销。

在某些情况下，债券投资企业持有的企业集团内部成员企业的债券并不是从发行债券的企业直接购进，而是在证券市场上从第三方手中购进的。在这种情况下，债券投资与发行债券企业的应付债券抵销时，可能会出现差额。应当计入合并利润表的投资收益或财务费用项目。

同时，公司在合并报表时，如果母子公司之间存在相互销售商品、销售固定资产的情况，也需要对存货价值中包含的未实现内部销售损益和内部固定资产交易进行抵销处理。

（四）母公司在报告期内增减子公司在合并资产负债表中的反映

1. 母公司在报告期内增加子公司在合并资产负债表中的反映

母公司因追加投资等原因控制了另一个企业即实现了企业合并。根据CAS20号企业合并准则的规定，企业合并形成母子公司关系的，母公司应当编制合并日或购买日的合并资产负债表。但是，在企业合并发生当期的期末和以后会计期间，母公司应当根据合并报表准则的规定编制合并资产负债表。合并报表准则规定，在编制合并资产负债表时，应当区分同一控制下的企业合并增加的子公司和非同一控制下的企业合并增加的子公司两种情况。

（1）因同一控制下企业合并增加的子公司，编制合并资产负债表时，应当调整合并资产负债表的期初数。

（2）因非同一控制下企业合并增加的子公司，不应当调整合并资产负债表中的期初数。

2. 母公司在报告期内处置子公司在合并资产负债表中的反映

在报告期内，如果母公司失去了决定被投资单位的财务和经营政策的能力，不再能够从其经营活动中获取利益，则母公司不再控制被投资单位。被投资单位从本期开始不再是母公司的子公司，即母公司在报告期内处置子公司。母公司处置子公司可能因绝对或相对持股比例变化所产生的，如降低投资比例；也可能由于其他原因不再控制原先的子公司，比如，子公司被政府、人民法院等接管，母公司就失去了对该子公司的控制权。失去控制权也可能由于合同约定所导致，比如，通过法定程序修改原先的子公司的公司章程，限制了母公司对其财务和经营政策的主导权力，使母公司不能再单方面控制该子公司，原先的子公司从处置日开始不再是子公司，不应继续将其纳入合并财务报表的合并范围。

合并报表准则规定，母公司在报告期内处置子公司，编制合并资产负债表时，不应当调整合并资产负债表的期初数。具体处理方法不再详细阐述。

四、合并利润表

（一）编制合并利润表时应进行抵销处理的项目

合并利润表应当以母公司和子公司的利润表为基础，在抵销母公司与子公司、子公司相互之间发生的内部交易对合并利润表的影响后，由母公司合并编制。

利润表作为以单个企业为会计主体进行会计核算的结果，分别从母公司本身和子公司本身反映其在一定会计期间经营成果。在以母子公司个别利润表为基础计算的收入和费用等项目的加总金额中，也必然包含有重复计算的因素。因此，编制合并利润表时，也需要将这些重复的因素予以剔除。

编制合并利润表时需要进行抵销处理的，主要有如下项目：

1. 内部营业收入和内部营业成本的抵销处理

内部营业收入是指企业集团内部母公司与子公司、子公司相互之间发生的商品销售（或劳务提供，下同）活动所产生的营业收入。内部营业成本是指企业集团内部母公司与子公司、子公司相互之间发生的销售商品的营业成本。

（1）母公司与子公司、子公司相互之间销售商品，期末全部实现对外销售；

（2）购买企业内部购进商品作为固定资产、无形资产等资产使用时的抵销处理；

（3）内部投资收益（利息收入）和利息费用的抵销处理。

2. 母公司与子公司、子公司相互之间持有对方长期股权投资的投资收益的抵销处理

由于合并所有者权益变动表中的本年利润分配项目是站在整个企业集团角度，反映对母公司股东和子公司的少数股东的利润分配情况，因此子公司的个别所有者权益变动表中本年利润分配各项目的金额，包括提取盈余公积、对所有者的分配和期末未分配利润金额都必须予以抵销。

在子公司为非全资子公司的情况下，母公司本期对子公司长期股权投资按权益法调整的投资收益、本期少数股东损益和期初未分配利润与子公司本年利润分配项目也正好相抵销。

（二）合并利润表的编制

在编制合并利润表时，母公司首先应当设计合并工作底稿，将母公司、子公司个别利润表的数据过入合并工作底稿，并计算利润表各项目的合计金额。其次，编制调整分录，按照母公司备查簿中所记录的子公司可辨认资产、负债及或有负债在购买日的公允价值的资料调整子公司的财务报表，将子公司的财务报表调整成以购买日可辨认资产、负债及或有负债的公允价值为基

础编制的财务报表，按照权益法调整母公司对子公司的长期股权投资。最后，编制抵销分录，将母公司与子公司之间的内部交易对合并利润表的影响予以抵销。

五、合并现金流量表

合并现金流量表是综合反映母公司及其所有子公司组成的企业集团在一定会计期间现金和现金等价物流入和流出的报表。现金流量表作为一张主要报表已经为世界上一些主要国家的会计实务所采用，合并现金流量表的编制也成各国会计实务的重要内容。

现金流量表要求按照收付实现制反映企业经济业务所引起的现金流入和流出，其有关经营活动活动产生的现金流量的编制方法有直接法和间接法两种。CAS31 号现金流量表准则明确规定企业应当采用直接法列示经营活动产生的现金流量。在采用直接法的情况下，以合并利润表有关项目的数据为基础，调整得出本期的现金流入和现金流出；分别经营活动产生的现金流量、投资活动产生的现金流量、筹资活动产生的现金流量三大类，反映企业集团在一定会计期间的现金流量情况。

需要说明的是，某些现金流量在进行抵销处理后，站在企业集团的角度，重新对其进行分类。比如，母公司持有子公司向其购买商品所开具的商业承兑汇票向公司申请贴现，母公司所取得现金在其个别现金流量表反映为经营活动的现金流入，在将该内部商品购销活动所产生的债权与债务抵销后，母公司向公司申请贴现取得的现金在合并现金流量表中应重新归类为筹资活动的现金流量列示。

合并现金流量表的编制原理、编制方法和编制程序与合并资产负债表、合并利润表的编制原理、编制方法和编制程序相同。即首先编制合并工作底稿，将母公司和所有子公司的个别现金流量表各项目的数据全部过入同一合并工作底稿；然后根据当期母公司与子公司以及子公司相互之间发生的影响其现金流量增减变动的内部交易，编制相应的抵销分录，通过抵销分录将个别现金流量表中重复反映的现金流入量和现金流出量予以抵销；最后，在此基础上计算出合并现金流量表的各项目的合并金额，并填制合并现金流量表。

合并现金流量表补充资料，既可以以母公司和所有子公司的个别现金流量表为基础，在抵销母公司与子公司、子公司相互之间发生的内部交易对合并现金流量表的影响后进行编制，也可以直接根据合并资产负债表和合并利润表进行编制。

（一）编制合并现金流量表时应进行抵销处理的项目

现金流量表作为以单个企业为会计主体进行会计核算的结果。分别从母公司本身和子公司本身反映其在一定会计期间现金流入和现金流出。在以其个别现金流表为基础计算的现金流入和现金流出项目的加总金额中也必然有重复计算因素，因此在编制现金流量表时，也需要将这些重复的因素予以剔除。

（1）母公司与子公司、子公司相互之间当期以现金投资或收购股权增加的投资所产生的现金流量应当抵销。

（2）母公司与子公司、子公司相互之间当期取得投资收益收到的现金，应当与分配股利、利润或偿付利息支付的现金相互抵销。

（3）企业集团内部以现金结算债权与债务所产生的现金流量的抵销处理。

母公司与子公司、子公司相互之间当期以现金结算应收账款或应付账款等债权与债务，表现为现金流入或现金流出，在母公司个别现金流量表中作为收到其他与经营活动有关的现金或支付其他与经营活动有关的现金列示，在子公司个别现金流量表中作为支付其他与经营活动有关的现金或收到其他与经营活动有关的现金列示。从整个企业集团来看，这种现金结算债权与债务，并不引起整个企业集团的现金流量的增减变动。因此，编制合并现金流量表时，应当在母公司与子公司现金流量表数据简单相加的基础上，将母公司与子公司、子公司相互之间当期以现金结算债权与债务所产生的现金流量予以抵销。

（4）企业集团内部当期销售商品所产生的现金流量的抵销处理。

母公司向子公司当期销售商品（或子公司向母公司销售商品或子公司相互之间销售商品，下同）所收到的现金，表现为现金流入，在母公司个别现金流量表中作为销售商品、提供劳务收到的现金列示。子公司向母公司支付购货款，表现为现金流出，在其个别现金流量表中反映为购买商品、接受劳务支付的现金。从整个企业集团来看，这种内部商品购销现金收支，并不会引起整个企业集团的现金流量的增减变动。因此，编制合并现金流量表时，应当在母公司与子公司现金流位表数据简单相加的基础上，将母公司与子公司、子公司相互之间当期销售商品所产生的现金流量予以抵销。

5. 企业集团内部处置固定资产等收回的现金净额与购建固定资产等支付的现金的抵销处理。

母公司向子公司处置固定资产等非流动资产，表现为现金流入，在母公司个别现金流量表中作为处置固定资产、无形资产和其他长期资产收回的现金净额列示。子公司表现为现金流出，在其个别现金流量表中反映为购建固定资产、无形资产和其他长期资产支付的现金。从整个企业集团来看，这种固定资产处置与购置的现金收支，并不会引起整个企业集团的现金流量的增减变动。因此，编制合并现金流量表时，应当在母公司与子公司现金流量表数据简单相加的基础上，将母公司与子公司、子公司相互之间处置固定资产、无形资产和其他长期资产收回的现金净额与购建固定资产、无形资产和其他长期资产支付的现金相互抵销。

（二）合并现金流量表中有关少数股东权益项目的反映

合并现金流量表编制与个别现金流量表相比，一个特殊的问题就是在子公司为非全资子公司的情况下，涉及子公司与其少数股东之间的现金流入和现金流出的处理问题。

对于子公司与少数股东之间发生的现金流入和现金流出，从整个企业集团来看，也影响到其整体的现金流入和流出数量的增减变动，必须在合并现金流量表中予以反映。子公司与少数股东之间发生的影响现金流入和现金流出的经济业务包括：少数股东对子公司增加权益性投资、少数股东依法从子公司中抽回权益性投资、子公司向其少数股东支付现金股利或利润等。为了便于企业集团合并财务报表使用者了解掌握企业集团现金流量的情况，有必要将与子公司少数股东之间的现金流入和现金流出的情况单独予以反映。

对于子公司的少数股东增加在子公司中的权益性投资，在合并现金流量表中应当在“筹资活动产生的现金流量”之下的“吸收投资收到的现金”项目下“其中：子公司吸收少数股东投资收到的现金”项目反映。

对于子公司向少数股东支付现金股利或利润，在合并现金流量表中应当在“筹资活动产生的现金流量”之下的“分配股利、利润或偿付利息支付的现金”项目下“其中：子公司支付给少数股东的股利、利润”项目反映。

对于子公司的少数股东依法抽回在子公司中的权益性投资，在合并现金流量表应当在“筹资活动产生的现金流量”之下的“支付其他与筹资活动有关的现金”项目反映。

六、合并所有者权益变动表

合并报表准则规定，合并所有者权益变动表应当以母公司和子公司的所有者权益变动表为基础，在抵销母公司与子公司、子公司相互之间发生的内部交易对合并所有者权益变动表的影响后，由母公司合并编制。合并所有者权益变动表也可以根据合并资产负债表和合并利润表进行编制。

所有者权益变动表作为以单个企业为会计主体进行会计核算的结果，分别从母公司本身和子公司本身反映其在一定会计期间所有者权益构成及其变动情况。在以母子公司个别所有者权益变动表为基础计算的各所有者权益构成项目的加总金额中，也必然包含重复计算的因素，因此，编制合并所有者权益变动表时，也需要将这些重复的因素予以剔除。

编制合并所有者权益变动表时需要进行抵销处理的项目，主要有如下项目：

（1）母公司对子公司的长期股权投资与母公司在子公司所有者权益中所享有的份额相互抵销，其抵销处理参见本节有关“长期股权投资与子公司所有者权益抵销”。

（2）母公司对子公司、子公司相互之间持有对方长期股权投资的投资收益应当抵销。

（3）母公司与子公司、子公司相互之间发生的其他内部交易对所有者权益变动的影响应当抵销。

第二十章 财务报表分析

本章精要

任何一个会计报表的数字，孤立地、静止地、片面地看，就可能是一堆僵死、枯燥的数字，而如果彼此联系着看、前后结合着看，就会觉得集中在会计数字上的经营态势是一种能够或引人关注或令人警觉的信息。这就是会计人能够参与经营、创造价值的主要载体。因此，当会计人已经初步编制完成反映企业某一特定日期财务状况和某一会计期间经营成果等信息的财务文件之后，一个重要的使命，就是从综合性极强的报表数据中，解剖出能够更加逼真地反映其财务状况与经营成果的会计质量指标，这是摆在报表分析者面前的课题。

本章将在阐述财务分析程序的前提下，重点结合期货公司与信托公司的财务报表，对财务状况、经营业绩和现金含量进行具进体专业分析。期待读者在掌握这些基本分析技术的基础上，能够活学活用，联系资产负债表、利润表、现金流量表和股东权益变动表，进行关联性分析，从而持续提升财务分析能力。

第一节 财务报表分析的程序

就期货公司与信托公司而言，进行财务报表分析自然离不了财务数据所赖以生存的业务环境与经营态势，这是毫无疑问的。当然，财务报表分析作为一种专门技术，自然而然也具有其日渐完善的特有程序，也是需要遵循的基本规律。这套程序通常包括以下几个步骤：

一、明确分析的目的

财务报表分析的目标是报表分析的最终归宿，明确分析目的能够有助于我们取得有益的分析结果、提高分析效率。财务报表分析的目标不同，财务报表分析所需要的资料及采用的分析方法也有所不同。因此，财务报表分析者应当首先确定分析的目的，如究竟是要了解公司的偿付能力？还是获利能力？或是运营能力？等等，应予以明确。比如为考核公司管理当局的业绩水平和预测公司未来收益，所需的资料和应用的方法是截然不同的，而为高层管理当局和低层人员提供财务报表分析的目标、资料、方法等也都是不同的。

财务报表分析的目标随着特定使用者所处的层次不同而不同。使用者的层次越高，对细节的要求越少；使用者的层次越低，对细节的要求越多。高层次的信息需求者，需要的是从总体上把握，一般情况下不要求提供细枝末节的财务信息，甚至要求提供相对模糊的信息，不能因过多的细节而干扰了其对总体的把握。从这个角度讲，模糊的财务信息比细节信息更接近目标。

另外，不同的财务报表使用者，其各自的侧重点又有所不同。例如，公司的债权人特别关注公司的偿付能力，以此作为决策的一个重要依据；公司的投资者或股东则关心以分红或利息形式获取的预期现金收益，他们首重获利能力，次重财务状况；监管部门常常着重以谨慎的观点来处理资产和负债，其目的在于保护消费者，他们更加关注偿付能力。

因此，针对不同的需求，公司在进行财务报表分析时应有所区别。

二、收集有关财务信息

关于一个公司财务信息的来源，主要是财务报告资料。在获取公司的财务报告时，分析者要对公司所揭示的会计政策加以特别的关注。公司的会计政策通常在报表附注中予以说明。这些会计政策是公司在编制财务报表时所依据的各项会计原则和方法，以及对此原则与方法的应用，所以对于财务报表的分析者而言，了解会计政策是调整不同公司财务报表，促使其具备可比性的基础。

另外，注册会计师提供的公司会计报表审计意见，也是财务报表分析的重要信息来源。审计报告是判断公司财务报表可信度的主要依据。如果会计师表达的意见有所保留，就意味着公司的财务报表中存在着某种缺陷，必须引起财务报表分析者的注意。注册会计师发表的审计意见可以分为无保留意见、保留意见、否定意见和拒绝表示意见四种。

除上述各种信息来源外，其他专业性的信息或咨询服务机构，行业协会、监管机构、专业交易所等提供的有关公司所在行业的资料、有关宏观经济环境的相关资料及公司管理人员对该公司当年年度营运状况的评论及未来发展的趋势，都可以作为财务报表分析者的信息来源。

因此，财务报表分析的内容并不是仅局限于公司的财务报表，而是有着更为丰富的内涵。

三、整理并审查各种财务信息

在收集了相关的资料数据后，必须核查所收集的数据和资料，确定其是否真实可靠，是否与分析目标相关。核查所收集的数据和资料是必不可少的一步。一方面，数据和资料误差是不可避免的，主要的原因包括：一是收集资料数据时，所使用的概念和定义，使用了可能有多种不同理解的概念，最终导致所收集的资料和数据不符合特定的分析目标；二是收集数据和资料的方法不当，如使用错误的抽样方法等；三是财务数据有缺失或观察、计量和记录中有假象或遗漏。另一方面，在我国现阶段，财务数据的造假行为也造成了财务数据和资料的不真实。

由于数据和资料误差或错误的存在，在财务报表分析之前，必须应用适当的方法对财务报表数据进行评估，如采用抽样方法和后验技术，包括利用相互独立的数据来源进行比较，从逻辑上判断数据关系是否存在矛盾等等。此外，在收集资料时，必须尽可能采用减少数据误差的方案和措施，以保证获得质量满意的数据，加强对数据质量的检验，运用有关方法对原始数据进行鉴别、筛选和评估，同时应指明财务数据的质量状况。这样，通过审查、调整和重编的过程，使收集到的各种财务信息能够满足财务报表分析者的质量要求。

四、选择合适方法得出分析结论

财务报表分析不仅是一门科学，而且是一门艺术。在财务报表分析中，报表分析人员必须根据分析的目的，对所收集的财务信息，选择适当的分析工具和方法，对大量的财务资料进行对比、分析，将分析结果与设定标准进行分析比较，以此评价公司财务状况和经营效果的好坏，完成特定的分析结果，最后得出财务报表分析的结论。财务报表分析的方法很多，具体采用哪一种方法，以及如何运用或是几种方法的结合运用，这要看分析的目的、对象、要求以及所掌握的资料的性质、内容。在进行分析的过程中，应注意将定性分析与定量分析相结合，因为任何事物都是质与量的统一。公司所面对的外部环境复杂多变，往往难以进行定量分析，而环境的变化又会对公司的财务状况和经营成果产生重要的影响，因此，在定量分析的同时，还要作出定性判断，使定性判断与定量分析有机地结合。另外在分析时应注意将静态分析与动态分析相结合，因为公司的经营活动是一个动态的发展过程，仅仅依靠某一时期的历史资料，难以作出合理的判断，故应根据过去若干时期历史数据的变化，结合当前的实际情况及未来可能发生的因素，对公司发展变化的趋势作出判断，在此基础上，得出综合分析结论，以便为决策服务。

五、传递财务报表分析的结果

传递财务报表分析的结果主要通过分析报告的形式来进行。根据财务报表分析报告使用对象的不同，可以将报表分析报告分为概括性报告和技术性报告。概括性报告用非完全财务性语言对报表分析结论进行阐述，目的是使高层次信息使用者或非财务人员理解和吸收研究结论；技术性的报告则大量采用财务术语和概念，涉及详细的数据、公式、图表和运算论证，是一种只有专业人员才能完全消化的报告。在实务操作中，提供何种财务报表分析报告，主要取决于分析的目标和使用的对象。

第二节　财务报表分析的方法

对于期货公司与信托信托公司的会计人来说，可以掌握使用的财务报表分析方法分为基本方法基本方法和综合方法，其中，最为基本的方法包括比较分析法、比率分析法、因素分析法等三种，而比较专业、系统的分析技术则包括：

一、基本分析方法

（一）比较分析法

比较分析法是指将某项财务指标与性质相同的指标评价标准进行对比，以揭示公司财务状况和经营成果的一种分析方法。选择相关指标的评价标准是比较分析的重要条件。

比较分析法按照指标数据形式的不同，可分为绝对指标、相对数指标和平均数指标的比较分析法。

在财务报表分析中最常用的比较分析法是借助于比较财务报表。比较财务报表是将最近几个期间的财务报表并列在一起编制而形成的报表。为了便于分析者掌握企业财务状况和经营成果的变化趋势和规律，比较财务报表中除列示各期报表数据外，通常还列示这些数据的增减金额及增减百分比。

要采用比较分析法进行财务分析，应当注意的几个问题：

（1）实际财务指标与标准指标的计算口径必须保持一致。所谓口径一致，是指实际财务指标所包含的内容、范围要与标准指标保持一致。

（2）实际财务指标与标准指标的时间宽容度必须保持一致。所谓时间宽容度一致，是指实际财务指标的计算期限要与标准指标保持一致，如果实际指标是年度指标，那么，标准指标也应是年度指标。

（3）实际财务指标与标准指标的计算方法必须保持一致。这里说的计算方法不仅是指计算指标的程序，而且还包括影响指标的各项因素。

（4）绝对数指标比较与相对数指标比较必须同时进行。这是因为绝对数指标与企业生产经营规模的大小有直接关系。采用绝对数指标对比虽然能反映出财务指标的表面差异，但不能深入揭示其财务现象的内部矛盾，而采用相对数指标对比则能做到这一点。

此外，在实际财务报表分析中，还应注意价格水平的不同会导致数据的差异、不同会计处理和计价方法会导致数据的不可比等复杂因素的影响。

（二）比率分析法

比率分析法是利用两个指标的某种关联关系，通过计算比率来考察、计量和评价财务活动状况的分析方法。比率法其实也是比较分析法的一种形式，由于它在财务分析中将相关联的不同项目、指标之间相除，以说明项目之间的关系，并解释和评价由此所反映的某方面的情况。这种分析在财务分析中处于极为重要的地位，所以通常将其作为一种专门的分析方法。

采用比率分析法进行分析时，需要根据分析的内容和要求，计算出有关的比率。然后进行分析。财务比率可分为三类：

（1）相关比率——财务指标分析。相关比率是以两个相互联系的财务指标的数额相除后得出的，据以对企业财务状况进行分析的一种方法。通过相关比率分析，可以使财务报表分析更为全面、深刻。将这些相关比率的实际数与目标数、与上期或历史数、与同行业平均数进行对比，能够充分揭示企业财务状况的发展变化情况。

（2）构成比率——结构分析。构成比率是指某项财务分析指标的各构成部分数值占总体数值的百分比。其计算公式是：

构成比率 = 指标某部分的数值（部分）/指标总数值（总体）×100%

这样计算出来的比率，也就是通常所说的比重。在财务报表分析中常用的构成比率包括：各类资产占总资产的比率形成的企业资产构成比率，各类负债占全部债务的比率，各类营业费用占全部营业费用总额的比率，营业利润、投资收益和营业外收支净额占利润总额的百分比构成的利润构成比率。

分别将这些比率与目标数、与上期或历史数、与同行业平均数进行对比，可以充分揭示企业财务业绩构成和结构的发展变化情况。

（3）动态比率——趋势分析。动态比率分析就是运用动态比率对企业某些同类经济现象各个时期的变化加以对比分析，以掌握其发展规律和发展趋势，也称为趋势分析或水平分析。企业的经济现象是复杂的，受到多方面因素变化的影响，只从某一时期或某一时点上很难看清它的发展规律和趋势，而必须把若干数据按时期或时点的先后整理为数列，并计算出它的发展速度、增长速度、平均发展速度和平均增长速度等情况，才能探索它的发展潜力和发展趋势。

计算动态比率时，应科学掌握和应用动态数列、时期数列、时点数列、增长量数列和发展速度等有关概念。

（三）因素分析法

因素分析法适用于对多种因素构成的综合性指标的分析，如利息收入、利息支出、利润、资产利润率等指标。它是通过分析影响财务指标的各项因素，并计算其对指标的影响程度，用以说明本期实际与计划或基期相比，财务指标发生变动或差异的主要原因的一种分析方法。进行因素分析最常用的方法有两种，即连环代替法和差额计算法，以下分别说明：

1. 连环替代法

连环替代法是将影响某项经济指标的各个因素列成算式，按照一定顺序替代各个因素，以确定各个因素变动对该项经济指标变动的影响程度的一种分析方法。分析计算时以计划指标为基础，用各个因素的实际数依次替代计划数，每次替代后实际数就被保留下来，直到所有的因素都变为实际数。

2. 差额分析法

差额分析法是根据各个因素实际数同计划数的差异，分别确定各该因素的变动对某项经济指标的影响程度的一种分析方法。分析计算时也要按一定顺序逐项以实际数与计划数进行对比。差额分析法实际上是连环替代法的另一种形式，即直接用实际数与计划数之间的差额来计算各因素变动对指标的影响程度。这一方法较连环替代法更为简便。

二、综合分析方法

财务报表综合分析是将各项财务分析指标作为一个整体，仅仅测算几个简单的、孤立的财务比率，或者将一些孤立的财务指标堆砌在一起，彼此毫无联系地考察，是不可能得出合理、正确的结论的，有时甚至会得出错误的结论。因此，只有将期货公司或信托公司的营运能力、盈利能力以及发展趋势等各项分析指标有机地结合起来，作为一套完整的体系，相互配合使用，作出系统的综合的评价，才能从总体上把握期货公司或信托公司的财务状况、经营成果和现金流量的优劣。

（一）杜邦分析法

杜邦分析法最早由美国杜邦公司创造并采用，它是利用几种主要财务比率之间的关系来综合分析整体财务状况，特别是对盈利能力进行深入分析。该方法采用杜邦分析图，现依据准则对期货公司财务报表的格式规定，试绘成分析图如图 20 - 1 所示。按照从左到右的顺序，大致分解为四层技术指标逐层分析机理。

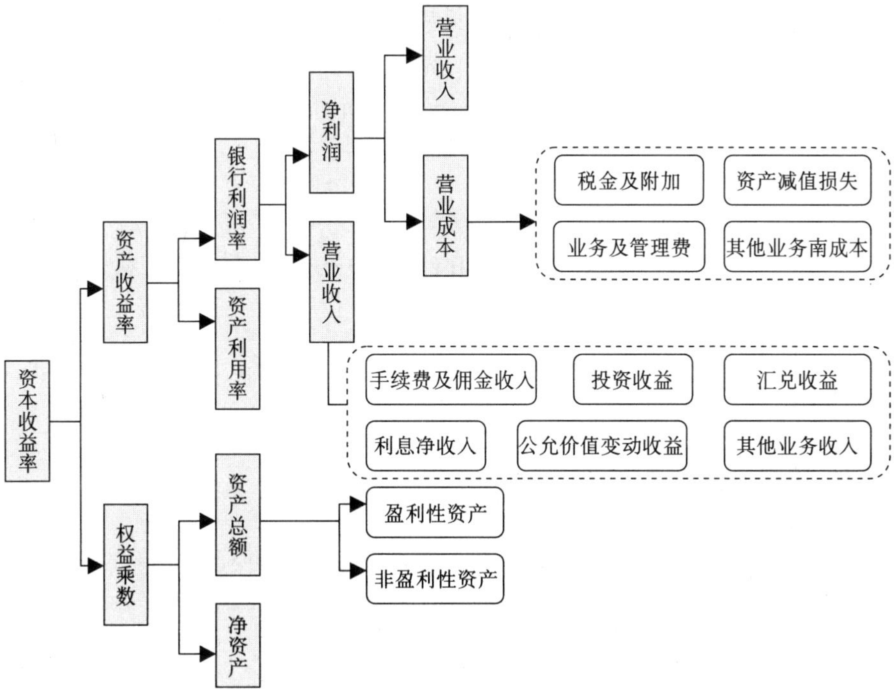

图 20－1　基于杜邦分析技术的期货公司财务分析框架图

资本收益率表示单位资产所取得的净利润，是公司资产利用的综合效果；权益乘数又称财务杠杆率，表示公司的负债程度，与资本收益率具有乘数关系。权益乘数越高，表明公司负债程度越高，能给公司带来较多的杠杆利益，但同时也给公司带来较多的风险。

资本收益率是杜邦分析系统的中心，是一个综合性极强、极具代表性的财务比率，它代表的是投资者资本的盈利能力，亦即公司经营活动的最终成果。由上面的分解可以看出，资本收益率是公司资产利用效果与融资状况的综合表现。

（二）沃尔比重分析法

在进行财务分析时，人们常遇到的一个主要困难是在计算出各项财务比率后，无法判定其是偏高还是偏低。将所测算比率与自身的历史水平或计划、定额标准相比，也只能看出自身的变化，很难评价其在市场竞争中的优劣地位。为了弥补这些缺点，亚历山大·沃尔在20世纪初编写的《信用晴雨表研究》和《财务报表比率分析》中提出了信用能力指数概念，它把选定的流动比率、产权比率、固定资产比率、存货周转率等七项财务比率用线性关系结合起来，并分别给定各自的分数比重，然后通过与标准比率进行比较，确定各项指标的得分及总体指标的累计分数，从而对企业的财务状况作出综合评价。

第三节　财务报表分析的应用——财务状况视角

公司应于年度终了时，对公司在年终时点的财务状况进行分析、评价。在指标计算过程中，需要把握公司业务的基本内涵、管理导向和追求目标。评价常用的指标有以下几个：

1. 流动比率

所谓流动比率是指公司流动资产与流动负债之间的比率，表示每1元流动负债可由多少流动资产来作为偿还的保证，其计算公式如下：

$$流动比率=\frac{流动资产期末余额}{流动负债期末余额}$$

一般而言，流动比率越高，说明公司的短期偿债能力越强。因为这个比率越高，表明公司的营运资本（流动资产减去流动负债后的余额）越多，对债权人而言，其债权也就越安全。但也不应一味追求较高的流动比率，流动比率太高，说明公司没有适度的负债经营，没有充分利用财务杠杆给所有者带来好处。因此流动比率应根据实际情况进行具体分析。

2. 资产负债率

资产负债率是衡量公司长期偿债能力的指标之一，它是公司资产总额与负债总额之间的比率，也就是两者之间的比例关系。资产负债率反映公司的总资产中有多大比例是通过借债来筹集的，也可以衡量公司在清算时保护债权人利益的程度。计算公式如下：

$$资产负债比率=\frac{负债期末余额}{资产期末余额}\times 100\%$$

这个指标反映了债权人提供的资本占全部资本的比例，这个指标也称为举债经营比率。从债权人立场上看，这个比率越小则债权越安全；从股东或投资者的角度看，在公司全部资本利润率超过借人款项的利率时，负债比例越大越好，反之亦然。因此公司应权衡得失，作出正确的融资决策。

3. 权益负债率

权益负债率也是衡量公司长期偿债能力的指标之一，这个指标是公司期末所有者权益总额与期末负债总额之间的比率。其计算公式如下；

$$权益负债比率 = \frac{负债期末余额}{所有者权益期末余额} \times 100\%$$

该项指标反映债权人提供的资本与股东提供的资本的比例关系，反映公司的基本财务结构是否稳定。一般而言，所有者权益略大于借入资本较好，但也不能一概而论。从股东的角度看，经济繁荣时期应多借债，经济萎缩时期应少借债。此比率还反映了债权人投入的资本受到所有者权益的保证程度，或者说公司清算时对债权人利益的保障程度，国家规定债权人的索偿权在股东前面。

资产负债率与权益负债率具有共同的经济含义，两个指标可以相互补充。

4. 交易性金融资产比率

交易性金融资产比率是指公司交易性金融资产期末总额与所有者权益期末总额之间的比率。它反映了公司交易性金融资产占自有资金的比例。其计算公式如下：

$$交易性金融资产比例 = \frac{交易性金融资产期末余额}{所有者权益期末余额} \times 100\%$$

交易性金融资产比例反映了公司用于交易性金融资产方面的资金占自有资金的比例。

5. 长期股权投资比例

长期股权投资比例是指公司期末长期投资余额与自有资金之间的比率，其计算公式如下：

$$长期股权投资比率 = \frac{长期投资期末余额}{所有者权益期末余额} \times 100\%$$

6. 固定资本比例

固定资本比例反映公司用于固定资产方面的投资占实收资本的比例。其计算公式如下：

$$固定资本比例 = \frac{固定资产期末余额 + 期末在建工程}{实收资本} \times 100\%$$

如果是股份有限公司，还应计算每股净资产。每股净资产是期末净资产（即股东权益）与年末普通股份总数的比值。也称为每股账面价值或每股权益。每股净资产的计算方法有加权和摊薄两种。加权平均每股净资产计算公式如下：

$$加权平均每股净资产=\frac{年末股东权益}{(年初普通股份总数+年末普通股份总数)/2}$$

全面摊薄每股净资产计算公式如下：

$$全面摊薄每股净资产=\frac{年末股东权益}{年末普通股份总数}$$

每股净资产反映公司发行在外的每股普通股所代表的账面价值。

公司在利用上述指标进行比较分析时，必须选择比较基础，作为评价公司当期实际数据的参照标准，包括本公司的历史数据、同业数据等。

横向比较时使用同业标准。同业的平均数只起一般性的指导作用，不是合理性的标志。并且公司在进行同业比较时，一定要区别具体情况与经营环境，确保可比性。

纵向比较使用公司的历史数据作为比较标准，历史数据代表过去，并不代表合理性。经营环境的变化使不同会计期间的数据缺乏可比性。因此公司在使用历史数据时，一定要考虑经营环境的变化、会计政策的变更等。

最后，财务状况的分析要与经营成果的分析、现金流量的分析结合起来，全面考察公司的经营状况和经营业绩。

第四节　财务报表分析的应用——经营成果视角

对于期货公司或者信托公司来说，都需要定期结合财务报表应其对经营成果进行分析评价。通过分析评价，在绝对指标反映公司绩效规模的同时，通过相对指标体现公司运营的质量水平。常用的评价指标有以下几个：

(1) 资产利润率。是公司净利润与平均资产总额之间的百分比。其计算公式如下：

$$资产利润率=\frac{净利润}{(资产期初余额+资产期末余额)/2}\times 100\%$$

该公式的分母中“资产”应扣除期初期末资产中包含的客户银行存款、结算备付金、代理发行证券、代理兑付债券等项目的金额。

把公司一定期间内净利润与公司的平均资产总额进行比较，可以综合评价公司资产利用效率。此比率越高，表明资产的利用效率越高。资产利润率是一个综合指标，与公司的管理水平之间有密切的关系。为了正确评价公司经济效益的高低、挖掘提高利润水平的潜力，可以用该项指标与本公司历史水平、与本行业平均水平和本行业先进水平分别对比，分析形成差异的原因，以期进一步提高公司资产的利用效率。

(2) 净资产收益率，是净利润与平均净资产之间的比率，也称为所有者权益报酬率或股东权益报酬率。净资产收益率有加权和摊薄两种。

加权平均的净资产收益率计算公式如下：

$$加权平均的净资产收益率=\frac{净利润}{(期初净资产余额+期末净资产余额)/2}\times 100\%$$

全面摊薄的净资产收益率计算公式如下：

$$全面摊薄的净资产收益率=\frac{净利润}{净资产期末余额}\times 100\%$$

净资产收益率反映公司所有者权益的投资报酬率，即每1元所有者权益的投资报酬。该比率越高，表明公司的获利能力越强。但也不能一概而论，在进行不同公司之间的横向比较时，以及公司不同期间的纵向比较时，要充分考虑物价水平的变化、公司之间以及不同期间会计政策的差异。

(3) 人均利润率，是公司净利润与公司在册员工人数之间的百分比。其计算公式如下：

$$人均利润率=\frac{净利润}{(年初员工人数+年末员工人数)/2}$$

该指标反映了公司人均创利率。为了正确评价公司经济效益的高低、挖掘职工的潜力，可以用该项指标与本公司前期、与本行业平均水平和本行业先进水平进行对比，分析形成差异的原因，以期进一步提高公司人均创利能力。

(4) 费用率，是公司营业费用与营业收入之间的百分比，其计算公式如下：

$$费用率=\frac{营业费用}{营业收入}\times 100\%$$

该指标表明为取得每百元营业收入要耗费多少营业费用。

(5) 成本率，是公司营业支出与营业收入之间的百分比。其计算公式如下：

$$成本率=\frac{营业支出}{营业收入}\times 100\%$$

该指标表明为取得每元营业收入而发生的营业支出。公司对此项指标应作详细分析，并与公司历史水平、同行业平均水平以及先进水平之间作比较，分析差异，力求做到增收节支。

（6）营业收入利润率，又称纯利率，是公司净利润与营业收入之间的比率，表明每百元营业收入创造的利润。其计算公式如下：

$$营业收入利润率=\frac{净利润}{营业收入}\times 100\%$$

该指标反映了每百元营业收入带来的净利润的多少。公司在增加营业收入的同时，必须相应获得更多的净利润，才能使营业收入利润率保持不变或有所提高。通过分析营业收入利润率的增减变动，可以促使公司在扩大营业收入的同时，改善经营管理，提高盈利水平。

（7）每股收益。对于股份有限公司形式的期货公司或信托公司来说，除了上述指标外，每股收益即 EPS，又称每股税后利润、每股盈余，也是分析每股价值的一个基础性指标。传统的每股收益指标计算公式为：每股收益 = 期末净利润 ÷ 期末总股本。每股收益是综合反映公司获利能力的重要指标，它反映普通股的获利水平。在分析时，可以进行公司之间的比较，评价公司的相对获利能力；也可进行公司不同时期的比较，以了解公司盈利能力的变化趋势。

第五节　财务报表分析的应用——现金含量视角

当今经济领域是“现金为王”的时代，在会计利润与现金利润两个口径存在差异成为经常性现象的会计时代，需要在分析权责发生制框架下利润态势的同时，通过对现金流量的相关分析，来提示公司现金的适度充足性。即财务分析需要适度淡化资产负债率、流动比率等传统指标，而逐步渗透和应用能披露现金含量的活性指标。

对于现金的分析，主要侧重于考察现金流量的活跃程度，可建立下列指标：

1. 现金负债比 = 现金余额/流动负债

现金余额是企业会计期末拥有现金的数量，即现金流量表“现金及等价物的期末余额”项目，流动负债是会计期末企业拥有的各项流动负债的总额。一般而言，现金比率越高，企业短期偿债能力越高，现金比率越低，企业短期偿债能力则越差。当然，现金比率又不能过高，否则就可能发生囤积现金而导致营运活力缺乏。

2. 经营现金比率 = 经营活动的现金流量/流动负债

经营现金比率越高，表明企业主要通过自身经营活动回笼和聚集现金的能力越强，短期偿债能力也就越高；反之，经营现金比率越低，表明企业通过自身经营活动回笼和聚集现金的能力越弱，短期偿债能力也就越弱，或企业主要通过各种融资手段来“掉头”还债。

主要参考文献

Reference

1. 《企业会计准则2006》，中华人民共和国财政部制定，经济科学出版社，2006年6月版。

2. 《〈企业会计准则第22号——金融工具确认和计量〉应用指南2018》，中国财政经济出版社，2018年7月版。

3. 《〈企业会计准则第23号——金融资产转移〉应用指南2018》，中国财政经济出版社，2018年7月版。

4. 《〈企业会计准则第24号——套期会计〉应用指南2018》，中国财政经济出版社，2018年7月版。

5. 《〈企业会计准则第37号——金融工具列报〉应用指南2018》，中国财政经济出版社，2018年7月版。

6. 《企业会计准则（合订本）2019》，中华人民共和国财政部制定，经济科学出版社，2019年1月版。